Peter Kutter, Raúl Páramo-Ortega, Peter Zagermann (Hg.)

Die psychoanalytische Haltung

Peter Kutter, Raúl Páramo-Ortega,
Peter Zagermann (Hg.)

Die psychoanalytische Haltung

Auf der Suche nach dem Selbstbild der Psychoanalyse

mit Beiträgen von
Dieter Beckmann, Walter Bräutigam,
Janine Chasseguet-Smirgel, Rudolf Ekstein,
R. Horacio Etchegoyen, Lotte Köhler,
Otto F. Kernberg, Peter Kutter,
Harald Leupold-Löwenthal, Uri Lowental,
Joyce McDougall, Donald Meltzer,
Raúl Páramo-Ortega, Herbert A. Rosenfeld,
Joseph und Anne-Marie Sandler,
Evelyne A. Schwaber, Ernest S. Wolf,
Peter Zagermann, Ralf Zwiebel

Verlag Internationale Psychoanalyse
München–Wien 1988

Lektorat:
Dr. H. Jürgen Kagelmann, Petra Glück, Dipl.-Psych.

Wissenschaftliche Beratung:
Professor Dr. Dieter Ohlmeier, Frankfurt/M.;
Dr. Peter Zagermann, München

CIP-Kurztitelaufnahme der Deutschen Bibliothek

Die **psychoanalytische Haltung** : auf d. Suche nach d. Selbstbild d. Psychoanalyse / Peter Kutter ... (Hg.). Mit Beitr. von Dieter Beckmann ... – München ; Wien : Verl. Internat. Psychoanalyse, 1988
ISBN 3-621-26501-5

NE: Kutter, Peter [Hrsg.]; Beckmann, Dieter [Mitverf.]

Umschlagentwurf: Dieter Vollendorf, München
Herstellung: Wilfried Wirth, Regensburg
Satz, Druck und Bindung: Pustet, Regensburg
Printed in Germany

ISBN 3-621-26501-5

Vorwort

Wie in der Medizin steht auch in der Psychoanalyse der *Patient*[1] im Vordergrund von Diagnose und Therapie. Der *Arzt* und dessen Einfluß auf den therapeutischen Prozeß bleibt dabei im Hintergrund. Spätestens seit der Entdeckung der Gegenübertragung ist den Psychoanalytikern aber klargeworden, daß das gefühlsmäßige Reagieren auf den Patienten in Diagnostik und Therapie eine bedeutsame Rolle spielt. Die Gefühle in der Reaktion auf den Patienten helfen dem Analytiker sogar, den Patienten besser einschätzen zu können. Insofern sind sie ein wichtiges Instrument von Diagnose und Therapie. In der *engeren* Definition entspricht Gegenübertragung exakt der Reaktion auf die Übertragung des Patienten, während der Begriff der Gegenübertragung im *weiteren* Sinne alle Gefühle des Psychoanalytikers umfaßt. Von diesen Gefühlen interessieren uns vor allem jene, die *nicht sekundär* als Reaktion auf den Patienten entstehen, sondern diejenigen, die der Psychoanalytiker *primär* in die psychoanalytische Situation mitbringt und die sich dann *sekundär* auf den Patienten und auf den psychoanalytischen Prozeß auswirken. Darüber wissen wir noch sehr wenig. Eine erste Orientierung dieser dem Psychoanalytiker weitgehend unbewußten Grundeinstellung liefert *Páramo-Ortega* mit seinen Überlegungen zum Begriff der ‚Grundeinstellungen' in der Gegenübertragung. Die Unterschiede zwischen Gegenübertragung und Grundeinstellungen in der Gegenübertragung werden hierbei klar herausgearbeitet. Mit den gegebenen Antworten werden aber gleichzeitig neue Fragen aufgeworfen: die Fragen nach dem Einfluß von Persönlichkeit und

---

[1] Die hier gewählte männliche Form der Sprache stellt keine Diskriminierung der Frau dar. Ich habe den Versuch gemacht, bei der sprachlichen Darstellung sowohl die männliche als auch die weibliche Form zu benutzen (der/die Arzt/Ärztin oder der/die Psychoanalytiker/in), gab diesen Versuch dann aber wegen der Umständlichkeit der Sprachform und wegen der mangelnden Ästhetik der Satzform auf. Ich kann nur hoffen, daß die geneigten Leserinnen dem zustimmen können. Wo es möglich war, haben wie die Frauen und Männer einschließende Pluralform verwendet.

innerer Einstellung des Psychoanalytikers auf den psychoanalytischen Prozeß.

Damit ist die Psychoanalyse herausgefordert, Antworten auf folgende Fragen zu finden:

- Was macht die psychoanalytische Kompetenz aus?
- Wie steht es um die vielzitierte Neutralität, Abstinenz und ‚gleichschwebende Aufmerksamkeit' des Psychoanalytikers?
- Inwieweit liegt der psychoanalytischen Tätigkeit eine ärztliche Grundhaltung zugrunde, in der es um Helfen geht?
- Was ist die ethische Dimension psychoanalytischen Handelns?
- Welche politische Grundhaltung nimmt der Psychoanalytiker ein?
- Welche emanzipatorische Funktion hat die Psychoanalyse?
- Welches Erkenntnisinteresse leitet den Psychoanalytiker? Welche philosophische Grundhaltung liegt seiner Wahrheitsliebe und Wahrheitssuche zu Grunde?
- Ist die Psychoanalyse eine hermeneutische oder eine naturwissenschaftliche Methode?
- Inwieweit beeinflußt die psychoanalytische Theorie die Grundhaltung des Psychoanalytikers?
- Können sich Psychoanalytiker relativ theoriefrei auf den Patienten einstellen und vieles einfach dem psychoanalytischen Prozeß überlassen, oder wird das psychoanalytische Handeln doch, explizit oder implizit, von Theorien z. B. aus der Konflikt-, Abwehr- und Krankheitslehre bestimmt?
- Inwieweit hängt die Grundeinstellung des Psychoanalytikers vom behandelten Patienten und auch von der Art seiner Erkrankung ab?
- Inwieweit überläßt sich der Psychoanalytiker selbst einem regressiven Prozeß?

Mit Hilfe von Peter Zagermann konnten zur Beantwortung dieser so wichtigen und aktuellen Fragen Janine Chasseguet-Smirgel, Joyce McDougall, Otto F. Kernberg, Donald Meltzer und Herbert Rosenfeld sowie Anne-Marie und Joseph Sandler gewonnen werden. Lotte Köhler knüpfte die Verbindungen zu Evelyne Albrecht-Schwaber und Ernest Wolf und bot ihrerseits einen Beitrag an. Dazu kamen die Aufsätze der schon vorher gewonnen Autoren Harald Leupold-Löwenthal, Uri Lowental,

Dieter Beckmann, Walter Bräutigam und Ralf Zwiebel. Margarete Mitscherlich-Nielsen, die zur politischen Grundhaltung des Psychoanalytikers zu schreiben prädestiniert gewesen wäre, sagte leider ebenso wie einige andere prominente deutsche Analytiker ab.[2]

Raúl Páramo-Ortega hatte die vorliegende Veröffentlichung schon vor Jahren angeregt. Sein Aufsatz lag schon lange als erster vor und mahnte den Verfasser dieses Vorwortes ständig, das Anliegen, ein Buch über Haltung und Einstellungen der Psychoanalytiker herauszubringen, nicht zu vergessen. Das Erscheinen von Roy Schafers Buch über *The Psychoanalytic Attitude* 1982 war dann der letzte Anstoß, den gemeinsam gefaßten Plan in die Tat umzusetzen. Páramo-Ortega gelang es schließlich noch, die Beiträge von Rudolf Ekstein und Horacio Etchegoyen von jenseits des Atlantiks hinzuzugewinnen.

Abschließend verdienen Dorothee Glückler und Michaela Schierer Dank für die stets sorgfältigen Schreib- und Korrekturarbeiten. Besonderer Dank gebührt dem Verlag Internationale Psychoanalyse, der sich gegenüber den Vorstellungen der Herausgeber als außerordentlich kooperativ und großzügig erwies.

Die Herausgeber hoffen, daß sie mit dem vorliegenden Band einen nützlichen Beitrag zur Beantwortung der aktuellen Fragen der psychoanalytischen Haltung, Einstellungen und Methode geleistet haben. Die Antworten können angesichts einer sich

---

[2] Sie schrieb aber folgendes: „Ich würde meine Grundhaltung nicht unbedingt als ‚politisch' definieren, sie ist genauso gut eine ethische, psychoanalytische, erkenntnistheoretische, wahrheitssuchende, was immer Sie wollen – es gäbe jedenfalls viele Beschreibungsmöglichkeiten dafür, nur eine neutrale ist sie nicht, von der ich übrigens auch glaube, daß sie nur eine herzlose, zynische oder sich selbst betrügende Haltung sein kann. Sinnvolle psychoanalytische Abstinenz scheint mir nur die zu sein, die dem Analysanden gegenüber freischwebende Aufmerksamkeit und Interesse erlaubt, in der der Analytiker immerwährend sich bemüht, seiner eigenen Gefühle, Einstellungen, Bewertungen bewußt zu werden und sie *für* den Patienten, dessen erweitertes Verstehen seiner selbst und nicht zur eigenen Bestätigung einsetzt. Das Wissen darum, wofür sich ein/e Analytiker/in öffentlich einsetzt, stört den Patienten meist nur kurzfristig, weil es leicht in die Analyse einzubringen ist und es stört viel weniger als die unaufgedeckten, verborgenen Haltungen und Affekte des angeblich ‚neutralen' Analytikers, die zum Scheitern so vieler Analysen beitragen."

ständig wandelnden Wissenschaft weder endgültig noch eindeutig sein. Dabei sollen ausdrücklich auch kontroverse Standpunkte zu Wort kommen. Eine optimale Spannung zwischen den einzelnen Standpunkten regt die Diskussion an, hält sie in Fluß und weist womöglich neue Wege zur Beantwortung der gestellten Fragen.

Frankfurt/M. im Mai 1987 *Peter Kutter*

Inhalt

Vorüberlegungen

0.1 Überlegungen zum Begriff der „Grundeinstellungen" in der Gegenübertragung – ein vernachlässigter Aspekt der Gegenübertragung?[1]

Raúl Páramo-Ortega

Der Begriff *Grundeinstellungen in der Gegenübertragung*, den wir hier behandeln, soll einen bisher vernachlässigten Aspekt der Gegenübertragung beleuchten. Es geht uns in diesem Zusammenhang in erster Linie um eine Reflexion der Bedeutung der Grundeinstellungen im Bereich der Gegenübertragung sowie um die sich daraus ergebenden Perspektiven.

0.1.1 Gegenübertragung

Es gibt viele Auffassungen der Gegenübertragung, angefangen bei der, die diese als unerwünschte Reaktion betrachtet – Folge einer blinden Wiederholung früherer Objektbeziehungen, die in einem bestimmten Punkt des analytischen Prozesses auftritt –, bis hin zu der, die die Gegenübertragung als eine Gesamteinstellung dem Analysanden gegenüber betrachtet, d. h. nicht nur als ein ubiquitäres Phänomen, sondern sogar als ein Instrument, um die Übertragung oder das Unbewußte des Analysanden bzw. die Interaktion zwischen beiden zu erforschen. Wir neigen dazu, die Gegenübertragung als eine *Gesamtantwort* dem Analysanden gegenüber zu betrachten, mit allem, was diese beinhalten kann. Diese Auffassung nennt Annie Reich (1951) „kontinuierliche Gegenübertragung", die dem „totalistic approach" entspricht; eine Klassifizierung, die Otto F. Kernberg (1965) in die psychoanalytische Literatur eingeführt hat.

[1] Für die Hilfe bei der Bearbeitung des Basismaterials danke ich meiner Assistentin Frau Elisabeth Schöndube.

Die Stellungnahme zu Gunsten des „totalistic approach" stützt sich darauf, daß alle anderen Auffassungen von der Voraussetzung ausgehen, daß es möglich sei, Pathologisches vom Normalen klar zu trennen – Voraussetzungen, die im Gegensatz zu Freuds Aussagen stehen.

Es gab eine Zeit, in der es verpönt war, über Gegenübertragung zu sprechen, in der es einem Untauglichkeitsbekenntnis gleichkam, Gegenübertragungsgefühle zu haben. Es gibt viele Beispiele in der psychoanalytischen Literatur, in der die Gegenübertragung als etwas Verbotenes, Unerlaubtes, Untersagtes dargestellt wird. Sharpe (1947, S. 4) sagt z. B.: „Unsere Gegenübertragung muß gesund sein", womit sie zu verstehen gibt, daß es Aspekte der Gegenübertragung gebe, die nicht „gesund" seien. Lassen wir hier den Schaden beiseite, den diese Auffassung in den Kontrollanalysen der psychoanalytischen Institute gestiftet haben kann. Man kann sagen, daß es heute dennoch eine Unmenge von Psychoanalytikern gibt, die Anhänger des „totalistic approach" sind. Lucia Tower (1953, S. 225) wagt zu behaupten, daß die Gegenübertragung ein vollkommen „natürliches und unvermeidliches Phänomen" sei und daß sie „ein reiches Potentiell für die Forschung bietet". Ebenso wagt es Donald W. Winnicott (1956), über „Haß in der Gegenübertragung" zu sprechen. Trotz allem hält die Diskussion weiter an. In derselben Nummer des *International Journal of Psycho-Analysis* beschränkt Pearl King (1978) den Begriff der „Gegenübertragung" auf etwas der Psychopathologie Zugehöriges, während sich David Libermann (1978) für den „totalistic approach" entscheidet. Trotzdem kann man sagen, daß eine starke Tendenz besteht, die Gegenübertragung als einen wichtigen Teil des methodologischen Werkzeugs der psychoanalytischen Technik zu betrachten (vgl. die wichtigen Beiträge von Heinrich Racker 1960), obwohl die ihr beigemessene Wichtigkeit von Schule zu Schule variiert. *Wir sind der Meinung, daß Menge und Qualität der Arbeiten über Gegenübertragung ein gutes Kriterium bilden, um zu beurteilen, bis zu welchem Grade eine wirkliche psychoanalytische Methodologie vertreten wird.*

Wir geben der Gegenübertragung einen ähnlichen methodologischen Status wie Georges Devereux (1967), nicht nur innerhalb der Psychoanalyse, sondern innerhalb der Humanwissenschaften überhaupt. Zur Gegenübertragung verweisen wir darüberhinaus auf die ausgezeichneten Gesamtdarstellungen bei Joseph Sandler (1973), Humberto Nagera (1974), Mario Muck (1974), Paula Heimann (1978) und Klaus Nerenz (1983, 1985).

0.1.2 Grundeinstellungen in der Gegenübertragung

Im Gegensatz zur Gegenübertragung, die eine *Gesamtreaktion* des Analytikers dem Analysanden (als einzig und unwiederholbares Wesen) gegenüber ist, definieren wir hier die *Grundeinstellungen in der Gegenübertragung* als *eine Reihe von impliziten Einstellungen, die dem Analysanden gegenüber konstant sind* – unabhängig von den Charakteristika der an dem Prozeß beteiligten Personen also z. B. die Grundeinstellung der „wohlwollenden Neutralität". Es handelt sich um „innere Einstellungen", die mit unseren Berufswahlgründen eng verbunden sind, d. h. mit den anfänglich vagen und unbewußten Gründen, die die inneren Einstellungen des Menschen der Welt oder der Natur gegenüber widerspiegeln. Noch dazu hat die Methode, die mit dem Beruf zusammenhängt, eine Soziogenese, deren Effekte sich in der Berufsausübung auswirken. Das alles sind implizite Faktoren, die die Grundeinstellungen bestimmen, die im vorliegenden Buch aus verschiedenen Perspektiven reflektiert werden sollen.

Der Begriff der Grundeinstellung in der Gegenübertragung ist unserer Meinung nach das Gegenstück zu dem, was Freud (1913, S. 308) bezüglich der Übertragung erwähnte, nämlich der „fertigen Übertragungseinstellung", mit der der Analysand dem Arzt gegenübertritt. Auf die gleiche Weise glauben wir von *fertigen* Grundeinstellungen in der Gegenübertragung sprechen zu können.

Freud (1915, S. 380) warnt den Analytiker (im Zusammenhang mit der Übertragungsliebe) vor der Gefahr einer „bei ihm bereitliegenden Gegenübertragung". Hier finden wir bei Freud, wenn auch nur in einem beschränkten Zusammenhang, einen klaren Hinweis auf den Begriff der Grundeinstellung in der Gegenübertragung, auf den wir hier aufmerksam machen. Freud (1912 a) empfiehlt außerdem *als angebrachte Haltung* des Analytikers, „sich aus der einen psychischen Einstellung nach Bedarf in die andere zu schwingen".

In demselben Aufsatz empfiehlt Freud (op. cit.), daß „man wie absichtslos verfährt, sich von jeder Wendung überraschen läßt und [den Patienten] immer wieder unbefangen und voraussetzungslos entgegentritt". Dieser Beschreibung entspricht das, was wir hier als *epistemologische* Grundeinstellungen in der Gegenübertragung bezeichnen wollen. Einige Zeilen weiter (S. 384) spricht Freud von einer „intimen Einstellung" des Analytikers. Er sagt (im Zusammenhang mit einer Kritik der Technik durch Suggestion): „Auch die Lösung der Übertragung, eine der Hauptaufgaben der Kur, wird durch die intime Einstellung des Arztes erschwert". Das Wort „intim" und Freuds Empfehlung, diese Einstellung nicht zu haben, bezieht sich darauf, daß es keine „Intimität" zwischen Analytiker und Analysand geben soll. Trotzdem glauben wir, daß Freud dem Wort „Intimität" einen gewissen Spielraum gibt, als etwas eigenem, „internem" im Analytiker.

Freud (1905) gibt uns im Fall Dora in seinen Kommentaren in Doras Analyseabbruch ein gutes Beispiel von Grundeinstellungen in der Gegenübertragung:

> [Ich habe] es immer vermieden, Rollen zu spielen, und mich mit anspruchsloser psychologischer Kunst begnügt. Bei allem theoretischen Interesse und allem ärztlichen Bemühen, zu helfen, halte ich mir doch vor, daß der psychischen Beeinflussung notwendig Grenzen gesetzt sind, und respektiere als solche auch den Willen und die Einsicht des Patienten" (Freud op. cit. S. 272 f.).

Es geht uns hier um die *Grundeinstellung* in der Gegenübertragung; demnach ist die Gegenübertragung diesem Begriff untergeordnet. Der Analytiker sollte innerhalb seiner Gegenübertragungsreaktionen den Spuren nachgehen, die Hinweise auf eventuell zuerst nicht reflektierte Grundeinstellungen geben. Beim Durchgehen der Literatur haben wir nur gelegentlich Erwähnungen mit Annäherungen an das Konzept der Grundeinstellungen in der Gegenübertragung gefunden, ohne daß der Autor dem Ausdruck weitere Aufmerksamkeit geschenkt oder ihn gar erklärt hätte.

Schon 1925 sprach Viktor-Emil von Gebsattel (1954, S. 277) von einer „positiven Grundeinstellung" als einer Art notwendigem Vehikel für die therapeutische Einwirkung der Deutung. Er versteht darunter einen akzeptierenden Hintergrund seitens des Therapeuten, „einen bejahenden Hintergrund“. Ohne diesen bleiben die Einsichten nur erklärend, also unecht.[2] Von Gebsattel (op. cit.) unterscheidet zwischen „psychologischen Verständnisinhalten“, was der Einsicht gleichkommt, und dem „therapeutischen Verständnis“, welches er so beschreibt: „... jenes Aufnehmen des Anderen in den eigenen Lebenskreis“. Eine moderne Version desselben Gedankenganges finden wir bei Bejarano (1977), der bemerkt: „... nicht allein mittels Deuten, sondern durch Berücksichtigung der *Haltung* des Analytikers, sein Erleben und ‚Erfahren‘ der analytischen Situation“, wird gegebenenfalls ein Heilungsprozeß eingeleitet.

Nach Laforgue (1937, S. 51) spielt auch die Persönlichkeit des Analytikers eine wichtige Rolle.

Searl (1937, S. 147) bemerkt im selben Jahr: „... und weder Stillschweigen noch bloßes Nichtvorhandensein offener Feindseligkeit von seiten des Analytikers, nicht einmal offenkundige Freundlichkeit, welche zu Recht oder zu Unrecht als Reaktionsbildung aufgefaßt werden mag, kann die Angst vor der vollen Verantwortung für einen dem Analytiker zugefügten unvermeidlichen Schaden völlig beseitigen. Nach dem Schweigen und in Verbindung damit, vermag nur die andauernde und unverminderte Tätigkeit des Analytikers, *seine Fähigkeit, ein freundlicher, verständnisvoller Analytiker zu sein,* den psychoanalytischen Prozeß in Gang zu bringen.“

Bibring (1937) spricht von dem *„realen Verhalten* des Analytikers“ und von der Wichtigkeit der „Schaffung der sogenannten analytischen Atmosphäre“. Einige Zeilen danach sagt er: „Ich meine, daß die *Haltung des Analytikers* und die so von ihm geschaffene analytische Atmosphäre im Grunde eine Realkorrektur der aus der Kindheit stammenden Ängste des Patienten vor Liebesverlust und Strafe bedeuten“ (Hervorh., R. P.-O.).

In seinem Aufsatz „Die Grundlagen der therapeutischen Resultate“ spricht Glover (1937) davon, daß „eine der Vorausset-

[2] Nähere Ausführungen darüber, was Einsicht eigentlich ist oder wie sie wirkt, lasse ich vorläufig beiseite. Dies ist ohnehin ein schwieriges Problem, das weit über unsere Thematik hinausgeht.

zungen für die Wirksamkeit der Deutung in der Haltung des Analytikers, *seiner echten unbewußten Haltung gegenüber seinen Patienten* gelegen ist" (Hervorh., R. P.-O). Dieses gleiche Zitat verwandte er 1955 in seinem Buch über Technik.

Auch Léon Grinberg (1979) spricht von dem, was wir *Grundeinstellung in der Gegenübertragung* nennen. Indem er sich auf Bions Empfehlung bezieht, „ohne Gedächtnis oder Wunsch" zu arbeiten, sagt er: „Es handelt sich um *eine innere Einstellung* seitens des Analytikers" und nicht „um eine reale Änderung der Technik dem Patienten gegenüber". Der gleiche Autor spricht von einer „psychoanalytischen Einstellung", also einer spezifischen.

Wir merken wohl, daß alle genannten Zitate eigentlich nur zwei der Regeln Freuds umschreiben, nämlich die der „wohlwollenden Neutralität" und die, die besagt, „sich aus der einen psychischen Einstellung nach Bedarf in die andere zu schwingen".

Donald W. Winnicott (1960) spricht von „*professionellen* Einstellungen", Edith Jacobson (1977) von „*emotioneller* Einstellung" in Bezug auf die korrekte Technik mit schwer depressiven Patienten. Racker (1960) nähert sich unserem Begriff, wenn er von „Gegenübertragungs*positionen*" (Hervorh., R. P.-O) im Unterschied zu „Gegenübertragungseinfällen" spricht. Der erste Begriff weist auf eine gewisse Beständigkeit der Gegenübertragungsreaktion im psychoanalytischen Prozeß hin. Ähnliche Begriffe tauchen auch in Arbeiten von Therese Benedek (1953) und René Spitz (1956a) auf. Kemper (1954) spricht in seinem Versuch, die Gegenübertragung realistisch zu klassifizieren, von einer „*wohlwollenden* Grundeinstellung, einer *Helfer*bereitschaft". Angela Köhler-Weisker (1978) in ihrer Klassifizierung der technischen Regeln im Werke Freuds, widmet ein Kapitel den „inneren Einstellungen". Fierz (1978) spricht von einer „Gesamthaltung", die hinter der Theorie steht. Er bemerkt „Theori*a* ist nicht nur Theorie, sondern umfaßt auch jene Gesamthaltung, die der Theorie zu Grunde liegt (Hervorh., R. P.-O)".

Unserer Meinung nach sind die „Grundeinstellungen" in der Gegenübertragung Haltungen oder Einstellungen genereller Art, die im Beruf des Psychoanalytikers *und* dessen persönlicher Geschichte verwurzelt sind (vgl. DeSwaans 1978).

Die Grundeinstellungen in der Gegenübertragung sind als

Teile der grundlegenden technischen Regeln, in Freuds Schriften implizit und explizit enthalten. Sie beziehen sich auf die Gegenübertragung, weil sie eine Einstellung dem Analysanden gegenüber betreffen, welche – zusammen mit den Faktoren des Settings und der Grundregel – den analytischen Prozeß ermöglichen, d. h. die Entfaltung des Spiels von Übertragung und Gegenübertragung einerseits und des Arbeitsbündnisses andererseits. Die Grundeinstellungen in der Gegenübertragung ermöglichen es dem Analysanden, die Spannung zwischen dem in der Phantasie konkret erlebten (Übertragung/Gegenübertragung) und dem Vorsatz der Klärung (Arbeitsbündnis) zu ertragen. Der Analysand, der in der Übertragung den Haß auf ein Kindheitsobjekt wiedererlebt, kann sich an diesen nur erinnern, wenn er sich auf eine Grundeinstellung der wohlwollenden Neutralität stützt. Diese gleichbleibende Grundeinstellung ist also eine notwendige Voraussetzung des analytischen Prozesses.

Wenn wir bisher den *Unterschied* zwischen Gegenübertragung und Grundeinstellungen in der Gegenübertragung hervorgehoben haben, so müssen wir jetzt auch die tiefen *Zusammenhänge* zwischen beiden hervorheben. In jeder psychoanalytischen Sitzung sind die Grundeinstellungen in der Gegenübertragung ein Teil der Gegenübertragung im Ganzen, wobei Ähnlichkeiten (die Gegenübertragung zielt in diesem Falle in die gleiche Richtung wie die Grundeinstellungen in der Gegenübertragung) oder Gegensätze (die Gegenübertragung bringt die Grundeinstellungen in Gefahr oder umgekehrt) vorherrschen können.

An dieser Stelle möchten wir anmerken, daß die Grundeinstellungen in der Gegenübertragung, selbst wenn sie einen Teil des psychoanalytischen Prozesses bilden, der im Prinzip vom Charakter des Psychoanalytikers unabhängig ist, trotzdem etwas darstellen, was sich der Psychoanalytiker reflexiv aneignen muß. Diese Aneignung erfolgt, indem er sich in das Bewußtsein seines sozialen Standortes und in die Genese, Geschichte und theoretische Grundlegung der Methode vertieft. In diesem Sinne handelt es sich nicht um „technische Regeln“, welche durch einen Willensaufwand befolgt werden können, sondern um Einstellungen, die einerseits tiefer in der Persönlichkeit jedes einzelnen verwurzelt sind, andererseits aber auch über den Einzelnen hinausgehen. Daß jemand diesen Beruf wählt und seinen

Wunsch, Psychoanalytiker zu werden, in seiner Lehranalyse genügend durchgearbeitet hat, deutet darauf hin, daß er Charakterzüge besitzt, die es ihm ermöglichen, sich die angemessenen Grundeinstellungen in der Gegenübertragung anzueignen. Der Analytiker sollte befähigt sein, für jede konkrete analytische Situation die annähernd „adäquate Atmosphäre" zu ermöglichen und gegebenenfalls aktiv mitzugestalten. (Siehe in diesem Zusammenhang die lehrreichen Ausführungen von Cremerius (1981) in seinem Aufsatz „Freud bei der Arbeit über die Schulter geschaut".) Anscheinend gibt es beim Analytiker bestimmte Charakterzüge (oder, wenn Sie wollen, „neurotische Reste"), die besser mit der psychoanalytischen Methode in Einklang zu bringen sind als andere. Wir stehen vor keiner geringeren Frage als dieser: „Was macht einen guten Analytiker aus?", wie auch der Titel von M. Mitscherlich-Nielsens Aufsatz (1970) lautet. Für mich ist es keine Überraschung, auf der Liste von psychoanalytischen „Tugenden", die M. Mitscherlich-Nielsen in dem oben genannten Überblick aufzeigt, solche zu finden, die ohne Schwierigkeit als Grundeinstellungen bezeichnet werden können.

Was jedoch die spezifische Dimension der *Grundeinstellungen in der Gegenübertragung* ausmacht und die Aufstellung dieses Begriffs erst rechtfertigt, ist all das, was an der Gegenübertragung noch nicht genug erforscht worden ist, d. h.: die Summe der Elemente, die in der psychoanalytischen Methode und in den von Freud formulierten technischen Regeln implizit enthalten sind und sich, selbst wenn sie nicht explizit aufgezeichnet wurden, in verschiedenen Faktoren kristallisieren: *ethische* Faktoren (z. B. „Respekt gegenüber dem anderen"), *epistemologische* (z. B. „gleichschwebende Aufmerksamkeit"), *philosophische* (z. B. „Wahrheitsliebe") und *„technische"* (also zweckorientierte, z. B. „Erinnern ist besser als Acting-out"), d. h. die gesellschaftliche Entstehung der Psychoanalyse als Lehre vom seelisch Unbewußten und die daraus abgeleitete psychotherapeutische Technik. Ich verzichte jedoch hier auf einen Versuch zu erklären, warum die Psychoanalyse gerade in Wien, am Ende des 19. Jahrhunderts, in Erscheinung trat.[3]

[3] Siehe dazu die Versuche von Glasser (1976), Sternberg (1932), Dahmer (1973) und Erdheim (1982).

Das Projekt wäre zu ehrgeizig. Es wäre einer weiteren Untersuchung wert, in die Elemente einzudringen, die in der „klassischen" psychoanalytischen Technik implizit sind und die wir hier Grundeinstellungen in der Gegenübertragung genannt haben. Epistemologisch, hier in Worten von Thomas S. Kuhn (1971) ausgedrückt, hat unser Versuch „die Determinierung der gemeinsamen [den Freudschen Psychoanalytikern gemeinsamen] Paradigmen" zum Ziel; d. h. es handelt sich um die Erforschung der „isolierbaren, expliziten oder impliziten Elemente, die von ihren generellen Paradigmen abstrahiert worden sein können". Hier entsprechen also die generellen Paradigmen Kuhns den klassischen technischen Regeln (s. erneut op. cit. Angela Köhler-Weisker 1978). Wir schlagen in diesem Aufsatz die umgekehrte Reihefolge ein: wir versuchen, die generellen Paradigmen (nämlich Grundeinstellungen in der Gegenübertragung) aus denen die gewohnten technischen Regeln scheinbar herkommen. „Die Existenz von Paradigmen", fährt Kuhn fort, „braucht nicht einmal die Existenz einer kompletten Sammlung von Regeln zu bedeuten". In der Tat gibt es in der Psychoanalyse keine vollständige Sammlung von Regeln und es kann sie auch nicht geben. Freuds Widerstand gegen solche kompletten „Regeln" beruht wohl auf dem Bewußtsein einer grundsätzlichen Unmöglichkeit.

0.1.3 Unterschiede zwischen Gegenübertragung und Grundeinstellungen in der Gegenübertragung

1. *Was den Analysanden* betrifft, bezieht sich die Gegenübertragung auf *ein ganz konkretes Individuum*, während die Grundeinstellungen in der Gegenübertragung sich mehr auf allgemeine Aspekte beziehen, die eher auf das Unspezifische im Analysanden gerichtet sind.
2. *Für den Analytiker* ist die Gegenübertragung – da sie die Kommunikation zwischen zwei Unbewußten darstellt – ein Instrument wie das Telefon, laut Freuds (1912, S. 381) Vergleich: „Wie der Receiver die von Schallwellen angeregten elektrischen Schwankungen der Leitung wieder in Schallwellen verwandelt, so ist das Unbewußte des Arztes befähigt, aus den ihm mitgeteilten Abkömmlingen des Unbewußten dieses

Unbewußte, welches die Einfälle des Kranken determiniert hat, wiederherzustellen".

Andererseits stellen die Grundeinstellungen eine Reihe von Haltungen dar, die für den Analytiker sowohl Stütze wie Orientierung sind. Sie greifen jedoch auch über die besonderen Eigenschaften seiner Persönlichkeit – bzw. seiner spezifischen Konflikte – hinaus.

3. Was die *Beständigkeit während des Prozesses* anbelangt, legt die Gegenübertragung nicht nur Zeugnis über die Situation während jeder Sitzung ab, sondern auch über die Phasen eines kompletten Prozesses. Die Grundeinstellungen in der Gegenübertragung geben Zeugnis über die wichtigsten technischen Regeln ab und umgekehrt.

   So hat z. B. Freud seine „technischen Ratschläge" ganz aus seiner *Gesamt*persönlichkeit entwickelt. Es gibt also meiner Meinung nach eine Wechselwirkung zwischen Grundeinstellung und Technik, die noch nicht genug erforscht worden ist. Psychoanalytische Grundeinstellungen sind mit dem psychoanalytischen Beruf stark verbunden. Sie schließen ein bestimmtes Menschen- und Weltbild ein. In einem Wort: Grundeinstellungen sind Wert-bezogen. Betrachten wir für einen Augenblick, daß z. B. die Soldaten, Priester, Ärzte, Metzger, um nur einige Berufe zu nennen, im Vergleich zu den Psychoanalytikern untereinander jeweils andere gemeinsame Grundeinstellungen haben. Die Wertbezogenheit des menschlichen Erlebens und Handelns hat Reiter (1978, S. 93) hervorgehoben und sie als „weltorientiert" bezeichnet. Derselbe Autor (1976, S. 318) hat auch empirische Untersuchungen über „die implizite Weitergabe von Werten in der Psychotherapie" angeregt.

4. Was die *Historizität* des Prozesses betrifft, unterstreicht die Gegenübertragung die Historizität der konkreten analytischen Prozesse, d. h. die konkrete biographische Auseinandersetzung des Analysanden mit z. B. der Ödipus-Problematik und seiner Bespiegelung in der Übertragung-Gegenübertragung. Die Grundeinstellungen in der Gegenübertragung heben dagegen mehr die Historizität der *analytischen Methode an sich* hervor, ihre Gene und ihre Wandlungen, die letztlich bedingt sind durch die Beziehungen zwischen objek-

tiven Strukturen (z. B. Produktionsverhältnisse) und den subjektiven Strukturen, in einem gegebenen historischen Moment (s. z. B. Parin (1975) sowie Parin und Parin-Matthèy (1978)).

Es scheint, daß die Grundeinstellungen in der Gegenübertragung sich auf einige wenige beschränken. Freud hat nicht nur kaum über Technik an sich geschrieben; seine Hinweise auf Grundeinstellungen in der Gegenübertragung sind spärlich und vage. Diese Tatsache macht eine detaillierte Untersuchung von Freuds Werk notwendig, in welcher versucht werden sollte, folgende Fragen zu beantworten:

a) Welche Grundeinstellungen in der Gegenübertragung werden von Freud – explizit oder implizit – in seinem Werk erwähnt?
b) In welcher Weise bilden die Grundeinstellungen in der Gegenübertragung ein System unter sich? Gibt es zwischen ihnen eine Beziehung der Ergänzung oder des Widerspruchs? Wie sind diese Beziehungen in Bezug auf die Diachronie von Freuds Werk artikuliert? Warum ist eigentlich die Anzahl der Grundeinstellungen so gering?
c) Welche Funktion hat die geringe Anzahl von Grundeinstellungen in der Gegenübertragung? Im Grunde handelt es sich darum, die Einstellung dem anderen gegenüber auf ein absolutes Minimum zu reduzieren; eine Art „Vacuum“. Fürstenau (1979) nennt es „die Beziehung der Nichtbeziehung“. Allerdings besteht dann die Gefahr, daß sich der Analytiker hinter solchen Einstellungen verschanzt, in Bezug auf die Erwartungen, die man im täglichen Leben dem anderen gegenüber hat.

Wenn die Gegenübertragung ein wichtiger Teil des psychoanalytischen Prozesses ist, den man normalerweise in seiner direkten Form dem Analysanden nicht mitteilt (nur in Ausnahmefällen öffnet sich die Gegenübertragung, so daß der Analysand nur die Folgen in Bezug auf sich selbst kennt), so gilt das auch für die Grundeinstellungen in der Gegenübertragung. Trotzdem könnte man sagen, daß letztere „mitgeteilt werden“ bzw. „sich mitteilen“. Da sie die Interventionen des Analytikers in entscheidender Form kennzeichnen, bilden sie auch eine Art konstanter Botschaft. Dies zwingt uns folgende Fragen zu stellen:

a) Welche Spuren hinterlassen die Grundeinstellungen in der Gegenübertragung im Diskurs des Analytikers? In welchen Momenten und Phasen des Prozesses rücken sie in den Vorder- oder Hintergrund?
b) Bis zu welchem Grad werden die Grundeinstellungen in der Gegenübertragung – da sie eine „Philosophie" der Beziehung zum Anderen darstellen – vom Analysanden verinnerlicht? Dies ist vor allem bei der Analyse von Analytikern wichtig.

Könnte man nicht vielleicht das Grundsätzliche, Originelle, Spezifische der Freudschen Praxis gerade in Einstellungen, Haltungen, Attitüden, und Gesichtspunkten finden, kurz, in den Grundeinstellungen in der Gegenübertragung? Es geht darum, sich in den Kern einer theoretisch-praktischen Einstellung zu begeben, die vor Freud unbekannt war und nach ihm kaum untersucht worden ist.

Literatur

Bejarano, A. (1977). Gegenübertragung und Narzißmus. Bulletin Europäische Psychoanalytische Föderation, 12, 5–10.

Benedek, T. (1953). Dynamics of the counter-transference. Bulletin of the Menninger Clinic, 17 (6), 208.

Bibring, E. (1937). Versuch einer allgemeinen Theorie der Heilung. Internationale Zeitschrift für Psychoanalyse, 23, 28–30.

Cremerius, J. (1979). Die Entwicklung der psychoanalytischen Technik. In H. Fischle-Carl (Hg.), Theorie und Praxis der Psychoanalyse (S. 39–55). Fellbach: Bonz.

Cremerius, J. (1981). Freud bei der Arbeit über die Schultern geschaut – Seine Technik im Spiegel von Schülern und Patienten. In Humanität und Technik. Jahrbuch der Psychoanalyse, Beiheft 6. Bern: Huber.

Dahmer, H. (1973). Libido und Gesellschaft. Frankfurt: Suhrkamp.

DeSwaan, A. (1978). Zur Soziogenese des Psychoanalytischen „Settings". Psyche 32, 793–826.

Devereux, G. (1967). Angst und Methode in den Verhaltenswissenschaften. München: Hanser.

Erdheim, M. (1982). Die gesellschaftliche Produktion von Unbewußtheit. Frankfurt: Suhrkamp.

Fierz, H. K. (1978). Methode, Theorie und Ethik in der analytischen Psychotherapie. In Die Psychologie des 20. Jahrhunderts, Band III (S. 1133). Bern: Kindler Verlag.

Freud, S. (1905). Bruchstück einer Hysterieanalyse. GW V, 161–286.

Freud, S. (1912). Ratschläge für den Arzt bei der Psychoanalytischen Behandlung. GW VIII, 375–387.
Freud, S. (1913). Zur Einleitung der Behandlung. GW VIII, 453–478.
Freud, S. (1915). Bemerkungen über die Übertragungsliebe. GW X, 305–322.
Fürstenau, P. (1979). Zur Theorie psychoanalytischer Praxis: Psychoanalytisch-sozialwissenschaftliche Studien. Stuttgart : Klett-Cotta.
Gebsattel, V.-E. von (1954). Über den personalen Faktor des Heilungsprozesses. In ders., Prolegomena einer medizinischen Anthropologie (S. 277). Berlin: Springer.
Glasser, H. (1976). Sigmund Freuds zwanzigstes Jahrhundert. Wien: Hanser.
Glover, E. (1937). Die Grundlagen der therapeutischen Resultate. Internationale Zeitschrift für Psychoanalyse, 23, 48f.
Greenson, R. R. (1967). The technique and practice of psychoanalysis, Vol I. New York: International Universities Press.
Grinberg, L. (1979). Fase final del análisis. Psicoanalisis, Revista de la Asociación Psicoanalítica de Buenos Aires, 1 (1), 122–130.
Heimann, P. (1978). Über die Notwendigkeit für den Analytiker, mit seinen Patienten natürlich zu sein. Psyche 29.
Jacobson, E. (1977): Zur erschwerten Handhabung der Übertragung bei der psychoanalytischen Behandlung von Patienten mit schweren Depressionen. In dies., Depression (S. 354–376). Frankfurt: Suhrkamp.
Kemper, W. (1954). Die Übertragung im Lichte der Gegenübertragung. Acta Psychotherapeutica Psychosomatica et Orthopaedagogica. Suplementum, 3, 169–176.
Kernberg, O. (1965). Notes on Countertransference. Journal of the American Psychoanalytic Association, 13 (1), 38–56.
King, P. (1978). Affective response of the analyst to the patient's communications. International Journal of Psycho-Analysis, 59, 329.
Köhler-Weisker, Angela (1978). Rogers und die Freudsche Technik. Psyche 32, 827–847.
Kuhn, T. S. (1962). Die Struktur wissenschaftlicher Revolutionen. Frankfurt: Suhrkamp 1973.
Laforgue, R. (1937). Der Heilungsfaktor der analytischen Behandlung. Internationale Zeitschrift für Psychoanalyse, 23, 51.
Liberman, D. (1978). Affective response of the analyst to the patient's communication. International Journal of Psycho-Analysis, 59, 335.
Mitscherlich-Nielsen, M. (1970). Was macht einen guten Analytiker aus? Psyche, 24, 577–599.
Muck, M. (1974). Die psychoanalytische Behandlung und ihre Wirkung. In ders., Information über Psychoanalyse Frankfurt: Suhrkamp.
Nagera, H. (1974). Psychoanalytische Grundbegriffe. Frankfurt: Fischer.
Nerenz, K. (1983). Eine Legende zum Begriff der Gegenübertragung. In S. O. Hoffmann (Hg.), Deutung und Beziehung. Frankfurt: Fischer.
Nerenz, K. (1985). Zu den Gegenübertragungskonzepten Freuds. Psyche, 39, 501–518.
Parin, P. (1975). Gesellschaftskritik im Deutungsprozeß. Psyche, 29, 97.

Parin, P., & Parin-Matthèy, P. (1978). Der Widerspruch im Subjekt, die Anpassungsmechanismen des Ich und die Psychoanalyse gesellschaftlicher Prozesse; Provokation und Toleranz. Festschrift für A. Mitscherlich (S. 410–435). Frankfurt: Suhrkamp.

Racker, H. (1960). Übertragung und Gegenübertragung. Studien zur psychoanalytischen Technik. München, Basel: Reinhardt 1978.

Reich, A. (1951). On countertransference. International Journal of Psycho-Analysis, 32, 25–31.

Reiter, L. (1978). Werte, Ziele und Entscheidungen in der Psychotherapie. In H. Strotzka (Hg.), Psychotherapie: Grundlagen, Verfahren, Indikationen (S. 87–112). München: Urban & Schwarzenberg.

Reiter, L., & Steiner, E. (1976). Allgemeine Werte- und Zielvorstellungen von Psychotherapeuten und Beratern. Praxis der Psychotherapie, 21, 80–91.

Sandler, J. (1973). Die Grundbegriffe der psychoanalytischen Therapie. Stuttgart: Klett.

Searl, M. N. (1937). Zur Problematik der technischen Prinzipien. Internationale Zeitschrift für Psychoanalyse 23, 147.

Sharpe, E. (1947). The psychoanalyst. International Journal of Psycho-Analysis 28, 4.

Spitz, R. (1956a). Übertragung und Gegenübertragung. Psyche 10, 63–81.

Sternberg, F. (1932). Marxismus und Verdrängung. In H. P. Gente (Hg.), Marxismus, Psychoanalyse, Sexpol, Bd I. Frankfurt: Fischer 1970.

Thomä, H. (1981). Die Aktivität des Psychoanalytikers als Determinante des therapeutischen Prozesses. In U. Ehebald & F. W. Eickhoff (Hg.), Humanität und Technik in der Psychoanalyse (S. 1–80). Bern: Huber.

Tower, L. (1956). Countertransference. Journal of the American Psychoanalytic Association, 4, 224–255.

Winnicott, D. (1949). Hate in the Counter-Transference. International Journal of Psycho-Analysis, 30, 69–74.

Winnicott, D. (1960). Countertransference. British Journal of Medical Psychology, 33, 17–21.

0.2 Grundhaltung, professionelle Einstellungen und psychoanalytische Methode

Peter Kutter

0.2.1 Die psychoanalytische Grundhaltung – implizite Werte und Ziele der Psychoanalyse

In keinem der drei unmöglichen Berufe des Lehrers, Politikers und Psychoanalytikers (Freud 1937, S. 94) spielt der Einfluß der Persönlichkeit auf die professionelle Tätigkeit eine so große Rolle wie im Beruf des Analytikers. Psychoanalytiker gehen mit ihren Patienten eine ganz besondere *Beziehung* ein und beeinflussen damit unweigerlich den analytischen Prozeß. Um diesen Einfluß möglichst gering zu halten, schuf Freud (1912, S. 384) das Ideal des unbeteiligten, distanzierten Analytikers, der „wie eine Spiegelplatte nichts anderes zeigt, als was ihm gezeigt wird" – wie der Fischer in Goethes Gedicht „kühl bis ans Herz hinan". Das würde heißen: Nicht die Haltung des Psychoanalytikers ist das entscheidende Grundprinzip psychoanalytischen Handelns, sondern die *Deutung*.

Den Gegenpol zu dieser Position bilden diejenigen Psychoanalytiker, die in der Nachfolge Sándor Ferenczis, Michael Balints und anderer eine besondere Haltung einnehmen und sich menschlich auf ihre Patienten einlassen, um sie über eine Kommunikation ohne Worte (averbal) zu verstehen. Dabei kommt es beim Therapeuten genauso wie beim Patienten im Sinne einer therapeutischen Ich-Spaltung (Sterba 1934) zu einer Aufteilung der psychoanalytischen Funktionen in einen am Prozeß teilnehmenden und in einen diesen Prozeß gleichsam von außen beobachtenden Teil. Zwischen den Extremen des zu distanzierten und des zu stark mitfühlenden Analytikers gibt es in der täglichen psychoanalytischen Praxis viele Zwischenstufen.

Wie Psychoanalytiker tatsächlich arbeiten, ist viel zu wenig erforscht. Es schien den Herausgebern daher lohnend, nach Glovers Publikation (1955) einen neuen Versuch zu wagen, um herauszufinden, von welchen Grundprinzipien sich Psychoanalytiker in der Ausübung ihres Berufes tatsächlich leiten lassen.

Dazu stellten sie jedoch keine Umfrage an, sondern baten prominente Psychoanalytiker aus aller Welt, zu den aktuellen Fragen der psychoanalytischen Haltung Stellung zu nehmen. Damit wird die psychoanalytische Profession, der psychoanalytische Beruf, zum Gegenstand der Betrachtung. Eine wichtige Frage wurde eingangs schon formuliert: Müssen Psychoanalytiker ihren Beruf so distanziert ausüben, wie es Freuds Spiegelgleichnis empfiehlt? Sollen sie sich nicht vielmehr persönlich in die helfende Beziehung einbringen? Weitere Fragen lauten: Aus welcher Grundhaltung heraus handeln Psychoanalytiker? Welche impliziten Werte und Normen leiten sie dabei? Nehmen sie je nach Patient oder je nach Stand des psychoanalytischen Prozesses unterschiedliche Haltungen und Einstellungen ein, die es ihnen gestatten, sich jeweils angemessen in ihre Patienten einzufühlen und auf deren Übertragung zu reagieren? Oder wenden sie, relativ unabhängig von ihrer Person, lediglich die psychoanalytische Methode an, indem sie verstehen, deuten und erklären? Beschränken sie sich dabei auf die unbewußten Phantasien als den ureigensten Gegenstand der Psychoanalyse oder berücksichtigen sie auch die reale Umwelt des Patienten?

Die verschiedenen Beiträge des vorliegenden Bandes versuchen alle, jeder auf seine Weise, Antworten auf diese Frage zu finden. Unter *Grundhaltung* oder Grundeinstellung wird jene basale Haltung oder Einstellung verstanden, die Psychoanalytiker grundsätzlich in ihrem beruflichen Handeln einnehmen. Zwischen Haltung und Einstellung machen wir dabei im Sinne des englischen Begriffs der „attitude“ (Roy Schafer 1983) keinen Unterschied.[1] Die Grundhaltung[2] hat sehr viel mit der *Identität* des Psychoanalytikers zu tun (vgl. Joseph & Widlöcher 1983),

[1] Wer den in der deutschen Sprache gegebenen Unterschied zwischen Haltung und Einstellung trotzdem machen will, für den ist Haltung das äußerlich beobachtbare *Verhalten*, wie etwa in „Haltung annehmen“ oder „aufrechte oder gebückte (Körper-)Haltung“. Dagegen betont die Bezeichnung *Einstellung* die nicht äußerlich beobachtbare, *innere* Einstellung im Sinne einer Gesinnung oder einer Denkart, wie z. B. eine politische oder religiöse Einstellung (Wahrig, Deutsches Wörterbuch, Gütersloh 1968). Ob wir nun mehr die äußere Haltung oder die innere Seite der Einstellung betonen, es geht dabei immer um die zwei Seiten *einer* Münze.

[2] Worum es im vorliegenden Band geht, ist vor allem die Klärung der bisher weitgehend unreflektiert gebliebenen Haltung der Psychoanalytiker ge-

mit dessen Überzeugungen, Normen und Werten. Hier gibt es große interindividuelle Unterschiede; je nach sozialer Herkunft, nach Alter, Geschlecht, nach politischer, religiöser oder eher wissenschaftlicher oder eher künstlerischer Überzeugung. Dabei entspricht die Grundhaltung einer *„inneren Gleichheit und*

---

genüber ihren Patienten. Dabei unterscheiden wir im Sinne eines Schichtmodells folgende Haltungsebenen:

1. Eine Grundhaltung als basale oder fundamentale Haltung (‚basic' oder ‚fundamental attitude'). Sie entspricht genau der von Páramo-Ortega im vorausgegangenen Beitrag definierten Grundeinstellung. Sie ist von der Person des Patienten, der Diagnose oder der Art der Störung weitgehend *un*abhängig. Das heißt: der Analytiker begegnet jedem seiner Patienten mit derselben Grundhaltung oder Einstellung. Sie kennzeichnet den Psychoanalytiker und hängt stark von dessen Persönlichkeit ab. Die Grundhaltung beinhaltet ebenso implizierte Werte und Normen, die mit den Idealen des Analytikers zu tun haben, wie mehr oder weniger bewußte Grundüberzeugungen, im Sinne von philosophischen, ärztlichen, politischen oder pädagogischen Überzeugungen. Derartige Grundeinstellungen werden von vielen Analytikern geteilt. Sie werden in nationalen und internationalen psychoanalytischen Vereinigungen gepflegt und tradiert. Daß aber zwischen einzelnen psychoanalytischen Richtungen und Schulen auch Unterschiede bestehen, läßt sich an den unterschiedlichen Definitionen und Akzentuierungen der Beiträge des vorliegenden Bandes nicht übersehen.
2. Unterschiedliche Haltungen und Einstellungen, die je nach Art der Störung des Patienten und je nach Stand des psychoanalytischen Prozesses variieren. Sie variieren von Patient zu Patient. Gegenüber einer klassischen Hysterie ist nach wie vor eine zwar wohlwollende, aber doch distanzierte neutrale Haltung angezeigt. Im Gegensatz dazu erfordern schwer narzißtisch gestörte Patienten mit Neigung zu Drogenmißbrauch, mit delinquenten Zügen oder psychosomatischen Symptomen eine „neue" Haltung, bei der das Schaffen einer geeigneten Atmosphäre, Empathie und wechselnde projektive Identifizierung eine wichtige Rolle spielen.
3. Die Anwendung der psychoanalytischen Methode als hermeneutisches Verfahren, das unter Nutzung regressiver Prozesse und bei permanenter Berücksichtigung von Widerstand, Übertragung und Gegenübertragung unbewußte Inhalte bewußt macht. Dazu kommt in wechselndem Ausmaß der Einfluß von Teilen der psychoanalytischen Theorie, wie sie als Entwicklungspsychologie, Persönlichkeitstheorie, Abwehr- und Konfliktlehre sowie Krankheitslehre existiert.

Die hier voneinander differenzierten psychoanalytischen Funktionen spielen natürlich in der täglichen Praxis ineinander und stellen eine integrierte Funktion dar. Wir halten es trotzdem für gut, diese Funktion einmal versuchsweise zu differenzieren, um die Diskussion darüber anzuregen.

Kontinuität" sich selbst und anderen gegenüber (Erikson 1950), die so unverwechselbar ist wie ein Paßbild. Sie ist relativ stabil und stellt die solide Basis professionellen Handelns dar. Sie sollte den Psychoanalytikern bewußt sein, damit sie sie in ihrer Wirkung auf Patienten und auf den psychoanalytischen Prozeß entsprechend einschätzen können. So ist es ein großer Unterschied, ob Psychoanalytiker von früh bis spät nur Patienten behandeln und ansonsten anonym bleiben, oder ob sie sich politisch engagieren und sich öffentlich in der Frauen- oder Friedensbewegung einsetzen.

Aber auch innerhalb der psychoanalytischen Praxis gibt es große Unterschiede zwischen den Grundhaltungen der einzelnen Psychoanalytiker (vgl. Páramo-Ortega in diesem Band). Ekstein stellt die hier herausgestellte Grundhaltung überhaupt in Frage, zeigt aber zugleich deren wichtigste Prinzipien auf: Die Fähigkeit des Analytikers, zu warten, auf die Wünsche des Patienten zu reagieren, dessen sowie seine eigene soziale Realität einzukalkulieren und sich der professionellen Verantwortung gegenüber dem Patienten bewußt zu sein.

Jede Grundhaltung hat ihre Gefahren: Definiert sich der Psychoanalytiker in seinem Selbstverständnis als *Arzt*, dann will er vor allem helfen und heilen. Vor seinem furor sanandi, vor seinem „therapeutischen Ehrgeiz", hat Freud (1912, S. 385) ebenso gewarnt wie vor dem „erzieherischen Ehrgeiz" des *pädagogisch* verstehenden Analytikers. Ein sich streng *wissenschaftlich* definierender Analytiker erliegt hingegen leicht der Gefahr, nur in logischer Stringenz die Ursachen bestimmter Symptome zu suchen, um sie dann zu beseitigen, ohne sich sonst auf den Patienten einzulassen. Ein *politisch* engagierter Psychoanalytiker überschreitet leicht die Grenzen professionellen Handelns und wird unversehens zum Politiker, der in utopischer Vision die Welt verändern will, um auch auf diese Weise nicht nur „hysterisches Elend" (Freud 1895, S. 312) zu heilen, sondern auch das „gemeine Unglück" zu verhüten.

Jede dieser Grundhaltungen kann sich auf Sigmund Freud berufen, der Arzt war, sich aber vor allem als *Forscher* definierte, die Psychoanalyse aber auch als „Nacherziehung" (Freud 1904) verstand und sich in seinen kulturtheoretischen Schriften vielfältig gesellschaftlich äußerte.

Die ideale professionelle Grundhaltung wäre die Integration einer ärztlichen Grundhaltung mit erzieherischen Impulsen, wissenschaftlicher Neugier und gesellschaftskritischem Engagement. Damit hätten wir uns aber weit von der Realität des psychoanalytischen Alltags entfernt. Sicher wären auch viele Psychoanalytiker mit diesem Ideal nicht einverstanden. Konsens dürfte aber folgende *Definition der psychoanalytischen Grundhaltung* finden: die Suche nach Wahrheit und das nie erlahmende Interesse an Menschen und deren unvermeidlichen Konflikten.

Janine Chasseguet-Smirgel und Joyce McDougall beziehen dazu im vorliegenden Band ebenso wie Horacio Etchegoyen mit seinen Grundsätzen zum psychoanalytischen Dialog grundlegende Positionen, die geeignet sind, Psychoanalytikern in ihrer schwierigen Profession als Orientierung zu dienen. Sie behandeln darin die ethische Grundhaltung des Psychoanalytikers, die identisch ist mit der Suche nach Wahrheit, die die psychische Realität des Patienten ernster nimmt als die der Umwelt, die sich der Gefahr des therapeutischen Ehrgeizes ebenso bewußt ist wie der der unkontrollierten Machtausübung (Chasseguet-Smirgel). Die Achtung vor dem Wertsystem des Patienten kommt in den Ausführungen Joyce McDougalls ebenso zum Ausdruck wie die Gefahr einer unreflektierten Bewertung bestimmter Verhaltens- und Denkweisen der Patienten, die besonders bei den sogenannten ‚Abweichungen' gegenüber einem als Norm gesetzten Durchschnitt oder Idealwert wichtig sind. Die Analytiker müssen also ihr eigenes Wertsystem kennen, um nicht einseitigen Fehlinterpretationen des Patienten zu erliegen. Dabei können sich die Psychoanalytiker als Wissenschaftler verstehen, die im Popperschen Sinne Hypothesen formulieren, die sich im Laufe des psychoanalytischen Prozesses bestätigen oder widerlegen lassen. Wie schwierig diese Grundhaltung während des psychoanalytischen Prozesses durchzuhalten ist, zeigt Horacio Etchegoyen an eindrucksvollen Beispielen. Eine gute Kooperation mit dem Analysanden in der analytischen Situation ist dabei unerläßlich. Welche wichtige Rolle in diesem Zusammenhang die Metapsychologie spielt, zeigt Peter Zagermann in seinem überzeugenden Beitrag „Die psychoanalytische Haltung und ihr Verhältnis zur Metapsychologie". Sein Beitrag macht deutlich, daß die psychoanalytische Theorie, ob explizit oder implizit, die professionelle Einstellung der Psychoanalytiker in entscheidender Weise beeinflußt. Das gilt besonders für neuere Theorien der sogenannten schweren psychischen Störungen, die einen Großteil der heutigen Klientel der Psychoanalyse ausmachen. Wir erinnern in diesem Zusammenhang an Balints Begriff der ‚Grundstörung', an Heinz Kohuts Definition der ‚narzißtischen Persönlichkeitsstörung', an Otto F. Kernbergs Forschungen über die ‚Borderline-Personality-Organisation' und an Donald W. Winnicotts Selbst-Psychologie vom ‚falschen' und ‚wahren' Selbst. All diese Konzepte helfen den Psychoanalytikern, vor den heute ebenso häufigen wie schwer zu behandelnden Patienten mit Psychosen, psychosomatischen Störungen, delinquentem Verhalten und Drogenabhängigkeit nicht zu kapitulieren, sondern sich ihnen im Sinne einer erweiterten Indikation der Psychoanalyse zu stellen. Die oben genannten Theorien führen somit zu einer effektvollen Erweiterung der klassischen Neurosenlehre. Auf dieser neuen Grundlage sind die Psychoanalytiker heute in der Lage, die massiven Störungen der heute so schwer gestörten Patienten nicht nur besser zu verstehen und wissenschaftlich einzuordnen, sondern auch besser zu behandeln.

0.2.2 Psychoanalytische Haltungen und Einstellungen – Probleme der realen Beziehung zwischen Analytiker und Patient und die besondere Rolle der Einfühlung

In der Grundhaltung gründen verschiedene weitere Haltungen oder Einstellungen. Bei diesen handelt es sich um spezifische professionelle Haltungen, die je nach der gegebenen Situation, je nach Fall und je nach dem Stand des psychoanalytischen Prozesses eingenommen werden. Im Gegensatz zur Grundhaltung unterliegen sie also immer wieder einer Veränderung. Sie werden im Laufe der Ausbildung erlernt und bestimmen das professionelle Handeln in entscheidender Weise. Das ist in anderen Berufen nicht anders. So muß in der Medizin ein Notfall schnell beurteilt und rasch behandelt werden. Bei Fällen mit chronischen Krankheiten haben die Ärzte dagegen Zeit, in aller Ruhe Befunde zu sammeln, um erst dann die richtige Medizin zu verordnen.

Unterschiedliche Behandlungsverfahren erfordern also unterschiedliche professionelle Haltungen. So müssen Psychoanalytiker im Rahmen einer *Kurztherapie* schnell wahrnehmen, die vorherrschende Interaktion unter Nutzung von Übertragung und Gegenübertragung erfassen und ihre rasch gewonnene Einsicht in eine Deutung umsetzen. In der *klassischen Analyse* haben sie dagegen Zeit, sich einzufühlen, auf die unbewußten Angebote der Patienten zu reagieren und sich zu überlegen, welche Übertragung, welche Widerstände, welche Ängste und welche Beziehungsmuster derzeit regressiv wiederbelebt sind. Sie können warten und sich dabei auf das Denken der Patienten einstellen, sich in sie einfühlen, sie gedanklich begleiten, eigene Phantasien aufsteigen lassen, sich wieder distanzieren, die intuitiv gewonnenen Ideen logisch in einen Zusammenhang von Ursache und Wirkung bringen und sie anhand der Theorie überprüfen, ehe sie die daraus gewonnene Einsicht in Form einer Deutung aussprechen.[3] Psychoanalytiker unterliegen somit je nach dem praktizierten Verfahren in unterschiedlichem Ausmaß einer Art *Handlungszwang*. Sie können nicht unendlich lange warten, überlegen und alles dem Patienten überlassen; sie müssen früher oder später die dem Patienten gegenüber am besten angemessene Haltung oder Einstellung suchen und finden.

Die jeweils behandelten Fälle benötigen somit jeweils eine dem Fall angemessene Haltung. So erfordert ein den Analytiker sexuell verführen wollender Patient mit einer klassischen Konversionsneurose eine *vorsichtig distanzierte Haltung*, während der Psychoanalytiker einem Patienen mit Zwangsneurose gegenüber *eher Gefühle zulassen kann* und damit zum Ausdruck bringt, wie man besser mit Gefühlen umgehen kann.

Patienten mit Schuldproblemen erfordern eine Haltung, die mit den diesbezüglichen Gefühlen der Patienten unmittelbar in Berührung kommt. Dabei erleichtern geeignete theoreti-

---

[3] Noch mehr Zeit nehmen sich hermeneutische Wissenschaftler, Linguisten oder Kommunikationstheoretiker, die in aller Ruhe einen transkribierten Text unter Beteiligung einer ganzen Forschergruppe einer Feinanalyse unterziehen und ihre Interpretation wissenschaftlich exakt zu begründen versuchen.

sche Modelle über die in den Patienten in Vergangenheit und Gegenwart unbewußt ablaufenden psychischen Prozesse, wie dies Joseph und Anne-Marie Sandler in ihrem wichtigen Beitrag eindrucksvoll belegen, das Verständnis ungemein. Heute begegnen uns viele massiv traumatisierte und schwer leidende Patienten, die sich bei distanzierter Haltung völlig unverstanden fühlen. Welche Haltung sollen Psychoanalytiker gegenüber dieser großen Gruppe von Patienten einnehmen? Sollen sie sie gar nicht in Analyse nehmen, weil sie die Voraussetzungen dazu nicht erfüllen, oder sollen sie trotzdem versuchen, mit solchen Menschen psychoanalytisch zu arbeiten, sie zu akzeptieren, ihnen in ihrer Not beizustehen, ihre während des Prozesses unvermeidliche Regression partiell mitzuvollziehen und ihnen Halt und Orientierung zu geben?

Hier sind sich die Psychoanalytiker keinesfalls einig: Während die einen solche Patienten gar nicht in Analyse nehmen und damit der Sozialarbeit, der Verhaltenstherapie oder der Medizin überlassen, befassen sich andere ganz besonders mit derart schwer gestörten Patienten. Sie gehen mit ihnen eine ganz persönliche Beziehung ein, die Walter Bräutigam in seinem Beitrag bewußt als „realistische Beziehung" bezeichnet.

Die Ebene des Arbeitsbündnisses ist dabei ebenso wichtig wie die neu einsetzende subjektive Erfahrung, die den Analytiker/die Analytikerin zum Vorbild nimmt.

Ferenczi (1918) war der erste, der gegenüber der klassischen Haltung eine grundsätzlich veränderte Haltung des Analytikers dem Patienten gegenüber forderte. Auch Balint (1968) kam es darauf an, eine besondere Atmosphäre zu schaffen, die es dem Patienten erst ermöglicht, sich auf den analytischen Prozeß einzulassen. Ernest Wolf behandelt die diesbezüglichen Fragen des besonderen Verhältnisses zwischen „Atmosphäre" und „Abstinenz" in anschaulicher Weise.

Über die besondere Wichtigkeit der *Einfühlung* sind sich die Psychoanalytiker dagegen schon eher einig. Durch die Erlebnislehre Diltheys, die Theologie Schleiermachers und die hermeneutische Philosophie hat der Begriff der Einfühlung zumindest in Europa eine lange Tradition. Für den Bereich der Psychoanalyse machte Theodor Reik (1948) auf das „Hören mit dem dritten Ohr" aufmerksam, während Paul Ricœur (1969) die psychoanalytische Tätigkeit ausschließlich als Interpretation versteht. In Westdeutschland haben marxistisch orientierte Soziologen, Philosophen und Psychoanalytiker die Psychoanalyse sogar als Sozialwissenschaft, als Interaktionstheorie und als Tiefenhermeneutik eingeordnet (Habermas 1968, Lorenzer 1970). Neuerdings wurde dem Thema Einfühlung auch in den USA ein zweibändiges Werk gewidmet, das zahlreiche Beiträge prominenter Autoren zum aktuellen Thema „Empathy" enthält. (Lichtenberg 1984). Einfühlung ist eine menschliche Fähigkeit, die als Werkzeug bzw. als grundlegende Art und Weise einer gefühlsmäßigen oder affektiven Bezogenheit auf den Patienten verstanden werden kann (vgl. Evelyne Albrecht Schwabers ausgezeichneten Beitrag in diesem Band). Sie schließt die körperliche Dimension ebenso ein wie die der Affekte. Sie entspricht damit einer Wahrnehmung unbewußter Prozesse, die der Kommunikation zwischen Mutter und Kind nicht unähnlich ist. Es handelt sich dabei zum einen um eine Art *aktive* Wahrnehmung fremdseelischer Prozesse, die dadurch ermöglicht wird, daß Analytiker, bildhaft gesprochen, mit dem ihnen eigenen Fühlen die Innenwelt des Patienten abtasten, befühlen und ausloten (analog zur Untersuchung des Arztes mit dem Stetnoskop, Ophtalmoskop oder Laparoskop). Zum anderen entspricht die psychoanalytische Haltung eher einer *passiv*-rezeptiven Einstellung in Form des feinfühligen Reagierens auf die Übertragung des Patienten in der Gegenübertragung. Alle Sinne sind daran beteiligt: Analytiker spitzen die Ohren, um wirklich zuzuhören, was ihre Patienten sagen (vgl. den Beitrag von Evelyne Albrecht Schwaber). Sie sehen mit offenen Augen, was sie zeigen. Sie riechen, wenn Patienten schwitzen oder wegen unterdrückter Wut stinken. Sie fühlen es unmittelbar, wenn sie von ihren Patienten geliebt, gehaßt oder entwertet werden. Dabei ist es eminent wichtig, diese Reaktionen auf die Übertragung des Patienten scharf von patientenunabhängigen Gefühlen differenzieren zu können. So ist es zum Beispiel ein großer Unterschied, in der Gegenübertragung auf einen in der Übertragung sich konstellierenden Angriff des Patienten mit ärgerlichen Gefühlen zu reagieren oder sich über die eigene Unfähigkeit, den Patienten zu verstehen, zu ärgern. Analytiker reagieren in den Bereichen auf die Übertragung des Patienten, in denen sie selbst einigermaßen frei von Konflikten sind. Sie müssen nicht konfliktfrei sein, wohl aber ihre Konflikte aus der Lehranalyse kennen. Auch für Analytiker gilt, daß sie nicht weiter kommen, als ihre eigenen Komplexe es ihnen gestatten (Freud 1910, S. 108). Sind ihnen die eigenen Haltungen und Fehl-Haltungen bekannt, dann können sie sie bei der Einschätzung der Übertragung der Patienten entsprechend einkalkulieren (vgl. Dieter Beckmanns Erfahrung aus der Forschung mit Psychoanalytikern in diesem Buch).

0.2.3 Anwendung der psychoanalytischen Methode – Verstehen, Erklären und Deuten

Grundhaltung, professionelle Haltungen und Anwendung der psychoanalytischen Methode können grundsätzlich nicht scharf voneinander getrennt werden. Dennoch sollen hier neben den genannten Grundprinzipien psychoanalytischen Handelns auch die wichtigsten Aspekte der psychoanalytischen Methode wenigstens erwähnt werden.

Obwohl sich Freud in einem Aufruf aus dem Jahre 1912 zusammen mit Albert Einstein und Philosophen des Wiener Kreises als positivistischer Wissenschaftler auswies, sprechen seine eigenen Hinweise eher dafür, die psychoanalytische Methode idiographisch im Sinne eines hermeneutischen Verfahrens einzuordnen. Psychoanalytiker versuchen, den freien Assoziationen des Patienten folgend, in gleichschwebender Aufmerksamkeit den latenten Sinn von Symptomen, Träumen und Fehlleistungen zu „erraten" (Freud 1937). Die psychoanalytische Methode entspricht insofern dem phänomenologischen Vorgehen, indem Psychoanalytiker an der Lebenspraxis ihrer Patienten virtuell teilnehmen, sich in deren Erleben hineinversetzen, sich intensiv damit beschäftigen und damit die Voraussetzungen schaffen, zu verstehen, was eigentlich gemeint ist. Nehmen sie diesen methodischen Ansatz ernst, dann sind die Psychoanalytiker unvermeidlicherweise gezwungen, ihre auf klassische Neurosen passende Methode gegenüber den heute so häufigen schwereren nach-klassischen Störungen zu ändern. Donald Meltzer beschreibt, mit Bezug auf Bion und Melanie Klein, seine eigene Änderung der psychoanalytischen Methode mit ihrer

Fokussierung auf die Atmosphäre der Kommunikation und des Verstehens. Die Bedeutung der „projektiven Identifikation" und der „Container-"Funktion in der heutigen psychoanalytischen Methode behandelt Ralf Zwiebel, indem er zeigt, wie Psychoanalytiker das „Material" aufnehmen, bewahren und umwandeln können, ehe sie es für eine angemessene Intervention verwenden.

Einen ganz anderen Aspekt betont dagegen Harald Leupold-Löwenthal: er zeigt, sich an Freud-Zitaten orientierend, wie wichtig es für Analytiker heute ist, neben der nach wie vor zentralen Bedeutung der ‚psychischen' Realität die jeweils aktuelle ‚reale' Realität der Analysanden in die Deutung einzubeziehen.

0.2.4 Spezielle Probleme bei der psychoanalytischen Behandlung sogenannter schwer gestörter Fälle

Patienten mit sogenannten „frühen" Störungen, das heißt mit Störungen, die in einer frühen Entwicklungsphase erworben wurden, machen den in der klassischen Neurosenlehre traditionell geschulten Psychoanalytikern zum Teil erhebliche behandlungstechnische Schwierigkeiten. Solche Patienten sind es nämlich, die die Psychoanalytiker herausforderten, sich auf ihre Grundhaltung, auf ihre professionellen Einstellungen und auf die Frage der Anwendbarkeit der klassischen psychoanalytischen Methode zu besinnen. Konsequenzen solcher Überlegungen waren Modifikationen, Variationen und Erweiterungen des psychoanalytischen Verfahrens, die den besonderen Übertragungen von Patienten mit schweren Charakterpathologien (Otto F. Kernberg) ebenso gerecht werden wie den sogenannten Selbstobjekt-Übertragungen (Lotte Köhler). Die heute so aktuellen Patienten mit psychosomatischen Symptomen werfen ihrerseits besondere Probleme der Behandlung auf, mit denen sich Uri Lowenthal befaßt. Schließlich behandelt Herbert Rosenfeld abschließend die technischen Implikationen von Aggression und Narzißmus, und zwar nicht nur bezogen auf die Behandlung entsprechend gestörter Patienten, sondern auch mit Bezug auf die Gesellschaft – ein Aspekt, der im vorliegenden Band leider zu kurz kommt. Das Problem der Anwendung der psychoanalytischen Methode über den einzelnen Patienten hinaus auf Kleingruppen, Institutionen, Organisationen oder soziale und politische Prozesse der Gesellschaft hätte den Rahmen dieses Bandes gesprengt. Die Probleme von Haltung, Einstellungen und Anwendung der psychoanalytischen Methode sind an sich schon so schwierig, daß wir sie nicht noch, von der Begrenzung des Raumes abgesehen, zusätzlich durch die Einbeziehung der politischen Dimension psychoanalytischen Handelns komplizieren wollten.

Literatur

Balint, M. (1968). Therapeutische Aspekte der Regression. Die Theorie der Grundstörung. Stuttgart: Klett 1970.
Erikson, E. (1950). Kindheit und Gesellschaft. Stuttgart: Klett 1961.
Ferenczi, S. (1919). Zur psychoanalytischen Technik. In: Ders., Bausteine zur Psychoanalyse II (S. 38–54) Wien: Internationaler Psychoanalytischer Verlag 1927. Nachdruck: Bern: Huber 1964.
Freud, S. (1985). Studien über Hysterie. GW I, 75–312.
Freud, S. (1904). Über Psychotherapie. GW VI, 11–26.
Freud, S. (1910). Die zukünftigen Chancen der psychoanalytischen Therapie. GW VIII, 103–115.
Freud, S. (1912). Ratschläge für den Arzt bei der psychoanalytischen Behandlung. GW VIII, 375–387.
Freud, S. (1937). Die endliche und die unendliche Analyse. GW XVI, 57–99.
Glover, E. (1955). The technique of psychoanalysis. New York: International Universities Press.
Habermas, J. (1968). Erkenntnis und Interesse. Frankfurt: Suhrkamp.
Joseph, E. D., & Widlöcher, D. (eds.) (1983). The identity of the psychoanalyst. New York: International Universities Press.
Lichtenberg, J. (ed.) (1984). Empathy. 2 Vols. Hillsdale, N. J.: The Analytic Press. Psychoanalytic Inquiry Books, Series 3.
Lorenzer, A. (1970). Sprachzerstörung und Rekonstruktion. Vorarbeiten zu einer Metatheorie der Psychoanalyse. Frankfurt: Suhrkamp.
Reik, Th. (1948). Hören mit dem dritten Ohr. Die innere Erfahrung eines Psychoanalytikers. Frankfurt: Fischer 1983.
Ricœur, P. (1969). Die Interpretation. Ein Versuch über Freud. Frankfurt: Suhrkamp.
Schaefer, R. (1983). The analytic attitude. New York: Basic Books.
Sterba, R. (1934). Das Schicksal des Ichs im therapeutischen Verfahren. Internationale Zeitschrift für Psychoanalyse, 20, 66–73.

1 Die psychoanalytische Grundhaltung

1.1 Muß der Psychoanalytiker eine bestimmte Grundeinstellung zu seiner Arbeit haben?

Rudolf Ekstein

1.1.1 Das Warten als wichtige Grundhaltung

Der Philosoph Joe Bronowski (1960) hat einmal gesagt, daß es in der Wissenschaft mehr auf das Suchen ankäme als auf das Finden, mehr auf das Denken als auf dessen Ergebnis, mehr auf das Urteilen als auf das Urteil. Man könnte auch sagen: Der Weg ist wichtiger als das Ziel. In diesem Sinne ist die Suche nach der Wahrheit also wesentlicher als die Wahrheit selbst. Wenn ich mich im folgenden mit der Grundeinstellung des Psychoanalytikers beschäftige, werde ich mich von dieser Art des Denkens leiten lassen.

Vor einigen Jahren war ich mit meiner Familie in Griechenland und saß in einer der Tavernas auf Athens Plaka, zusammen mit Verwandten meiner Frau, die in Athen leben. Wir bestellten eine griechische Mahlzeit. Der Abend war gekommen, und gewaltige Scheinwerfer warfen ihr Licht auf die Ruinen der Akropolis. Ich war voll des inneren Erlebnisses von meinem ersten Besuch der Akropolis, dachte an meine klassische Erziehung und war tief bewegt, als ich die Marmorsteine meines idealisierten Athens der alten Zeit berührte. Als der Kellner kam, um unsere Bestellungen entgegenzunehmen, sagte ich ihm voller Enthusiasmus, daß ich gerade die griechische Mahlzeit bestellen wolle, von der er denke, es sei die beste auf der Speisekarte. Kaum hatte der Kellner einen Vorschlag gemacht, als er von einem der Verwandten meiner Frau unterbrochen wurde. Nach einer langen Diskussion, der ich nicht im einzelnen folgen konnte, wurde etwas anderes bestellt. Dieser Verwandte war von den griechischen Restaurants sehr viel weniger begeistert als ich. Damit wich meine Idealisierung und mein Glaube, daß mir der Kellner nur das Beste auf der Speisekarte anbieten würde, einer realistischeren Betrachtung der Situation. Dieses kleine Beispiel kann uns zeigen, daß Idealisierung und Wirklichkeit zwei verschiedene Dinge sind.

Unser Verwandter sagte mir, daß das Athen von heute nichts mit meinem idealisierten Athen zu tun hätte. Der Kellner würde vielleicht nur etwas empfehlen, das er loswerden wolle. Er würde mich womöglich beschwindeln, denn er hätte gesehen, daß ich die Wege seines Athens, nämlich die des Athens von heute, nicht wirklich verstünde. Deswegen meinte mein Verwandter, mich beschützen zu müssen. In mir fand daraufhin ein Kampf statt zwischen der idealisierten Erinnerung meiner Schultage einerseits und dem, was ich über das moderne Griechenland wahrnehmen konnte andererseits. Meine Begeisterung angesichts der Akropolis wurde zwar nicht zerstört, mußte aber doch einem eher realistischen Urteil weichen. Nur so würde ich verstehen können, wie mir der Kellner am besten dienen könnte. Ich mußte mir erst klar, d. h. bewußt machen, um was es wirklich ging, und nicht nur einfach davon ausgehen, daß meine idealisierten Erwartungen befriedigt werden könnten.

Der Abend erschien mir noch immer ausgezeichnet, nahezu perfekt, aber ich konnte das Ereignis nicht mehr los werden. Der Kellner, der mich zu bedienen hatte, sollte ja, gleichgültig, wie gerne er mich gut bedienen wollte, nicht nur mich befriedigen, sondern auch das Restaurant, den Besitzer des Restaurants und dessen Mitarbeiter. Als er auf meine Bestellung wartete, wollte er natürlich auf sie Einfluß nehmen, um nicht nur mich befriedigen zu können, d. h. um mir bringen zu können, was ich am liebsten gehabt hätte. Er war doch zusätzlich abhängig von seiner Realität, die ihm nur das zu bringen erlaubte, was auch im Interesse des Restaurants war. Er wartete also nicht nur auf meine Bestellung, während ich auf seine Vorschläge wartete, sondern versuchte auch, den Prozeß zu beeinflussen, der zwischen uns stattfand: Es fand eine Art von Verhandlung statt, und zwar zwischen meinen Wünschen und der Art von Bedienung, die der Kellner wirklich erfüllen konnte. Das Resultat dieses Prozesses empfand mein griechischer Gastgeber wahrscheinlich als das Ergebnis einer Art von Verhandlungskampf. Wenn ich seine Intervention richtig verstehe, wollte er erreichen, daß meine Familie und ich nicht einfach durch die Bedürfnisse des rants betrogen worden wären, sondern daß ich auch meine wirklichen Bedürfnisse zur Geltung bringen konnte.

Dies ist wohl keine allgemeingültige Beschreibung der Funktion eines Kellners. Vielleicht gibt es Restaurants und Hotels erster Klasse, in denen dieses Verhandeln auf feinere Art vor sich geht, in denen also die angebotenen Dienste mehr denen gleichen, die man wirklich braucht. Wenn man aber eine solche Bedienung sucht, sollte man dann in eine Taverna auf der Plaka gehen? Das war natürlich nicht meine persönliche Meinung über den Kellner in dieser Taverna, es handelte sich vielmehr um die Meinung eines Menschen, der in dieser Stadt lebt und der die Wege dieser Stadt kennt. War ich vielleicht zu kritisch? Oder hätte ich mich doch besser an das ursprüngliche blinde Vertrauen halten sollen, nachdem ich die Marmorsteine der Vergangenheit berührt hatte?

Was hat dies alles mit der Psychoanalyse zu tun? Wie hängt das mit der Frage zusammen, was meine Grundeinstellung als Psychoanalytiker ist? Was hat dies alles zu tun mit der mich selbst bewegenden Frage, ob ich eine Art Grundeinstellung habe, haben soll, eine Grundeinstellung nämlich zur Psychoanalyse und zu den von der Psychoanalyse abgeleiteten Psychotherapien? Jessie Taft (1962) versucht in ihrem Buch *The dynamics of therapy in a controlled relationship*, Psychoanalyse und Psychotherapie zu definieren. Ihr Vorschlag lautet: Wir verwenden das Wort ‚Therapie' anstelle des Wortes ‚Behandlung', und zwar wegen dessen ursprünglicher Bedeutung. Das griechische Hauptwort, von dem „Therapie" abgeleitet wird, bedeutet ‚ein Diener', und das Zeitwort hat die Bedeutung ‚warten'. Damit will die Autorin meinem Gefühl nach zum Ausdruck bringen, daß eine Person von der anderen nicht ‚manipuliert' werden soll. ‚Behandlung' bedeutet dagegen, wie uns das Wörterbuch sagt, daß man einer anderen Person etwas antut, Hand an sie legt. ‚Behandlung' ist ein medizinischer und kein psychologischer Begriff. In der englischen Sprache gibt es kein Verb, das dem Substantiv ‚Therapie' entspräche und dafür bin ich dankbar. In unserer Arbeit wollen wir ja der anderen Person nichts antun. Die besondere Art unseres Vorgehens wird daher besser als ein Prozeß bezeichnet, der vor sich geht, den wir beobachten und den wir vielleicht verstehen; ein Prozeß, der vielleicht von uns unterstützt, keinesfalls aber appliziert wird.

Der Psychoanalytiker könnte mit einem Kellner verglichen werden, der wartet.

In der englischen Sprache heißt Kellner ja auch ‚*waiter*'. Damit ist eine Person gemeint, die wie eine Art Diener wartet, um herauszufinden, was der, der bedient werden soll, braucht und wünscht. Er nimmt an jenem Prozeß teil, aber er manipuliert ihn nicht. Er wartet und erlaubt damit dem Prozeß, sich zu entwikkeln. Das entspricht der Haltung des Analytikers, die dem Patienten hilft, seelische Gesundheit zu erreichen.

Unser Kellner in der griechischen Taverna wartet, um es uns möglich zu machen, durch einen Prozeß zu gehen, der es uns schließlich erlaubt, das Essen zu erhalten, das wir gerne genießen würden. Doch es ist bereits deutlich geworden, daß unser idealisierter Kellner so nicht wirklich existiert. Genauso müssen wir realistisch sein, wenn wir nun die Funktion des Psychoanalytikers näher betrachten; wenn wir uns langsam klar machen, worauf die Suche nach einer Definition seiner Funktion hinausläuft, die Suche nach einer realistischen Grundeinstellung. Vielleicht gelingt es uns dabei, ihm den richtigen Platz zuzuweisen und ihn zwischen zwei Polen zu sehen, nämlich zwischen einem Ideal, das aus Warten besteht und allenfalls einen Prozeß einleitet, und der Praxis, die so oft manipuliert zu sein scheint, in der verhandelt wird und in der gelegentlich Dienste angeboten werden, die oft gar nicht nötig sind. Dies ereignet sich in der Klinik und in der privaten Praxis des Psychoanalytikers nicht anders als in einem Restaurant, so wie wir es mit dem Kellner in der Taverna erlebt haben.

1.1.2 Die soziale Umwelt als Determinante unserer Grundeinstellung

Auch ein sehr humaner Psychoanalytiker, der aus einem echt psychoanalytischen Geist heraus den während der Psychoanalyse ablaufenden Prozeß der Veränderung achtet und sich gegen jedes Manipulieren verwahrt, wird sich oft in einer Situation befinden, die der des Kellners in der griechischen Taverna gleicht.

Gehen wir also von einem idealen Kellner aus, der seine Gäste zufriedenstellen will, die ja wiederkommen und das Restaurant weiter empfehlen sollen. Selbst dann muß unser Kellner immer noch die Möglichkeiten seines Restaurants realistisch einschätzen. Nehmen wir darüber hinaus an, daß das Restaurant eine ideale Verwaltung hat, die auch Voraussetzungen für eine ausgezeichnete Bedienung schafft. Aber auch unter solchen günstigen Umständen wird die Bedienung durch historische und soziale Faktoren beeinflußt, die es uns nicht erlauben, die ideale Grundeinstellung einzunehmen. Ich denke dabei genauso an die Plaka und diejenigen, die erlesene Speisen verkaufen, wie an jene, die mit dem Verkauf seelischer Gesundheit durch die Psychoanalyse zu tun haben.

Psychoanalytiker arbeiten nicht in einem sozialen Vakuum. Der Elfenbeinturm hat niemals existiert, weder für Psychoanalytiker noch für Psychotherapeuten. Denken wir an die Situation, in der ich mich jetzt befinde, im Konsultationszimmer meiner privaten Praxis, in der ich mich der Arbeit mit den Patienten widme, die anscheinend nicht von der Realität berührt ist und von der sozialen Umwelt nicht beeinflußt wird. Psychoanalytiker haben sich immer nach einer solchen Situation gesehnt, doch haben sie sie wirklich je gehabt? Meiner Meinung nach hatten sie eine derartige ideale Situation nie. Anzunehmen, daß so eine ideale Situation existiert, wäre für Psychoanalytiker und Patienten gleichermaßen gefährlich, denn dann würden wir die Wirklichkeit verneinen. Dann fehlte uns die Fähigkeit, die Wirklichkeit zu prüfen; wir würden einer Illusion und unter Umständen sogar einem Wahn erliegen.

Ich behaupte also, daß man so etwas wie eine unveränderliche „Grundeinstellung" der Psychoanalyse nicht ausbilden kann. Eine derartige „Grundeinstellung" könnte keinesfalls statisch sein; sie würde ununterbrochen von der sozialen Umgebung beeinflußt. Ich weiß nicht, ob ich so etwas wie meine Grundeinstellung zur Psychoanalyse definieren könnte. Sie müßte alle jene Veränderungen, die ununterbrochen stattfinden, ebenso einschließen wie alle meine Versuche, mit den psychoanalytischen und psychotherapeutischen Aktivitäten fertig zu werden, die auf verborgene Weise jede analytische Situation beeinflussen.

Vielleicht läßt sich das, was hier mit Grundeinstellung gemeint ist, besser in Begriffen der Theorie definieren. Aber auch die

Theorie ist nicht unbeeinflußt von der sozialen Umwelt. In einer anderen Arbeit (Ekstein 1969) habe ich gewisse Veränderungen in der psychoanalytischen Theorie und Technik beschrieben, wobei ich mich auf diejenigen Veränderungen bezog, die zu der Zeit stattfanden, als sich die Gesellschaft von der Monarchie zur Republik entwickelte, von der Herrschaft des Staates zu einer Regierung, die vom Volk gewählt wird. Um dieselbe Zeit haben wir uns damals von der Hypnose und der Suggestion weg- zur freien Assoziation hinbewegt, von der Psychologie des Es zur Psychologie des Ich, von passiver Anpassung zu aktiver Gestaltung der Umwelt.

Ich habe bereits angedeutet, daß auch unser Ideal eines griechischen Kellners von der sozialen Realität seines Arbeitsplatzes abhängt. Ein schweizerischer Kellner, der jahrelang ausgebildet wurde, der in zahllosen Restaurants gearbeitet hat und komplizierte Ausbildungsgänge für Hotelverwaltung absolviert hat, würde sich seinem anderen sozialen Werdegang entsprechend anders verhalten haben als unser griechischer Kellner. In derselben Weise hängt unsere psychoanalytische Grundeinstellung von unserer jeweiligen Ausbildung und vom sozialen Ort ab (Bernfeld 1929). Wenn Taft (1962) auf die Bedeutung der Supervision hinweist, dann bezieht sich das nicht nur auf die fachliche Kontrolle, wie sie die analytisch-therapeutische Technik bestimmt, sondern auch auf jene Normen und Regeln, die von der Gesellschaft ausgehen, deren Gesetzmäßigkeiten die Arbeit in der Klinik ebenso wie in der Privatpraxis bestimmen, einschließlich der Regeln der Überweisung, der ethischen und der geschäftlichen Umgangsweisen.

Wir leben heute in einer gesellschaftlichen Situation, in der die Dienstleistungen, die der seelischen Gesundheit gewidmet sind, von Soziologen, Statistikern, Politikern und anderen ‚Experten' organisiert werden. Derartige Experten verstehen sich als ‚Lieferanten' seelischer Gesundheit, womit sie ein Wort aus dem Geschäftsleben übernommen haben, das z. B. auch beim Liefern von Milch verwendet wird. Aus diesem Grunde habe ich mir die Freiheit genommen, den Kellner, der die Speisen serviert, mit dem Psychoanalytiker, der Patienten „bedient", zu vergleichen. In beiden Fällen gilt: Jedem das zu bringen, was er braucht.

Wie kann man nun unter solchen äußeren Bedingungen eine

Individualität als Analytiker oder Psychotherapeut entwickeln, die einer eigenen Grundeinstellung entspricht? Wir könnten noch einmal an unseren Kellner denken, der trotz Arbeitgeber und Gast irgendwie eine eigene, ganz spezielle Individualität entwickelt hat. Vielleicht könnten wir, wenn wir mit ihm ins Gespräch kämen, herausfinden, daß er eine Grundeinstellung der Bedienung entwickelt hat, die nur für ihn charakteristisch ist, und die ihn bis zu einem gewissen Grade unabhängig macht vom gesamten System der Lieferung, auch unabhängig von Gast und Arbeitgeber, womöglich auch von den Gesetzen des Landes, die sich auch auf das Funktionieren der Restaurants auswirken. Ich denke, wir alle haben gelegentlich solche Kellner getroffen. Dann entwickeln wir eine besondere Beziehung zu ihnen, eine Art von Übertragung zu unserem ganz besonderen Kellner, zu unserem speziellen Restaurant. In einer Industriegesellschaft wird uns das immer seltener passieren, und erst recht in der ‚Nach-Industriellen Gesellschaft'.

1.1.3 Unsere Grundhaltung muß mit der Zeit gehen

Habe ich nun mit meinem bisherigen Denken eine Grundeinstellung als Psychoanalytiker entwickelt, oder zweifle ich nach wie vor daran? Ist nicht auch meine Grundeinstellung in ständiger Veränderung? Oder bestimmen die mich bewegenden Fragen meine Grundeinstellung zur Psychoanalyse? In einer anderen Arbeit (Ekstein 1972 a) diskutiere ich, wie ich mir die Entwicklung zum Psychoanalytiker oder Psychotherapeuten vorstelle. Ich beschreibe dort, wie sich meine berufliche Identität über verschiedene persönliche und berufliche Identitätskrisen herausgebildet hat, wie ich mich von meinem frühen Wunsch, Lehrer zu werden – „besser als meine eigenen Lehrer!" – zu jener jungen Person entwickelte, die stets in enger Verflechtung zu politischen und sozialen Veränderungen stand; wie ich mich später weiterbewegt habe in meiner geistigen und seelischen Entwicklung, an allen Philosophien und deren theoretischen Positionen zweifelte, und schließlich selbst ein Philosoph wurde, ein Klärer der Gedanken, meine eigenen Gedanken eingeschlossen. Da war zuerst die äußere Veränderung durch Erziehung und andere äußere Einflüsse, eine Art „philosophischer Verhaltenstherapie".

Dann folgte eine Phase des Fragens und des Reflektierens, besonders im Hinblick auf die Bedeutung von Aktivität und Denken. Schließlich erwachte das Bedürfnis, die innere Welt zu verstehen, meine eigene innere Welt und die der Kinder, mit denen ich zu arbeiten begann und an deren innere Veränderung ich glaubte. Als ich letztlich Psychoanalytiker wurde, erlebte ich mich niemals isoliert von der sozialen Welt. Ich versuchte vielmehr, eine Synthese zwischen äußeren und inneren Veränderungen zustande zu bringen; zwischen Veränderungen der Welt und denen des Individuums, vorzüglich ausgedrückt in Heinz Hartmanns (1958) Begriff der ‚Adaption', den er im Sinne einer aktiven Veränderung der Umwelt verstand.

Auf dieser Grundlage begann ich, Methoden der Psychoanalyse und Psychotherapie zu entwickeln und mich mit Methoden der Supervision zu beschäftigen. Letztere habe ich in einem Band beschrieben, in dem ich mich gemeinsam mit Robert Wallerstein (Ekstein & Wallerstein 1958) damit befaßt habe, die unterschiedlichen Beziehungen in einer Supervision besser zu verstehen. Die Beziehung zwischen Supervisor und Supervisand ist ebenso vom psychoanalytischen Ausbildungsinstitut wie von der Gesamtgesellschaft beeinflußt, steht unter sozialem Druck aller Art und ist auch politischen Veränderungen unterworfen. Dabei gehen wir davon aus, daß unsere Lehrmethoden innerhalb einer Organisation angewandt und über eine Art ‚Berufsschule' vermittelt werden müssen, anstatt daß von der Existenz einer idealisierten Beziehung von Mensch zu Mensch ausgegangen wird. So wie ich immer betont habe, daß wir die individuelle Psychotherapie unter ihren äußeren sozialen Bedingungen verstehen müssen, so wichtig ist es mir, dabei nie die klassische Analyse als Hintergrund zu vergessen; eine Position, mit der ich mich identifiziere, seit ich sie durch die Lehre Freuds und seiner Mitarbeiter erworben habe. Die klassische Psychoanalyse, wie sie Freud gelehrt hat und wie ich sie erlernt habe, ist aber nicht ein geschlossenes System. Sie entspricht einem System, das stets offen für Veränderungen ist und das von jedem, der daran glaubt, verlangt, sich niemals mit einer etablierten Position zufriedenzugeben, sondern fortwährend zu suchen, unser Wissen vorwärts zu treiben, Theorien zu entwickeln und zu verändern.

Dabei müssen wir fähig sein, alte Denkgewohnheiten aufzugeben, wenn sie mit neuerworbener Erfahrung nicht mehr übereinstimmen.

1.1.4 Eine weitere wichtige Grundeinstellung – Verantwortlichkeit als psychologischer Begriff

Viele betrachten den gegenwärtigen Zustand der Psychoanalyse als ungeordnet und weisen darauf hin, vielleicht zu Recht, daß sich auch andere Aspekte des sozialen und politischen Lebens in den USA in einer gewissen Unordnung befinden. Ich weiß nicht, ob ich die gegenwärtige Situation nur pessimistisch betrachten soll oder ob es besser wäre, darin eine Herausforderung zu sehen, sie zu ändern. Im Grunde ziehe ich das Letztere vor. Die Welle der raschen Lösungen und Notmaßnahmen – der Kinderkrankheiten der Sozialpsychiatrie – wird vergehen. Die Zeit wird kommen, in der wir Gelegenheit haben werden, die besten Elemente der Sozialpsychiatrie und Sozialpsychologie dazu zu verwenden, ein System seelischer Gesundheitsmaßnahmen aufzubauen, das wahrhaft humanistisch ist. Das würde heißen: Das System wird durch die individuelle Not unserer Patienten definiert, nicht umgekehrt die Not unserer Patienten durch das System. Damit hätten wir die Notlösungen und politischen Scheinlösungen, wie sie derzeit häufig praktiziert werden, überwunden. Wir alle müssen aber für unsere Gesellschaft verantwortlich sein. Wir dürfen es daher nicht erlauben, daß das der seelischen Gesundheit dienende System nur von wirtschaftlichen Interessen bestimmt wird. Verantwortlichkeit ist ein psychologischer und ein menschlicher Begriff, nicht nur ein ökonomischer.

In der bereits erwähnten autobiographischen Arbeit (Ekstein 1972) schlug ich vor, alle Voraussagen über die Zukunft der Psychoanalyse und der Psychotherapie wegen der Unsicherheit unserer Welt am besten als sich selbst erfüllende Prophezeihungen oder als magische Wunscherfüllungen anzusehen. Dennoch möchte ich, ohne deswegen ein Prophet sein zu wollen, einmal beschreiben, wie ich einige gesunde und normale Entwicklungen sehe, an denen ich mich gerne beteiligen würde: Ich möchte gerne erleben, daß Psychoanalyse und Psychotherapie offene Systeme der Ausbildung entwickeln.

Es sollte der Psychoanalyse auch gelingen, die Trennung zwischen Medizinern einerseits und Psychologen, Pädagogen und Sozialarbeitern andererseits zu überwinden, und nicht wie bisher Kollegen nur dann zur Psychoanalyse-Ausbildung zuzulassen, wenn sie ausdrücklich an der Forschung interessiert waren. Gerade jetzt findet in der amerikanischen psychoanalytischen Vereinigung eine Entwicklung statt, die zu neuen Hoffnungen berechtigt. Wir brauchen Talente aus allen Gebieten. Überblickt man all die Interessen der Laien-Analytiker und der von der Medizin kommenden Analytiker und was sie alle zur Sache der Psychoanalyse beigetragen haben, dann wird einem schnell klar, daß aus vielen Bereichen der Wissenschaften, sei es Statistik, Literatur, Physiologie, Pathologie, Kunst, Erziehungswissenschaft, Kinderheilkunde oder Innere Medizin, wichtige Beiträge kommen können.

Ich schlug vor, daß wir in Zukunft die Isolierung der privaten Lehrinstitute aufgeben und bereit sein sollten, zur Universität zurückzukehren. Ich sprach von unabhängigen psychoanalytischen Abteilungen an den Universitäten, die nicht von anderen Disziplinen dominiert werden, sondern volle Freiheit haben sollen, um sich ganz der Suche nach der Wahrheit der Psychoanalyse widmen zu können. Auch wenn ein Fachgebiet als eine wissenschaftliche Disziplin anerkannt ist, wie dies für die Psychoanalyse in Amerika zutrifft, besteht dennoch die Gefahr, daß diese Wissenschaft „verwässert" wird. Ecclesiam militans, nachdem sie zur Ecclesia triumphans geworden ist, könnte dann die Ecclesia dilutans werden. Wenn es aber weiter Inseln der Forschung gibt, Inseln, auf denen immer wieder Fragen gestellt und Zweifel ausgedrückt werden können, wo es ununterbrochen Fortschritt gibt, dann könnte die große Gefahr der Institutionalisierung für die Psychoanalyse gebannt werden. Wenn wir es schaffen, die psychoanalytischen Vereinigungen so zu organisieren, daß in ihnen wissenschaftliche Veränderungen möglich sind, dann brauchen wir uns um die Zukunft der Psychoanalyse keine Sorgen zu machen. Dazu gehören konstruktive Entwicklungen, endlose Erneuerung, engagiertes Interesse aller Lehrer, Forscher und Praktiker, um die Psychoanalyse trotz ihrer nach wie vor notwendigen Organisation lebendig zu halten.

In der gegenwärtigen Arbeit habe ich mich mit der Frage beschäftigt, ob ich eine Grundeinstellung in der Psychoanalyse brauche, habe oder suche. Im Jahre 1986 hat eine Salzburger Kollegin, Dr. Dorothea Oberläuter, eine Biographie über mich geschrieben: *Rudolf Ekstein, – Leben und Werk, Kontinuität und Wandel in der Lebensgeschichte eines Psychoanalytikers.* In dieser Arbeit ist es ihr gelungen, den Lebenslauf eines Psychoanalytikers so zu beschreiben, daß man den inneren Kampf und die äußeren Probleme um die Frage der Grundeinstellung gut verfolgen konnte. Die Autorin hat verstanden, daß die Grundeinstellung eines Psychoanalytikers keine fixe Idee und kein statisches Dogma sein kann, sondern der persönlichen und gesellschaftlichen Veränderung unterliegt. Freilich ist es auch wahr, daß man im sich verändernden Selbst auch einen Leitfaden findet, eine Art „Persona", vielleicht den ‚Faden der Ariadne', der es einem ermöglicht, sich durch das Labyrinth des Lebens hindurchzufinden.

Ich hoffe – und das ist keine Voraussage, sondern eine innere Verpflichtung –, daß da immer ein Platz bleibt für jenen Kellner, der in seinem individuellen Kern gleich bleibt, trotz der wechselnden Gäste und der sich ändernden Restaurants. Ich hoffe ferner, daß dieser Kellner stets eine ehrliche und wohl erlernte Arbeit ausüben kann, und daß er sich selbst und seinen Beruf immer weiter vervollkommnen kann. Wenn ich einmal wieder zur Plaka zurückkommen werde, möchte ich natürlich wieder zu einer jener Tavernas gehen und ein gutes griechisches Essen genießen. Natürlich werde ich dann hoffen, daß dieses Restaurant nicht von den Regeln Spartas beherrscht wird, sondern von dem Geist, den wir mit unserer Vorstellung des klassischen Athen verbinden. Ich glaube, das ist es, was wir brauchen, um die Psychoanalyse weiterzuentwickeln. Was man heute in den USA manchmal als öffentliche Dienstleistungen zur seelischen Gesundheit bezeichnet, klingt für mich ziemlich „spartanisch". Es wäre für uns alle besser, wenn wir uns langsam wieder zu einer humanistischen Haltung durchringen würden, denn nur so können wir den seelischen Leiden unserer Mitmenschen gerecht werden.

Ist das nun meine Philosophie? Ist das nun meine Grundeinstellung? Ich möchte gerne einer alten, wohlbekannten Absicht des deutschen Philosophen Immanuel Kant folgen, der seine Vorlesungen vor jungen Philosophiestudenten mit den Worten begann, daß er ihnen nicht „die Philosophie", sondern „das Philosophieren" beibringen wolle. Ich möchte ihn nun gerne paraphrasieren und vorschlagen, daß ich in meiner Grundeinstellung, in meiner „Philosophie" von Psychoanalyse und Psychotherapie nicht in dogmatischem Sinne verstanden werden will. Derartiges liegt mir fern. Ich hoffe statt dessen, daß es mir gelungen ist, über Psychoanalyse und Psychotherapie sowie über eine diesbezügliche Grundeinstellung einfach zu philosophieren, d. h. etwas darüber zu sagen, was es für mich heißt, wenn der Philosoph Bronowski meint, das Suchen sei wichtiger als das Finden, das Denken wichtiger als das Ergebnis des Denkens, ganz in dem Sinne, daß der Weg wichtiger sei als das Ziel. Zum Schluß möchte ich noch einmal betonen, daß ich das Erwerben, das niemals endende Erwerben einer Grundeinstellung in der Psychoanalyse für wichtiger halte als das Haben. Wir wissen doch von Freud, daß er das Wort Goethes so liebte: „Was Du ererbt von Deinen Vätern, erwirb es, um es zu besitzen."

Literatur

Bernfeld, S. (1929). Der soziale Ort und seine Bedeutung für Neurose, Verwahrlosung, Pädagogik. Imago, 15, 299–312.

Bronowski, I., & Mazlish, B. (1960). The Western intellectual tradition. London: Hutchinson & Co.

Ekstein, R. (1969). Psychoanalysis and social crisis. Bulletin of the Menninger Clinic, 33, 333–345.

Ekstein, R. (1972). In quest of the professional self. In: A. Burton (Ed.), Twelve therapists. San Francisco, Cal.: Jossey – Bass.

Ekstein, R., & Wallerstein, R. (1958). Teaching and learning of psychotherapy. New York: Basic Books. Sec. ed.: International Universities Press 1972.

Hartmann, H. (1958). Ich-Psychologie und Anpassungsproblem. Stuttgart: Klett 1975.

Oberlauter, D. (1985). Rudolf Ekstein – Leben und Werk. Wien und Salzburg: Geyer Edition.

Taft, J. (1962). The dynamics of therapy in a controlled relationship. New York: Dover Publications.

1.2 Die Haltung des Psychoanalytikers zur Ethik

Janine Chasseguet-Smirgel

> „Der Mut, keine Frage auf dem Herzen zu behalten, ist es, der den Philosophen macht. Dieser muß dem Ödipus des Sophokles gleichen, der, Aufklärung über sein eigenes schreckliches Schicksal suchend, rastlos weiter forscht, selbst wenn er schon ahndet, daß sich aus den Antworten das Entsetzlichste für ihn ergeben wird. Aber da tragen die meisten die Jokaste in sich, welche den Ödipus um aller Götter willen bittet, nicht weiter zu forschen: und sie gaben ihr nach (...)"
> Schopenhauer an Goethe, 11. November 1815. Zitiert nach Ferenczi (1912)

Die Psychoanalyse hat neue Wege zur Ethik erschlossen, wenn man diese als Wissenschaft von der Moral versteht. Nach Freud und seinen Schülern kann man über die Ethik nicht mehr so sprechen, wie man es vor ihnen tat. Denn ein grundlegender Teil der Freudschen Entdeckung, der wesentlich mit dem psychoanalytischen Gebäude verbunden ist, bezieht sich auf das Problem der individuellen, ja kollektiven Ursprünge der Moral, ihres Platzes im psychischen Apparat sowie ihrer Rolle bei den seelischen Störungen und in der Kultur. Auf Anhieb – und das unterscheidet Freud von allen Philosophen, die im Laufe der Jahrhunderte über Ethik geschrieben haben – sieht er, daß das, was er noch „Zensur" nennt, ohne Wissen des Subjekts, d. h. *unbewußt* arbeiten kann.

Man muß wohl nicht daran erinnern, daß das Problem der moralischen Instanz die großen Etappen des Freudschen Denkens prägt und daß seine letzte Triebtheorie mit einer neuen Auffassung des psychischen Apparats einhergeht, der für ihn nun aus drei Systemen besteht: Es, Ich und Über-Ich. Wie man weiß, stehen zwei wesentliche Motive am Ursprung der Freudschen Ideen über die menschliche Persönlichkeit. Das erste resultiert aus der Berücksichtigung des *unbewußten* Charakters der meisten Abwehrmaßnahmen des Ichs und folglich der Unmöglichkeit, das Ich länger als auf das Vorbewußte-Bewußte beschränkt zu betrachten. Das zweite rührt von der Bedeutung her, die die *kritische* (oder moralische) *Instanz* in Freuds Untersuchung der Melancholie (1917 a) gewinnt, der Teil des Ichs, der sich dem übigen Ich entgegenstellt, es angreift und es sogar beseitigt (Selbstmord).

Für Freud (*Das Unbehagen in der Kultur*, 1929) gibt es kein „ursprüngliches, sozusagen natürliches Unterscheidungsvermögen für Gut und Böse". Am Anfang steht ein „fremder Einfluß; dieser bestimmt, was Gut und Böse heißen soll." Die Hilflosigkeit und Abhängigkeit des Säuglings erklären seine Unterwerfung unter diesen fremden Einfluß. Die Angst, die Liebe der schützenden Macht (der Mutter oder ihres Ersatzes) zu verlieren, die für das Überleben des Kindes unerläßlich ist, kommt ins Spiel und nicht ein wirkliches Schuldgefühl. Freud nennt diese Angst vor dem Liebesverlust (und der daraus resultierenden Bestrafung) „soziale" Angst, denn sie hängt mit der Beziehung zusammen, die das Subjekt zu einer Person (einem „Objekt") der Außenwelt unterhält. Auch viele Erwachsene bewahren diese Art der Beziehung zur Moral und führen das Böse aus, wenn sie sicher sind, von der Autorität nicht entdeckt zu werden (oder wenn die Autorität es ihnen befiehlt). Die Verinnerlichung der Autorität und ihrer Verbote in Form des Über-Ichs bewirkt eine grundlegende Änderung: da sich vor dem Über-Ich nichts verbergen läßt, ist Böses wollen oder Böses tun gleichermaßen schuldhaft. Das Ich versucht, die Liebe der jetzt verinnerlichten Autorität zu bewahren und muß darum das Feld seiner Versagungen beträchtlich ausdehnen. Denn um von der äußeren Autorität geliebt zu werden, genügt es, auf die Triebbefriedigung zu verzichten; doch um vom Über-Ich (der inneren Autorität) geliebt zu werden, muß man auch auf den Wunsch und die ihn repräsentierenden Phantasien verzichten.

Man weiß auch, daß für Freud das Über-Ich das Erbe des Ödipuskomplexes ist. Es bildet sich durch Verinnerlichung der ödipalen Verbote (Freud sprach schon in den *Drei Abhandlungen*, 1905, von der „Inzestschranke"). Das Kind verzichtet auf den sexuellen Besitz der Eltern und identifiziert sich mit ihrer Verbotsfunktion. Dem Untergang des Ödipuskomplexes folgt ein Stillstand in der Sexualentwicklung sowie der Erwerb der ästhetischen Dimension, der Sublimierungsfähigkeiten und zielgehemmter Triebe, hauptsächlich der Zärtlichkeit.

Freud hat auch versucht, die (kollektiven) Ursprünge der Moral (und der Religion) aufzuzeigen, indem er die beiden Haupttabus des Totemismus untersuchte – den Totem nicht zu töten und keine sexuellen Beziehungen mit einer Frau des gleichen Totemclans zu haben – und sie mit den beiden Elementen des Ödipuskomplexes verglich: Beseitigung des Vaters und Inzestwunsch gegenüber der Mutter. Der Vatermord der Urhorde (nach Freuds eigenen Worten ein „wissenschaftlicher Mythos") bildet den Kern des Totemismus und den Ausgangspunkt von Religion und Moral. Die gegen den Vater verbündeten Brüder töteten und verzehrten ihn, um sich seiner Frauen zu bemächtigen und seine Macht zu verinnerlichen. Doch nachdem der Vater tot war, mußten sie ihr Scheitern feststellen, da das Problem des Besitzes der Frauen nicht gelöst war. Daher schlossen sie sich zu einem Clan zusammen und stellten die beiden Tabus des Totemismus auf, damit sich ähnliches nicht wiederhole. Aus dem Scheitern des Unternehmens soll das Schuldgefühl entstanden sein. Es führte zur Einsetzung der Moral und zum Kult des toten Vaters, der durch den Totem ersetzt wurde, d. h. zur Religion; zur gleichen Zeit wurde die Exogamieregel aufgestellt.

Wie Freud in seiner *„Selbstdarstellung"* (1925, S. 94) sagt:

> „Ob nun eine solche Möglichkeit als historisch anzunehmen ist oder nicht, die Religionsbildung war hiemit auf den Boden des Vaterskomplexes gestellt und über der Ambivalenz aufgebaut, welche diesen beherrscht."

Ich habe diese wohlbekannten Begriffe deshalb in Erinnerung gerufen, um deutlich zu machen, in welchem Maße die Berücksichtigung der Rolle des Unbewußten in der Herausbildung und im Schicksal der moralischen Instanz die Perspektive verändert, aus der man die Moral sieht, denn zum erstenmal wird diese einer wirklich wissenschaftlichen Untersuchung unterzogen. Die Moral ist nicht göttlichen Ursprungs. Sie ist auch keine transzendentale Größe, sondern die Folge der conditio humana: einerseits der Neotenie des Menschenkindes und der damit zusammenhängenden primären Ohnmacht; und andererseits der Spuren, die der Ödipuskomplex in ihm hinterlassen hat.

Anfangs scheint Freud eine natürliche Neigung für das Gute

nicht anzuerkennen. Am 8. Juli 1915 schreibt er an James J. Putnam:

> „Sie müssen nämlich von mir wissen, (...) daß ich mich aber für einen sehr moralischen Menschen halte, der den guten Ausspruch von Th. Vischer unterschreiben kann: ‚Das Moralische versteht sich immer von selbst.' Ich glaube an Rechtsinn und Rücksicht für den Nebenmenschen; an Mißvergnügen, andere leiden zu machen oder zu übervorteilen, kann ich es mit den Besten, die ich kennengelernt habe, aufnehmen. (...) Einen besonderen ethischen Ansporn habe ich in der Jugend auch nicht empfunden; es fehlt mir auch eine deutliche Befriedigung dabei, wenn ich urteile, daß ich besser bin als die Anderen! Sie sind vielleicht der erste, vor dem ich mich dessen rühme. Man könnte gerade meinen Fall also als Beweis für Ihre Behauptung anführen, daß ein solcher Idealdrang ein wesentliches Stück unserer Anlage bildet. Wenn nur bei den Anderen mehr von dieser wertvollen Anlage zu bemerken wäre! Ich glaube im geheimen, wenn man die Mittel besäße, die Triebsublimierungen ebenso gründlich zu studieren wie ihre Verdrängungen, könnte man auf recht natürliche psychologische Aufklärungen stoßen, und sich Ihre menschenfreundliche Annahme ersparen."

Daß Freud Vischers Maxime unterschreibt, scheint mir nicht – wie häufig gesagt wird – seine Auffassung der Moral im allgemeinen zu betreffen, sondern vielmehr sein eigenes Verhältnis zur Moral. Für diejenigen, die eine starke, unabhängige und unpersönlich gewordene moralische Instanz verinnerlicht haben, versteht sich die Moral „von selbst". Sie sind *gezwungen*, „moralisch" zu sein. Doch ist dies das Ergebnis der Frühreife des Menschen sowie einer gewissen Auflösung ihres Ödipuskomplexes, nicht aber einer ethischen „Anlage". Tatsache ist, daß die individuelle Entwicklung verschiedene Wege einschlagen kann und ein großer Teil der Menschheit Freud zufolge überhaupt keine moralischen Neigungen zeigt.

Am 9. Oktober 1919 schreibt er an Pfarrer Oskar Pfister:

> „(...) mir liegt Ethik ferne, und Sie sind Seelsorger. Ich zerbreche mir nicht viel den Kopf über Gut und Böse, aber ich habe an den Menschen durchschnittlich wenig ‚Gutes' gefunden. Die meisten sind nach meinen Erfahrungen Gesindel, ob sie sich laut zu dieser, jener oder keiner ethischen Lehre bekennen. Das können Sie nicht laut sagen, vielleicht nicht einmal denken, obwohl Ihre Lebenserfahrungen kaum anders als meine gewesen sein können. Wenn schon von der Ethik die Rede sein soll, so bekenne ich mich zu einem hohen Ideal, von dem die mir bekannt gewordenen nun meist sehr betrüblich abweichen."

Diese Worte haben auf die Psychoanalytiker oft als Einschüchterung gewirkt, ja als Verbot, über das Verhältnis zwischen Psychoanalyse und Ethik nachzudenken. Zu Unrecht, wie mir scheint. Freud, dessen ganzes Unternehmen darauf gerichtet war, den Geist von seinen Ketten zu befreien, hätte sich eine solche Einschränkung der Gedankenfreiheit gewiß nicht gewünscht.

Überdies kommt Freud, als er das Über-Ich einführt (*Das Ich und das Es,* 1924, S. 263f.) auf die Frage einer „natürlichen" Tendenz zum „Guten" im Menschen zurück und beantwortet sie positiv:

> „Somit ist die Sonderung des Über-Ichs vom Ich nichts Zufälliges, sie vertritt die *bedeutsamsten Züge der individuellen und der Artentwicklung*[1] *(...).*
>
> Es ist der Psychoanalyse unzählige Male zum Vorwurf gemacht worden, daß sie sich um das Höhere, Moralische, Überpersönliche im Menschen nicht kümmere. Der Vorwurf war doppelt ungerecht, historisch wie methodisch. Ersteres, da von Anbeginn an den moralischen und ästhetischen Tendenzen im Ich der Antrieb zur Verdrängung zugeteilt wurde, letzteres, da man nicht einsehen wollte, daß die psychoanalytische Forschung nicht wie ein philosophisches System mit einem vollständigen und fertigen Lehrgebäude auftreten konnte, sondern sich den Weg zum Verständnis der seelischen Komplikationen schrittweise durch die analytische Zergliederung normaler wie abnormer Phänomene bahnen mußte. Wir brauchten die zitternde Besorgnis um den Verbleib des Höheren im Menschen nicht zu teilen, solange wir uns mit dem Studium des Verdrängten im Seelenleben zu beschäftigen hatten. Nun, da wir uns an die Analyse des Ichs heranwagen, können wir all denen, welche, in ihrem sittlichen Bewußtsein erschüttert, geklagt haben, es muß doch ein höheres Wesen im Menschen geben, antworten: Gewiß, und dies ist das höhere Wesen, das Ichideal oder Über-Ich (...)."

Freud und sein Werk ermutigen uns also, die Ethik aus analytischer Sicht zu untersuchen. Ein sehr weites Thema, das ich eingrenzen werde, indem ich versuche, die Beziehungen der Ethik zur Wahrheit psychoanalytisch zu erhellen und sodann Fragen über die Ethik zu stellen, die sich aus der Psychoanalyse selbst ergeben.

In einem Vortrag zitiert Richard Sterba (1974a) folgende Worte, die Freud auf einer der Mittwochssitzungen in Wien gesagt haben soll: „Mein ganzes Leben lang habe ich mich

[1] Von mir hervorgehoben.

bemüht, Wahrheiten aufzudecken; ich habe mir nichts weiteres vorgenommen, alles andere war mir vollkommen gleichgültig. Mein einziges Motiv war die Wahrheitsliebe."

Und wie man weiß, bekannte er sich sein Leben lang zu dieser Liebe, die sich für ihn aufs engste mit dem analytischen Vorgehen selbst verband:

> „Und endlich ist nicht zu vergessen, daß die analytische Beziehung auf Wahrheitsliebe, d. h. auf die Anerkennung der Realität gegründet ist und jeden Schein und Trug ausschließt." (*Die endliche und die unendliche Analyse,* 1937, S. 94)

Gleichzeitig plädiert Freud unablässig für den Sieg der Vernunft über alles, was ihm zufolge die Freiheit des Denkens einschränkt: immer wieder griff er die Religion an, insofern sie die menschliche Freiheit einengt, nicht so sehr die Handlungsfreiheit, sondern vielmehr die Freiheit, zum Verständnis der menschlichen Phänomene den Verstand einzusetzen. Der religiösen Haltung stellte er die wissenschaftliche Haltung entgegen. Man mag darin das Zeichen einer bestimmten Zeit und einer besonderen Lage (der jüdischen Emanzipation) sehen. Zweifellos wäre man teilweise im Recht, doch gleichzeitig auch im Unrecht, begnügte man sich mit einer rein historischen Erklärung. Denn Freud bekämpft in der Religion alles, was Erkenntnis verbietet. Aber er greift auch jedes Gedankengebäude, jede Ideologie an, die den fragenden Menschen mit fertigen Antworten abspeist. Das zeigt sich sehr deutlich in seiner letzten Vorlesung, *Über eine Weltanschauung* (1932). Nachdem er gesagt hat:

> „Das Denkverbot, das die Religion im Dienste ihrer Selbsterhaltung ausgehen läßt, ist auch keineswegs ungefährlich, weder für den Einzelnen noch für die menschliche Gemeinschaft. Die analytische Erfahrung hat uns gelehrt, daß ein solches Verbot, wenn auch ursprünglich auf ein bestimmtes Gebiet beschränkt, die Neigung hat, sich auszubreiten und dann eine Ursache schwerer Hemmungen in der Lebenshaltung der Person wird" (S. 185),

kommt Freud auf den Marxismus zu sprechen (S. 194f.):

> „In seiner Verwirklichung im russischen Bolschewismus hat nun der theoretische Marxismus die Energie, Geschlossenheit und Ausschließlichkeit einer Weltanschauung gewonnen, gleichzeitig aber auch eine unheimliche Ähnlichkeit mit dem, was er bekämpft. Ursprünglich selbst ein Stück Wissenschaft, in seiner Durchführung auf Wissenschaft und Technik aufgebaut, hat er doch ein Denkverbot geschaffen, das ebenso

> unerbittlich ist wie seinerzeit das der Religion. (...) Die Werke von Marx haben als Quelle einer Offenbarung die Stelle der Bibel und des Korans eingenommen (...)."

Im selben Text sagt Freud:

> „Es ist unsere beste Zukunftshoffnung, daß der Intellekt – der wissenschaftliche Geist, die Vernunft – mit der Zeit die Diktatur im menschlichen Seelenleben erringen wird." (S. 185)

Einige Jahre zuvor brachte er in *Die Zukunft einer Illusion* (1927, S. 377) eine ähnliche, für einen als pessimistisch verschrienen Mann etwas merkwürdige Hoffnung zum Ausdruck:

> „Wir mögen noch so oft betonen, der menschliche Intellekt sei kraftlos im Vergleich zum menschlichen Triebleben, und Recht damit haben. Aber es ist doch etwas Besonderes um diese Schwäche; die Stimme des Intellekts ist leise, aber sie ruht nicht, ehe sie sich Gehör geschafft hat. Am Ende, nach unzählig oft wiederholten Abweisungen, findet sie es doch."

Freilich wäre Freuds Kampf gegen die Religion nur von anekdotischem Interesse, wäre er nicht auf bewußter und veräußerlichter Ebene die Wiederholung eines ständigen innerpsychischen Kampfs um die Aufdeckung der Wahrheit über das menschliche Seelenleben und vor allem über sein eigenes, das als Modell dient. Am 25. Mai 1895 schreibt er an Wilhelm Fliess:

> „Ein Mensch wie ich kann ohne Steckenpferd, ohne herrschende Leidenschaft, ohne einen Tyrannen, mit Schiller zu reden, nicht leben, und der ist mir geworden. In dessen Dienst kenne ich nun auch kein Maß. Es ist die Psychologie, von jeher mein fern winkendes Ziel, jetzt, seitdem ich auf die Neurosen gestoßen bin, um soviel näher gerückt."

Diese „herrschende Leidenschaft" für die Entdeckung sollte es Freud ermöglichen, den unangenehmsten Ideen ins Auge zu sehen. In einem bemerkenswerten Vortrag mit dem Titel „Psychoanalyse et liberté de pensée" (1978, unveröffentlicht) ruft uns Hanna Segal die Veränderung in Erinnerung, die Freud vorgenommen hat, als er sich gezwungen sah, die Verführungstheorie aufzugeben. Sie betont, daß er sich überraschenderweise erregt und erleichtert fühlte, wie er Fliess schrieb. „Die Erregung rührte daher", sagt Hanna Segal, „daß er spürte, daß er kurz vor einer großen Entdeckung stand. Und die Erleichterung rührte daher, daß er imstande war, einen anderen erschreckenden Gedanken beiseite zu schieben – nämlich daß viele ehrbare

Väter, darunter *sein eigener* Vater, Perverse gewesen seien." Hanna Segal fügt hinzu: „Bemerkenswert ist: obwohl es sich um zwei für Freud unangenehme Gedanken handelte, waren sie nicht undenkbar." Sieht man sich nämlich den Text des Briefes an Fliess vom 21. September 1897 genauer an, so findet man folgende Zeilen:

> „Wäre ich verstimmt, unklar, ermattet, so wären solche Zweifel wohl als Schwächeerscheinungen zu deuten. Da ich im gegensätzlichen Zustande bin, muß ich sie als Ergebnis ehrlicher und kräftiger intellektueller Arbeit anerkennen und stolz darauf sein, daß ich nach solcher Vertiefung solcher Kritik noch fähig bin. (...) bei mir habe ich eigentlich mehr das Gefühl eines Sieges als einer Niederlage."

Drei Wochen später (am 15. Oktober 1897) verkündet er Fliess die Entdeckung des Ödipuskomplexes und mit ihm die Entdeckung der psychischen Realität, und man darf zu Recht vermuten, daß Freud, als er seine „Neurotica" aufgeben mußte, deshalb nicht zusammenbrach, weil sich unbewußt bereits weitere Entdeckungen abzeichneten. (In seinem Brief heißt es: ("Demnach blieb die Lösung übrig, daß die sexuelle Phantasie sich regelmäßig des Themas der Eltern bemächtigt.)"[2]

Trotzdem wäre es sehr viel bequemer für ihn gewesen, bei seiner ersten Hypothese zu bleiben. Die psychische Arbeit, die er geleistet hatte, um zur Verführungstheorie zu gelangen, hätte seinen Energievorrat durchaus erschöpfen und zu einer Fixierung an die erste Entdeckung führen können (die einen Kern Wahrheit enthielt). Der Sieg besteht darin, daß er die Verlokkung der seelischen und affektiven Bequemlichkeit zugunsten der wissenschaftlichen Wahrheit heldenmütig überwand. Die ganze Arbeit, die noch einmal getan werden mußte, ist im selben Brief durch den ironischen Blick veranschaulicht, mit dem Freud sich selbst betrachtet:

> „Die Erwartung des ewigen Nachruhmes war so schön und des sicheren Reichtums, die volle Unabhängigkeit, das Reisen, die Hebung der Kinder über die schweren Sorgen, die mich um meine Jugend gebracht haben. Das hing alles daran, ob die Hysterie aufgeht oder nicht. Nun

---

[2] Die Klammern befinden sich im Text. Wie in den Träumen, wo ein winziges Detail den Schlüssel der Bedeutung enthält, „schiebt" Freud in den Brief die Entdeckung, die er im Begriff zu machen ist.

kann ich wieder still und bescheiden bleiben, sorgen, sparen und da fällt mir aus meiner Sammlung die kleine Geschichte ein: Rebekka zieh das Kleid aus, Du bist keine Kalle [Braut] mehr."

Woran liegt es, daß jemand hin und wieder der seelischen Behaglichkeit, dem Ruhm und dem Reichtum die Wahrheit vorzieht? (Wir nennen solche Menschen Genies oder Helden.)

In dem erwähnten Aufsatz schreibt Hanna Segal das Denkverbot zunächst dem Über-Ich und dann den Allmachtswünschen zu. Was das Über-Ich betrifft, so sagt sie, ganz auf Freuds Linie: „So wie wir aus Angst vor der äußeren Autorität uns fürchten zu sprechen, so kann uns die innere Autorität Furcht vor dem Denken einflößen." Das Verbot betreffe nicht nur feindselige Gedanken, sondern auch das Denken selbst; es gebe einen Aspekt des Über-Ichs, der sich gegen das Wissen richtet (Bion). Im übrigen ist das Wissen eine dem menschlichen Narzißmus zugefügte Kränkung, wie Freud am Beispiel von Kopernikus, Darwin und der Psychoanalyse gezeigt hat:

„Aber die beiden Aufklärungen, daß das Triebleben der Sexualität in uns nicht voll zu bändigen ist, und daß die seelischen Vorgänge an sich unbewußt sind (...), kommen der Behauptung gleich, daß *das Ich nicht Herr sei in seinem eigenen Haus*. Sie stellen miteinander die dritte Kränkung der Eigenliebe dar, die ich die psychologische nennen möchte." (1917b, S. 11)

Das Denken entsteht aus der Erfahrung der Versagung und aus der Unmöglichkeit, die halluzinatorische Befriedigung lange aufrechtzuerhalten. Hanna Segal zitiert eine Stelle aus Freuds *Formulierungen über die zwei Prinzipien des psychischen Geschehens* (1911, S. 231):

„Erst das Ausbleiben der erwarteten Befriedigung, die Enttäuschung, hatte zur Folge, daß dieser Versuch der Befriedigung auf halluzinatorischem Wege aufgegeben wurde. Statt seiner mußte der psychische Apparat sich entschließen, die realen Verhältnisse der Außenwelt vorzustellen und die reale Veränderung anzustreben. Damit war ein neues Prinzip der seelischen Tätigkeit eingeführt; es wurde nicht mehr vorgestellt, was angenehm, sondern was real war, auch wenn es unangenehm sein sollte. Diese Einsetzung des Realitätsprinzips erwies sich als ein folgenschwerer Schritt."

Das Denken besteht also in diesem Augenblick darin, den realen Stand der Dinge vorzustellen. Es entwickelt sich in dem Raum, der zwischen der Erfahrung des Bedürfnisses und der Erfahrung der Befriedigung liegt. Das Band zwischen Denken und Versagung kann zu Angriffen auf das Denken führen.

Ich möchte diesen Behauptungen, denen zufolge das Über-Ich und der Allmachtswunsch die Entdeckung des Realen und Wahren verhindern und Haß auf das Denken und das Wissen verursachen, nicht widersprechen, denn ich stimme mit Hanna Segal überein, sondern vielmehr zeigen, daß umgekehrt eine bestimmte Entwicklung der moralischen Instanz entscheidend zur Wahrheitsliebe und zur Erkenntnis beitragen kann. Ich gehe dabei von den Auffassungen Melanie Kleins über die Entwicklung des Über-Ichs aus. Ihr zufolge entsteht das Über-Ich bekanntlich vor dem Ödipuskomplex, der ihrer Meinung nach bereits in der zweiten Hälfte des ersten Lebensjahres einsetzt. Das charakteristische Merkmal des Über-Ichs ist gerade seine Evolution. Die Gesamtentwicklung erscheint als Folge eines Kampfs zwischen Lebens- und Todestrieb. In der paranoid-schizoiden Phase wird der Todestrieb abgelenkt, projiziert und veranlaßt die Einsetzung äußerer verfolgender Objekte. Diese bösen Objekte bilden, wenn sie wieder ins Ich introjiziert werden, die Basis des Über-Ichs, das in diesem Stadium wesentlich verfolgend ist, während der Lebenstrieb zur Projektion eines idealen Objekts drängt, das, wieder introjiziert, zum Kern eines grausamen und anspruchsvollen Ichideals wird. In der depressiven Phase werden die nunmehr ganzen (und nicht mehr partiellen und gespaltenen) Objekte ambivalent besetzt. Introjiziert bilden sie ein Über-Ich, dessen Merkmale sich von denen der vorherigen Phase unterscheiden. Das Objekt wird geliebt, und die ihm geltenden Angriffe rufen Schuldgefühle hervor, da das Subjekt erkennt, daß es die (phantasierten) Beschädigungen des Objekts selbst verursacht hat, was zur Depression führt. Diese wird überwunden, wenn das Subjekt ein gewisses Vertrauen in seine Wiedergutmachungsfähigkeiten gewinnt, die der Sublimierung und der kreativen Tätigkeit zugrundeliegen.

Während in der paranoid-schizoiden Phase die Sorge um das Ich überwiegt, herrscht in der depressiven Phase die Sorge um das Objekt vor. (Eine nur partielle Verletzung in der depressiven Phase kann ein verfolgendes Schuldgefühl hervorrufen.)

Man mag eher der einen oder der anderen Theorie des Über-Ichs zustimmen und mit den „Freudianern" die Ansicht vertreten, daß wir es dann mit einem verfolgenden Über-Ich zu tun haben, wenn es, ausgehend vom Ödipuskomplex, von einer regressiven Bewegung mitgerissen worden ist. Die Regression könnte das Über-Ich seiner postödipalen Charakteristika entkleiden und nicht nur die Beziehungen zwischen Ich und Über-Ich resexualisieren, indem sie das Subjekt veranlaßt, die innere Instanz zu veräußerlichen und auf eine Person der Außenwelt zu projizieren, mit der es den Konflikt wiederholt, den es mit dem Vater hatte, bevor es ihn introjizierte (Freud 1924). Darüber hinaus wird das Über-Ich zu einem Partial- oder verfolgenden Objekt (Haitzmanns Teufel, Freud 1923 b) oder herabgewürdigt zu einem sadistischen Totemtier (Ratte des „Rattenmanns", Wolf des „Wolfsmanns" usw.), je nach dem Stadium, bei dem die Regression stehengeblieben ist. Freud hat betont, daß noch die archaischste Vergangenheit des Individuums – und der Menschheit – wieder auftauchen kann: „Aber die primitiven Zustände können immer wieder hergestellt werden; das primitive Seelische ist im vollsten Sinne unvergänglich" (1915, S. 337), und das Über-Ich könnte, auch wenn es sich nicht während dieser primitiven Zustände entwickelt hat[3], zu Objektbeziehungen zurückkehren, wie sie für die Stadien vor seiner Herausbildung typisch sind. Doch nicht dieser Punkt beschäftigt mich, sondern die Übereinstimmungen zwischen Freud und Melanie Klein hinsichtlich bestimmter Merkmale des Über-Ichs – Erbe des Ödipuskomplexes oder Erbe der Integrierung der depressiven Position.

Zunächst möchte ich unterstreichen, daß bei Melanie Klein die Entwicklung des Über-Ichs in der depressiven Position mit einer Entwicklung des Realitätssinns in Richtung einer besseren Erfassung der Realität einhergeht. Denn das Subjekt spürt, daß es *am Ursprung* seiner Triebe steht und folglich für das Schicksal seiner Objekte *verantwortlich* ist:

> „Die geliebten und gehaßten Aspekte der Mutter werden nicht mehr so weit voneinander getrennt empfunden. Als Folge davon entsteht sowohl gesteigerte Angst vor Verlust, ein Zustand, der mit der Trauer verwandt ist, als auch starkes Schuldgefühl, *da aggressive Regungen gegen das*

[3] Wie Melanie Kleins Konzeption es vorsieht (Anm. d. Hg.).

geliebte Objekt erlebt werden.[4] Die depressive Position ist somit aufgetreten. Das Erlebnis depressiver Gefühle selbst hat wiederum die Wirkung weiterer Integration des Ichs, denn es fördert tieferes Verständnis der inneren Wirklichkeit und bessere Wahrnehmung der äußeren Welt sowie engere Synthese zwischen inneren und äußeren Situationen.

Das Wiederherstellungsbedürfnis, das in diesem Stadium auftritt, kann als Folge größerer *Einsicht in die psychische Realität* und wachsender Synthese betrachtet werden, es zeigt eine realistischere Reaktion auf die Gefühle von Kummer, Schuld und Angst vor Verlust, die das Resultat von Aggression gegen das geliebte Objekt darstellen.“ (Klein 1946)

Wenn wir uns Freud zuwenden, so sehen wir, daß seine Entdekkung der Analyse mit dem Tod seines Vaters und mit der Verarbeitung seiner Trauer und seines Schuldgefühls zusammenhängt, wie es Didier Anzieu (1975) in seinem zweibändigen Werk über Freuds Selbstanalyse gezeigt hat. Der Verzicht auf die Verführungstheorie und die Entdeckung des Ödipuskomplexes erfolgen kurz nach dem Tod von Jakob Freud (23. Oktober 1896). Im Vorwort zur zweiten Auflage der *Traumdeutung* (1900) schreibt Freud:

„Für mich hat dieses Buch nämlich noch eine andere subjektive Bedeutung, die ich erst nach seiner Beendigung verstehen konnte. Es erwies sich mir als ein Stück meiner Selbstanalyse, als meine Reaktion auf den Tod meines Vaters, also auf das bedeutsamste Ereignis, den einschneidendsten Verlust im Leben eines Mannes. Nachdem ich dies erkannt hatte, fühlte ich mich unfähig, die Spuren dieser Einwirkung zu verwischen.“

Das Motto der *Psychopathologie des Alltagslebens* (1901), die ein Jahr nach der *Traumdeutung* erschien, erinnert in verdeckter Form an den Tod des Vaters:

„Nun ist die Luft von solchem Spuk so voll,
Daß niemand weiß, wie er ihn meiden soll.“
(*Faust*, II. Teil, V. Akt)

Anders gesagt, die Wiederkehr des Verdrängten (der Spuk), Zeugnis für die Existenz unbewußter Gedanken, ist gleichzeitig ein Zeugnis für die Triebe und Gefühle, die dem Vater gelten und an die Scheibe pochen, um ins Bewußtsein einzudringen, wie ein Gespenst, das die Lebenden heimsucht.

---

[4] Von mir hervorgehoben.

Tatsächlich äußert Freud im Manuskript N zum erstenmal den Gedanken an die Existenz von Todeswünschen gegenüber den Eltern (31. Mai 1897): „Die feindseligen Impulse gegen die Eltern (Wunsch, daß sie sterben mögen) sind gleichfalls ein integrierender Bestandteil der Neurose." Und er fügt hinzu (eine erste Anspielung auf den Ödipuskomplex): „Es scheint, als ob dieser Todeswunsch bei den Söhnen sich gegen den Vater, bei den Töchtern gegen die Mutter kehren würde."

Freud durchläuft eine Periode starker Hemmung, von der ein Brief an Fliess zeugt (7. Juli 1897):

> „Was in mir vorgegangen ist, weiß ich noch immer nicht; irgend etwas aus den tiefsten Tiefen meiner eigenen Neurose hat sich einem Fortschritt im Verständnis der Neurosen entgegengestellt und Du warst irgendwie mit hineingezogen."

(Wie man weiß, spielte Fliess für Freud die Rolle eines Übertragungsobjekts.) Mitte Juli sucht Freud seine Schwägerin, dann seine Schwiegermutter auf und kehrt nach Wien zurück, um sich um das *Grab seines Vaters* zu kümmern. Wahrscheinlich im August, d. h. nach dieser Episode, beginnt er seine *systematische* Selbstanalyse. Am 14. August 1897 schreibt er an Fliess:

> „Es gärt in mir, ich bin mit nichts fertig; mit der Psychologie sehr zufrieden, in der Neurotik von schweren Zweifeln gequält, sehr denkfaul und habe es hier nicht zu Stande gebracht, das Wühlen im Kopf und in den Gefühlen zu ducken. (...) Die Analyse [seine eigene] ist schwerer als irgendeine andere. (...) Doch glaube ich, es muß gemacht werden und es ist ein notwendiges Zwischenstück in meinen Arbeiten."

Im folgenden Monat gibt Freud die Verführungstheorie auf und verkündet zwei Monate später (etwa ein Jahr nach dem Tod seines Vaters) die Entdeckung des Ödipuskomplexes.

Ich möchte hier drei Elemente miteinander verbinden: die Trauerarbeit, den Ödipuskomplex und die Sublimierung (in diesem Fall die Entdeckung des Ödipuskomplexes), und diese drei Elemente auf die moralische Instanz beziehen.

Als Freud in *Das Ich und das Es* (1923a, Kapitel III) das Über-Ich einführt, geschieht das vor allem im Zusammenhang mit einem Objektverlust. Das Ich findet in sich selbst das verlorene Sexualobjekt wieder. Diese Introjektion vergleicht er mit derjenigen, die bei der Melancholie stattfindet. Sie ermöglicht die Auffassung, „daß der Charakter des Ichs ein Niederschlag der aufgegebenen Objektbesetzungen ist, die Geschichte dieser Objektwahlen enthält". (Könnte man das Ich nicht als einen Friedhof verlorener Objekte betrachten, so wie Marcel Proust sagte, das Buch sei „ein großer Friedhof", auf dessen Grabsteinen die verwitterten Namen unleserlich geworden sind. Jede Introjektion eines Objekts ins Ich, jede *Identifizierung* verwandelt einen Teil der Objektlibido (die ursprünglich dem äußeren Objekt galt) in narzißtische Libido (die dem Ich gilt, das mit dem Objekt identifiziert ist). Dieser Vorgang bringt, so sagt Freud, „ein Aufgeben der Sexualziele, eine Desexualisierung mit sich, also eine Art von Sublimierung", und er fragt sich, ob dies nicht der allgemeine Weg zur Sublimierung sei. Von da aus kommt er auf die Entstehung der moralischen Instanz, was ihn zu einer Formulierung führt, aus der hervorgeht, daß der Verzicht auf die inzestuöse sexuelle Befriedigung aufgrund der doppelten Natur des Ödipuskomplexes (Liebe und Haß gegenüber beiden Elternteilen) im Ich zwei Identifizierungen bestehen läßt. Doch im Normalfall verstärkt der Knabe seine Identifizierung mit dem Vater, und diese Identifizierung stellt sich seiner früheren Objektwahl (der Mutter) entgegen. Sie verändert einen Teil des Ichs und bildet damit das Über-Ich (das Freud in diesem Text auch Ichideal oder Ideal-Ich nennt). Die Liebe zur Mutter überlebt in Form der Zärtlichkeit. Über die moralische Instanz sagt Freud des weiteren, die individuelle Entwicklung mit der Artenwicklung vergleichend:

> „Als Ersatzbildung für die Vatersehnsucht enthält es [das Ichideal] den Keim, aus dem sich alle Religionen gebildet haben. Das Urteil der eigenen Unzulänglichkeit im Vergleich des Ichs mit seinem Ideal ergibt das demütige religiöse Empfinden, auf das sich der sehnsüchtig Gläubige beruft. Im weiteren Verlauf der Entwicklung haben Lehrer und Autoritäten die Vaterrolle fortgeführt; deren Gebote und Verbote sind im Ideal-Ich mächtig geblieben und üben jetzt als *Gewissen* die moralische Zensur aus. Die Spannung zwischen den Ansprüchen des Gewissens und den Leistungen des Ichs wird als *Schuldgefühl* empfunden. Die sozialen Gefühle ruhen auf Identifizierungen mit anderen auf Grund des gleichen Ichideals.
>
> Religion, Moral und soziales Empfinden – diese Hauptinhalte des Höheren im Menschen – sind ursprünglich eins gewesen. (...) sie wurden phylogenetisch am Vaterkomplex erworben (...)." (1923, S. 265)

Wir sehen, daß bei der Trauerarbeit, beim Untergang des Ödipuskomplexes sowie bei der Sublimierung ein gemeinsames

Element am Werk ist: die *Identifizierung,* d. h. eine Verinnerlichung. Ich halte es für überaus wesentlich, daß Freuds Trauerarbeit nicht nur zur Entdeckung des Ödipuskomplexes führt, sondern auch zu der dieser völlig entsprechenden Entdeckung der *psychischen Realität.* Denn aus dem Verzicht auf die Verführungstheorie ergibt sich eine entscheidende Veränderung für die Psychoanalyse: die Berücksichtigung innerer Faktoren und ihr Vorrang vor den äußeren Faktoren. Kurz nachdem er ihm die Entdeckung des Ödipuskomplexes kundgetan hatte, schreibt Freud an Fliess (am 27. Oktober 1897 – der ‚ödipale' Brief ist vom 15. 10. 1897), er lebe nur „der ‚inneren' Arbeit". Die Art und Weise, wie Freud den Ödipuskomplex entdeckt, ist eine „Verdoppelung" der Suche des Ödipus nach der Wahrheit. Und man kann die Hypothese aufstellen, daß allein die Verinnerlichung der moralischen Instanz in ihrer vollendeten Form es Freud ermöglicht hat, in seiner Trauer die Realität seiner eigenen Todeswünsche gegen seinen Vater und die entsprechenden Inzestwünsche zu erkennen, ohne der bequemen Projektion zu erliegen, d. h. indem er seine Schuld anerkennt. Gleichzeitig verschafft ihm diese schmerzhafte Suche ungeheure sublimatorische Befriedigungen. So entdeckt er wenige Tage vor dem „Ödipus"-Brief seine frühere Feindseligkeit bei der Geburt eines jüngeren Bruders und seine Zufriedenheit beim Tod des kleinen Rivalen sowie die daraus folgenden Gewissensbisse. Er schreibt an Fliess (3. Oktober 1897) den ergreifenden Satz: „Von der intellektuellen Schönheit der Arbeit kann ich Dir eine Vorstellung nicht verschaffen."

Man darf vermuten, daß die Introjektion des toten Vaters, wegen der früheren Verinnerlichung des Vaters in Form einer moralischen Instanz, es Freud ermöglichte, die an das innere Objekt gebundene und während der Trauerarbeit langsam frei werdende Energie an eine Sublimierungsarbeit zu verwenden, die sich für Freud, wie wir sahen, aus der Identifizierung ergibt und nach dem Untergang des Ödipuskomplexes (Latenzzeit) einsetzt. Ich persönlich bin mir nicht sicher, ob die schöpferische Tätigkeit und die Entdeckung, die eine ihrer Varianten ist, die Folge einer Wiedergutmachungsarbeit sind. Ich glaube hingegen, daß sie einer bestimmten Anerkennung der eigenen psychischen Realität, eigener Schuld und feindseliger, zerstörerischer

Gefühle entsprechen und, noch allgemeiner – und wäre es nur vorübergehend – der Anerkennung der Tatsache, daß man selbst am Ursprung seiner Gedanken, Gefühle und Handlungen steht.

Dies alles zusammen kommt einer Wiedergutmachung und einer Besänftigung der Beziehung zum Toten (einem Geständnis) gleich, was meines Erachtens durch die Anstalten symbolisiert wird, die Freud in bezug auf das Grab seines Vaters trifft. Diese Geste kindlicher Liebe erlaubt es ihm zweifellos, langsam aus dem Konflikt herauszukommen und Kraft dazu zu finden, nun nicht seinen Vater „wiederherzustellen", sondern ein Werk zu schaffen, das freilich die Beziehung zum Vater widerspiegelt und all deren Ambivalenz enthält, d. h. ihre Aspekte „religiöser" Liebe und ihre Destruktivität, ein Werk, das nicht mehr nur ein „Grab" (tombeau[5]) ist, sondern ein Denkmal, welches das Ich repräsentiert und das dessen Bedürfnis befriedigt, sich in seiner inneren Realität *so* wiederzuerkennen, *wie es ist,* mit all seinen feindseligen und zärtlichen Tendenzen. Und so integrieren sich in das Werk die ungezähmt sadistischsten Impulse gegen die geliebten Objekte, freilich nicht konfliktlos. Ernest Jones (1962, Bd. II, S. 414ff.) erzählt, wie erregt Freud bei der Abfassung von *Totem und Tabu* war und dann, nach Beendigung des Buchs, voller Zweifel und Befürchtungen. Jones und Sándor Ferenczi sahen im Inhalt des Buchs – Vatermord und Verzehr des Vaters – den Grund seiner Bedrängnis. Und Freud soll zu Jones gesagt haben: „Damals [in der *Traumdeutung*] beschrieb ich den Wunsch, den Vater zu töten, jetzt habe ich das wirkliche Töten beschrieben; es ist immerhin ein großer Schritt vom Wunsch zur Tat."

Und einige Zeit nach dem Tod seines Vaters schreibt Freud an Fliess (9. Dezember 1899):

> „Ungefähr gleichzeitig kommen zwei meiner Patienten auf die Vorwürfe nach Krankenpflege und Tod der Eltern und zeigen mir, daß meine Träume hierin das Typische getroffen haben. Es ist jedesmal die Rache, Schadenfreude, Genugtuung über die Exkretionsschwierigkeiten der

---

[5] In dem Sinne, in dem man das Wort im Französischen verwendet und damit eine Gedichtsammlung oder eine Komposition meint, die dem Andenken eines Toten gewidmet ist (Ravel: Le tombeau de Couperin).

Kranken (Harn und Stuhl), an die der Vorwurf angeknüpft hat. Ein wirklich unbeachteter Winkel des Seelenlebens."

Nun hatte aber Freud seinem Freund Fliess anvertraut (30. Juni 1896), als er ihn von der Krankheit seines Vaters unterrichtete (er starb vier Monate später), daß eines der Symptome eine Blasenlähmung sei. Man sieht also, wie tief Freud in der Selbstanalyse seiner Feindseligkeit gegenüber dem Vater gegangen war, und aus der Anerkennung solch „unbeachteter Winkel" in seinem Seelenleben besteht sein ganzes Werk.[6]

Man sieht, daß zwischen Klein und Freud bedeutsame Übereinstimmungen im Hinblick auf das Gewissen bestehen. Das Problem, welcher Platz dem Ödipuskomplex bei der Bildung des Über-Ichs zukommt, bleibt jedoch ein Streitpunkt.

Ich möchte mit Hilfe an anderer Stelle dargelegter Hypothesen (Chasseguet-Smirgel 1984a) kurz zeigen, daß man, sofern man die Existenz einer archaischen und strukturalen Form des Ödipuskomplexes einräumt, die Unterschiede zwischen den beiden Theorien verringern und die entscheidende Rolle ausweiten könnte, die der Ödipuskomplex bei der Erfassung der Realität spielt. Dann läge der Gedanke nahe, daß die entwickelte Form des Ödipuskomplexes und seine Integrierung einige gemeinsame Punkte mit der Überwindung der depressiven Position aufweisen.

Dazu habe ich die folgende Hypothese aufgestellt:

„[Es gibt] einen primären Wunsch (...), eine Welt ohne Hindernisse, ohne Unebenheiten und ohne Unterschiede wiederzuentdecken, eine völlig glatte Welt, die mit einem seines Inhalts entleerten Mutterleib identifiziert wird, einem Innenraum, zu dem man freien Zugang hat. Hinter der Phantasie, den Penis des Vaters, die Kinder und die Exkremente im Mutterleib zu zerstören oder sich anzueignen – einer Phantasie, die Melanie Klein herausgearbeitet hat und die ihr zufolge für die frühen Stadien des Ödipuskonflikts spezifisch sind –, läßt sich ein noch grundlegenderer und archaischerer Wunsch feststellen, dessen Repräsentanz die Rückkehr in den Mutterleib ist. *Letztlich geht es darum, auf der Ebene des Denkens ein psychisches Geschehen ohne Barrieren und mit frei fließender, psychischer Energie wiederzufinden.* Der Vater, sein Penis, die Kinder *repräsentieren die Realität*. Sie

[6] Und sein Genie, das zu erklären ich mir nicht anmaße.

müssen zerstört werden, damit die dem Lustprinzip eigene Art des psychischen Geschehens wiedererlangt werden kann. (. . .) In Wirklichkeit ist der Mutterleib *nicht* zugänglich“ (Chasseguet-Smirgel, 1984a, S. 91 f.).

„Der Wunsch, den Mutterleib zu leeren, ist eine Objektivierung des Kampfs des Lustprinzips gegen das Realitätsprinzip.“ Dieser Wunsch mündet in die Phantasie der Apokalypse. Es geht darum, die Mutter-Erde von jeglichem, mit den Kindern des Vaters identifizierten Leben zu befreien. Diese glatte Welt ist die Welt des dem Lustprinzip folgenden psychischen Geschehens. Es genügt, die Mutter ihrer Inhalte, die Erde ihrer Hindernisse, das Gehirn seiner Gedanken zu entleeren, und man gelangt in eine geistige Welt, in der die Energie frei fließt, nach den Gesetzen des Lustprinzips und der Primärvorgänge („Unter dem Pflaster liegt der Strand“[7]).

Doch zugleich gilt:

> „Wenn das wache Denken nach den Gesetzen des Lustprinzips und der Primärvorgänge arbeitet, endet es in einer totalen Verwirrung der Werte. Sind die Unterschiede beseitigt, dann sind auch Ursache und Wirkung beseitigt. Um einen Gedanken von Béla Grunberger aufzugreifen: die Ursache verhält sich zur Wirkung wie der Vater zum Kind. Ist das väterliche Prinzip aus der Welt verschwunden, dann sind auch das Vorher und das Nachher, ja sogar die Geschichte verschwunden. Jede Beurteilung einer Situation, die weder deren Warum noch Wie berücksichtigt, die ein Ereignis aus seinem Zusammenhang reißt, ohne es in eine Perspektive zu stellen, zeugt von dem regressiven Denken, das ich zu beschreiben versuche. Es ist ein lineares und ahistorisches Denken. Außerhalb der kausalen Dimension lassen sich Ideen und Wörter beliebig verwenden“ (op. cit., S. 103).

Anders gesagt, die Entwicklung des Ödipuskomplexes, der Verzicht auf die Mutter und die Einsetzung der moralischen Instanz in ihrer vollendeten Form setzen eine Anerkennung der Realität voraus, die Anerkennung eines Hindernisses zwischen der Mutter und dem Subjekt, d. h. des Vaters und seiner Abkömmlinge. Das Über-Ich kann die Denkfreiheit einschränken, wenn es seine entwickelte Form nicht erreicht oder wenn es regrediert ist. In seiner vollständigen Form ist es wesentlich mit der Anerkennung der Realität verbunden.

[7] Parole vom Mai 1968.

In „Symbolische Darstellung des Lust- und Realitätsprinzips im Oedipus-Mythos" (1912) kommentiert Ferenczi den eingangs zitierten Brief Schopenhauers an Goethe. Schopenhauer schreibt dort, der Philosoph gleiche dem Ödipus, aber die meisten trügen eine Jokaste in sich, die ihren Forscherdrang behindere, und darum mache die Philosophie keine Fortschritte. Ferenczi äußert – ein Jahr nach Freuds *Formulierungen über die zwei Prinzipien des psychischen Geschehens* (1911) – den Gedanken, daß Ödipus das Realitätsprinzip und Jokaste das Lustprinzip repräsentiere. Und er zeigt, daß der Ödipusmythos – wie alle Mythen und die geistige Produktion im allgemeinen – nicht nur psychischen *Inhalten* Ausdruck verleiht, sondern zugleich die seelische Funktionsweise bei der Bewältigung dieser Inhalte zur Darstellung bringt. Dargestellt wird also sowohl der Wahrheitsdurst als auch der Widerstand gegen die Suche nach Wahrheit. Haben wir nicht gesehen, daß Freud die gleiche Suche wie Ödipus durchlebt, als er mit Hartnäckigkeit, Schmerz und Begeisterung die Entdeckung des Ödipuskomplexes betreibt, indem er den Elementen des Komplexes in seinem eigenen Seelenleben nachjagt? Dieser Kampf gegen den mit dem Lustprinzip verknüpften Widerstand ist im wesentlichen ein Kampf gegen den Narzißmus. An anderer Stelle (1975) habe ich gezeigt, daß der Narzißmus auch den *langen Weg* einschlagen und die Reife besetzen kann. Es ist mir hier nicht möglich, meine späteren Ausführungen über das Schicksal des Narzißmus auf die Ethik anzuwenden. Der Wunsch, in einem Zustand der Einheit mit der Mutter zu verharren (ohne von diesem Wunsch etwas zu wissen), und zwar ohne jede Erregung, ist meines Erachtens das, was die Wahrheitssuche am stärksten bremst. Und die Unmöglichkeit, diesen Zustand aufrechtzuerhalten, versucht der Mensch mit Hilfe von Illusionen und Lügen zu leugnen. Doch manchmal tauscht er seine Lust als Helot, Perverser oder Verrückter gegen die (sublime) Befriedigung ein, die Jokaste in sich zu besiegen und neue Kontinente zu entdecken. Doch ist dieser Tausch nie ganz gesichert. Die Verlockung, die Last der (psychischen) Realität abzuschütteln, besteht immer und drängt sogar den Analytiker, die Auffassung vom Primat der inneren Faktoren zugunsten einer anderen Theorie aufzugeben, die in jedem Fall dazu führt, die menschliche Seele als leeren

Raum aufzufassen, der überflutet wird vom kollektiven Unbewußten, von der patriarchalischen Gesellschaft, vom Kapitalismus, von der Sexualität der Erwachsenen oder der Sprache, kurz, sich für eine mehr oder minder paranoische Weltsicht zu entscheiden.

Bisher haben wir uns im wesentlichen mit der Rolle der moralischen Instanz bei der Wahrheitssuche befaßt. Nun wollen wir uns dem Problem des Psychoanalytikers gegenüber der Ethik nähern, indem wir untersuchen, wie sich aus den Wahrheiten, welche die Psychoanalyse enthält, eine Ethik herleitet, die „sich von selbst versteht", d. h. natürlich aus dem Bild resultiert, das sich die Psychoanalyse vom Menschen macht.

Freud hat im Seelenleben eine bestimmte Anzahl von Konstanten entdeckt, die Raum und Zeit (Geographie und Geschichte), politische, ökonomische und soziale Verhältnisse, Gesundheit und Krankheit transzendieren.

Rufen wir uns kurz in Erinnerung, daß die Struktur des psychischen Apparats bei allen Menschen die gleiche ist, daß der Ödipuskomplex universell ist, ebenso der Kastrationskomplex. Auch imaginäre Schöpfungen wie der Familienroman und theoretische Konstruktionen wie die infantilen Sexualtheorien, mit denen das Kind und vielleicht „jedes Menschenkind" das Unbefriedigende seiner Lage zu verarbeiten sucht, sowie die primären Phantasien werden von der ganzen Menschheit geteilt.

Der Unterschied zwischen Normalem und Pathologischem verwischt sich auf einer bestimmten Ebene, und an seine Stelle tritt eine Psyche, die von Gesetzen beherrscht ist und aus einem unantastbaren Kern besteht. Der Traum, eine normale Erscheinung, wird dazu benutzt, das Unbewußte, die Tätigkeit des psychischen Apparats und die ihn beherrschenden Gesetze sowie die Neurosen zu verstehen. Die Trauer wird als der Prototyp der Melancholie betrachtet, das Fest als Prototyp der Manie.

In *Zeitgemäßes über Krieg und Tod* sagt Freud:

> „In Wirklichkeit gibt es keine ‚Ausrottung' des Bösen. Die psychologische – im strengeren Sinne die psychoanalytische – Untersuchung zeigt vielmehr, daß das tiefste Wesen des Menschen in Triebregungen besteht, die elementarer Natur, bei allen Menschen gleichartig sind und auf die Befriedigung gewisser ursprünglicher Bedürfnisse zielen." (1915, S. 331f.).

Bestimmte biologische Faktoren wie z. B. die dem Menschen eigene Neotenie beeinflussen die Hervorbringung der Moral und der Zuneigung zu der Person, die sich um das Kind kümmert, das Bedürfnis nach Liebe sowie die religiösen Bestrebungen. Diese und viele andere Merkmale lassen schließlich die Existenz einer *menschlichen Natur* vermuten. Daraus folgt eine Auffassung vom Menschen, die Rassen- und Klassenvorurteile natürlich zurückweist und es ermöglicht, den psychisch Kranken als dem eigenen Selbst, grundsätzlich ähnlich zu empfinden, eine Auffassung, welche die Ausbeutung des Menschen auf jeder Ebene ablehnt. Und diese grundlegende Gemeinsamkeit wesentlicher Elemente der Psyche erlaubt es den Psychoanalytikern in der Nachfolge von Freud Menschen zu helfen, „mit denen mich keinerlei Gemeinsamkeit der Rasse, Erziehung, sozialen Stellung und Weltanschauung verband" (Freud 1918, S. 190).[8]

Gleichzeitig „versteht es sich von selbst", daß totalitäre Regime, die die Gedankenfreiheit verhindern und das wissenschaftliche Vorgehen durch Ideologie ersetzen, dem Geist der Psychoanalyse zuwiderlaufen. Denn diese kann sich keine wie immer geartete, als Wahrheit verkleidete Illusion aufdrängen lassen. Sie braucht einen privaten Raum, den einzig die Demokratie gewährleistet. Nur sie ist in der Lage, dem Analytiker die freie Ausübung seiner therapeutischen Aufgabe zu sichern.

Richard Sterba (1974b) erklärt die Psychoanalyse zu einem Humanismus. „Freuds Arbeiten zeigen, daß der humanistische Geist sein Denken, seine Lebensphilosophie und sogar sein therapeutisches Ziel durchdringt." Und er meint, daß die analy-

[8] Martin Bergmann (persönliche Mitteilung) hat mich darauf hingewiesen, daß die Anerkennung einer natürlichen Identität zwischen den Menschen die Rassisten nicht entwaffnen würde: diese würden dann Unterschiede im Erwerb der „Kultur" ins Feld führen. Das stimmt sicherlich. Doch mir scheint, daß in der Perspektive einer der Menschheit gemeinsamen Natur diese Unterschiede ihren absoluten Charakter verlieren. Sie werden zufällig. Vergessen wir nicht, daß der Rassismus zur Entmenschlichung des anderen führt, der als nicht zur menschlichen Gattung gehörig erlebt wird. Léon Poliakov (1971) hat gezeigt, daß im 18. Jahrhundert viele „Theorien" beweisen wollten, der Schwarze sei die Frucht einer Vereinigung von Affe und Mensch. Damit war der „gute Wilde" aus der Gattung Mensch ausgeschlossen.

tische Therapie zur Humanisierung des Menschen beitrage.[9] Das ist sicher richtig, aber es ist nur eine mögliche Auswirkung der Therapie, nicht ihr Ziel an sich. Sterba unterstreicht auch, daß die analytische Therapie wesentlich individualistisch ist. Zweifellos ist die Psychoanalyse eine der letzten Bastionen des Individualismus. Man stelle sich vor! Jahrelang mit einem einzigen Patienten zubringen, allen seinen Worten, dem winzigsten Detail seiner Träume, Empfindungen und Gefühle die gleiche Aufmerksamkeit schenken, d. h. allem, was nur für eine liebende Mutter und einen Verliebten kein Auswurf ist. (Überhaupt läßt sich die analytische Situation mit keiner anderen vergleichen.) Wieviel Zeit und Energie wird auf das Heil eines Einzelnen verwendet! Wie kann eine Welt, in der die Tendenz zur Entindividualisierung, zur Entmenschlichung und zur Leistung vorherrscht, eine so absonderliche Form der Therapie überhaupt noch dulden? In Wahrheit hat es schon immer Versuche gegeben, kürzere Therapieformen als die Psychoanalyse zu erfinden. Freud beginnt *Die endliche und die unendliche Analyse* (1937) mit den Worten:

> „Erfahrung hat uns gelehrt, die psychoanalytische Theorie, die Befrei-

---

[9] Eine bestimmte zeitgenössische französische Philosophie verkündet den Tod des Menschen und das Ende der Psychoanalyse, im Namen der Existenz des Unbewußten und der damit verbundenen Dezentrierung des Subjekts. Gleichzeitig würde sich der Freiheitsbegriff auflösen. Es gäbe keine Fakten mehr, sondern nur noch Interpretationen, abhängig von dem Platz, den der Interpretierende im gesellschaftlichen Feld einnimmt. Daß zur Verteidigung dieser Thesen Freud herangezogen wurde, ist zumindest paradox, er, der gegen die Idee der Relativität der Freiheit eingetreten ist. Wenigstens aus zwei Gründen ist die Psychoanalyse ein Humanismus:
- der Mensch ist das vorrangige Objekt ihres Interesses;
- sie zielt darauf ab, das Feld des Ichs zu erweitern und dem Menschen seine Qualität als Subjekt zurückzugeben, auch wenn sie die Grenzen eines solchen Unterfangens kennt.

Im übrigen bezieht Freud selbst sich in keiner Weise auf den Begriff des Subjekts. Bei ihm gibt es keinen ausdrücklichen Gegensatz zwischen „Ich" und „ich" [also zwischen der Instanz des psychischen Apparates, dem Ich, und der Kennzeichnung des Subjekts: ich (Anm. d. Hg.)]. Die Idee des Subjekts besteht bei ihm nur dann, wenn man den Irrtum begeht, das Ich (französisch *moi*, englisch *ego*) mit den Personalpronomen „ich" zu verwechseln. Lacans Übersetzung von Freuds Satz „Wo Es war, soll Ich werden" durch „Là où ça était, je dois advenir" ist sinnwidrig.

> ung eines Menschen von seinen neurotischen Symptomen, Hemmungen und Charakterabnormitäten ist eine langwierige Arbeit. Daher sind von allem Anfang an Versuche unternommen worden, um die Dauer der Analyse zu verkürzen."

Freud äußert die Hypothese, daß Ranks „Trauma der Geburt" und die kurze Therapie, die sich daraus ergeben solle, etwas mit der „Leistung" zu tun hatte:

> „Der Versuch Ranks war übrigens aus der Zeit geboren, unter dem Eindruck des Gegensatzes von europäischem Nachkriegselend und amerikanischer ‚prosperity' konzipiert und dazu bestimmt, das Tempo der analytischen Therapie der Hast des amerikanischen Lebens anzugleichen."

Doch was mir der Idee nahezukommen scheint, die ich nun darlegen möchte, ist Freuds Hypothese, daß in den Bemühungen um kurze Therapien „noch ein Rest jener ungeduldigen Geringschätzung [wirkte], mit der eine frühere Periode der Medizin die Neurosen betrachtet hatte". Ich meine nämlich, daß die kurzen Therapien und die *Schuld*, die einige Leute (darunter auch Analytiker) den „klassischen" Psychoanalytikern aufzubürden suchen – jenen, die viele Anstrengungen auf eine einzige Kur verwenden –, eine Geringschätzung nicht nur der Neurosen, sondern des Menschen überhaupt verbergen. Die analytische Kur setzt beim Analytiker Aufmerksamkeit für die seelischen Produktionen des Menschen voraus, die – das „versteht sich von selbst" – mit einer Achtung vor dem Menschen einhergeht.

Wer dagegen das Ziel verfolgt, die Kuren abzukürzen, behandelt den Menschen als Maschine. Und diejenigen Patienten, die kurze Therapien, Verhaltenstherapien oder einzig[10] medikamentöse Therapien verlangen, erleben sich selbst als Maschinen. Zuweilen ist ein Vorgespräch über diesen Aspekt ihres Verhaltens gegen sich selbst notwendig. Natürlich kann auch die Vermeidung der Wahrheit, welche die Analyse aufdeckt, eine solche Haltung motivieren.

Dies führt uns dazu, uns der Ethik zuzuwenden, welche die

---

[10] Ich sage mit Absicht „einzig". Denn in sehr seltenen Fällen kann aus Gründen des psychischen und physischen Überlebens eine vorübergehende Verabreichung von Medikamenten erforderlich sein.

psychoanalytische therapeutische Methode begleitet und ihr entspringt.

Betrachten wir zunächst den Patienten. In den *Studien über Hysterie* (1895, S. 285), d. h. in der präpsychoanalytischen Zeit seines Werks, beleuchtet Freud die Tatsache, wie wichtig es für den Patienten ist, an der Arbeit des Therapeuten teilzunehmen und sein Interesse an der Aufdeckung der psychischen Wahrheit zu teilen:

> „Man muß sich zunächst sagen, daß psychischer Widerstand, besonders ein seit langem konstituierter, nur langsam und schrittweise aufgelöst werden kann, und muß in Geduld warten. Sodann darf man auf das intellektuelle Interesse rechnen, das sich nach kurzer Zeit beim Kranken zu regen beginnt. Indem man ihn aufklärt, ihm von der wundersamen Welt der psychischen Vorgänge Mitteilungen macht, in die man selbst erst durch solche Analysen Einblick gewonnen hat, gewinnt man ihn selbst zum Mitarbeiter, bringt ihn dazu, sich selbst mit dem objektiven Interesse des Forschers zu betrachten. (...)."

Wir sehen also, daß jeder Patient ein Ödipus werden kann, der nach seiner Wahrheit sucht und fähig ist, die Widerstände zu überwinden, die ihn daran hindern, sich selbst als den Urheber seiner realen und Phantasieproduktionen zu erkennen.

Nicht jeder ist dieses Wahrheitsdurstes fähig und in der Lage, „den auf affektiver Basis beruhenden Widerstand zurückzudrängen" (op. cit.). Daß dieser Widerstand vom Über-Ich ausgehen kann, das sich nicht schuldig fühlen will, liegt auf der Hand. Aber auch hier kann das Über-Ich das Subjekt dazu drängen, sich als die Ursache seiner Gefühle, seiner Gedanken – auch der unbewußten – und seiner Handlungen zu erkennen. Muß nicht die von Freud (1904) formulierte Forderung nach einem gewissen Maß an „ethischer Entwicklung" beim Patienten vor allem so verstanden werden? Denn bekanntlich war Freud gegenüber der „psychoanalytischen Unmoral" recht unduldsam. Am 28. Mai 1922 schrieb er an Edoardo Weiss (1973) über einen Patienten, er sei „ein offenbarer Lump, der Ihre Mühe nicht wert ist", und fügte hinzu: „Unsere analytische Kunst versagt bei solchen Leuten." Und am 11. Juni 1922 schrieb er an Weiss, daß „leider nur wenige Patienten die Mühe wert sind, die wir auf sie verwenden".

Gewiß fassen die Psychoanalytiker ihre Rolle heute anders auf und zwingen sich im allgemeinen, auch „unmoralische" Patienten zu behandeln. Unabhängig von den negativen Affekten, die einige dieser Patienten insofern hervorrufen, als sie im allgemeinen nicht selber leiden, sondern andere leiden lassen und einer grundlegenden menschlichen Dimension, des Schuldgefühls, zu entbehren scheinen, besteht eine besondere Schwierigkeit gerade in der Tatsache, daß ihr moralischer Defekt sie von der Wahrheit über sich selbst abhält.

Was den Analytiker betrifft, so weiß man, daß seine Haltung *neutral* sein soll. Wenn Freud am Ende der *Studien über Hysterie* (1985, S. 285) schreibt:

> „Man wirkt, so gut man kann, als Aufklärer, wo die Ignoranz eine Scheu erzeugt hat, als Lehrer, als Vertreter einer freieren oder überlegenen Weltauffassung, als Beichthörer, der durch die Fortdauer seiner Teilnahme und seiner Achtung nach abgelegtem Geständnisse gleichsam Absolution erteilt (...)",

dann ist er gewiß nicht völlig neutral. Die analytische Methode hat sich noch nicht von der Suggestion gelöst. Trotzdem: in diesen Zeilen ist keine Rede von Indoktrination. Doch in *Ratschläge für den Arzt bei der psychoanalytischen Behandlung* (1912 b) stellt er die Prinzipien der analytischen Neutralität auf. Ich will nur zwei von ihnen herausgreifen, obwohl *alle* die Ethik angehen. Es handelt sich um die von Freud aufgezeigte Gefahr des therapeutischen Ehrgeizes, um die Notwendigkeit, nichts von seiner eigenen Persönlichkeit preiszugeben (diese Regel wird von allen Analytikern übertreten, die dem narzißtischen und libidinösen Wunsch nicht widerstehen können, eine Schule zu gründen). Und vor allem in *Wege der psychoanalytischen Therapie* (1918, S. 190f.) bringt Freud seinen Widerwillen zum Ausdruck, die Gedankenfreiheit des Patienten zu hemmen und sie zur Befriedigung des Narzißmus des Analytikers zu benutzen:

> „Wir haben es entschieden abgelehnt, den Patienten, der sich Hilfe suchend in unsere Hand begibt, zu unserem Leibgut zu machen, sein Schicksal für ihn zu formen, ihm unsere Ideale aufzudrängen und ihn im Hochmut des Schöpfers zu unserem Ebenbild, an dem wir Wohlgefallen haben sollen, zu gestalten. (...) der Kranke soll nicht zur Ähnlichkeit mit uns, sondern zur Befreiung und Vollendung seines eigenen Wesens erzogen werden."

Die Psychoanalyse dürfe sich nicht

> „in den Dienst einer bestimmten philosophischen Weltanschauung stellen und diese dem Patienten zum Zwecke seiner Veredelung aufdrängen. Ich möchte sagen, dies ist doch nur Gewaltsamkeit, wenn auch durch die edelsten Absichten gedeckt."

Dies ist, im voraus, eine Antwort auf diejenigen, welche die Psychoanalyse auf eine politische oder ideologische Fahne einschwören, die sich z. B. nicht scheuen zu sagen, die Psychoanalyse müsse den potentiellen Revolutionär in jedem Analysanden zum Leben erwecken und die Analysen müßten darauf hinwirken, die bestehenden Strukturen zu zerschlagen. Die Psychoanalyse ist ein Abenteuer des Geistes. Die Suche nach der Wahrheit über sich selbst einem vorgegebenen Ziel unterzuordnen, ist Betrug und ein Angriff auf die Gedankenfreiheit. Die Psychoanalyse darf nicht die „Dienstmagd" (ein Terminus, den Freud verwendete, um die Laienanalyse und die Unabhängigkeit der Analyse im Hinblick auf die Psychiatrie zu verteidigen[11]) irgendeines Unternehmens sein, das ihr fremd ist.

Das soll nicht heißen, daß die Psychoanalytiker nicht als Staatsbürger in den politischen und sozialen Bereich eingreifen dürften. Und das Problem der Integrierung der deutschen Psychoanalyse in die Institutionen des Dritten Reichs hätte unter Beziehung auf das, was ich oben sagte, gelöst werden können und müssen, nämlich daß für die Psychoanalyse jede Diskriminierung (unter anderem die rassische) und Menschenverachtung unannehmbar sind.

Freilich ist es heute leicht, diejenigen zu verdammen, die sich der Gewalt gebeugt haben. Es kommt vor allem darauf an, Lehren aus der Vergangenheit zu ziehen, statt einem – zuweilen verdächtigen – Haß auf jene Ausdruck zu verleihen, die in die Irre gegangen sind. Donald Meltzer (1973) sagt, daß in dem Maße, in dem die depressive Position sich entwickelt, die Richterfunktion sowie ein Teil der Exzesse heuchlerischer Rachsucht

[11] Diese Forderung nach Unabhängigkeit der Analyse ist grundlegender Bestandteil ihres Vorgehens. Aus diesem Grunde ist das Problem der „Laien"analyse, d. h. der Möglichkeit, die Analytiker nach Kriterien zu rekrutieren, die hinsichtlich der Medizin *und der Psychologie* autonom sind, ein ethisches Problem.

aufgegeben wird. Er stellt die Frage: „Wer wäre in Hitler-Deutschland kein Nazi gewesen? Wer kann sich dessen sicher sein außer der Handvoll derer, die der Prüfung widerstanden haben?"

Wenn man der Auffassung der moralischen Instanz von Freud und Melanie Klein zustimmt, so besteht kein Zweifel, daß das Aufspüren des Bösen beim anderen eine Art und Weise sein kann, das Böse in sich selbst nicht sehen zu müssen: die eigene unbewußte Identifizierung mit den Nazis, die zum Teil gerade in der Jagd auf den Nazi im anderen ausagiert wird.[12] Die einzige Art und Weise, diese „verfluchten" Fragmente zu sublimieren, besteht darin, sie als die eigenen zu akzeptieren. Aus Verkennung und Projektion kann keine gültige Handlung, kein schöpferisches Werk entspringen.

Um auf die Kur zurückzukommen, so ist es eine banale Beobachtung, daß die Übertragung, deren Gegenstand der Analytiker ist, der Narzißmus, mit dem er besetzt wird, die Regression, welche die analytische Situation auslöst, den Analytiker in eine Situation der Macht stellen.[13] Ich möchte nicht erneut die Beziehung zum „Meister" erwähnen, die dadurch entstehen mag, sondern lediglich auf die Tatsache hinweisen, daß nach meinen Hypothesen über die Perversion (1984 b) die Psychoanalyse „irregeleitet" werden kann.

---

[12] Ich spiele hier auf die scharfen Auseinandersetzungen an, die innerhalb der deutschen psychoanalytischen Bewegung über die – tief bedauerliche – Integration der deutschen Psychoanalyse in die Institutionen des Dritten Reiches stattfinden.

[13] Der Unterschied zwischen der Macht des Analytikers und jeder anderen Macht besteht darin, daß erstere im wesentlichen aufgrund der Übertragung vom Patienten verliehen wird. Doch enthalten fast alle Formen von Macht einen Übertragungsaspekt. Nur der Analytiker weiß, was es wirklich damit auf sich hat. Die analytische Technik – die in gewissem Sinn mit der Ethik zusammenfällt, weil sie darauf abzielt, dem Patienten zu helfen, die Wahrheit zu entdecken – verlangt, daß der Patient die Übertragung mit Hilfe der Deutung „vernichtet" (Freud 1905b). Daher implizieren die psychoanalytische Technik und Ethik, daß der Analytiker Geschenke des Analysanden ausschlägt und nichts von ihm fordert. Es ist bedauerlich, daß so elementare Dinge wiederholt werden müssen, Dinge, die mit dem Wesen des analytischen Unternehmens selbst verbunden sind.

Die Probleme der Macht sind in Lateinamerika insbesondere von Carlos Valedon und José Mélia (1986) untersucht worden.

Ich sagte damals, daß der rituelle Ablauf des perversen Aktes eine magische Technik bilde, dazu bestimmt, die Realität zu verändern und das Subjekt in eine andere Dimension abkippen zu lassen, in die Dimension des Undifferenzierten. Ich verglich diese Technik mit den schwarzen Messen, in denen das göttliche Tetragramm verkehrt herum gelesen, das Kruzifix mit dem Gesicht zur Wand und dem Kopf nach unten aufgehängt wird und die Zelebration mit ihrem Ende beginnt. Ich vermutete, daß beide – der perverse Akt und die schwarze Messe – darauf abzielen, das anfängliche Magma, das ursprüngliche Chaos wiederherzustellen, in dem alle Unterschiede aufgehoben sind: die Unterschiede zwischen Kind und Erwachsenem, Mann und Frau, zwischen den Punkten des Raums und den sukzessiven Momenten, die den Stoff der Zeit bilden. Diese die Realität begründenden Unterschiede sind schmerzhafte Faktoren und rufen Ohnmachtsgefühle hervor. Ihr Verschwinden besiegelt den Triumph des Narzißmus.

Jede Situation, die ritualisiert ist, d. h. sich in regelmäßigen Abständen in einem spezifischen Raum ansiedelt und eine *Veränderung* zum Ziel hat, kann sich pervertieren. Das heißt, daß ihre Ziele: im Rahmen der Schule zu unterrichten, Gott in der Kirche zu zelebrieren (die Transsubstantiation zu erreichen) oder die Seele in der psychotherapeutischen Situation zu heilen, sich verkehren können und daß alles, was die Erhöhung anstrebt (das ursprünglich allen gemeinsame Ziel) den Weg der Erniedrigung nehmen kann. Die analytische Situation ist nicht dagegen gefeit, in die Perversion abzukippen. (Die Religion kann zu Sekten verkommen, und diese verwandeln sich leicht in Stätten der Ausschweifung. Die perversen Phantasien nehmen sich gern Szenen aus der Schule zum Objekt, nicht nur weil die Lehrer ödipale Substitute sind, sondern weil sie einem Vorgang des Fortschritts vorstehen, der sich damit umkehrt). Es bedarf keiner tatsächlichen sexuellen Akte. Es genügt, teuflisch intelligent zu sein, in flammenden Buchstaben zu schreiben, die Psychoanalyse verfolge nicht das Ziel der Heilung, der Mensch müsse die Kastration hinnehmen, der Patient müsse zu seiner Wahrheit gelangen (denn man kann einen perversen Gebrauch von der Wahrheitsliebe machen); es genügt, eine Philosophie des Mangels einzusetzen, Begriffe in Großbuchstaben zu schreiben, den

Phallus zu institutionalisieren, Bannflüche zu schleudern, in Gegenwart des Patienten schweigsam zu bleiben, seine Zeitung zu lesen, zu telefonieren, Herr über die Sitzungszeit zu sein, sie zu reduzieren, bis man sie praktisch aufgelöst hat, und als Ende der Analyse die „Absetzung des Subjekts" und die „Seinslosigkeit" (desêtre) zu bestimmen.[14] Damit ähnelt die Situation derjenigen, wie sie am Ende der *Geschichte der O.* beschrieben wird: die Heldin, von ihrem „Meister" an der Leine geführt, trägt die Maske eines Tiers, Symbol ihrer „Seinslosigkeit".

Ich hoffe gezeigt zu haben, daß zwischen Moral und Logik Verbindungen bestehen. Wenn die Moral sich verirrt, werden die Wahrheiten, zu denen die Psychoanalyse gelangen kann, unerreichbar. Denn der Analytiker, dessen wesentliche Tugenden innerhalb der analytischen Situation die Verschwiegenheit und das Zurücktreten sind (die anderen Tugenden kommen noch hinzu), hat sich hier mit dem Glanz des *leaders* geschmückt. Aber dieses Licht hat das der Analyse völlig verfinstert.

Aus dem Französischen von Eva Moldenhauer

Literatur

Anzieu, D. (1975). L'autoanalyse de Freud. Paris: Presses Universitaires de France (2 vols.).

Chasseguet-Smirgel, J. (1975). Das Ichideal. Übers. v. Jeanette Friedeberg. Frankfurt: Suhrkamp 1981.

Chasseguet-Smirgel, J. (1984a). Die archaische Matrix des Ödipuskomplexes. In dies., Zwei Bäume im Garten. Übers. v. Eva Moldenhauer München: Verlag Internationale Psychoanalyse 1987.

Chasseguet-Smirgel, J. (1984b). Ethique et esthétique de la perversion. Seysssel; Champ Vallon.

Ferenczi, S. (1912). Symbolische Darstellung des Lust- und Realitätsprinzips im Oedipus-Mythos. Imago, I, 276–284.

Freud, S. (1887–1902). Aus den Anfängen der Psychoanalyse. Briefe an Wilhelm Fliess, Abhandlungen und Notizen. London: Imago Publishing 1950.

Freud, S. (1895). Studien über Hysterie. GW I, 75–312.

Freud, S. (1900). Die Traumdeutung. GW II/III.

Freud, S. (1901). Zur Psychopathologie des Alltagslebens. GW IV.

[14] Die Autorin wendet sich hier gegen Lacan (Anm. d. Hg.).

Freud, S. (1904). Die Freudsche psychoanalytische Methode. GW V, 1–10.
Freud, S. (1905a). Drei Abhandlungen zur Sexualtheorie. GW V, 29–145.
Freud, S. (1905b). Bruchstücke einer Hysterie-Analyse. GW V, 163–286.
Freud, S. (1911). Formulierungen über die zwei Prinzipien des psychischen Geschehens. GW VIII, 230–238.
Freud, S. (1912a). Totem und Tabu. GW IX.
Freud, S. (1912b). Ratschläge für den Arzt bei der psychoanalytischen Behandlung. GW VIII, 376–387.
Freud, S. (1915). Zeitgemäßes über Krieg und Tod. GW X, 324–355.
Freud, S. (1917a). Trauer und Melancholie. GW X, 428–446.
Freud, S. (1917b). Eine Schwierigkeit der Psychoanalyse. GW XII, 3–12.
Freud, S. (1918). Wege der psychoanalytischen Therapie. GW XII, 183–194.
Freud, S. (1923a). Das Ich und das Es. GW XIII, 237–289.
Freud, S. (1923b). Eine Teufelsneurose im siebzehnten Jahrhundert. GW XII, 317–353.
Freud, S. (1924). Das ökonomische Problem des Masochismus. GW XIII, 371–383.
Freud, S. (1925). „Selbstdarstellung". GW XIV, 31–96.
Freud, S. (1927). Die Zukunft einer Illusion. GW XIV, 325–280.
Freud, S. (1929). Das Unbehagen in der Kultur. GW XIV, 421–506.
Freud, S. (1932). Über eine Weltanschauung. GW XV, 170–179.
Freud, S. (1937). Die endliche und die unendliche Analyse. GW XVI, 59–99.
Freud, S. (1973–1939). Briefe. Hrsg. v. E. u. L. Freud. Frankfurt: Fischer 1960.
Freud, S.–Pfister, O. (1909–1939). Briefe. Frankfurt: Fischer 1963.
Freud, S.–Weiss, E. (1969–1936). Briefe zur psychoanalytischen Praxis. Frankfurt: Fischer 1973.
Jones, E. (1962). Das Leben und Werk von Sigmund Freud. Bern: Huber.
Klein, M. (1946). Bemerkungen über einige schizoide Mechanismen. In dies., Das Seelenleben des Kleinkindes. Stuttgart: Klett 1962.
Meltzer, D. (1973). Sexual states of mind. Perthshire: Clunie Press.
Poliakov, P. (1971). Der arische Mythos. Wien, München: Europa-Verlag 1977.
Segal, H. (1978). Psychoanalyse et liberté de pensée (unveröffentlicht).
Sterba, R. (1974a). Unpublizierte Diskussionsbemerkungen Sigmund Freuds. In Jahrbuch der Psychoanalyse, 10. Bern: Huber 1978.
Sterba, R. (1974b). The psychoanalyst in a world of change. Psychoanalytic Quarterly.
Valedon, C.,& Mélia, J. (1986). Psicoanalysis y Poder. Lateinamerikanischer psychoanalytischer Kongreß in Mexiko (unveröffentlicht).

1.3 Über psychoanalytische Wertvorstellungen

Joyce McDougall

Nur selten wird in der psychoanalytischen Literatur die Frage untersucht, in welchem Ausmaß Theorie und Praxis der Psychoanalyse von den Werturteilen ihrer Theoretiker und Praktiker beeinflußt werden. Darüber hinaus ist auch das innere Wertsystem, von dem man annehmen könnte, es liege unserer Disziplin insgesamt zugrunde, kaum jemals Thema einer Untersuchung – als ob sich die Ziele und Wertvorstellungen unserer Metapsychologie und ihrer stillschweigend vorausgesetzten Behandlungsziele von selbst verstünden.

Die Psychoanalyse – ob man sie als anthropologische Wissenschaft oder als Heilkunst ansah – ist seit ihren Anfängen als eine Disziplin anerkannt worden, die das Augenscheinliche ständig in Frage zu stellen sucht, die sich etablierten Meinungen entgegenstellt und versucht, die unbewußten Elemente aufzuzeigen, die gesellschaftlichen, politischen, kulturellen und religiösen Entscheidungen ihre Leidenschaftlichkeit verleihen. Die Psychoanalyse würde sich daher derselben strengen Prüfung nicht entziehen.

In einem herausfordernden Artikel über Freuds eigene Werturteile und ihre Wirkung auf seine Theorie der weiblichen Sexualität erinnert uns Ethel Person (1983) daran, daß das psychoanalytische Denken die fundamentalen Wertvorstellungen der westlichen Kultur enthält; unter anderem die Überzeugung vom angeborenen Wert, der jedem Individuum zukommt, gleichgültig, wie „verrückt oder an der Grenze“ es zu sein scheint, ebenso die Ansicht, Selbsterkenntnis sei im Grunde ein eindeutiger Wert.

Freud glaubte natürlich, der Psychoanalytiker werde, sobald er selbst analysiert sei, gegenüber seinen Analysanden völlig frei von moralischen Urteilen sein. In der Abhandlung, auf die ich hingewiesen habe, beweist Ethel Person eindeutig, in welchem Ausmaß Freud selbst, als er seine beiden berühmten Abhandlungen über die Psychologie der Frau schrieb, von den moralistischen Einstellungen des viktorianischen Zeitalters erfüllt war. Infolgedessen hielt er fälschlicherweise sein Bild der Frau dieser Zeit für den bleibenden Typus der Weiblichkeit.

In dieser Abhandlung werde ich die folgenden Fragen ansprechen:

Kann man ein psychoanalytisches Ideal im Sinne expliziter Ziele und durch sie implizierter Werturteile bestimmen? Wenn ja, in welchem Ausmaß verfälschen die eingestandenen und die unbewußten Werturteile der Psychoanalytiker selbst dieses Ideal? Wie weit stimmt dieses Ideal mit den Werturteilen der *Gesellschaft* überein, und in welchem Grad weicht es vielleicht von diesen ab? Läßt sich in unserer psychoanalytischen Metapsychologie und klinischen Theorie ein fundamentaler Wert oder ein Wertsystem aufzeigen, das man als spezifisch *psychoanalytisch* betrachten könnte? Das heißt ein Wertsystem, das über die unvermeidlichen soziokulturellen Wertvorstellungen hinausgeht, die allen wissenschaftlichen und künstlerischen Disziplinen in der Kultur, in der sie entstanden sind, ihren Stempel aufdrücken? Schließlich – wie weit können die Ideale und Wertmaßstäbe von heute bestehende und zukünftige psychoanalytische Paradigmen beeinflussen?

1.3.1 Ziele und Wertvorstellungen

Was halten wir als praktizierende Psychoanalytiker für unser Ziel, wenn wir künftigen Patienten die Möglichkeit anbieten, sich mit uns auf das psychoanalytische Abenteuer einzulassen? Die meisten Analytiker würden der Aussage zustimmen, daß das oberste Ziel der Psychoanalyse der Erwerb von Selbsterkenntnis ist. Wir hoffen dabei, daß unsere Analysanden diese Erkenntnis vorteilhaft nutzen werden und daß ihnen infolgedessen das Leben trotz der Leiden und Enttäuschungen, die nun einmal zum menschlichen Dasein gehören, lebenswert erscheinen möge.

Die tiefere Kenntnis des eigenen Selbst haben wir jedoch bereits als Wert erwähnt, der typisch für westliche Kulturen und keineswegs der Psychoanalyse allein vorbehalten ist. Tatsächlich ist diese, selbst ein Produkt der westlichen Kultur, durchdrungen vom grundlegenden Wertsystem dieser Kultur. Wir müssen offenbar über den Erwerb von Selbsterkenntnis hinausgehen, wenn wir einen grundlegenden Wertmaßstab finden wollen (verborgen in den genannten Zielen), der unserer spezifischen Denk- und Arbeitsweise zugrundeliegen und infolgedessen als Originalbeitrag der Psychoanalyse zu den Werturteilen unserer Kultur angesehen werden könnte.

Wenn wir in Freuds topischen und strukturellen Modellen der psychischen Organisation nach den in ihnen verborgenen spezifisch analytischen Zielen suchen, könnten wir sagen, das erste Ziel sei, das Unbewußte bewußt zu machen, und das zweite sei, Einblick in unsere Ich-Über-Ich-Strukturen und die ödipale Organisation zu gewinnen, die sie haben entstehen lassen. Das unausgesprochene Ziel könnte sein, dem Individuum, das zum ersten Mal das Wesen seiner unbewußten Strebungen, Ängste und Wünsche entdeckt hat, möglicherweise dazu zu verhelfen, sich selber und seine Beziehungen zu wichtigen anderen Menschen wie auch zu der Gesellschaft, der er angehört, besser beurteilen zu können. Der Wert, der diesen Zielen stillschweigend zuerkannt wird, wäre vermutlich, daß die so gewonnene Selbsterkenntnis nicht nur ein lohnender Besitz, sondern auch eine nützliche Erwerbung im Dienst des Lebens ist.

1.3.2 „Zu lieben und zu arbeiten“?

Freud hatte das Thema Ziele und Wertvorstellungen schon aufs Tapet gebracht, als er schrieb, das Ziel der psychoanalytischen Arbeit sei „die Herstellung (der) Leistungs- und Genußfähigkeit“ des Kranken (1904, S. 8). Auf den ersten Blick scheinen diese Ziele auf unangreifbare Werte gegründet zu sein. Wer würde nicht für sie eintreten?

Trotzdem könnte sich bei näherem Zusehen zeigen, daß die zugrundeliegenden Wertvorstellungen – wie diejenigen über die Weiblichkeit – einen dünnen Firnis vikorianischer Doppelzüngigkeit an sich haben. Viele Jahre psychoanalytischer Erfahrung haben uns gelehrt, daß es Analysanden gibt, die sich ihres *Hasses* bewußt werden müssen – und fähig werden müssen, die Aggression, die dann dem Ich verfügbar wird, richtig zu handhaben und klug einzusetzen. Abgesehen von dem Haß, den der Mensch tief im Herzen für alles hegt, was ihm in die Quere kommt und ihn frustriert, gibt es auch äußere Umstände, deren hassenswerte Aspekte man offen ins Auge fassen muß (wie Freud selbst gewiß zugegeben hätte). Ebenso gibt es Patienten, die lernen müssen, *mit dem Arbeiten aufzuhören*, die erkennen müssen, daß ihre Arbeitslust eine Dimension von Zwang und Abwehr in sich verbirgt –; es sind Menschen, die ihre Arbeit so benutzen, wie andere eine Droge verwenden, um psychischem Schmerz zu entfliehen, anstatt über die Faktoren nachzudenken, die ihn verursacht haben. Weiterhin gibt es Menschen, die ständig mit „Tun" beschäftigt sind (wie z. B. Arbeiten) anstatt mit „Sein", so daß kein Raum für Phantasie und Träume übrig bleibt. Wir entdecken im Verlauf der analytischen Behandlung, daß die beiden letzteren Tätigkeiten unbewußt entweder als verboten (z. B. weil sie zu Gedanken führen können, die als sexuell tabuiert angesehen werden) oder gefährlich empfunden werden (z. B. weil sie potentiell in den Wahnsinn führen könnten). In einem anderen Zusammenhang (Mc Dougall 1978, 1982) habe ich solche Menschen als „Normopathen" bezeichnet, und zwar, weil ihre scheinbare Normalität oft eine pathologische Abwehr gegen psychotische Formen der Angst verbirgt. Außerdem legen diese ewigen Schwerarbeiter, die man zu den oben erwähnten „Arbeitssüchtigen" zählen kann, eine Form des psychischen Funktionierens an den Tag, die häufig ihre psychosomatische Verwundbarkeit vergrößert.

1.3.3 Erweiterte Ziele der Psychoanalyse

Seit den Zeiten Freuds haben andere Analytiker unter dem Einfluß der Theorien ihrer Zeit versucht, weitere Ziele der Analyse mit den dazugehörigen Werturteilen zu formulieren, so z. B.: die Erlangung von „Genitalität"; Anpassung an die „Realität", die Fähigkeit zu „stabilen Objektbeziehungen", die „Fähigkeit zur Elternschaft" (besonders für junge Mädchen!) usw. Wir haben vielleicht keinen Grund, gegen die „Erlangung der

Genitalität" als mögliches Analyseziel etwas einzuwenden, aber wir müßten wissen, nach welchem Modell diese Genitalität beurteilt werden soll. Nach dem normativen Ansatz von Freud (1905), wie er in den *Drei Abhandlungen zur Sexualtheorie* definiert ist? „Konfrontation mit der Realität" klingt ebenfalls akzeptabel, aber es setzt ein Konzept dessen voraus, was „Realität" ausmacht, denn das, was das Ich jedes einzelnen als Realität anerkennt, wird von Kindheit an langsam aufgebaut, ist also keine unveränderliche Gegebenheit. Wessen Definition der Realität und wessen daraus folgenden Realitätssinn sollen wir als Maßstab nehmen? Das Ziel „stabile Beziehungen" oder der Wunsch nach „Elternschaft" mögen ja vom einzelnen Analytiker persönlich hoch geschätzt werden, aber es kommt dem Analytiker nicht zu, seinen Analysanden Partner oder Nachwuchs zu wünschen und stillschweigend aufzudrängen! Offenbar müssen wir in unserer Suche weiter gehen als bis zu Scheinwerten wie Genitalität, Anpassung, der Suche nach dem Wahren, Guten und der Realität ... auch wenn man ihnen Würde verleihen mag, indem man sie als „psychisch" bezeichnet. In Wirklichkeit sind alle diese Ziele im Grunde normativ und bleiben außerhalb des Rahmens einer echten „psychoanalytischen" Einstellung. Wollten wir irgendwelche dieser angeblichen Ziele zu psychoanalytischen Grundwerten machen, würden wir Gefahr laufen, in die Falle zu geraten, unseren Analysanden ethische Wertmaßstäbe moralischer, religiöser, ästhetischer oder politischer Art aufzuerlegen. Diese würden als das, was sie sind, unsere Analytiker-Funktion behindern und unsere Patienten unter Druck setzen, nicht *ihr* unbewußtes System von Werturteilen zu entdecken und in der Folge ihre Wertvorstellungen anzunehmen oder abzuwandeln, sondern sich dem unseren einzufügen!

Und hier laufen wir in eine weitere Falle. Psychoanalytiker stehen gewöhnlich in einer bestimmten Gesellschaft nicht im Gegensatz zu den soziokulturellen Grundwerten der Gemeinschaft, zu der sie (und ihre Patienten) gehören. Jede Gesellschaft, die nach Zusammenhalt strebt, entwirft und beschließt Gesetze, um eine Reihe ethischer Werte zu wahren, von denen sie – zu Recht oder zu Unrecht – glaubt, sie seien für den Fortbestand der Gesellschaft unerläßlich. Aber Psychoanalytiker können, angesichts der Art ihrer Arbeit, kaum die Frage vermeiden, welchen

Platz die *Abweichung* in ihrer Gesellschaft hat. Wann muß Abweichung als normal betrachtet werden? Wann müßte sie, im Gegensatz dazu, als pathologisch angesehen werden? Wenn man jedes abweichende Verhalten verurteilen würde – gleichgültig in welcher gesellschaftlichen Einrichtung –, würde man damit in dem fraglichen Bereich jedem Fortschritt ein Ende setzen. Wollte man andererseits potentiell jede Abweichung zulassen, wäre der Fortbestand der Einrichtung oder der Gesellschaft in Gefahr.

Extreme Einstellungen in bezug auf Abweichungen bringen die Psychoanalyse in eine paradoxe Position. Einerseits könnte die weitere Existenz der Psychoanalyse selbst als Lehre und Praxis gefährdet sein, wenn unser ausdrückliches Ziel, den Menschen ihre bislang unbewußten Konflikte bewußt zu machen und sie damit eher zu befähigen, die üblichen sexuellen, religiösen und politischen Anschauungen in Frage zu stellen, als *abweichend* und für die bestehende Ordnung bedrohlich betrachtet würde. (Es gibt Länder, in denen die praktische Ausübung der Psychoanalyse verboten ist.) Andererseits laufen wir Analytiker, wenn wir uns entscheiden, mit bestehenden Wertvorstellungen, die die Neutralität des Analytikers bedrohen, Kompromisse zu schließen, selbst Gefahr, unsere Identität zu verlieren und eher einer religiösen oder einer politischen Gruppe anstatt einer wissenschaftlichen einverleibt zu werden.

1.3.4 Psychoanalytische Wertvorstellungen und Abweichungen von der sexuellen Norm

Um dieser Frage vom Standpunkt des Analytikers aus nachzugehen, will ich als Beispiel ein dem psychoanalytischen Denken vertrautes Thema nehmen, ein Thema, das seit den frühesten Zeiten psychoanalytischer Forschung wissenschaftliches Interesse gefunden hat, nämlich: die unbewußte Bedeutung der *Abweichung von der sexuellen Norm.* In Fragen des abweichenden Sexualverhaltens hat auch die Gesellschaft ein Wort mitzureden. In ihrer unvermeidlichen Sorge um die Bewahrung ihrer ethischen Struktur neigen die meisten Gesellschaften dazu, jede sexuelle Handlung, die vermeintlich das Wohl ihrer Kinder bedroht oder Rechte und Freiheiten ihrer Bürger verletzt, als Gesetzwidrigkeit zu verfolgen. Es ist daher verständlich, daß z. B. die Verführung Minderjähriger oder sexuelle Nötigung (wie Exhibitionismus oder Vergewaltigung) gesetzlich bestraft wird. Andere sexuelle Abartigkeiten (wie fetischistische oder sado-masoschistische Praktiken unter Erwachsenen, die sich einig sind), die niemanden betreffen außer denen, die sie praktizieren wollen, bleiben außerhalb der Reichweite der Gesetze.

Die Streitfrage der Homosexualität führt ebenfalls zu der Überlegung, daß diese sexuelle Vorliebe in Gesellschaften, wo Homosexualität als gesetzwidrig galt oder gilt, vermutlich als Bedrohung der fraglichen Gesellschaft betrachtet wurde oder wird. Wir können in diesem Fall annehmen, daß sie wie eine ansteckende Krankheit behandelt wurde, die sich, wenn man sie nicht begrenzt, im Gemeinwesen ausbreiten und so das Überleben der Art gefährden kann. Jedoch bestätigt schon die weniger als flüchtige Beobachtung, daß Heterosexuelle nicht durch den bloßen Kontakt mit Homosexuellen auch zu solchen werden!

In bezug auf Abweichungen aller Art muß man zugeben, daß die Psychoanalyse insofern immer Gefahr laufen wird, als *subversiv* beurteilt zu werden, als die Analytiker sich zur Neutralität bekennen. Sie vermeiden bewußt Werturteile, versuchen also, ihre Patienten weder zu bestätigen noch zu verdammen, da ihr einziges Ziel ist, zu verstehen, und das, was sie verstanden haben, später mitzuteilen. Die Theorie besagt, dies werde es jedem Analysanden ermöglichen, auf der Grundlage seiner gewachsenen Selbsterkenntnis jeweils seine eigene Wahl zu treffen, sich zu seinen Vorlieben zu bekennen und die volle Verantwortung für sein Handeln zu übernehmen.

Wenn wir noch einmal Beispiele aus dem Bereich der Abweichungen von den sexuellen Normen nehmen, gibt es jedoch mindestens zwei Fälle, in denen die persönlichen Werturteile des Analytikers mit dem analytischen Ideal der „wohlwollenden Neutralität" in Konflikt geraten können: erstens im Hinblick auf sexuelle Praktiken, die in seinem Staat als gesetzwidrig gelten, und zweitens im Hinblick auf Homosexualität. Der Analytiker muß sich möglicherweise bewußt darum bemühen, eine unparteiische Haltung zu bewahren, wenn ihm illegales Verhalten begegnet. Sollte ein Analytiker entdecken, daß einer seiner

Patienten, sagen wir, ein Pädophiler, ein sadistischer Voyeur oder Exhibitionist ist, mag er, obwohl er sich vielleicht die Assoziationen des Analysanden zu diesem Thema in gleichschwebender Aufmerksamkeit anhört, auch dazu neigen, sich mit den Zielen der Gesellschaft zu identifizieren, die ihre Bürger schützen will. In solchen Fällen ist der Analytiker verpflichtet, seine Gegenübertragung sorgfältig zu untersuchen und mögliche unbewußte Inzestwünsche gegenüber seinen eigenen Kindern oder seine eigenen uneingestandenen sadistischen, voyeuristischen oder exhibitionistischen Tendenzen zu analysieren (die er erfolgreich verdrängt oder sublimiert hat), wenn er seine Patienten verstehen und ihr Selbstverständnis fördern will.

Bezüglich der Homosexualität liegt das Problem etwas anders, da in vielen westlichen Gesellschaften diese Art der Sexualität zwischen sich in dieser Hinsicht einigen Erwachsenen nicht als gesetzwidrig gilt. Selbst wenn Homosexualität nicht strafbar ist, können uns Gegenübertragungshaltungen begegnen, die dem persönlichen Wertsystem des Analytikers entstammen. Man entdeckt manchmal überrascht, daß gewisse Analytiker den heimlichen Wunsch hegen, ihre homosexuellen Patienten in heterosexuelle zu verwandeln. Ein solcher Wunsch wäre verständlich, wenn der Analysand bewußt ein völlig heterosexuelles Leben führen wollte und dies auch ausdrücklich sagen würde; ebenso verständlich wäre es vielleicht bei Patienten, die wir als „latent Heterosexuelle" bezeichnen könnten (also jenen, deren Homosexualität in erster Linie eine Struktur der Abwehr gegen phantasierte Gefahren starker heterosexueller Anziehung ist; das ist aber bei der Mehrzahl der homosexuellen Frauen und Männer nicht der Fall). Sonst müssen wir uns fragen, welche Rechtfertigung sich dafür finden ließe, daß ein Analytiker seine eigenen sexuellen Vorlieben Patienten aufdrängen will, die anders eingestellt sind. Selbst wenn viele Analytiker (und wiederum nicht alle) glauben, daß Homosexualität auf eine symptomatische Lösung innerer Konflikte hinweise, spiegeln solche „Lösungen" doch oft die beste Anpassung wider, die das Kind der Vergangenheit angesichts ungünstiger Umstände zustandebringen konnte. Zu diesen gehören gewöhnlich Schwierigkeiten beim Verstehen sexueller Rollen oder bei der Konfrontation mit sexuellen Realitäten und den mit ihnen einhergehenden Verzichten und narzißtischen Kränkungen wegen der unbewußten Probleme der Eltern und deren Wirkung auf den Dialog in der Familie. Wenn man diesen Aspekt berücksichtigt, wird es verständlich, daß homosexuelle „Lösungen", wenn man sie untergräbt, depressive Phänomene oder sogar schwere Störungen des Identitätsgefühls hervorrufen können.

Wenn ein Analytiker solche Faktoren übersieht, kann es an einer gewissen Idealisierung der Heterosexualität liegen. Aber gerade Analytiker sollten wissen, daß Heterosexualität keinen Schutz gegen psychische Störungen bietet! Wir täten auch gut daran, uns in diesem Zusammenhang daran zu erinnern, daß die meisten sexuellen Perversionen, wie z. B. fetischistische oder sado-masochistische Praktiken (die ich lieber „Neosexualitäten" nenne [McDougall 1968 a], um sie von der Homosexualität zu unterscheiden), Versuche sind, eine *heterosexuelle* Beziehung herzustellen und aufrechtzuerhalten. Wenn ein bestimmter Analytiker für homosexuelle Patienten das Ziel der Heterosexualität (das die Patienten selbst nicht haben) ins Auge faßt, ohne von den oben genannten Beweggründen motiviert zu sein, hängen solche Gegenübertragungshaltungen wahrscheinlich mit unbewußten homosexuellen Ängsten und Wünschen beim Analytiker selbst zusammen, die normative Wertvorstellungen entstehen lassen.

Wenn wir diese Überlegung weiterführen, könnten wir hinsichtlich einer wirklich psychoanalytischen Haltung folgende Verallgemeinerung (die Freud von Anfang an vertreten hat) hinsichtlich der Beziehung zwischen Analytiker und Analysand machen: Ein Analytiker soll niemals wissentlich seinen Patienten *sein* Wertsystem, *seine* sexuelle Vorliebe, *seine* politische Meinung oder sogar die theoretischen Überzeugungen *seiner* psychoanalytischen Denkrichtung aufdrängen. Ich gebe nicht vor, daß alle Analytiker diese Vorschrift achten; ich stelle nur das Ideal dar.

1.3.5 Der Psychoanalytiker und seine Kollegen

Bevor ich diese Betrachtungen über die Achtung vor den persönlichen Wertsystemen unserer Patienten abschließe, möchte ich noch erwähnen, daß man an der Psychoanalyse innerhalb ihres eigenen Bereichs aus eben diesem Grunde Kritik üben kann. Wir predigen zwar hinsichtlich der Ideale und Entscheidungen anderer Menschen Unparteilichkeit, aber dies bezieht sich ganz offensichtlich nicht immer auf die theoretischen und klinischen Überzeugungen unserer Kollegen, wenn sie zufällig den unseren zuwiderlaufen, wenn wir auch vielleicht erkennen, daß ihre theoretischen Ansichten gewöhnlich auf ernsthafter klinischer Forschung und Erfahrung beruhen. Trotzdem scheinen psychoanalytische Denkrichtungen ständig in Gefahr zu sein, gegenüber ihren Konzepten und ihren Oberhäuptern eine quasireligiöse Haltung zu entwickeln und aus ihrer Forschung einen Glaubensartikel anstelle einer wissenschaftlichen Theorie zu machen. Eine Theorie ist definiert als eine Reihe von Annahmen, die niemals bewiesen worden sind (und vielleicht niemals endgültig bestätigt werden können.) Wäre es anders, wären unsere begrifflichen Modelle nicht länger Theorien, sondern Gesetze. Die persönliche Psychoanalyse ist, wie die enge Lehrer-Schüler-Beziehung, die die Übermittlung psychoanalytischen Wissens kennzeichnet, unweigerlich durch starke positive und negative Übertragungsgefühle geprägt. Dies mag eine Erklärung für die Heftigkeit sein, mit der theoretische Meinungsverschiedenheiten innerhalb unserer eigenen Disziplin häufig ausgefochten werden. Eine bedauerliche Folge dieser Tendenz ist, daß die Anhänger jeder einzelnen Schule ihre Auffassungen nicht mehr in Frage stellen und auch nicht mehr persönlich forschen. Außerdem verhindern solche Haltungen oft, daß die verschiedenen psychoanalytischen Schulen – ob sie sich an Hartmann, Klein, Lacan, Winnicott, Kohut, Bion etc. orientieren – voneinander lernen. Die häufig vorgebrachte These, ein engagierter Forscher werde immer finden, was er sucht, um seine Theorie zu bekräftigen, gilt auch für alle Schulen psychoanalytischen Denkens. Vielleicht sollte die Redensart: „Ich glaube es erst, wenn ich es sehe" dort, wo es um Forschung geht, besser lauten: „Ich sehe es erst, wenn ich es glaube". Es ist trotzdem ein integraler Bestandteil der Theoriebildung, nach der Bestätigung bereits bestehender Konzepte zu suchen, und die Rolle, die der Wunsch spielt, derartige Bestätigungen zu finden, muß als unvermeidlich hingenommen werden. Der Wert der fraglichen Ergebnisse wird dadurch nicht notwendigerweise zunichte gemacht. Es gibt viele Wege zur klinischen Wahrheit, und in dieser Hinsicht gleichen wir wahrscheinlich den Blinden, [Nach der Parabel, wo jeder der Blinden dann beschreibt, was ihm gerade vor der Nase und daher erfaßbar ist: den Rüssel, die Beine, etc. Der Elefant als solcher wäre hier dann die unbewußte Wahrheit und Wirklichkeit (Anm. d. Hg.).] Man darf auch nicht vergessen, daß Patienten bedeutsame Veränderungen ihrer psychischen Funktionsweisen zustandebringen, obwohl sie bei Psychoanalytikern in Behandlung sind, deren theoretische Auffassungen weit auseinanderklaffen. Es wäre infolgedessen falsch, wenn wir uns einbilden würden, allein unsere Theorien seien für psychische Veränderung und symptomatische Heilung verantwortlich. Vielleicht brauchen wir unsere Theorien, um Ordnung in das Chaos der psychischen Funktionen zu bringen und um mögliche Erklärungen anbieten zu können, warum Veränderungen eingetreten sind.

Dieser notwendige Umweg zur Bestimmung der allgemeinen Einstellung der Psychoanalyse zu Abweichungen von der Norm (die über theoretische Differenzen hinweggeht) erlaubt mir, zur zentralen Frage der fundamentalen Wertvorstellungen zurückzukehren, die man vielleicht der Psychoanalyse als einzigartig zuerkennen könnte.

1.3.6 Die Frage des psychischen Überlebens

Ich möchte meinen Lesern vorschlagen, über folgenden Gedanken nachzudenken: Wenn Gesellschaften, wie wir behauptet haben, in erster Linie das soziale Überleben sicherstellen wollen, und wenn die Medizin im Grunde das biologische Überleben sicherstellen möchte – könnte die Psychoanalyse nicht als ihr ethisches Ziel beanspruchen, vor allem die Faktoren sicherzustellen, die zum *psychischen Überleben* der Menschen beitragen?

Diesen Ausdruck müssen wir offensichtlich definieren, bevor

wir fortfahren. Welche Elemente des psychischen Funktionierens befähigen das Individuum, sich sein Gefühl der Ich-Identität in seiner subjektiven wie in seiner sexuellen Dimension zu bewahren und sich sein Gefühl narzißtischen Wertes zu erhalten, auch wenn seine Selbstachtung durch wechselnde Umstände beeinträchtigt wird?

Natürlich laufen wir auch hier wieder Gefahr, in die Falle unseres eigenen Unbewußten und seines Einflusses auf unsere Urteile zu gehen. Was wird beim Menschen als wesentlich für das psychische Überleben angesehen und was nicht? Was ist in der klinischen Praxis für das psychische Überleben eines Individuums unerläßlich, dessen Überlebenstechniken sich vielleicht von denen der Mehrheit unterscheiden? Außerdem ist, wenn wir einmal das Problem der Beteiligung des Unbewußten an diesen Werturteilen beiseite lassen, die bloße Definition dessen, was „normale psychische Gesundheit" ausmacht, kein leichtes Unterfangen. Wie bei der körperlichen Gesundheit ist es immer einfacher, auf das „Abnorme" hinzuweisen, als das „Normale" zu definieren. Aber wenn wir von Werten sprechen wollen, können wir uns dieser Frage nicht entziehen.

Da der Begriff „Symptom" an sich schon normativ ist – es ist „normal", frei von neurotischen oder psychotischen Symptomen zu sein –, liegt ein Paradoxon in der psychischen Struktur des zukünftigen Patienten, der zur Behandlung kommt, um sein Leiden loszuwerden. Der Wunsch, frei von Symptomen zu sein, den der Patient ausdrückt, betrifft nur bewußte Ziele. Die Gründe, die ursprünglich eine Symptomkonstruktion notwendig, ja vielleicht lebensnotwendig gemacht haben, sind ihm nicht bekannt; ihre Aufdeckung wird eines der Behandlungsziele werden und, so hofft man, zu psychischer Veränderung führen.

Zwar sind die Elemente, die zum psychischen Überleben eines bestimmten Individuums beitragen, nicht ganz dieselben wie die für die Menschheit insgesamt, aber man kann gewisse allgemein gültige Elemente herausfinden. Meine eigene Ansicht zu dieser Frage beruht auf der Voraussetzung, daß psychische Symptome und Hemmungen wie auch von der Norm abweichende Objektwahlen und Betätigungen als Versuche der Selbstheilung angesichts von Konflikten und der Notwendigkeit, Lösungen für die Schwierigkeiten des Menschseins zu finden, anzusehen sind.

Das gleiche gilt für Objektwahlen und sublimatorische Betätigungen, die *nicht* als abnorm gelten, weil sie für die Gesellschaft akzeptabel sind. Die universellen Traumata, denen die jungen Menschenkinder ausgesetzt sind, bestehen aus unangenehmen Realitäten wie der Existenz des Andersseins, der Entdeckung der Geschlechts- und der Generationsunterschiede und der Unvermeidlichkeit des Todes. Zugegebenermaßen sind einige Lösungen für diese Konfliktsituationen akzeptabler als andere. Wer bei der Psychoanalyse Hilfe sucht, bringt die Folgen seines Scheiterns im Umgang mit den universellen Traumata des menschlichen Lebens mit, besonders, wenn der allen Menschen gemeinsame Kampf noch durch die unbewußten psychischen Konflikte der Eltern und ihre problematischen Lösungen derselben Realitätsprobleme erschwert und vertieft worden ist. In manchen Fällen haben die Widersprüchlichkeiten der Gesellschaft selbst (wie z. B. Kriege) traumatisierend gewirkt. Aus welchen Gründen auch immer, Ereignisse, die zu einem Schock- oder Streß-Trauma führten, haben das Kind gezwungen, dem, was ihm unannehmbar oder sinnlos erschien, einen Sinn zu geben, um sein Lebensrecht zu bewahren und seinem Selbstbild und seinem persönlichen Leben eine Bedeutung zu geben. Daß die so geschaffene Bedeutung ein Symptom genannt wird, macht ihren Zweck nicht hinfällig: sie entspringt dem Trieb, psychisch zu überleben. Dieser psychische Selbsterhaltungstrieb scheint mir ebenso tief und unentrinnbar im Menschen zu wurzeln wie der biologische Selbsterhaltungstrieb. Wir können noch hinzufügen, daß das biologische Überleben selbst, wenn unsere Techniken des psychischen Überlebens außer Gefecht gesetzt werden, insofern gefährdet sein könnte, als das plötzliche Versagen der symptomatischen Abwehr zu Handlungs-Symptomen (wie Süchten), Suizidverhalten oder zum psychosomatisch verursachten Tod führen kann.

Diese Ansicht, die gewiß nicht alle Analytiker teilen, ist nicht nur eine metaphysische Position. Wie jede andere Wertvorstellung, die explizit oder implizit der Psychoanalyse zugeschrieben wird, hinterläßt sie ihre Spuren sowohl in der Theorieentwicklung als auch in der Art und Weise der Durchführung analytischer Behandlungen. Dadurch werden wiederum Diagnose und Prognose beeinflußt, ebenso die Art der Deutungen, also die

Entscheidung, was gedeutet und was stillschweigend übergangen wird.

Wie schon erwähnt, wird der einzelne Analysand trotz seiner Leiden immer danach streben, seine früheren Lösungen für psychische Konflikte und Traumata zu schützen, während er gleichzeitig hofft, andere zu finden, die sich als weniger destruktiv erweisen werden und daher ein breiteres Spektrum kreativer Befriedigungen, befriedigendere Beziehungen und Lebenslust ermöglichen. Der Analytiker seinerseits, dessen Ziel es nicht ist, seine Analysanden zu „sozialisieren" oder zu „normalisieren", wird dazu neigen, das von dem gepeinigten und angsterfüllten Kind, das in jedem Erwachsenen verborgen ist, errichtete unsichere Gleichgewicht mit tiefem Respekt zu behandeln. Offenkundig fordert ein solches Vorgehen von uns, daß wir unsere eigenen neurotischen Bastionen, gesellschaftlichen Fassaden, perversen Dimensionen und psychotischen Kerne sorgfältig ergründen.

1.3.7 Wertsysteme und psychoanalytische Paradigmen

Diese Frage verdient vollständiger untersucht zu werden, als es mir im gegenwärtigen Stadium meiner Überlegungen bezüglich der Ausbildung psychoanalytischer Paradigmen möglich ist. Die psychoanalytische Forschung ist vielleicht in einer Übergangsperiode, in der neue Paradigmen auftauchen werden. Jene, von denen man sagen könnte, daß sie verschiedene „Schulen" des psychoanalytischen Denkens geschaffen haben, wie Hartmann, Klein, Sullivan, Winnicott, Lacan, Bion und Kohut (diese Aufzählung ist nicht erschöpfend; sie beschränkt sich lediglich auf die international bekannten „Schulgründer"), haben Freuds Grundauffassungen in vielerlei Hinsicht und auf bedeutsame Weise modifiziert; dabei haben sie seine Gedanken manchmal weitergeführt, manchmal ihre Reichweite reduziert. Aber meiner Ansicht nach hat es in der psychoanalytischen Theorie seit der Publikation von Freuds Lebenswerk keinen echten Paradigmen-Wechsel (wie bei Thomas S. Kuhn 1962 definiert) gegeben.

Trotzdem hat es, wenn wir annehmen, daß diagnostische Kategorien vielleicht Teil eines psychoanalytischen Paradigmas sind, insofern eine Veränderung gegeben, als die Psychoanalyse ursprünglich dazu bestimmt war, die sogenannten „klassischen" Neurosen zu studieren und zu behandeln und nicht die Borderline-Zustände, Psychosen und Süchte, die heutzutage Teil der Arbeitslast manch eines Analytikers sind. Ich will die Frage beiseite lassen, ob die neurotischen Zustände, wie man sie klassisch definiert, jemals in reiner Form existiert haben (außer vielleicht im Geist des Psychoanalytikers). Ebenso will ich nicht darauf eingehen, daß ihre begriffliche Fassung für Einblicke in mehr als eine Dimension eines so komplexen Gebildes wie der menschlichen Persönlichkeit unzureichend ist. Daraus geht deutlich hervor, daß der sich ständig erweiternde Bereich der psychischen Probleme, mit denen sich die Psychoanalyse befassen muß, uns zwingt, unsere Begriffssysteme und die theoretischen Modifikationen zu überprüfen, die diese mit sich bringen. Sollten wir das psychische Überleben als fundamentalen psychoanalytischen Wert nehmen, müssen wir uns ebenso für Borderline- und psychotische Organisationen als solche interessieren wie für die Borderline- oder psychotische Anteile der psychischen Struktur eines bestimmten Individuums. Darum hat die heutige Forschung immer mehr damit zu tun, die Komplexitäten der narzißtischen Ökonomie zu verstehen. Mit den Problemen der psychosexuellen Organisation des Menschen und den Wünschen und Versagungen, die mit einem normalen Erwachsenenleben verbunden sind, ist demgemäß die verwickelte Frage der Faktoren verflochten, die das Identitätsgefühl bedrohen. Hier dreht sich der Kampf nicht mehr um Konflikte, die das Recht zu lieben und zu arbeiten betreffen, sondern um das Recht, zu existieren. Möglicherweise ist der „gewachsene Fels" nicht (oder nicht nur) die Anatomie, wie Freud (1937) im Hinblick auf die Geschlechtsunterschiede behauptete, sondern das Drama des Andersseins und die schon an sich traumatische Entdeckung des Vorhandenseins der eigenen bleibenden Abhängigkeit von den Wünschen anderer und der unvermeidlichen Unterwerfung unter diese Wünsche.

Wenn es der Psyche des Menschen mißlingt, diesen universellen Traumata durch die Selbstheilungsversuche zu begegnen, die wir aus der Bildung neurotischer Symptome folgern, nimmt sie ihre Zuflucht zu primitiveren Abwehrorganisationen wie Spaltung, pathologischen projektiven und introjektiven Identifikationen, Verleugnung und der extremen Form psychischer Abwehr, die Freud als Verwerfung bezeichnete. Diese müssen nun an die Stelle der Verdrängung treten und versuchen, deren Arbeit zu Ende zu führen.

1.3.8 Liebe, Haß und Gleichgültigkeit

Ob die gefundenen Lösungen zu neurotischen oder psychotischen Organisationen tendieren, in jedem Fall herrscht der Kampf zwischen Liebe und Haß vor. Wie schon gesagt, haben neurotische Organisationen die Tendenz, die Wirkung dieses Kampfes auf Störungen der sexuellen und narzißtischen Wünsche beim Erwachsenen zu beschränken, während es bei der psychotischen Lösung um den Schutz der individuellen Existenz und des Identitätsgefühls geht. Wir könnten noch hinzufügen, daß die psychotischen Elemente des Individuums stärker durch die Kräfte des Hasses und der Destruktivität gekennzeichnet sind, und daß diese sich außerdem leicht gegen den Betroffenen selbst kehren.

An dieser Stelle werden wir vielleicht eines dritten Ergebnisses gewahr, das der erschöpfende Kampf gegen Affektüberflutung und seelischen Schmerz haben kann, wenn der Mensch Schwierigkeiten hat, bedeutsame Beziehungen aufrechtzuerhalten und sich narzißtische Befriedigung zu verschaffen. Die Leidenschaften Liebe und Haß sind einander zwar entgegengesetzt, aber sie stehen beide *auf der Seite des Lebens.* Das wirkliche Gegenteil der Liebe ist nicht Haß, sondern Gleichgültigkeit. Liebe und Haß in ihren zahllosen Formen und den unzähligen Verwandlungen, die sie entstehen lassen – schöpferische und sublimatorische Betätigungen, neurotische und psychotische Symptome, Neosexualitäten und Charakterneurosen –, sind alle Schutzwälle gegen die Gefahr der letzten Abwehr, der Gleichgültigkeit. Der Schwund der Bedeutung anderer und der eigenen psychischen Realität und der darauf folgende „Affektschwund" (Disaffectation, McDougall 1984) machen die Welt und die eigene Beziehung zu ihr bedeutungslos. Gleichgültigkeit und Affektschwund machen den Betroffenen unverwundbar gegenüber psychischem Leiden. Der Mensch läuft dann Gefahr, dem Ruf des Nirwana zu verfallen, woraus sich wiederum die Gefahr ergibt, daß er angesichts von Konflikten einfach aufhört zu kämpfen, indem er ihre Botschaften und Bedeutungen zerstört und so der psychischen und vielleicht biologischen Vernichtung zutreibt.

Vor diesem Hintergrund hebt sich dann vielleicht der Vorhang zu einem Drama psychotischer oder selbstmörderischer Handlungen. Häufiger werden wir jedoch beobachten, daß die „leere Festung" der Psychose, in der das geheime Selbst zu überleben versucht, sich in ein falsches Bollwerk verwandelt, hinter dem nichts mehr ist. Psychotische Kompromisse zeigen immer noch das blinde Bestreben, eine Linderung des seelischen Schmerzes zu finden, während die radikale Abtrennung des psychischen Selbst von seinen biologischen Wurzeln (indem aus der Psyche jede Repräsentanz ausgestoßen wird, die noch Affekte mobilisieren könnte) zu einem *Nichtwahrnehmen des Leidens* führt. Da Affekte die Hauptboten zwischen Körper und Seele sind, führt die Zerstörung vieler oder aller psychischen Repräsentanzen, die Affekte wecken können, meist zu einer radikalen Spaltung zwischen Psyche und Soma (McDougall 1978, 1982, 1986b). Diese unbewußt errichtete Organisation gegen seelischen Schmerz erfordert keinen vorsichtigen Rückzug von der Welt, wie er bei den Schizophrenien erfolgt, auch keinen paranoiden oder depressiven Schild gegen die Beziehung zu anderen. Wenn menschliche Beziehungen ihrer libidinösen und narzißtischen Bedeutung entleert worden sind, lebt das in dieser Weise geschädigte Individuum sein Leben durch die Anpassungsleistungen eines „falschen Selbst", indem es versucht, Hinweise (clues) zu entdecken, wie man leben soll, und so zu reagieren, wie es meint, daß die Welt es fordere. Dies sind die „supernormalen" (d. h. pseudonormalen) Persönlichkeiten, die mehr als andere für Sucht-Lösungen, tödliche Unfälle und psychosomatische Regression anfällig sind. Wir alle hegen eine „normopathische" Dimension in uns, aber die Gefährdung des biologischen Überlebens ist geringer, wenn noch andere psychische Überlebenstechniken vorhanden sind. Als Analytiker müssen wir uns nicht nur unserer normopathischen Aspekte bewußt sein, sondern auch der normopathischen Anteile unserer Analysanden, die, wenn sie nicht aufgedeckt und analysierbar gemacht werden, zu „unendlichen Analysen" (Freud 1937) oder zu den oben geschilderten Ergebnissen führen können.

Es ist verständlich, daß sich Analytiker manchmal weigern, die Verantwortung für diese Art des Scheiterns im psychoanalytischen Prozeß zu übernehmen. „Was hätte ich tun können, was habe ich unterlassen, was es diesem Patienten ermöglicht hat, sich mit seinem Auto umzubringen?" „Was könnte das plötzliche Herzversagen dieser Patientin erklären?" „Was mag zu dem Bruch im Leben dieses Paares beigetragen haben, auf den der Selbstmord eines Partners gefolgt ist?" usw. Wir müssen zwar erkennen, daß wir nicht allmächtig sind, aber das entbindet uns nicht von der Verpflichtung – wenn wir unser Verständnis der menschlichen Psyche und ihrer Funktionsweise erweitern wollen – versuchsweise anzunehmen, daß wir die Verantwortung für alles haben, was während einer psychoanalytischen Behandlung geschieht und bei einem tragischen Ende nach unserem Anteil zu forschen.

In bezug auf schwere psychosomatische Erkrankungen gibt es schließlich ein weiteres Paradoxon, das die Psyche in ihrem Verhältnis zu den Lebenstrieben betrifft. *Die Fähigkeit der Psyche, vor den lebensfeindlichen Kräften zu kapitulieren, die Menschen dazu bringt, aus den falschen Gründen zu sterben und nicht aus den Gründen, die ihre biologische Uhr für sie programmiert hat, steht trotzdem im Dienst des Überlebens!* Dieses Paradoxon lädt zu weiterer Erforschung der strittigen Annahme eines „Todestriebes" ein. Ist die Psyche, die sich Todeswünsche zu eigen zu machen scheint, von Aggression und Haß durchdrungen? Oder von einem tiefen Verlangen nach einem Zustand der Wunschlosigkeit und des Nichtseins? Oder von einem Willen zu leben? Vielleicht tut sich hier ein flüchtiger Blick auf einen zukünftigen Paradigmenwandel auf.

Aus dem Englischen von Gudrun Theusner-Stampa

Literatur

Freud, S. (1904). Die Freudsche Psychoanalytische Methode. GW V, 1–10.
Freud, S. (1905). Drei Abhandlungen zur Sexualtheorie. GW V, 27–145.
Freud, S. (1937). Die endliche und die unendliche Analyse. GW XVI, 57–99.
Kuhn, T. S. (1962). Die Struktur wissenschaftlicher Revolutionen. Frankfurt: Suhrkamp 1973.
McDougall, J. (1978). Plädoyer für eine gewisse Anormalität. Übers. v. Klaus Laermann. Frankfurt: Suhrkamp 1985.
McDougall, J. (1982). Théatres du Je. Paris: Gallimard 1982. (dt.: Das Theater des Ich. Übers. v. Klaus Laermann. München: Verlag Internationale Psychoanalyse. In Vorb. 1988).
McDougall, J. (1984). The disaffected patient: reflections on affect pathology. Psychoanalytic Quarterly, 53, 386–409.
McDougall, J. (1986a). Identifications, neoneeds and neosexualities. International Journal of Psycho-Analysis, 67, 19–31. (1986b). Un corps pour deux. In dies., corps et histoire. (S. 9–43). Paris: Les Belles Lettres.
Person, E. (1983). The influence of values in psychology. In Psychiatry Update, Bd. 2, Teil I. New York: International Universities Press.

1.4 Das Hexeneinmaleins
Die psychoanalytische Haltung und ihr Verhältnis zur Metapsychologie

Peter Zagermann

In den letzten Jahren hat die psychoanalytische Metapsychologie keine gute Presse gehabt. Die Zahl ihrer Kritiker ist groß, und ich erhebe keinen Anspruch auf Vollständigkeit, möchte einzig gewisse Grundzüge dieser Kritik aufzeigen, wenn ich auf die Arbeiten von Gill (1976), Holt (1981) oder G. S. Klein (1976) hinweise, in denen der Metapsychologie neurophysiologische Grundkonzepte nachgewiesen werden sollen bis zu dem Maße, daß Gill sie als unpsychologisch bezeichnet. G. S. Klein wirft ihr den energetischen Physikalismus des Trieb-Abfuhrmodells vor, Heinz Kohuts Psychologie des Selbst mit ihrer Betonung der Empathie schien mit der ‚mechanistischen' Konflikttheorie nicht mehr vereinbar, und schließlich wollte Roy Schafer (1976, 1978) die Metapsychologie überhaupt abgeschafft wissen. Auf seine Kritik gehe ich weiter unten ausführlicher ein.

Kurz, es schien mit der Metapsychologie an allen Ecken und Enden nicht zum besten zu stehen, und man bekam die Frontstellung gegen sie auch im täglichen wissenschaftlichen Verkehr, in den Falldiskussionen zu spüren, wo einerseits aus einer verbreiteten Unsicherheit angesichts verschiedener konkurrierender Erklärungsmodelle mehr und mehr auf die deskriptive Darstellung ausgewichen wurde, andererseits der Versuch einer metapsychologischen Formulierung dann wiederum leicht als theoretisierendes Ausweichen vor der klinischen Realität beargwöhnt, bestenfalls als etwas sonderbarer Hang zur Glasperlenspielerei betrachtet wurde.

In dieser Situation konnte man – bzw., da die Vergangenheitsform hier von mir vielleicht doch verfrüht verwandt wird – *kann* man sich also mit Goethe sagen:

Ich kann mich nicht bereden lassen,
Macht mir den Teufel nur nicht klein:
Ein Kerl, den alle Menschen hassen,
Der muß was sein!

1.4.1 Die Metapsychologie als wissenschaftliche Metaphorik (Freud)

Wenn ich im folgenden die Vorzüge der Metapsychologie – bzw. eben, dem Thema des Buches entsprechend, einer psychoanalytischen Grundeinstellung, die die Metapsychologie einbezieht – skizzenhaft zu beschreiben versuche, so beziehe ich mich hierbei zunächst auf zwei außerordentlich instruktive und inspirierende Arbeiten Heinz Müller-Pozzis (1986a, b), in denen er die Rolle der Metapsychologie in Freuds Denken wie ihre Rolle und Funktion für das psychoanalytische Denken überhaupt darzustellen versucht. Um das Wesentliche seiner Argumentation aufzugreifen, so macht Heinz Müller-Pozzi anhand umfangreichen Zitatenmaterials eindrucksvoll deutlich, inwiefern sich die von mir oben angeführte Kritik an der Metapsychologie zum größten, überwiegenden Teil nicht gegen jenes theoretische Gebäude richtet, das von Freud hinterlassen wurde, sondern gegen ein Kunstprodukt der Ichpsychologie, deren – gescheiterter – Versuch es war, aus der Metapsychologie das geschlossene System einer „Naturwissenschaft vom Seelischen" (Hartmann 1927) zu konstruieren.

Indem Heinz Müller-Pozzi die Reihe der Äußerungen Freuds zur Metapsychologie wie überhaupt zur Rolle der theoretischen Erfassung in der Psychoanalyse sorgfältig erkundet, zeichnet er demgegenüber jenes – sehr andere – Bild der Metapsychologie nach, das für Freud selbst Gültigkeit hatte, sein Denken und sehr direkt sein psychoanalytisches, klinisches Vorgehen bestimmte. Es ist dies ein offenes interpretatives, interpretierendes System, das dezidiert und in voller Bewußtheit mit umschreibenden, beschreibenden Metaphern aus einer Vielzahl unterschiedlichster Wissenschafts- und Lebensbereiche arbeitet und dessen Aufgabe einzig darin liegt, die Strukturen des an sich selbst der direkten Beobachtung nicht zugänglichen Psychischen – und insbesondere natürlich des Unbewußt-Psychischen – im Spiegel der analogisierenden Metapher, des Bildes, des Vergleichs, der Vorstellungsfigur einzufangen.

Es geht Freud nicht um die Ausbildung einer geschlossenen Theorie. Was seiner Aufgabe, als analogische Formel für eine erschlossene Struktur zu dienen, nicht mehr gerecht zu werden scheint, kann ohne Verlust aufgegeben werden. Oder, wie Freud es in der *„Selbstdarstellung"* von 1925 formuliert:

> „Es mag die Bemerkung genügen, daß es legitim erschien, die Theorien, welche direkter Ausdruck der Erfahrung sind, durch Hypothesen zu ergänzen, welche zur Bewältigung des Stoffes zweckdienlich sind und sich auf Verhältnisse beziehen, die nicht Gegenstand unmittelbarer Erfahrung werden können. (...) Solche und ähnliche Vorstellungen gehören zu einem spekulativen Überbau der Psychoanalyse, von dem jedes Stück ohne Schaden und Bedauern geopfert oder ausgetauscht werden kann, sobald eine Unzulänglichkeit erwiesen ist." (S. 58)

Dieses Zitat ist ein relativ spätes – wie gesagt 1925 – Zeugnis Freuds, und man kann angesichts der zentralen Bedeutung, die die Metapsychologie für ihn hatte, wie auch angesichts des prominenten Ortes – seiner Selbstdarstellung –, an der sich diese Äußerung findet, wohl davon ausgehen, daß es sich hierbei um seine gereifte, definitive, sozusagen letztgültige Haltung handelt. Im Brief an Fliess vom 10. März 1898 findet sich jene berühmte Formulierung, in der Freud für seine „hinter das Bewußtsein führende Psychologie" den Namen ‚Metapsychologie' vorschlägt. Mit jenen obigen – aus dem Zitat von 1925 – Hypothesen, „welche zur Bewältigung des Stoffes zweckdienlich sind und sich auf Verhältnisse beziehen, die nicht Gegenstand unmittelbarer Erfahrung werden können", ist also das Kerngebiet der Metapsychologie gemeint, die jedoch ausdrücklich – und das muß, worauf auch Müller-Pozzi hinweist, angesichts der ichpsychologischen Auseinanderdividierung hervorgehoben werden – auch jene Theorien einbezieht, „welche direkter Ausdruck der Erfahrung sind" (ebd.).

Die Metapsychologie ist also nicht, wie Rapaports (1959) Unterscheidung annahm, die *allgemeine* Theorie der Psychoanalyse, die einer *spezifischen* oder *klinischen* Theorie gegenübersteht, und sie ist auch nicht, gemäß Waelders (1962) Auffassung, eine *abstrakteste Theorieebene,* jenseits der Ebene auch nur der allgemeinen klinischen Konzepte, geschweige denn derjenigen der, respektive, klinischen Generalisierung, Interpretation und Beobachtung (um Waelders Systematisierung zu zitieren). Das ist die Metapsychologie der Ichpsychologie, aber nicht diejenige Freuds.

Die Ergebnisse der Untersuchungen Müller-Pozzis zu Freuds Metapsychologie-Verständnis lassen sich also in folgenden beiden negativen Feststellungen zusammenfassen:

1. Sie ist keine mit dem Anspruch nicht weiter reduzierbarer ‚unabhängiger Variablen' auftretende, positivistisch-normative Erklärungswissenschaft nach dem Muster der Naturwissenschaften.

2. Sie ist keine von der Klinik abgehobene und unabhängige, rein abstrakte Theorieebene, sondern vielmehr, wie Müller-Pozzi O. Flournoy (1985) zitiert, „die kompakteste und abstrakteste, allgemeinste Theorie *der Erfahrung in der psychoanalytischen Situation selbst*" (Hervorh., P. Z.).

Vor diesem Hintergrund muß die, zuweilen erbitterte, Ablehnung der psychoanalytischen Metapsychologie als ein Kampf gegen Windmühlen gesehen werden, für deren Errichtung das szientifistische Mißverständnis der Ichpsychologie verantwortlich zeichnet. Für dieses am Wissenschaftsbegriff der Naturwissenschaften orientierte Mißverständnis ist es insbesondere symptomatisch, in welchem Ausmaß von der Ichpsychologie der Energiebegriff und das Trieb-/Abfuhrmodell in das Zentrum der Metapsychologie gestellt, ja nahezu mit ihr identifiziert wurde. Die daraufhin einsetzende Kritik meinte sich nun gegen ‚die' Metapsychologie zu richten, wo sie sich doch nur – und zwar zu recht – gegen die positivistische, biologistische Reifizierung und Verabsolutierung einer Metapher wandte. – In Heinz Müller-Pozzis Worten:

> „Ein gut Teil der Kritik fällt tatsächlich dahin, wenn man zugesteht, daß dem Energiekonzept kein großes Interpretationspotential zukommt, was ich bedenkenlos tue. Die am Energiekonzept orientierte Metapsychologie-Kritik läßt leicht übersehen, daß nicht allein Energie, Trieb, Erregungsgröße, Energiestauung, Abfuhr, psychischer Apparat usw. metapsychologische Begriffe sind, sondern ebenso Objekt- und Selbstrepräsentanz, Besetzung, Ödipus, Narzißmus, Verinnerlichung, Identifikation, Introjektion usw. usw., Begriffe, die außer Schafer ernstlich wohl niemand aufgeben mag. Diese Begriffe können aber wohl kaum als naturwissenschaftlich qualifiziert werden." (1986b, S. 10)

Dieser naturwissenschaftlichen Reifizierung der Begriffe und Modelle der Metapsychologie stellt Müller-Pozzi – und ich möchte dies noch einmal als den auch für meine eigene Position verbindlichen Gesichtspunkt betonen – die *Metapher*, das metaphorische Denken und die auf ihm beruhende *Interpretation* der psychoanalytischen Situation gegenüber: „Metapsychologie ist also das Gegenteil von Phänomenologie. Sie ist eine Konstruktion, ein ‚spekulativer Überbau' (Freud, 1925 op. cit.). Ihre Bausteine sind Metaphern, Bilder, Analogien, abstrakte Ideen, die sie ‚irgendwoher, gewiß nicht aus der Erfahrung allein' (Freud 1915, S. 210) holt und auf das klinische Material anwendet." (1986b, S. 7). Und: Die Metapsychologie sei „... ein System psychoanalytischer Interpretation der psychoanalytischen Erfahrung" (op. cit., S. 14). Ähnlich äußert sich van der Leeuw (1967).

Ich denke, man kann die Metapher in der Tat als diejenige geistige Figur bezeichnen, die die Psychoanalyse als Wissenschaft charakterisiert und ihre Substanz ausmacht, soweit und sobald sie die Ebene der unmittelbaren Beobachtung verläßt. Ich möchte das erläutern. Die Psychoanalyse befaßt sich als Wissenschaft mit dem Psychischen, und zwar speziell dem Unbewußt-Psychischen. Das Charakteristische dieses Bereichs ist es, daß er der unmittelbaren Wahrnehmung entzogen ist. Dies unterscheidet ihn jedoch noch nicht von den Ultrabereichen der modernen Naturwissenschaften, deren Substrat aber dennoch, wenn auch dem menschlichen Sensorium nicht zugänglich, materieller Natur ist, also den Naturgesetzen und den Regeln der Mathematik gehorcht und in den sich hieraus ableitenden Meßgrößen beschreibbar und objektiv überprüfbar ist.

Ein solches materielles Substrat ist für denjenigen Unsichtbarkeitsbereich, der Gegenstand der Psychoanalyse ist, nicht gegeben; mithin gibt es auch keine objektiven Meßgrößen. Dennoch hat dieser Bereich eine Struktur: die tägliche psychoanalytische Erfahrung, sogar die allgemeine Erfahrung beweist es; das menschliche Leben beruht darauf. Hieraus ergibt sich zwingend, daß diesem Bereich, dieser Struktur nur auf dem Weg der Analogie beizukommen ist, indem man entweder im frei zugänglichen Erfahrungsbereich Strukturen aufsucht, die der erschlossenen Struktur des Unbewußten zu entsprechen scheinen, oder aber im Medium der Sprache, des sprachlichen Denkens Strukturen erfindet, konstruiert, die jene immateriellen Strukturen nachbilden. Wir bewegen uns mithin im Bereich der *Metapher*, und zwar als dem folglich *völlig legitimen, einzig angemessenen Medium der Psychoanalyse.* Wenn es das Kriterium der Wissenschaftlichkeit ist, daß die Methode dem Gegenstand zu entsprechen habe, so ist die Metapher die Wissenschaftsbedingung der Psychoanalyse.

Und wenn im übrigen – das sei gewissermaßen in Klammern erwähnt – das Metaphorische für die Psychoanalyse als Wissenschaft und damit ja also in ihrer Ausübung auf der Ebene des einzelnen Individuums eine so zentrale Rolle spielt, so wird gleichzeitig deutlich, in wie hohem Maße sie damit eben in ihrer Ausübung von der Qualität der Ausbildung der symbolischen Funktion, der Fähigkeit zur Symbolbildung auf seiten des einzelnen Analytikers abhängt.

Man wird dies nicht erstaunlich finden, wenn man sich vor Augen führt, auf welchen psychologischen Gegebenheiten die Symbolbildung in psychoanalytischer Sicht beruht – ich verweise nur auf die grundlegende Arbeit von Hanna Segal (1957) zu diesem Thema – und wie sehr sie aufgrund dieser Gegebenheiten mit den Zielen der psychoanalytischen Kur selbst im Zusammenhang steht. Ich werde auf dieses Thema weiter unten in einer kritischen Perspektive noch einmal zurückkommen. – Im übrigen hat auch Léon Wurmser (1977) in einem ähnlichen Sinne auf die Bedeutung der Metapher für die psychoanalytische Theoriebildung hingewiesen.

Die Metapher – und damit also die Metapsychologie als die spezifisch psychoanalytische Organisationsform einer wissenschaftlichen Metaphorik – trägt also an das Unsichtbare eine in Gestalt der Metapher selbst konkretisierte Struktur heran, die vermutungsweise – hypothetisch – die selbst ungreifbare Struktur dieses Unsichtbaren abbildet bzw. analogisiert und aufgrund derer man sich dann gegenüber dem Unsichtbaren gemäß einem aus dieser metaphorischen Struktur abgeleiteten Beziehungszusammenhang verhalten kann. Auf diesem Wege – also über die Beobachtung der Wirkung dieses Verhaltens – läßt sich erkunden, ob die beobachtete Wirkung mit der vermuteten übereinstimmt bzw., wenn nicht, welche Veränderungen des vermuteten Beziehungszusammenhangs und demnach der angenommenen Struktur, welche Änderungen also der Metapher, die diese Struktur abbildet, dann für die tatsächliche Wirkung verantwortlich sein bzw. sie erklären könnten.

Ich möchte diese Auffassung des spezifisch psychoanalytischen Erkenntnisprozesses an einer Passage aus *Die endliche und die unendliche Analyse* demonstrieren, in der Freud, wie mir scheint, eben diese metaphorische Funktion der Metapsychologie sehr klar und schön zum Ausdruck bringt. In diesem Alterswerk – 1937, mit 81 Jahren geschrieben – befaßt sich Freud ein weiteres und letztes Mal mit den Schicksalen des psychischen, verinnerlichten Konflikts, dessen Lösung er als Ich-Integration faßt:

> „... das will heißen, daß der Trieb ganz in die Harmonie des Ichs aufgenommen, allen Beeinflussungen durch die anderen Strebungen im Ich zugänglich ist, nicht mehr seine eigenen Wege zur Befriedigung geht. Fragt man, auf welchen Wegen und mit welchen Mitteln das geschieht, so hat man's nicht leicht mit der Beantwortung. Man muß sich sagen: ‚So muß denn doch die Hexe dran.' Die Hexe Metapsychologie nämlich. Ohne metapsychologisches Spekulieren und Theoretisieren – beinahe hätte ich gesagt: Phantasieren – kommt man hier keinen Schritt weiter." (S. 69)

Mir scheint, über diese einzige Stelle ließen sich Bücher schreiben, insofern in ihr das ganze Problem einer psychoanalytischen Erkenntnislehre und darüberhinaus einer psychoanalytischen Theorie des Denkens angesprochen ist; und es ist wohl in der Tat dieses Problem, auf das eine Auseinandersetzung mit der Metapsychologie letzten Endes hinauszulaufen hätte. Eine solche Arbeit kann jedoch im Rahmen eines Aufsatzes wie des vorliegenden selbstverständlich nicht geleistet werden. Ich werde jedoch weiter unten kurz anzudeuten versuchen, in welcher Weise das Werk W. R. Bions entscheidende Beiträge für eine solche – notwendige – Auseinandersetzung zur Verfügung zu stellen scheint. – Zunächst aber möchte ich es wagen, in rein deskriptiver Terminologie die Fragestellung herauszuarbeiten, die in der obigen Äußerung Freuds zum Ausdruck kommt.

„So muß denn doch die Hexe dran": Diese Formulierung kennzeichnet die Notwendigkeit, einer in der materiellen Realität in keiner Weise existenten Struktur durch eine geistige Konstruktion, durch eine Vorstellung eine Gestalt zu verleihen, die in einem analogischen, analogisierenden Verhältnis zu dieser Struktur steht; einer Struktur, die also *an sich* nicht objektivierbar ist, nur in ihren Wirkungen objektiv wird. Beschreibt die Metapher die innere Struktur korrekt, so läßt dann das therapeutische Handeln gemäß dieser metaphorischen Analogie oder auch nur die bloße Beobachtung der Abläufe die Erfahrung machen, daß die unmittelbare Auswirkung dieser Struktur, nämlich das manifeste psychische Phänomen sich in seiner lebendigen Veränderung der Vorstellungskonstruktion unterwirft, indem es sich gemäß der Erwartung verhält.

Damit ist dann tatsächlich eine gewisse Vorhersagbarkeit und Falsifizierbarkeit auch in der Psychoanalyse gegeben, ohne die ja konsequentes therapeutisches Handeln gar nicht möglich wäre. Insofern, so könnte man ironisch sagen, ist die Psychoanalyse durchaus auch eine positivistische Wissenschaft. Jedoch beziehen sich diese Kriterien der Vorhersagbarkeit und Falsifizierbarkeit im Unterschied zu den empirischen Naturwissenschaften einzig auf die *relative* Tragweite der Analogie, der Metapher, können niemals, wie in der Naturwissenschaft, den Anspruch erheben, ein umfassendes Modell der immateriellen psychischen Struktur an sich darzustellen bzw. normativ zu kontrollieren. An die Stelle des strikten Kausalnexus tritt in der Psychoanalyse die Beziehung, der Zusammenhang; das psychische Phänomen als solches ist stets mehrfach determiniert, es läßt sich nicht durch eine einzige Metapher, ein einziges Modell allein fassen.

Es liegt in dieser von Freud im obigen Zitat beschriebenen Erfahrung der strukturellen Gleichförmigkeit von Metapher und psychischer Realität ein Element eines gewissen heiligen Schauders, etwas eigenartig Zauberisch-Magisches und in hohem Maße Bedeutungsvolles, das Freud wohl, in ironischer Brechung, zu jenem Ausspruch über die ‚Hexe' bewegt hat. Dieses Zauberische, das man in traditioneller Terminologie wohl als die Erfahrung des Geistigen bezeichnen würde, liegt in der Erfahrung der Wesensgleichheit von innerem, mentalem Prozeß des Menschen, der sich in Form seiner spontanen Metaphorik niederschlägt – Freuds Spekulieren, Phantasieren –, und jenem psychisch-immateriellen Aspekt der objektiven Realität, an dessen Gesetz der Mensch in seiner eigenen seelischen Existenz gebunden ist und das daher im inneren Sinne sein Schicksal ist, Ein entscheidendes Moment dieser Entsprechung ist dieses, daß der Mensch so nicht mehr blind unterworfen ist, sondern teilnimmt an dem Gesetz, unter dem er selbst steht. Dies, in eben jener Mischung von Gebundenheit und Stolz der erkenntnismäßigen Teilhabe am Gesetz, ist wohl die Beschreibung der geistigen Freiheit.

1.4.2 Die archaische, mütterliche Matrix der Metapsychologie (Bion)

Das für die Psychoanalyse als Wissenschaft entscheidende Phänomen liegt also und damit komme ich, wie angekündigt, zu Bion – in der Strukturentsprechung von Metapher und unbewußter psychischer Realität; einer Entsprechung, die diese Realität überhaupt erst zugänglich macht. Mir scheint, daß Bions Theorie der psychischen Entwicklung und speziell seine Theorie des Denkens und seiner Funktion hier nun wiederum jene metapsychologische Metapher ist, die helfen kann, diesen Zusammenhang zu verstehen. Ich werde meinen Gedankengang kurz skizzieren:

In Bions Auffassung ist die Fähigkeit des Kindes, Funktionen zu internalisieren, die zunächst die Mutter stellvertretend für es ausübt, und die Fähigkeit der Mutter, diese Funktionen zur Verfügung zu stellen, die Grundlage der psychischen Entwicklung. Da dieser primäre Internalisierungsprozeß in der oralen Phase abläuft und ihre zentrale Entwicklungsaufgabe darstellt, formuliert ihn Bion in Begriffen der Beziehung des Säuglings zur Brust. In *The elements of psycho-analysis* (1963) schreibt er:

> „Das Baby leidet Hungerschmerzen, Hungerbisse und die Angst, daß es jetzt stirbt, ist gequält von Schuld und Angst, getrieben von Gier, macht sich voll und schreit. Die Mutter nimmt es auf, reinigt, stillt und tröstet es, und das Baby schläft vielleicht wieder ein. – Wenn man dieses Modell umformt, so daß es die Gefühle des Babys vergegenwärtigt, bekommen wir folgende Version: Das Baby ist voll von schmerzenden Klumpen aus Faeces, Schuld, Angst vor dem nahenden Tod, voll von Stücken aus Gier, Gemeinheit und Urin und entleert diese schlechten Objekte in die Brust, die nicht da ist. Während es das tut, verwandelt das gute Objekt die Nicht-Brust (= den schreienden Mund) in eine Brust, Faeces und Urin in Milch, die Todesnot in Vitalität und Zutrauen, die Gier und

> Gemeinheit in Liebe und Großzügigkeit, und das Baby saugt sein schlechtes Eigentum, jetzt in gutes verwandelt, zurück."

Diesen Transformationsvorgang nannte Bion die *Alphafunktion*. Sie verwandelt die unintegrierbaren, mit einem katastrophischen Gefühl und Aggression durchtränkten, daher persekutorischen *Beta-Elemente* in integrierbare und integrierende, aufbauende *Alpha-Elemente*. Die Voraussetzung dieses Vorgangs ist das spezifische empathische Einfühlungsvermögen der Mutter, das Bion *Reverie* nannte, also das träumerische Ahnungsvermögen, das sie nicht nur die katastrophische Notlage ihres Kindes als solche, sondern auch deren spezielle Bedingungen und Umstände verstehen läßt. Diese Reverie ist, so Bion, die Grundlage der *Containerfunktion*, die die Mutter gegenüber dem Kind ausübt und die aus der Sicht des Kindes darin besteht, daß die Mutter diejenigen Erfahrungselemente, die ihm selbst als ganz unerträglich erscheinen, nicht nur aushält, sondern sie ihm in gute Erlebniselemente ‚verwandelt' zurückgibt, wie Bion das im obigen Zitat dargestellt hat. Im übrigen ist die von Bion oben beschriebene Entleerung der „schlechten Objekte in die Brust, die nicht da ist" (op. cit.) und die dadurch – also durch die Aufnahme dieser schlechten Objekte – zur bösen verfolgenden Brust wird, für ihn das Urmodell der projektiven Identifizierung.

Dieser Grundvorgang nun wird von Bion in seiner *Theorie des Denkens* von 1962 mit bezug auf die Entwicklung der Denkfunktion noch weiter ausgeführt. Er beschreibt dort, wie das Kind, das aufgrund einer angemessenen Containerfunktion der Mutter allmählich zu einer ausreichenden Frustrationstoleranz gelangt ist, selbst dazu kommt, sich ausgehend von der inneren Erfassung der ‚*Nicht-Brust*', also der Abwesenheit der befriedigenden Erfahrung, die verwandelnde Wirkung des Auftauchens der guten Brust auf die schlechten inneren Erfahrungen vorstellen zu können. Dies hat zur Folge, daß es die schlechten Erfahrungen nicht mehr sofort in die Brust entleeren muß, die dadurch zur bösen Brust wird. Das ist für Bion der erste Gedanke: „Reicht die Fähigkeit, die Frustration auszuhalten, aus, so wird die innere ‚Nicht-Brust' zu einem Gedanken und es entwickelt sich ein ‚Denk'-Apparat."

Mit diesem Augenblick hat das Kind also begonnen, die bisher von der Mutter ausgeübte Alpha- und Containerfunktion zu internalisieren. Diese Internalisierung ist demnach für Bion an das *Denken*, die Denk*funktion* gebunden, deren Kern so für ihn in der Fähigkeit des Kindes besteht, sich die auf einem Verständnis seiner inneren Zustände gegründete verwandelnde Wirkung der Alpha-Funktion der Mutter zu vergegenwärtigen. Auf diese Weise wird also das Denken selbst zum Träger der Alpha- wie der Containerfunktion, durch welche beiden Funktionen die Verwandlung in integrierbare Alpha-Elemente bewirkt wird, und im Hintergrund des Denkens steht demnach die Evokation der guten Brust, die diese Aufgaben ursprünglich erfüllt hatte.

An dieser Stelle muß nun mit ins Spiel gebracht und bedacht werden, daß die psychische Entwicklung für Bion in keinem Stück ein automatischer, quasi biologischer oder vegetabilischer Wachstumsvorgang ist, sondern Schritt für Schritt durch die Transformation primärer psychischer Erfahrung (die Bion mit O bezeichnet: das Ding an sich) aus ihrem Status als unverständliches Beta-Element in ein integrierbares Alpha-Element zustande kommt. Dieser psychische Assimilationsprozeß, aus dem Struktur entsteht, wird von Bion der Verdauung analogisiert. Konsequenz dieses Gedankengangs ist es, daß die Psyche sich also in Gänze aus sich selbst heraus aufbaut, und zwar unter der Führung jener permanenten unbewußten Denktätigkeit, die die Alpha-Funktion ausübt (und die im übrigen gemäß Donald Meltzers faszinierender Fortführung der diesbezüglichen Bionschen Gedankengänge in *Dream-Life* (1984) auch für die Traumbildung verantwortlich ist und hier, im Traum also, dann auch bewußt werden kann).

Wenn die psychische Strukturbildung, die psychische Entwicklung nun jedoch, jedenfalls nach der Bionschen Theoriemetapher, auf diese Weise zustande kommt, so würde jene Entsprechung zwischen der psychischen Realität und dem metaphorischen Denken der Psychoanalyse verständlich, von der wir oben ausgegangen waren und die Freuds Ausspruch von der ‚Hexe Metapsychologie' zugrunde liegt.

Das Verhältnis Container-Contained und die durch das Verständnis der spezifischen Entbehrungslage des Säuglings ‚entgiftende' Wirkung der ‚guten Brust' = Mutter sind also nach Bion diejenigen beiden Grundfunktionen, die die Integration psychischer Inhalte erlauben und die zunächst von der Mutter für den Säugling ausgeübt und ihm zur Verfügung gestellt, dann in Form der Denkfunktion allmählich vom Subjekt selbst übernommen werden (oder jedenfalls werden sollten).

Dieser Ablauf wird von Bion in *Attention and Interpretation* (1970) als der Grundvorgang auch der analytischen Situation beschrieben, insofern hier im Analytiker das Deutungsmuster entsteht, indem er sich als Container den projektiven Identifikationen der vom Patienten nicht integrierbaren Beta-Elemente aussetzt (sowie dem – in Bions Terminologie – Prozeß PS--D, auf den ich hier jedoch nicht näher eingehe). Mit anderen Worten und wiederum in den Metaphern der diese psychischen Zusammenhänge prägenden oralen Ursituation ausgedrückt, stellt sich der Analytiker dem Patienten als die transformierende ‚gute Brust‘ – dem Paradigma der Containerfunktion – zur Verfügung, die ihm hilft, seine gestörte Alpha-Funktion bzw., genauer, die gestörte *Internalisierung* der Alpha-Funktion wiederherzustellen oder überhaupt zum ersten Mal korrekt zu konstituieren.

Um diesen Gedankengang nun auf mein Thema der Metapsychologie zurückzulenken, so ist die These, die ich vorschlagen möchte, diejenige, ob nicht eben die Metapsychologie, also die rational organisierte Wissenschaftsmetaphorik der Psychoanalyse, als derjenige spezifische Container anzusehen ist, an den sich der Analytiker in sich selbst wenden kann, um die schlechten Selbst- und Objektanteile, die nichtintegrierten Beta-Elemente, die der Patient via projektiver Identifikation in ihn hinein ‚entleert‘ hat, quasi weiterzugeben, durch Verständnis entgiften und in integrierbare Alpha-Elemente verwandeln zu lassen. Diesem Gedankengang folgend wäre die Metapsychologie demnach als die systematisch definierte und insofern wissenschaftliche Konkretisierung der unbewußten transformierenden Denkfunktion des Analytikers – also seiner Alphafunktion, seiner Internalisierung der ‚guten Brust‘ im Sinne Bions – zu betrachten, auf der seine Identität als Analytiker beruht.

Durch diese Konkretisierung schafft sich der Analytiker eine Objektivierung und insofern quasi eine Re-externalisierung seiner eigenen Containerfunktion. Die Metapsychologie ist so dann diejenige re-externalisierte ‚gute Brust' – denn das ist ja der Hintergrund der Containerfunktion –, die den Analytiker angesichts der von ihm aufgenommenen Beta-Elemente des Patienten entgiftet und organisiert. Wenn nun aber, im Rahmen der für diese Vorgänge Modell stehenden oralen Erfahrung, der Analytiker die Mutter und der Patient das Baby ist, so ergäbe sich gemäß eben jenem kontrollierten Spiel der strukturellen Analogien, das nach unserer Ansicht das Wesen des psychoanalytischen Theoretisierens ist, daß jene in Gestalt der Metapsychologie re-externalisierte gute Brust an der Stelle des Vaters – bzw. der väterlichen Funktion in der Mutter – steht: Denn die frühe Aufgabe des Väterlichen innerhalb des paranoid-schizoiden Orbis der Oralität besteht ja in der Tat genau darin, die Mutter angesichts ihrer Belastung durch ihr unbewußtes Involviertsein in das (im strukturellen Sinne) psychotische Erleben des Säuglings zu entgiften und zu organisieren.

Eine solche Zuweisung der Metapsychologie zum Themenkreis des Väterlichen wird einerseits – aus dem Kontext unserer obigen Diskussion herausgenommen – nicht überraschen, repräsentiert die Metapsychologie doch das normative Moment, das Gesetz der Psychoanalyse und damit, auf dem ödipalen Niveau, das Väterliche. Das Spezifische meiner obigen Ableitung scheint mir demgegenüber jedoch zu sein, daß sich diese väterliche Genealogie auch für den oralen Hintergrund und insbesondere für die lebendige und ganz wesentliche dynamische Funktion zu bestätigen scheint, die der Metapsychologie nach meiner Überzeugung für den Analytiker und, vermittelt, auch für den Patienten in der analytischen Situation selbst zukommt und die ich mithilfe der Bionschen Alphafunktion und seines Container/Contained Modells zu fassen versucht habe.

Diese Funktion zeigt sich im übrigen manifest vielleicht am klarsten gerade in Überlegungen wie den obenstehenden, insofern diese ja eben auch zur Metapsychologie gehören, metapsychologische Überlegungen sind: Denn hier reflektiert die Metapsychologie über sich selbst, über ihre Funktion *in der analytischen Situation*, und ich denke, daß Gedankengänge wie diejenigen, die Bion in seinem Container/Contained-Modell, seiner Theorie des Denkens oder seinen Formulierungen über das Sich-Aussetzen des Analytikers gegenüber der projektiven Identifikation des Patienten niedergelegt hat – einem Sich-Aussetzen, aus dem wie gesagt das Deutungsmuster im Analytiker entsteht –, dem Analytiker sehr wesentlich dabei helfen können, jene von Bion beschriebene spezifische analytische Geduld des Aushaltens der paranoid-schizoiden, persekutorischen Situation des Nichtverstehens zu erlangen. Diese Situation ist – so Bion – charakterisiert durch die Belastung, die die projektiv introjizierten, unverständlichen Beta-Elemente des Patienten mit ihrer aggressiven Ladung für das innere Funktionieren des Analytikers mit sich bringen (Bion nannte das die *attacks on linking*, i. e. die Angriffe auf die inneren Verbindungen und Verknüpfungen, in denen die Alphafunktion besteht und durch die psychische Bedeutung entsteht). Sie wird erst aufgehoben, wenn es dem unbewußten Denken des Analytikers, also seiner Alphafunktion gelungen ist, einen Bedeutungszusammenhang zu stiften, der das zuvor Unintegrierbare integrierbar macht.

Dieses unbewußte Denken des Analytikers wird – als *psychoanalytisches* unbewußtes Denken – durch den Orientierungsrahmen der vom Analytiker internalisierten Metapsychologie gesteuert und kontrolliert. Hieraus ergibt sich eine, wie ich meine, außerordentlich wichtige Kautele und Warnung, daß nämlich der Erfolg dieses unbewußten kreativen Denkens des Analytikers dadurch vereitelt werden kann, daß die Art wie auch der Elaborationsgrad seines internalisierten metapsychologischen Konzepts die notwendige Lösung nicht zuläßt, weil es sie nicht kennt, d. h. die für sie notwendige *Denkform, Struktur* nicht als Möglichkeit enthält.

Dies bestätigt nach meiner Ansicht die Wichtigkeit, ja den Ernst einer lebendigen metapsychologischen Diskussion für die Psychoanalyse, denn diese Diskussion ist in ironischer Paradoxie nichts weniger als das, was ihr am häufigsten vorgeworfen wird, nämlich eine überflüssige Glasperlenspielerei zu sein. Sie ist, wie ich aufgezeigt zu haben hoffe, der Kern der Psychoanalyse als Wissenschaft, und die Haltung ihr gegenüber erscheint mir als der sicherste Prüfstein dafür, ob eine konkrete psychoanalytische Kultur lebendig ist oder im Begriff steht, einem unwissenschaftlichen empiristischen Pragmatismus zu verfallen. Und ich zitiere noch einmal Heinz Müller-Pozzi, diesmal mit einem mündlichen Kommentar, einem wahren ‚bon mot': daß die

Theorie, die Auseinandersetzung mit der psychoanalytischen Metapsychologie die Quelle der klinischen Empathie sei.

1.4.3 Die väterliche Signifikanz der Metapsychologie im Aspekt des Gesetzes und der Funktion des Dritten (Die französische Schule)

Weiter oben habe ich gesagt, daß die väterliche Signifikanz der Metapsychologie zwei Aspekte zu haben scheint: einen oralen, den ich im Vorstehenden in der Auseinandersetzung mit Bions Gedankengängen herauszuarbeiten versucht habe, und einen ödipalen, wo die Metapsychologie für das Gesetz der Psychoanalyse, ihr normatives Moment steht. Wenn wir nun vom ödipalen Gesetz des Vaters sprechen und damit vor unserer metapsychologischen Assoziation auch die Vorstellungen der Kastrationsdrohung und der Auflehnung gegen dieses ödipale Gesetz, der Revolte gegen den Vater auftauchen, brauchen wir es nicht unpassend zu finden, uns die erwähnten Ressentiments gegen die Metapsychologie, ja die Rufe nach ihrer Abschaffung auch unter diesem Aspekt noch näher zu betrachten.

Die Forderung nach der Aufhebung der Metapsychologie ist nach meiner Meinung gegen das Wesen der Psychoanalyse selbst gerichtet, denn sie impliziert letzten Endes die Verleugnung der Dimension des Unbewußten selbst. Die Anerkennung des Unbewußten und damit die Anerkennung der Beschränktheit, Begrenztheit des Machtbereichs des Ich führt notwendig zum Zweifel hinsichtlich der tatsächlichen Bedeutung der unmittelbaren – also manifesten – Erfahrung und damit zur Notwendigkeit, die Plausibilität des über diese Bedeutung je aktuell Gemutmaßten am Koordinatensystem des bisher über die Struktur des Unbewußten in Erfahrung Gebrachten zu messen.

Dieses Koordinatensystem ist, wie ich ausgeführt habe, aufgrund des immateriellen, daher nur durch die Metapher erfaßbaren Gegenstandsbereichs der Psychoanalyse das metaphorische System der Metapsychologie, und nur sie vermag Auskunft zu geben über die voraussichtliche Implikation einer bestimmten Information, die man in einer analytischen Sitzung erhält, und über die voraussichtliche Tragweite und Genauigkeit einer Deutung, die man zu geben beabsichtigt. Die Metapsychologie ist die ihrem Gegenstand angemessene Kodifizierung des psychoanalytischen Wissens über das Unbewußte und damit, wie gesagt, das eigentliche Wissenschaftskriterium der Psychoanalyse.

Um diesen Zusammenhang positiv zu formulieren, so beinhaltet der Rekurs auf die Metapsychologie also die Anerkennung der Begrenztheit des Ich und die Fähigkeit zur Anerkennung einer Struktur außerhalb des Ich, von der das Ich zur Aufrechterhaltung seiner Funktion im Sinne der normativen Kontrolle dieser Funktion und der Überprüfung ihrer Kohärenz, wie auch im Sinne der Überprüfung und Sicherung einer reflexiven Distanz gegenüber dem Phänomen abhängig ist. So betrachtet wird, so scheint mir, deutlich, daß die Metapsychologie, wenn man ihre eigene unbewußte Signifikation – und wie gesagt nun also auf der ödipalen Ebene – ins Auge faßt, nicht nur als Repräsentation des ödipalen Gesetzes mit der psychischen Bedeutung der Vaterimago zusammenhängt, sondern ganz direkt etwas mit der Rolle der väterlichen Funktion, der Funktion des Dritten zu tun hat: also mit jenem Dritten, das als tertium comparationis außerhalb der unmittelbaren – dualen – Beziehung zwischen Ich und Phänomen, Subjekt und Objekt steht.

1.4.4 Die Preisgabe der Metapsychologie als Regression der symbolischen Funktion

Wir wollen im folgenden versuchen, diesen Gesichtspunkt anhand einer kritischen Untersuchung des in der Geschichte der Psychoanalyse wohl radikalsten und ausgeführtesten Plädoyers für die Abschaffung der Metapsychologie noch näher zu betrachten und zu erarbeiten, nämlich in Anwendung auf Roy Schafers Vorschlag der Einführung einer Handlungssprache für die Psychoanalyse (1976, 1978). – Ich möchte gleich einleitend festhalten, daß ich mir darüber bewußt bin, daß meine Darstellung eines gewissen Moments der polemischen Überzeichnung nicht entbehrt. Die Polemik hat jedoch auch einen großen Vorteil, den ich hier benutze, nämlich eben in der Überzeichnung gewisse grundsätzliche Verhältnisse deutlicher sichtbar zu machen.

Mir scheint – um an einem mehr formalen, aber dennoch in seiner Auswirkung sehr bedeutungsvollen, ja konstitutiven Punkt zu beginnen –, daß in Schafers Konzeption die technische und die theoretische Ebene durcheinandergehen bzw. ungerechtfertigt gleichgesetzt werden: Denn wenn die Handlungssprache – in den Fällen, wo sie anwendbar ist – auf der Ebene der Technik sicher eine hilfreiche und dem Geist der psychoanalytischen Methode – nämlich des Subjekts als des Handelnden – entsprechende Maßnahme ist, so folgt daraus nicht zwingend, daß die gesamte Metapsychologie in Formulierungen der Handlung umgesetzt werden müßte. In diesem Anspruch liegt ein Totalitarismus bzw. eine messianische Haltung und Erwartung, die die Frage nach ihrer Motivation nahelegt. Soweit ich sehen kann, muß doch unterschieden werden zwischen einer technischen Maßnahme, die ergriffen wird, um dem Patienten den Einsichts- bzw. Erkenntnisprozeß zu erleichtern – dies wäre nach meiner Ansicht das legitime Ziel einer handlungssprachlichen Deutung – und einer metaphysischen, quasi animistischen Verabsolutierung der Frage der sprachlichen Formulierung, so als ob auf diesem Wege eine materielle Veränderung des psychischen Funktionierens, eine an sich schon heilbringende Entsprechung der je aktuellen psychischen Lage gegenüber einem angenommenen natürlichen Urzustand bewirkt werden könnte. Es scheint hinter dieser Position ein Mythos der Reinigung von schlechten – weil nicht handlungssprachlich formulierten – Gedanken zu stehen, der einem das Rousseausche *Retour à la nature* aufruft.

Verfolgt man diesen Gedankengang weiter, so ließe sich in dieser Forderung nach einer kompletten handlungssprachlichen Umformulierung des psychoanalytischen Wissenschaftsgebäudes – und speziell eben in der Forderung nach der Liquidation der bestehenden Metapsychologie – eine spezifisch psychoanalytische Spielart jenes puristischen, utopischen Rigorismus sehen, den Janine Chasseguet-Smirgel in ihren Arbeiten zur ‚archaischen Matrix des Ödipuskomplexes‘ (1986 a, b) in Beziehung gesetzt hat zur unbewußten Phantasie eines ‚glatten‘ Uterus, der seiner Inhalte – Penis des Vaters, Fötus, Exkremente – beraubt ist und so die narzißtische Rückkehr in den idealen intrauterinen Zustand ermöglicht.

In Janine Chasseguet-Smirgels Gedankengängen stehen jene störenden Inhalte, die diese Rückkehr verhindern, synonym für das Element des Dritten, des Väterlichen, der Realität. Ihre Abschaffung ermöglicht – scheinbar – eine Einheit mit der Mutter, die die ödipale Auseinandersetzung und die Identifikation mit dem Vater, den ‚langen Weg' umgeht, kurzschließt. Sie sieht diese Phantasie u. a. als den Kern des Agierens, so daß wir vor diesem Hintergrund also Roy Schafers Innovationsversuch gewissermaßen als ein spezifisch psychoanalytisch-wissenschaftsinternes ‚acting in' verstehen müßten.

Mir scheint, daß sich dieser Gedankengang auch von einer anderen Seite her noch näher belegen und begründen läßt, wenn man nämlich Schafers Forderung (z. B. 1978, S. 971) betrachtet, in der von ihm vertretenen Handlungssprache nur „Verben und Adverbien (zu verwenden). Man verzichtet auf mentalistische Substantive wie *Struktur, Funktion, Kraft* und *Trieb* und verwendet auch die Adjektive nicht mehr, die diese Substantive qualifizieren, nämlich *schwach, stark, autonom* oder *rigide*" (Hervorh. R. S.).

Mir scheint, daß man diese sorgfältigen Regulationen des sprachlichen Verkehrs als eine Einschränkung, Beeinträchtigung der symbolischen Funktion sehen kann. Das Wort ist hier nicht mehr ein freies Symbol in jenem Sinne, den Hanna Segal in ihrem berühmten Aufsatz über die Symbolbildung von 1957 im Auge hat, wenn sie (S. 395) von der „unbewußten Freiheit im Gebrauch der Symbole" spricht, die „vom Subjekt frei gebraucht" werden können. Das Wort ist hier magisch kontaminiert, gewinnt verfolgende Qualitäten und muß vermieden werden.

In diesem obigen Zitat kontrastiert Hanna Segal das eigentliche Symbol, das sich durch diese freie Handhabbarkeit kennzeichnet, seiner Vorform der symbolischen Gleichsetzung (symbolic equation), in der Symbol und Objekt noch nicht voneinander unterschieden werden können, das Subjekt auf das Symbol so reagiert, als ob es im konkretistischen Sinne das Objekt selbst wäre, das Subjekt also noch nicht auf dem Weg eben über das Symbol zu einem Freiheitsgrad gegenüber dem Objekt gekommen ist. Diese Stufe der symbolischen Gleichsetzung ist – so Hanna Segal – durch eine noch strikt duale Beziehungsform gekennzeichnet. Das Element des Dritten kommt dann erst mit der Ausbildung der eigentlichen symbolischen Funktion ins Spiel, insofern sich dann das Dreieck Subjekt-Objekt-Symbol konstituiert, das Kind also zum Symbol eine Beziehung aufnehmen kann, in der ihm bewußt ist, daß das Symbol *nicht* das Objekt ist.

Ich will an dieser Stelle nur andeuten, daß diese Fähigkeit zur Symbolbildung an der Wurzel der Fähigkeit des Kindes steht, zu Nicht-Mutter-Objekten Beziehungen aufzunehmen; letzten Endes entwickelt sich hieraus die Vaterimago. Nach Hanna Segal liegt der Symbolbildung die reparative Kapazität, d. h. die innere Wiederherstellung des innerlich zerstörten Objekts zugrunde, und sie ist so die Auflösung der depressiven infantilen Position.

Weiter oben habe ich referiert, in welchem Sinne Bion die Entstehung der Denkfunktion im Zusammenhang sah mit dem Erwerb der Fähigkeit zur inneren Vergegenwärtigung der ‚Nicht-Brust', i. e. der abwesenden guten, entgiftenden, organisierenden Brust. Dieser Vorgang scheint mir mit der von Hanna Segal beschriebenen Fähigkeit zur Symbolbildung identisch zu sein, d. h. die innere Repräsentation der guten Brust tritt zur direkten Beziehung zwischen Subjekt und äußerer, realer Brust (= Mutter) hinzu, deren Abwesenheit zuvor als solche nicht erfahren und innerlich – also durch die Repräsentanz, die Imago – kompensiert, sondern nur mit der Anwesenheit einer schlechten, verfolgenden Brust identifiziert werden konnte.

Janine Chasseguet-Smirgel (1986 b), indem sie ebenfalls von Bions ‚Theorie des Denkens' ausgeht, schreibt: „Ich hoffe, ausreichend deutlich gemacht zu haben, daß es nach meiner Meinung kein Denken in dem Sinne gibt, wie Freud dieses Wort in den ‚Formulierungen über die zwei Prinzipien des psychischen Geschehens' verwendet, d. h. als altersgemäßen Erwerb des Realitätsprinzips, außerhalb einer *Dreiecks*beziehung (...)" (Hervorh. J. Ch.-S.). In einem unveröffentlichten Aufsatz von 1978 stellt Hanna Segal dar, daß das von Bion beschriebene Band zwischen Denken und Versagung zu Angriffen auf das Denken selbst führen kann. Sie beschreibt, inwiefern hinter diesem Angriff der Kampf um die Aufrechterhaltung der Allmachtsvorstellung steht.

Was will ich damit sagen? Mir scheint, daß Roy Schafers

Forderung, den therapeutischen (und theoretischen) Dialog – eben als Handlungsdialog – nach Möglichkeit auf der Ebene der Verben und Adverbien zu führen, auf die Herstellung einer dualen Beziehungsebene zielt, insofern im Verb, dem ‚Tätigkeitswort' einzig die direkte Handlungsbeziehung zwischen Subjekt und Objekt angesprochen ist. Freilich kann man sagen, das ist ja ‚nur' die Sprache, aber Schafers eigenes konkretistisches, nominalistisches Absolutsetzen der sprachlichen Ebene (im übrigen in meinen Augen ein weiteres Symptom der Beschädigung der symbolischen Funktion) zwingt, die Folgen seines Vorschlags in eben jenem Rahmen zu betrachten, den er selbst gesteckt hat.

Auch unter dieser Perspektive also scheint sich mir jene Kritik des Ausschlusses des Dritten zu bestätigen, die ich weiter oben anläßlich des utopischen Totalitarismus des Schaferschen Ansatzes formuliert habe. Hier sind es also die Substantive und ihre adjektivischen Ergänzungen, denen eine ‚mentalistische' (s. o.) Gefährlichkeit vorgeworfen wird und die ausgeschlossen werden sollen. Diese Kritik bestätigt sich auch insofern, als Schafer außer den substantivischen ausdrücklich auch alle räumlichen Metaphern zurückweist und aus seiner Handlungssprache verbannen möchte: Denn der Zugang zur dritten Dimension und damit zum Raum ist ja mit dem Durchbruch des Kindes zur inneren Repräsentation des Dritten, des Nicht-Mutter-Objekts verbunden und geht entsprechend in einer Regression auf die Ebene der dualen Beziehung, also in der Psychose wieder verloren. – Vor dem Hintergrund dieser Überlegungen bekommt es jedenfalls eine gewisse Doppeldeutigkeit, wenn Schafer (1978) von der Handlungssprache als der „Muttersprache der Psychoanalyse" spricht.

Dies bringt mich zu einem weiteren Punkt. Viele seiner Anhänger sind durch Roy Schafers entschiedene Kritik an den ‚Reifizierungen', ‚Adultomorphismen' und ‚Anthropomorphismen' der psychoanalytischen Metapsychologie gewonnen worden; und in der Tat hat dieses Argument auf den ersten Blick etwas bestechendes, wimmelt es in der psychoanalytischen Theoriebildung doch von den sprichwörtlichen kleinen Männchen im Ohr: *das* Ich, *das* Es, Über-Ich, Ich-Ideal etc., *die* Imago, die dies und jenes tut oder mit der getan wird, und was der Beispiele mehr sind.

Auch hier jedoch, finde ich, ist es angebracht zu zögern: Denn handelt es sich hier nicht wieder – im Sinne sozusagen der

Rückkehr des Angeprangerten, Projizierten – um ein konkretistisches Mißverständnis, grade wenn Schafer der Psychoanalyse Reifizierung und damit doch, in einem gewissen Sinne, Konkretismus vorwirft? Mir scheint, daß es sich auch hier um einen Ausdruck jener Dekadenz der symbolischen Funktion handelt, auf die ich oben hingewiesen habe: Die Freiheit des Subjekts gegenüber dem Symbol, gegenüber der Metapher ist eingeschränkt, der abstrahierenden Kraft der inneren Verarbeitung, der emotiokognitiven Denktätigkeit wird nicht zugetraut, sich von der entweder substantivischen oder handlungsmäßigen Gestalt einer Aussage zu befreien. Ganz im Gegensatz zu dem angestrebten Ziel Roy Schafers würde eine derartige Reglementierung – in Anwendung wie gesagt auf die Theoriebildung, die Metapsychologie – nach meiner Ansicht nicht zu einer größeren Erlebensunmittelbarkeit und Wahrhaftigkeit der Aussage, sondern in Wahrheit zu einer enormen Verarmung des freien Spiels der symbolisierenden, metaphorischen Ausdruckskraft unserer Theoriesprache, der Metapsychologie führen.

Literatur

Bion, W. R. (1962). A theory of thinking, International Journal of Psycho-Analysis, 43, 306–10.

Bion, W. R. (1963). The elements of psycho-analysis. London: Heinemann.

Bion, W. R. (1970). Attention and interpretation. London: Tavistock.

Chasseguet-Smirgel, J. (1986a). Zwei Bäume im Garten. Übers. v. Eva Moldenhauer. München: Verlag Internationale Psychoanalyse 1987.

Chasseguet-Smirgel, J. (1986b). Die archaische Matrix des Ödipuskomplexes. In dies., Zwei Bäume im Garten. Übers. von Eva Moldenhauer. München: Verlag Internationale Psychoanalyse 1987.

Flournoy, O. (1985). Métapsychanalyse, Revue française de Psychanalyse, 44, 1365–1384.

Freud, S. (1915). Triebe und Triebschicksale. GW X.

Freud, S. (1925). „Selbstdarstellung“. GW XIV.

Freud, S. (1937). Die endliche und die unendliche Analyse. GW XIX.

Gill, M. M. (1976). Die Metapsychologie ist keine Psychologie. Psyche 38 (1984), 961–992.

Hartmann, H. (1927). Die Grundlagen der Psychoanalyse. Nachdruck: Stuttgart: Klett 1972.

Holt, R. .R. (1981). The death and transfiguration of metapsychology. International Review of Psycho-Analysis 8, 129–143.

Klein, G. S. (1976). Psychoanalytic theory. An exploration of essentials. New York: International Press.

Meltzer, D. (1984). Dream-Life. Perthshire: Clunic Press. (dt.: Traumleben. Übers. v. Gudrun Theusner-Stampa. München: Verlag Internationale Psychoanalyse 1988.)

Müller-Pozzi, H. (1986a). Die Metapsychologie in Freuds Denken. Unveröffentlichtes Manuskript.

Müller-Pozzi, H. (1986b). So muß denn doch die Hexe dran. Über Bedeutung und Funktion von Metapsychologie im psychoanalytischen Denken. Unveröffentlichtes Manuskript.

Rapaport, D. (1959). Die Struktur des psychoanalytischen Denkens. Stuttgart: Klett.

Schafer, R. (1976). Eine neue Sprache für die Psychoanalyse. Stuttgart: Klett 1982.

Schafer, R. (1978). Die Handlungssprache – eine Alternative zur Metapsychologie. Psyche, 39, 961–980.

Segal, H. (1957). Notes on Symbol Formation. International Journal of Psycho-Analysis 38, 391–397.

van der Leeuw, P. J. (1967). Über die Entwicklung des Metapsychologiebegriffs. Psyche, 21 125–137.

Waelder, R. (1962). Psychoanalysis, scientific method, and philosophy. Journal of the American Psychoanalytical Association 10, 617–637.

Wurmser, L. (1977). Plädoyer für die Verwendung von Metaphern in der psychoanalytischen Theoriebildung. Psyche, 37 (1983), 673–700.

1.5 Der psychoanalytische Dialog[1]

R. Horacio Etchegoyen

Der Fortschritt der psychoanalytischen Forschung ist sowohl im Bereich der Theorie als auch in dem der Technik im Laufe der Jahre unregelmäßig und voller Überraschungen, doch auch unaufhaltbar und konstant. Es ist unbestreitbar, daß dieser Fortschritt existiert. Ebenso ist jedoch gewiß, daß er unter großen Widersprüchen stattfindet. Dabei ist es zugleich erstaunlich und entmutigend, daß unsere Arbeit je mehr wir wissen, desto schwieriger wird. Das zeigt in der Geschichte der Psychoanalyse nicht weniger als in der individuellen Laufbahn von jedem von uns. Sigmund Freud (1895) befreite Katharina von ihren Erstikkungsanfällen im Laufe eines gemütlichen Wochenendes in den Alpen und Joseph Breuer (1895) heilte Anna O. von ihrer Hydrophobie in einer einzigen Sitzung, ihrer unsterblichen „talking cure". Der Wolfsmann aber mußte seine Behandlung nach vier Jahren harter Arbeit durch einen zweifellos ungeduldigen Freud (1918) unterbrochen sehen, der ihn jedoch später für das gesamte Leben aufnahm und an Ruth Mack-Brunswick (1928) weiterempfehlen mußte, damit sie ihn weiter analysiere. Kein Analytiker der Gegenwart würde daran denken, daß ein so schwerer Fall wie der des berühmten Russen in weniger als dem doppelten der Zeit zu lösen sei, die dieser mit Freud verbrachte.

In diesem Zusammenhang erinnere ich mich an das, was ich heute mit einer Verzögerung von fast vierzig Jahren als meinen ersten Fall ansehen könnte. Es ging um die Schwester der Braut meines Schwagers, eine nervöse Siebzehnjährige, die noch nicht ihre erste Menstruation erlebt hatte. Einige Skrupel überwindend, die mich noch heute verfolgen, beschloß ich, sie mit „face to face"-Besprechungen zweimal wöchentlich zu behandeln. Während der ersten Unterredungen, bei denen ich wenig eingriff, erzählte sie mir von ihren „schweren" Problemen, vom jähzornigen und autoritären Charakter ihres Vaters, von der

[1] Für Heinrich Racker und Enrique J. Pichon Rivière.

zwischen neutral und unterwürfig einstufbaren Haltung der Mutter und von der Sorge um ihre Amenorrhöe, die trotz mehrerer Behandlungen mit Hormonen anhielt. Plötzlich brachte sie einen Traum, der in meinem Gedächtnis plastisch als Deck-Erinnerung fixiert bleiben sollte: sie stand mit ihrem Bräutigam vor einem Schaufenster, in dem Hosen und Männerkleidung zu sehen waren. Ihre einzige Assoziation auf mein Nachfragen hin war, daß Männer keine Menstruation hätten, worauf meine Deutung lautete, daß sie, solange sie nicht menstruiere, weiterhin den Gedanken hegen könne, ein Mann zu sein. Am nächsten Tag kam die Menstruation. Beim nächsten Mal kam sie, um sich zu bedanken, und kurz darauf erklärten wir gemeinsam die Behandlung für abgeschlossen. Es ist mir bekannt, daß sie nach einiger Zeit ihren Bräutigam heiratete, mehrere Kinder gebar und, wie im Märchen, ein glückliches Leben führte. Ein erfahrener Analytiker wird solche Ergebnisse weder suchen noch erreichen, da er mit Mühen gelernt hat, daß eine solche Übertragungsheilung nur eine kurzfristige Lösung darstellt.

Man könnte – und vielleicht wäre es sogar nützlich – die verschiedenen Schritte verfolgen, die die psychoanalytische Behandlung in Richtung einer steigenden Komplexität durchgemacht hat. Für den Zweck dieser Arbeit genügt es aber, den grundsätzlichen Umschwung zu unterstreichen, den der Übergang von der Traumatheorie zur Konflikttheorie darstellt. Damit wurde die *Deutung* zum wichtigsten therapeutischen Instrument und die Kur wurde dem langsamen Prozeß des *Durcharbeitens* untergeordnet, der einem autonomen Rhythmus folgt und von niemandem abgekürzt werden kann. So wird zum Beispiel der lange Weg zwischen der Untersuchung eines einmaligen Ereignisses der Vergangenheit und dem Versuch, sich selbst darüber klar zu werden, was geschehen ist, nicht immer beachtet. Infolgedessen bleibt die große Subjektivität, mit der das Ereignis als Erinnerung aufgenommen wird, oft unberücksichtigt. Die Konflikttheorie macht das Individuum verantwortlicher, nicht nur für seine Vergangenheit, sondern auch für seine Gegenwart, für seine inneren Kämpfe nicht weniger als für den Kampf mit seinen Erinnerungen und mit seinen familiären und sozialen Umständen. Hierzu kommt als äußerst wichtiger Faktor die beträchtliche Komplexität der psychischen Struktur, in der mehrere Konflikte gleichzeitig bestehen, die sich in unendlichen Variationen überlagern und sich den unterschiedlichen Wünschen und unvereinbaren Tendenzen des Seelenlebens widersetzen. Da nicht alles gleichzeitig gedeutet werden kann, müssen wir in jedem Fall, gestützt auf unsere momentanen Gedanken und immer unter dem Einfluß unserer jeweiligen inneren Verfassung, eine zutreffende Deutung *auswählen*.

Zudem erschwert das Phänomen der Übertragung den Verlauf der Analyse in bedeutendem Maße, obwohl es diesen Verlauf überhaupt erst ermöglicht, da sich die Konflikte immer wieder – und mit welcher Heftigkeit! – im analytischen Setting wiederholen und nur dort angemessen bearbeitet werden können. Jeder Versuch, sie unter Umgehung der Übertragung zu lösen, wird, wie wir genau wissen, früher oder später zum Scheitern verurteilt sein.

Wir können die analytische Behandlung nach den technischen Schriften Freuds (1912, 1914) und nach dem umstrittenen Werk von Sándor Ferenczi und Otto Rank (1923) als die *Analyse der Übertragung* verstehen; um die Jahrhundertmitte entdeckte man jedoch ein neues Hindernis, als nämlich klar wurde, daß die Beteiligung des Analytikers mit seinen eigenen Konflikten in der Kur nicht die Ausnahme, sondern die Regel war. So mußten die Psychoanalytiker in einem schmerzlichen Prozeß akzeptieren, daß sich die Objektivität des Analytikers, dessen Neutralität und/oder Einfühlungsvermögen *nach* der Lösung seines momentanen Konfliktes und nicht vorher einstellt. Die *Gegenübertragung* wurde so zum Instrument der Behandlung, ohne deshalb ihren Charakter als Hindernis zu verlieren (Heinrich Rakker 1948, Paula Heimann 1950).

Beachten wir also die komplexe Beschaffenheit der psychischen Struktur, die unendlich vielen Konfliktvariablen, die verwickelte Dialektik von Vergangenheit und Gegenwart und die ständige Wechselwirkung zwischen Übertragung und Gegenübertragung neben anderen uns bekannten nicht weniger wichtigen Faktoren, so müssen wir den Schluß ziehen, daß der analytische Dialog zwangsläufig problematisch und die Möglichkeit, uns in der Deutung zu irren, immer groß sein werden. Mit anderen Worten: Wenn die Schwierigkeiten der zwischenmenschlichen Verständigung schon im Alltag groß sind, so sind sie in der sonderbaren Beziehung der psychoanalytischen Situation um so schwerwiegender.

David Liberman (1962, 1970/72) versucht, von Ruesch (1957) angeregt und auf der Grundlage der Zeichentheorie von Morris (1957), in einer ausführlichen Untersuchung die Schwierigkeiten der Kommunikation im psychoanalytischen Dialog zu systematisieren, indem er, sich stark an die Linguistik anlehnend, drei Arten der Verzerrung des Dialogs unterscheidet: syntaktische, semantische und pragmatische. Jacques Lacan (1966) behauptet in skeptischer Haltung, daß das Wesen der menschlischen Kommunikation grundsätzlich voller Mißverständnisse sei.

Einige postkleinianische Autoren, unter denen Bion (1962, 1963) und Money-Kyrle (1968, 1971) hervorzuheben sind, neigen zu der Ansicht, daß der Homo sapiens zwar mit zureichend geeigneten Anlagen geboren werde, um die Ereignisse des Lebens zu verarbeiten, aber gleichzeitig eine starke Tendenz zur Verzerrung und Selbsttäuschung aufweise, wie bereits Ferenczi 1913 bemerkt hatte.

Mich hat meine klinische Arbeit in den letzten zwanzig Jahren immer mehr dazu geführt, auf die besonderen Schwierigkeiten der Kommunikation in der psychoanalytischen Sitzung zu achten und stets darauf vorbereitet zu sein, das Auftreten von Mißverständnissen nicht nur als Nebeneffekt dieser Schwierigkeiten, sondern auch als Folge des *unbewußten Wunsches* zu verstehen, den Sinn des Gesagten zu entstellen. Ich mußte sogar einsehen, daß sich der Wunsch des Analysanden, etwas mißzuverstehen, leicht mit einer Tendenz des Psychoanalytikers zur Zweideutigkeit verbindet (und dabei selbst geheime Einverständnisse nicht scheut). Das Mißverständnis ist also das Ergebnis der Verzerrung die sowohl beim Analysanden als auch beim Analytiker auf den subtilen Dialog wirkt, dem sich beide verpflichtet haben. Wenn der Analytiker also beide Möglichkeiten der Verzerrung beachtet, dann ist er in der Lage, seinen Anteil daran zu vermindern und den Analysanden lege artis und konsequent zu analysieren.

Um die möglichen Mißverständnisse im psychoanalytischen Dialog zu reduzieren, müssen wir an das Prinzip der *mehrfachen Funktion* von Waelder (1936) denken, das Freuds fundamentales

Konzept der Überdeterminierung des neurotischen Symptoms erweitert. Es ist jedoch schwierig, dieses Prinzip immer zu beachten, da es von uns genaue Prüfung und Ausgeglichenheit erfordert. Im Eifer unserer Gefühle und angesichts unserer Unwissenheit ist dies leicht zu übersehen. Die klinischen Diskussionen werden oft unter Täuschungen solcher Art geführt, so daß zum Beispiel jemand sagen kann, das Material beziehe sich auf den Ödipuskomplex und *nicht* auf die anale Phase, während sein Widersacher das Gegenteil behauptet. Derartige Diskussionen führen im allgemeinen zu keinerlei Ergebnissen. Wenn man das zur Debatte stehende Material objektiv untersucht, kann man wahrscheinlich beobachten, daß *beide* Konflikte im Material erscheinen. Was folglich zur Debatte stehen sollte, ist die Frage, weshalb in einem konkreten Fall besser dieses oder jenes gedeutet werden sollte. Wenn wir auch viele Argumente für die Wahl unserer Deutung haben mögen, so dürfen wir nicht übersehen, daß es immer auch andere Möglichkeiten einer Deutung gibt, und daß nur die Antwort des *Patienten* über Richtigkeit oder Irrtum den Ausschlag geben kann. Ich will hier gleich hervorheben, daß immer dann, wenn jemand einen Standpunkt gegenüber dem eines anderen verteidigt, mit großer Wahrscheinlichkeit ein Verleugnungsmechanismus mit im Spiele ist.

Das Waeldersche Prinzip zwingt uns zu einer tastenden, immer bescheidenen, auf Vermutungen beruhenden und niemals autoritären Praxis. Die Analytiker müssen anerkennen, daß sie nicht im Besitz der Wahrheit sind, sondern mit dem Patienten zusammen die Wahrheit suchen. Diese zweifellos *realistische Grundhaltung* trägt in hohem Maße zur Verminderung von Konflikten in der Gegenübertragung bei und erhöht die Aufnahmefähigkeit des Analytikers. Am wichtigsten ist jedoch, daß der Psychoanalytiker die Position eines Forschers einnimmt, ein Thema, das von Klimovsky (1986 a, b) in verschiedenen Werken glänzend untersucht worden ist.

Die Analytiker müssen sich also in ihrem Setting als Wissenschaftler im Popperschen Sinne (1953, 1962) verstehen und Hypothesen formulieren, die dann vom Analysanden getestet werden. Hier muß ich anmerken, daß dabei, wie Freud in *Konstruktionen in der Analyse* (1937) schrieb, vor allem die *unbewußte* Dimension der Antwort des Analysanden entscheidend ist und nicht dessen bewußte Meinung. Wenn wir dazu noch die (immer) mitwirkende Störung des Patienten beachten und dessen Tendenz nicht unterschätzen, die korrekte Deutung anzugreifen, dann wird die Poppersche Voraussetzung der Falsifizierbarkeit, die der geniale Epistemologe der Psychoanalyse nicht zugestehen wollte, zum Problem.

Wie die Mehrzahl meiner Kollegen bin ich der Meinung, daß eine Falsifikation möglich ist, auch wenn sie schwieriger durchführbar ist als in anderen Disziplinen. Ich weiß aber nicht, wie viele mit mir einverstanden sein werden, wenn ich behaupte, daß das Wesentlichste unserer klinischen Arbeit in folgendem besteht: wenn wir mit dem Patienten zusammen arbeiten, müssen wir ihm *konkrete*, keineswegs zweideutige Hypothesen bieten, und *abwarten*, ob er sie bestätigt oder widerlegt.

Ich habe an verschiedenen Stellen festgestellt (Etchegoyen 1981, 1986), daß die psychoanalytische Deutung ein großzügiger und kühner Versuch ist, dem Patienten eine andere Darstellung der von ihm erzählten Geschehnisse und eine neue Lebensvorstellung zu bieten, indem ihm ein neuer Sinnzusammenhang vorgeschlagen wird. Damit ermöglicht die Deutung dem Patienten ein neues Verständnis, das ihm gleichzeitig fremd war und doch zu ihm gehört. Von diesem Standpunkt aus können wir sagen, daß die Empathie des Analytikers darin besteht, dem Patienten das zurückzugeben, was streng genommen ihm selbst gehört, ohne andere Absichten als die, ihn zu informieren. Wenn wir mehr als Wissensvermittlung anstreben, begehen wir bereits einen Fehler, indem wir genaugenommen bereits eine *aktive* Behandlungstechnik anwenden würden (Ferenczi 1919, 1920; Freud 1919).

Indem ich zur Definition der Deutung sage, daß der Wunsch zu informieren der *einzige* Wunsch ist, den der Analytiker gerechtfertigt hegen darf, ist gleichzeitig gesagt, daß die gebotene Information den Charakter einer Hypothese oder Vermutung hat. Nur der Empfänger kann, weil er betroffen ist, letzten Endes entscheiden, ob sie stimmt. Dem Analytiker muß es, wie dem Philanthropen Kropotkins, nicht um eine Gabe, sondern um eine *Rückerstattung* gehen; gerade darin besteht die Schönheit und Großzügigkeit unserer Methode. Damit ist auch gewährleistet, daß die Deutung ausschließlich im Dienst unserer

Aufgabe steht und frei von jeglicher Überzeugungs-, Führungs- oder Belehrungssorge ist. Es wird niemand entgehen, daß im Analytiker ständig auch andere Wünsche als die des Deutens auftauchen. Ich gehe davon aus, daß dem niemand widerspricht. Was indessen Widerspruch auslösen wird, ist folgendes: Derartige Wünsche sprechen immer für einen Konflikt in der Gegenübertragung. Sie sind damit ein Indikator dafür und müssen als solche behandelt werden.

Zahlreiche Autoren glauben, die analytische Situation sei von ihrer Beschaffenheit her *zweideutig*. Die Mehrheit der Analytiker versteht die Übertragung als ein Rollenspiel, in dem der Analytiker so erlebt wird, „als ob" er der Vater, die Mutter usw. wäre, ohne aufzuhören, das zu sein, was er ist. Geht diese wesentliche Zweideutigkeit verloren, so wird gesagt, dann bricht die psychoanalytische Situation zusammen und die Psychose beginnt, wenn zum Beispiel der Analytiker der Vater *ist*. Dieser Standpunkt ist meines Erachtens falsch, obwohl er von der breiten Mehrheit der Analytiker geteilt wird; es sei denn, die schizoiden Mechanismen (Richard Sterba 1934, Freud 1940, Melanie Klein 1946) werden ebenso beachtet, wie die Zeitlosigkeit des Unbewußten. Für das Unbewußte, so pflegte Heinrich Racker zu sagen, ist der Analytiker der Vater und der Vater der Analytiker. Wenn der Analytiker die Zweideutigkeit zuläßt oder mit der (guten) Absicht fördert, die Entwicklung der Übertragung zu erleichtern, dann geht er in Wirklichkeit zur aktiven Technik über, was soviel heißen würde, wie Artefakte zu setzen (oder Kunstgriffe anzuwenden).

Von diesem Standpunkt aus gesehen besteht die analytische Aufgabe darin, verschiedene Möglichkeiten zu integrieren, wobei sich Vergangenheit und Gegenwart begegnen und das ursprüngliche Objekt mit dem Analytiker zusammenfällt. Wenn sich daraufhin beide Dimensionen wieder voneinander unterscheiden, dann hat sich die Anfangseinstellung des Patienten verändert (Etchegoyen 1981).

Es gibt viele Faktoren, die die Aufgabe des Analytikers erschweren. Einer unter ihnen ist die Schnelligkeit, mit der sich die analytische Situation *verändert*. Strachey ahnte es in seinem bekannten Werk von 1934, als er bemerkte, daß eine Deutung *mutativ* sein kann („mutative interpretation"), das heißt, daß sie grundsätzlich die psychische Struktur und damit auch die Objektbeziehungen des Patienten verändern kann. Melanie Klein behauptet ihrerseits in *Die Psychoanalyse des Kindes* (1932), daß sich dank der Deutungsarbeit die gesamte Spielstruktur des Kindes während der analytischen Stunde verändert. Allen Gegenargumenten zum Trotz hat sich diese Autorin stets dafür ausgesprochen, das dargebotene Material ohne jede Verzögerung zu deuten, indem zu jedem Zeitpunkt versucht wird, von der in jeder Sitzung an kritischen Stellen erscheinenden Angst ausgehend zum Unbewußten zu gelangen.

Folgen wir dem Verlauf des psychoanalytischen Dialogs aufmerksam und verfügen wir darüber hinaus über eine Technik, die sich nicht übermäßig in den psychoanalytischen Prozeß einmischt, dann können wir beobachten, daß die analytische Situation sich nicht nur in den privilegierten Momenten der mutativen Deutung oder beim Treffen des kritischen Punkts, sondern *ständig* verändert. Dieses Geschehen können wir beobachten. Es ist jedoch schwer zu fassen, weil wir dagegen die energischsten Widerstände aufgebaut haben, weil uns unsere Vorurteile schützen und weil uns leicht unser Omnipotenzgefühl blendet, mit dem wir uns gegen den unmittelbaren Effekt der Interaktion mit dem Patienten verteidigen wollen. Ich bin aber persönlich davon überzeugt, daß wir das interaktionelle Geschehen deswegen nicht wahrnehmen, weil wir leicht verleugnen, inwieweit uns der Analysierte *beobachtet* und *durchschaut.* Sobald wir diese Tatsache aber akzeptieren, müssen wir den Schluß ziehen, daß der Analysand nicht nur das letzte Wort im Legitimationszusammenhang unserer Deutung hat, sei es, um sie zu unterstützen oder um sie zu widerlegen, sondern daß er außerdem auch *in der Lage ist,* dies zu tun. Derartige Zusammenhänge habe ich eher von den Patienten der Kollegen gelernt, die bei mir in Supervision waren, als von meinen eigenen Patienten, obwohl ich letzten Endes auch gelernt habe, sie bei diesen ebenfalls wahrzunehmen. Während der Supervisionsstunde geschah es oft, daß ich es nicht wagte, auf einen Irrtum hinzuweisen, bis mir der Analysand zur Hilfe kam, indem er den Irrtum in seinen nächsten Assoziationen zum Ausdruck brachte, ohne daß er sich in der Mehrzahl der Fälle dessen bewußt war. Der unter Supervision stehende Kollege bemerkte seinen Irrtum nur in den seltensten Fällen und wiederholte den Fehler bei seiner nächsten Deutung. In diesem Fall entschied ich mich dann dafür, daß ich seine Deutung in Übereinstimmung mit den Einfällen des Patienten als falsch, schlecht formuliert oder in anderer Weise mangelhaft bezeichnete. Ich möchte unterstreichen, daß dies bei *allen* Analysanden und nicht nur bei einigen von ihnen möglich ist, etwa nur bei denen, die über psychoanalytische Kenntnisse verfügen oder zur Intellektualisierung neigen usw. Es handelt sich hier um ein allgemeines Phänomen, das die Universalität des Unbewußten und dessen Existenz ebenso beweist wie die Subtilität der Kommunikationsprozesse und die Gültigkeit der psychoanalytischen Technik, insofern diese den Gesetzmäßigkeiten psychischen Funktionierens (Meltzer 1967, Zac 1971) entspricht. Freud (1915) ahnte diese Zusammenhänge bereits, als er von einem Verkehr von Unbewußtem zu Unbewußtem sprach, obwohl er sie damals nicht im selben Maß wie wir begreifen konnte, da ihm das außerordentliche theoretische Instrumentarium fehlte, das uns heute in Form der Übertragungs-/Gegenübertragungs-Theorie, des Konzeptes der projektiven Identifikation (Klein 1946) und der sorgfältigen Abwägung des analytischen „Settings" zur Verfügung steht. Der letztgenannte Faktor ist für mich ausschlaggebend: nur ein sicherer, rationaler und stabiler Behandlungsrahmen, der Analytiker und Analysand in Bezug auf die Aufgabe auf gleichberechtigte Grundlage stellt, ermöglicht eine gründliche Analyse der Übertragung mit ihren Konflikten und Ängsten.

Das Konzept vom Analysanden, der ständig die Arbeit des Analytikers abschätzt, erlernte ich zu Beginn meiner Praxis von einem großartigen Lehrer, Enrique Pichon Rivière, dessen Gedankengut in Südamerika weiterlebt. Mit der Zeit habe ich seinen Standpunkt immer besser begriffen und zum zentralen Bezugspunkt meiner Auffassung des analytischen Prozesses gemacht, in dem die Zusammenarbeit und die Rivalität des Analysanden mit dem Analytiker den gordischen Knoten bildet, was die Gegenübertragung besonders wichtig werden läßt. Dabei ist es immer schwer zu akzeptieren, wenn ein Mensch, der uns in unserer professionellen Kompetenz zwar anerkennt und unsere Hilfe sucht, ständig über uns urteilt. Dies ist für den Psychoanalytiker umso schwerer zu ertragen, weil den Patienten ihre

Fähigkeiten, uns zu beurteilen, gar nicht bewußt sind und wir ihnen auch nicht sagen können, was sie damit tun, ohne die unvermeidliche Asymmetrie der psychoanalytischen Situation tödlich zu verletzen, die den psychoanalytischen Prozeß in Gang hält. [Der Autor befaßt sich hier mit dem faktischen Verhalten des Analytikers im Rahmen des Arbeitsbündnisses; gemeint ist also die psychoanalytische Grundhaltung oder -Einstellung, unabhängig von der Übertragung (Anm. d. Hg.)]. Nur wenn in den Assoziationen der Patienten Hinweise darauf auftauchen, daß sie wahrnehmen, wie sie über uns urteilen, dann können wir dies interpretieren. Würde der Analytiker die Einfälle des Analysanden, die Urteile über ihn zum Ausdruck bringen, aber übergehen, dann würde es noch schwieriger werden, die ohnehin durch Dankbarkeit und Neid beeinflußten Reaktionen auf korrekte Deutungen aufzugreifen; – ein Thema, mit dem sich unlängst Etchegoyen, López und Rabih (1986) befaßten.

An dieser Stelle möchte ich ein Beispiel für die Schnelligkeit geben, mit der die Übertragungsbeziehung sich ändern kann.

Das Material, das ich Dr. Rosa Sloin de Berenstein verdanke, macht dabei deutlich, in welchem Ausmaß der Analysand ständig die Arbeit des Analytikers beurteilt.

Es handelt sich um einen Schizophrenen, der nach mehreren Jahren Analyse eine bedeutende Besserung zeigte. Seine Besserung ist auch einer Familientherapie zuzuschreiben, die er während der ersten Jahre seiner Analyse durchführte.

Der Analysand kommt zu einer Sitzung an einem Montag sieben Minuten verspätet. Er klingelt lang und sagt, gerade eingetreten, in spöttischem Ton, die Analytikerin würde heute sicherlich nicht bereit sein, seinen Blödsinn anzuhören; er fügt hinzu, daß er Probleme mit der Zeit habe und nicht wisse, welcher Tag es sei. Ist es Montag? Er wirft der Analytikerin vor, ihm nicht zu antworten und behauptet, sie sei eine grausame und zynische Person, die stumm wie eine Eiche bleibe. Anschließend spricht er vom Sturm als einer Strafe Gottes gegen die Menschen, da wir uns nicht zu benehmen wüßten, wie es sich gehört. „Eine Diktatur“ so sagt er weiter, „ist besser als eine verfassungsmäßige Regierung“. „Die Frauen“, so behauptet er, „sind alle eigennützig; das Mädchen, das mit mir ausgeht, tut dies nur aus Berechnung“. Die Analytikerin – so fährt er fort – sei, Gott sei

Dank, die einzige, die Erfolg gehabt hatte und darauf stolz sei; ihre Brüder hätten dies nicht erreicht, das sei eine Ungerechtigkeit. Jetzt bemerkt der Patient, daß ihm dasselbe mit seinen Brüdern geschieht und gleich darauf sagt er, der Wind hebe an zu blasen und alle Furien seien entfesselt. Abschließend stellt er fest, er habe Hunger, sein Magen verlange nach Nahrung.

Analytikerin: Sie fordern Deutungen von mir, weil Sie nach mehreren Tagen ohne Analyse Hunger haben.

Patient: „Sie sind daran schuld. Weshalb arbeiten Sie nicht sonnabends und sonntags? Sie verbergen sich und hinterlassen allenfalls Ihre Botschaft. Die Patienten können sich zum Teufel scheren und leiden, während Sie sich amüsieren. Ich habe Sie am Sonnabend angerufen, geantwortet hat (im automatischen Anrufbeantworter) die abscheuliche Stimme Ihres Mannes. Das ist der Beweis dafür, daß die Analytiker nur ihre Ruhe haben wollen, ihr Leben genießen und über ihre Patienten lachen. Es ist eine Verschwörung, die armen Patienten ...

Weshalb muß ich mich analysieren lassen, anstatt Sie zu analysieren? Ich würde gerne Sie analysieren, oder einen Titel haben, der mich Ihnen gleichstellt, und den habe ich doch nicht. Das Mißtrauen und die Angst kochen in mir ... Schon fangen die Hupen an! Eine Gedächtnislücke, Wovon sprach ich? Ich erinnere nicht, was ich eben sagte. Ich phantasiere, daß ich mit einer Type vögele, die Emma heißt, die am Freitag angerufen hat und ihre Telefonnummer hinterlassen hat. Luis [Freund und Geschäftspartner] kann anzetteln, daß jemand kommt und mich entführt."

Analytikerin: Alles was Sie sagen bezieht sich auf Ihren Anruf bei mir am Wochenende, und als Sie mich nicht antrafen, wurde Ihnen unwohl, desto mehr, als im Anrufbeantworter die Stimme meines Mannes zu hören war. Sie waren eifersüchtig und wollten mich entführen.

Patient: „Ich will ‚Nueva Presencia' als Kommando Leonetti, das Santucho getötet hat, anrufen, damit Terror, Chaos und Trostlosigkeit sich ausbreiten"[2].

Dieses Material zeigt den schnellen Wechsel der Übertragungssituation sowie den unmittelbaren Effekt der Deutung. Die Analytikerin deutet richtig die Trennungsangst und später die Eifer-

---

[2] ‚Nueva Presencia' – wörtlich „Neue Anwesenheit", fortschrittliche Zeitung der jüdischen Gemeinschaft in Buenos Aires. Nebenbei sei bemerkt, daß der Analysand Jude war, sich aber zur nationalsozialistischen Ideologie bekannte. Hauptmann Leonetti führte ein Heereskommando an, das den Führer der Stadtguerrillaorganisation ERP (Revolutionäre Volksarmee) aufspürte und tötete. Leonetti selbst kam ebenfalls bei dieser Aktion 1976 um.

sucht angesichts der Urszene (mit dem abscheulichen Ehemann); der Analysand fühlt sich verstanden und nimmt die *neue Anwesenheit* der Analytikerin in der Sitzung wahr, obwohl er sie gleich angreift, um Terror auszubreiten. Bemerkt man diesen plötzlichen Wechsel nicht, kann man aus Trägheit die Trennungsangst wegen der *Abwesenheit* während des Wochenendes deuten, obwohl die Konfiguration bei *Anwesenheit* der Analytikerin eine ganz andere geworden ist und mit den damit zusammenhängenden Rivalitätsgefühlen in Beziehung steht. Wenn wir die Rivalität auch verschiedenen Faktoren zuschreiben können, wie der Angst vor Abhängigkeit, der Eifersucht oder dem Neid, so glaube ich, daß in diesem Fall besonders Neid im Spiel ist. Dies will ich, gleichsam als kleine klinische Übung, um meine Überlegungen zu verdeutlichen, im folgenden zu beweisen versuchen.

Zuvor möchte ich jedoch noch einige Kommentare über den eindrucksvollen Sitzungsbeginn machen:

Das Material ist von Beginn an komplex und bietet mehrere Deutungsmöglichkeiten: die Analytikerin ist nicht da, antwortet nicht, die Frauen sind eigennützig, eine Diktatur ist besser, die Analytikerin ist intelligent und er nicht, die Brüder sind intelligenter, der Sturm und die Furien, der Hunger. Die Analytikerin wählt für ihre Deutungsarbeit das aus, was ihr am sichtbarsten und dringendsten erscheint, nämlich die Trennungsangst angesichts des Wochenendes. Der Analysand bestätigt die Deutung und gibt als Grund seiner Angst die Eifersucht vor der Urszene an, um anschließend spontan seine Rivalität mit der Deutung auszudrücken („weshalb muß ich analysiert werden, anstatt Sie zu analysieren?") Obgleich der Analytikerin klar war, daß ihre erste Deutung die seit Anfang der Sitzung in bezug auf die Brüder bestehende Rivalität gestärkt hatte, entschied sie sich, weiter auf der Linie der Trennungsangst einzugreifen, da sie diese weiterhin als vorrangig ansah und jetzt auf die Urszene beziehen konnte. So deutete sie auch, indem sie die Eifersucht und den Impuls, sich der Analytikerin qua Mutter zu bemächtigen (Entführung), aufdeckte.

Die hier erscheinende Rivalität ist letztlich auf den „Urneid" zurückzuführen, einer Art „endogenen Neid", der sich ursprünglich auf die ernährende Brust (Melanie Klein 1957) bezieht. Die Rivalität ist nämlich die klare Antwort auf die gute Deutung der Analytikerin: In dem Moment, in dem der Analysand bemerkt, daß die Analytikerin jetzt anwesend ist und gut deutet, verwandelt er sich in das Kommando Leonetti und will Terror, Chaos und Trostlosigkeit verbreiten. Wenn in einem derartigen Fall der Analytiker die angebrachte Deutung nicht trifft, kann den Patienten tatsächlich ein Verwirrungs- und Trostlosigkeitsgefühl überfallen. Der Analysand *will* seine Analytikerin verwirren, wenn er das Wochenblatt anrufen will, als ob er das Kommando Leonetti wäre. Der (neurotische) Wunsch, die Rollen zu wechseln und sich in die Analytikerin zu verwandeln, äußert sich hier in dem terroristischen Wunsch, alles zu zerstören; ein Wunsch, der bereits vollkommen der Psychose angehört. Dieser Mann springt gleichsam als Erwiderung auf die richtige Deutung der Analytikerin von einer Sekunde zur anderen von der Neurose zur Psychose. Es ist auch interessant zu sehen, wie der Analysand in seiner Antwort auf die erste Deutung in einer raschen progressiven Bewegung von einer diadischen Beziehung zur ernährenden Brust auf eine ödipale Dreierbeziehung (mit der Stimme des abscheulichen Ehemannes, der den Penis des Vaters darstellt) übergeht. Die zweite Deutung, die das Eifersuchtsdrama aufgriff und Neid auslöste, führte zu einer regressiven Antwort, die wieder zur diadischen Beziehung zurückkehrt.

Man könnte natürlich sagen, daß hinter der Rivalität des Patienten die ödipale Eifersucht verborgen ist. Dann wäre der Neid sekundärer Natur, das heißt, der Analysand weicht aus taktischen Gründen auf die diadische Beziehung aus, um keine Eifersucht zu empfinden. Diese Erklärung befriedigt mich wenig; sie wäre allenfalls annehmbar, wenn der Analysand zum Beispiel die Fähigkeit der Analytikerin idealisiert hätte, indem er sie in eine gute anwesende Mutter, die ernährt, und eine böse und genitale, abwesende Mutter (mit dem abscheulichen Penis des Vaters) aufspaltet; dies ist aber dem Material nicht zu entnehmen.

Eine korrekte Art, auf die Assoziationen der neuen Anwesenheit mit einer Deutung zu antworten, wäre folgende: „Mit meiner Deutung habe ich mich in der Sitzung wieder präsent gemacht, und wenn Sie mich vorhin wegen meiner Abwesenheit angegriffen haben, so fühlen Sie jetzt, daß Sie meine neue Anwesenheit in das Kommando Leonetti versetzt, das nur Terror ausbreitet".

Diese Deutung ist aus einer streng definierten und rigorosen theoretischen Einstellung heraus formuliert, nämlich aus der Theorie des Urneids von Melanie Klein, die, nebenbei bemerkt, von nur wenigen Analytikern akzeptiert wird. Sie ist aber so formuliert, daß sie dem Analysanden die Freiheit läßt, nach Belieben zu antworten. Eine gute Deutung muß dem Analysanden stets die Möglichkeit lassen, im Sinne der eigenen Wünsche, nicht im Sinne der Wünsche des Analytikers zu denken. Deshalb behauptete ich weiter oben, daß der Analytiker deutet, damit diese seine Aussage, und nicht die Theorien der Psychoanalyse, der Überprüfung ausgesetzt wird.

Was ich mit diesen Überlegungen zeigen will, ist folgendes: die psychoanalytische Behandlung stellt einen Dialog dar, in dem die Assoziationen des Analysanden die Antworten des Analytikers, d. h. die Deutungen, ebenso bedingen wie diese ihrerseits die neuen Assoziationen des Analysanden, durch die die Deutungen bestätigt oder widerlegt werden. Um es noch einmal zu sagen: wenn der Analysand nicht auf die erste Deutung der Analytikerin und deren neuer Anwesenheit geantwortet hätte, dann wäre die zweite Deutung nicht mehr auf die Trennungsangst und die Eifersucht zu beziehen. Mehr noch: wenn der Analysand auf die erste Deutung mit Assoziationen geantwortet hätte, die wegen der eitlen Intelligenz der Analytikerin auf eine Demütigung und Herabsetzung schließen ließen, dann hätte man folgern müssen, die Deutung der Trennungsangst sei widerlegt und es wäre besser gewesen, von Anfang an die Rivalität zu erörtern.

Eine flexible und offene Haltung, frei von jedem theoretischen Apriori, ist meines Erachtens am ehesten geeignet, dem Weg zu folgen, den uns der Analysand eröffnet. Dieser Weg wird sich immer wieder ändern; wir dürfen nicht vergessen, daß uns unser Gesprächspartner aus verschiedenen Gründen, meiner Meinung nach besonders aus Neid, oft verwirren will. Ein derartiger Weg ist aber die einzige Methode, uns vor unseren eigenen Fehlern zu schützen; unter anderem vor dem häufig anzutreffenden Glauben, daß der Patient in seiner Bestätigung oder Widerlegung unserer Deutung auch unsere Theorien bestätigt oder widerlegt. Ein anderer, nicht weniger verbreiteter Fehler ist es, zu glauben, daß wir nicht mehr neutral bleiben dürfen, wenn der Analysand von seinen Eltern oder allgemein von seiner Familie spricht und konkrete Ereignisse erzählt. Allzuoft vergessen wir, daß die Meinungen des Analysanden über dritte (und über sich selbst) nur Assoziationen sind, die wir zu deuten haben, wie wir es letzten Endes auch mit seinen Meinungen über uns (Übertragung) tun. Der Analytiker ist niemals dazu berufen, seine Meinung zu äußern, sondern lediglich dazu, über die Meinung des Analysanden und dessen Beweggründe Auskunft zu geben. Wir müssen als Analytiker die Meinungen des Patienten als solche akzeptieren und mit ihnen arbeiten, wir können sie aber niemals gutheißen oder ablehnen, ohne automatisch aus der Rolle zu fallen. Wenn wir so handeln, hat der Analysand das Recht zu glauben, daß wir ihn auch in seinen gerechten oder ungerechten Forderungen Dritten gegenüber unterstützen. Ich vergesse nie die Bitterkeit, mit der mich ein Analysand jahrelang tadelte, weil ich ihm nicht glaubte, daß seine Mutter frigide sei und er deswegen impotent geworden sei. Er ging sogar so weit zu behaupten, seine Analyse würde stagnieren, weil ich das, was er mir sagte, nicht für wahr hielt. Die Mutter, eine wiederverheiratete Witwe, heiratete, nachdem auch ihr neuer Mann starb, ein weiteres Mal, nicht ohne ihrem Sohn, „der schon ein großer Mann war“, vorher offen gesagt zu haben, daß sie auf ein Sexualleben nicht verzichten könne. In derartigen Situationen darf der Analytiker unter keinen Umständen, ganz gleich wie stark der Patient ihn dazu auch zwingen mag (und dies geschieht nicht immer in guter Absicht), Partei ergreifen; würde er dies tun, dann wäre er zum Psychotherapeuten, wenn nicht zu einem Lebensberater geworden. Was den Analysanden in dem eben erwähnten Fall in Wirklichkeit bewegte, war, mich dazu zu bringen, für ihn Partei zu ergreifen, und nicht das Interesse an meiner Meinung über seine Mutter, die ich überhaupt nicht kannte.

Ebenso wie die Erinnerung und Meinungen des Analysanden nicht mehr als Annahmen über sich selbst und über Fakten der eigenen Lebensgeschichte sind, so ist auch unsere Deutung nur eine Theorie, die wir immer aufzugeben bereit sein müssen, mag sie der Patient nun widerlegen oder unterstützen. Im ersten Fall, um eine glaubwürdigere Annahme aufzustellen, die zu diesem Zeitpunkt annehmbarer ist; im zweiten, um sie zu vervollständigen und weiterzuführen. Derartige Annahmen können indessen nur in einem geeigneten Zusammenhang widerlegt werden, im Rahmen der wissenschaftlichen Gemeinschaft, nie durch die freien Assoziationen des Analysanden. Wenn mir ein Patient sagt, er habe mich am Wochenende nicht vermißt, wirft er nicht die Theorie der Trennungsangst um, er zeigt mir aber, daß ich sie falsch angewandt habe oder wenigstens, daß der Analysand vorläufig nicht bereit ist, sie zu akzeptieren[3].

Damit komme ich zu einem besonders bedeutenden Thema, nämlich zur Rolle, die die freie Assoziation und die schwebende Aufmerksamkeit im psychoanalytischen Dialog spielen müssen. Es versteht sich im Rahmen dieses Essays von selbst, daß sich der psychoanalytische Dialog auf die freie Assoziation stützt, denn auf diese Weise gelangen wir an das Unbewußte. Wenn wir aber danach streben, die Intuition auf den Entdeckungszusammenhang zu begrenzen, so wird der Gegenspieler der freien Assoziation nicht einfach die schwebende Aufmerksamkeit sein. Der Analytiker darf allerdings nicht seine eigene Phantasie der Zensur unterwerfen. Er wird in seinem Bewußtsein zulassen, was in ihm auftaucht, aber nicht als direktes Registrieren der Konflikte des Analysanden, sondern als Antwort des eigenen Unbewußten, der Gegenübertragung, aus der sich nur dann eine Deutung entwickeln kann, wenn sie mit dem Material des Analysanden übereinstimmt. In diesem Sinne möchte ich die alte Theorie der Intuition aufgeben, die Theodor Reik (1933, 1937) in seiner Diskussion mit Wilhelm Reich (1933) in den dreißiger Jahren aufstellte und die von Bion (1965, 1970) noch einmal zur Sprache gebracht wurde.

Wir können unsere Intuition, (d. h. die Gegenübertragung), auch wenn sie strikt auf den Entdeckungszusammenhang begrenzt bleibt, dem Analysanden nicht direkt mittels einer Deu-

[3] Dieser Unterschied entspricht der Unterscheidung zwischen einem Modell und einer Theorie. Denselben Unterschied machen W. R. Bion (1963) und Léon Grinberg (1986).

tung übermitteln; sie steht dem Analytiker jedoch als ein sensibles Instrument zur Auffassung des in der freien Assoziation produzierten Materials zur Verfügung. In anderen Worten, müssen wir darauf verzichten, in den Dialog Elemente einzuführen, die uns der Gesprächspartner nicht angeboten hat. Der Analytiker muß immer vom gegebenen Material ausgehen (Resnik 1966) und gedächtnis- und wunschlos operieren (Bion 1967, *Notes on memory and desire*). Wann immer wir etwas von dem, was der Analysand sagt, mit etwas in Verbindung setzen, was uns einfällt oder an was wir uns von einer vergangenen Sitzung her erinnern, können wir leicht einen, oder, besser ausgedrückt, zwei Fehler begehen: 1. wir schätzen die Widerstände des Patienten nicht richtig ein; 2. wir trüben das Feld mit etwas, was eigentlich in Wahrheit in uns liegt, von uns und nicht vom Analysanden ausgeht.

Der Vorschlag von *Notes on memory and desire* versucht zweifelsohne, die rezeptive und empathische Neutralitätseinstellung des Analytikers zu stärken, die im Freudschen Konzept unter schwebender Aufmerksamkeit zu verstehen ist; sie hat aber meiner Meinung nach den Nachteil, normativ zu sein und sich von der komplexen Realität unserer Praxis zu entfernen, um sich schließlich auf die Intuition zu berufen, einem Glaubensakt. Tatsächlich *hat* der Analytiker Gedächtnis und Wünsche, und es ist auch gut so, wenn er die Fähigkeit besitzt, diese als Teile seiner Gegenübertragung aufzufassen. Racker (1953) bezeichnete sie im Paragraphen IV der „Studie“ VI als *Einfälle der Gegenübertragung*. Sie dienen als Indikatoren für das „Material“ des Patienten, das noch nicht genügend klar geworden ist.

Einen besonderen Stellenwert nimmt das Phänomen der projektiven Identifizierung ein, auf das Melanie Klein (1946) aufmerksam machte, dessen genauere Erforschung wir aber Grinbergs Beiträgen (1956, 1963, 1976, 1982) verdanken. Die intensive projektive Identifizierung des Analysanden erzwingt nämlich eine analoge und ebenso intensive fast automatisch ablaufende projektive Identifizierung auf Seiten des Analytikers.

Im folgenden Fallbeispiel sehen wir noch einmal den unmittelbaren Effekt einer Deutung und den raschen Übergang vom aktuellen Konflikt zur Übertragung:

Es handelt sich um eine Frau mittleren Alters, die wegen ihrer depressiven Züge zur Behandlung kommt. Sie machte schon in jungen Jahren eine Analyse durch. Mit einem gutgestellten Kaufmann verheiratet, widmet sie sich hauptsächlich ihrer Wohnung und der Familie und nimmt nur wenig an den blühenden Geschäften ihres Mannes teil. Die Gesundheit des Mannes, die ihr zu Recht Sorge macht, war einer der Gründe, erneut um eine Analyse nachzusuchen. Als sie am Mittwoch zu ihrer sechsten Sitzung kommt, ist sie besorgt, weil es ihrem Mann gesundheitlich nicht gut geht. Sie wäre gerne bei ihm geblieben, hätte sie nicht die Sitzung gebraucht. Dr. Labarca[4] besuchte den Mann am Nachmittag wieder und traf ihn glücklicherweise in besserem Zustand an. Jetzt erinnert sie einen Traum vergangener Tage. Sie träumte, daß sie mit Roberto (ihrem Mann) in einem Boot durch eine Gegend mit vielen Kanälen fuhr, was sehr gefährlich war. Sie befürchtete, zusammenzustoßen, aber das Boot, das ferngesteuert geführt wurde, überwand alle Hindernisse.

Wie leicht zu sehen ist, bieten sich in diesem Fall mehrere Deutungsmöglichkeiten an, die sich entweder auf den aktuellen Konflikt (der kranke Ehemann und sein Arzt) oder auf die Übertragung beziehen lassen. Mir kam sofort die Sitzung vom vergangenen Mittwoch ins Gedächtnis, die zweite ihrer Analyse, zu der sie wegen der Krankheit des Mannes und wegen ihrer Gewissensfragen sehr verängstigt gekommen war. Damals hatte ich ohne zu zögern die Übertragung aufgegriffen. Die Patientin wies aber meine Deutungen zurück. Ihre Angsterleichterung schien sie jedoch zu bestätigen. Zur nächsten Sitzung, der dritten, kam sie in der Meinung, ich hätte Recht, da sie sich nach der Sitzung äußerst gelassen gefühlt habe. Trotzdem hätte sie nicht aufgehört zu denken, sie sei eine Egoistin, weil sie sich selbst wichtiger nehme als ihren Mann; deshalb fühle sie sich sehr schlecht.

Die Lage war jetzt ähnlich und hätte mit gutem Grund noch einmal im selben Sinn gedeutet werden können, wie ein klassischer Analytiker im Stil Otto Fenichels (1941) sagen würde, nämlich im Sinne des Widerstands. Dies schien mir aber nicht angezeigt: die Analysandin war gekommen und war sich ihres

[4] Labarca = la barca (span.), das Boot.

Wunsches bewußt, sich selbst für wichtiger zu halten als ihren Mann (obwohl dies nicht der wahre Grund war). Sie sagte außerdem, Roberto habe sie angeregt, nicht zu fehlen, weil die Analyse „ihnen beiden gut tue". Ich hielt die Übereinstimmung zwischen ihr und ihrem Mann für eine verbesserte Einstellung der Analyse gegenüber. Ich nahm an, daß diese Assoziationen des Ehemannes dank einer projektiven Identifikation ein Teil ihres Selbst war, vielleicht ihres männlichen Selbst, das bereit war, die Behandlung zu akzeptieren. Eine Deutung des Übertragungswiderstandes, die gleichzeitig insgeheim eine Deutung der beginnenden Übertragungsliebe war, bedeutete auf dieser Grundlage eine Reaktivierung ihres Loyalitätskonfliktes zwischen ihrem Ehemann und mir, der für mich zu diesem Zeitpunkt nicht allzu schwer ins Gewicht fiel. Ich erinnerte auch, daß sie sich am vergangenen Mittwoch schlecht gefühlt hatte, als ich ihr die Übertragungsangst deutete, weil sie sich als egoistisch einschätzte.

Ich zog es vor, den aktuellen Konflikt zu deuten, vor allem, weil im Traum die Anwesenheit des Bootes so kategorisch war. Ich sagte ihr also, daß ihr Traum sich auf ihre Sorge um die Gesundheit Robertos und dessen Arzt, Doktor *La-barca*, bezog, der ihn nach ihrer Ansicht sehr gut behandelte. Sie nahm meine Deutung entzückt und überrascht an und sagte, ich würde sie in der Analyse auch gut behandeln und bedauerte sogleich, daß sie nicht selber das Wortspiel im Traum entdeckt hatte. Ich bestätigte ihr, daß sich ihr Traum tatsächlich auch auf den Beginn der Analyse bezog: sie fühlt sich von mir gut behandelt und freut sich hierüber, obwohl sie sich gern selbst behandeln würde, ohne mich zu brauchen (Fernsteuerung).

Dies einfache Material beweist, glaube ich, die bemerkenswertesten Punkte dieses Essays. Das alte Problem, ob in- oder außerhalb der Übertragung gedeutet werden soll, löst sich auf einmal von selbst: der aktuelle Konflikt führt unmittelbar zur Übertragung. Der Analytiker ging anfangs auf den aktuellen Konflikt ein, während die Analysandin selbst den Übertragungskonflikt deutete. Diese Einstellung hat für mich noch einen Vorteil, denn sie vermeidet es, daß die Patientin die Übertragungsdeutung womöglich als Ausdruck der Eitelkeit des Analytikers mißversteht (oder, daß der Analytiker, von seiner eigenen Eifersucht beherrscht, auf diese Art deutet). Würden wir den aktuellen Konflikt zu sehr betonen, um den Übertragungskonflikt abzuschwächen, so hätten wir bereits die aktive Technik angewandt. Würden wir so vorgehen, um den ohnehin schon gespannten Konflikt zwischen Analysandin und Analytiker nicht unnötig zu komplizieren, dann würden wir uns bereits im Rahmen eines klaren Parameter der psychoanalytischen Technik bewegen (wenigstens in dem Sinn, in dem wir Parameter in dieser Arbeit verstehen).

Ich kann nicht erwarten, daß eine Person, die, ohne die Psychoanalyse zu kennen, eine Analyse machen möchte, und von Anfang an unverkennbare Zeichen von Übertragungsliebe (der Ehemann oder der Analytiker) erkennen läßt, wegen meiner Deutung Rivalitätsgefühle empfinden könnte, und doch bedauert sie, nicht selbst die Deutung gefunden zu haben („warum ist mir das nicht eingefallen?"). Ich möchte folgendes klarstellen: wenn die Analysandin in der Übertragung auf mich sagt, auch ich behandle sie in der Analyse gut, dann denke ich, daß sie dies vor allem aus Rivalität und nicht aus Einsicht (insight) macht, obwohl ich ihren Gedanken in ihrer nächsten Deutung aufnehme. Diesen Einfall hatte ich in meiner Gegenübertragung, nebenbei bemerkt, sehr wohl beachtet, als ich beschloß, sofort den Rivalitäts- und Abhängigkeitskonflikt zu deuten.

Ich möchte noch hinzufügen, daß die Patientin im Laufe der nächsten Sitzung, der siebten, auf Verliebtsein anspielte, was in der Beziehung zum Analytiker gedeutet wurde und daraufhin zu Erinnerungen an den Vater ihrer Kindheit führte. Als die dritte Woche der Analyse begann (9. Sitzung), stand die Übertragung im Zeichen eindeutiger Feindseligkeit; der Analytiker stellte in der Übertragung die strenge Mutter der Kindheit dar. Wenn ich jetzt noch ergänze, daß die Patientin in der ersten Sitzung von mir als die gute Mutter, „die sie nie gehabt hatte", geträumt hatte, dann haben wir ein komplexes und vielschichtiges Bild der Probleme vor uns, wie es sich in den ersten zwei Wochen der Analyse entfaltete.

Zusammenfassung

Die analytische Behandlung ist im Zuge des nicht zu leugnenden Fortschritts der Theorie komplexer geworden, mit der überraschenden Folge, daß unsere Arbeit umso schwieriger wird, je mehr wir wissen.

Freud unternahm den entscheidenden Schritt, indem er die Traumatheorie zugunsten der Konflikttheorie aufgab. Mit der Deutung als wichtigstem therapeutischem Instrument wurde die psychoanalytische Kur zu einem langsamen Prozeß des Durcharbeitens der psychischen Realität (der Phantasien).

Die entscheidende Anwendung der Theorie von Übertragung und Gegenübertragung auf die Praxis ermöglicht uns, jederzeit klar psychoanalytisch vorzugehen. Damit ist unsere Arbeit von jedem problematischen Dialog abgegrenzt, in dem Mißverständnis und Zweideutigkeit vorherrschen, was unsere Aufgabe erheblich stören würde.

Der am leichtesten einzusehende Grund von Mißverständnissen ist die Überdeterminierung (Prinzip der mehrfachen Funktion) der psychischen Ereignisse, die uns immer zu Entscheidungen nötigt, ob wir nun deuten oder schweigen. Damit entspricht unsere Deutung zwangsläufig einer Hypothese, deren Falsifizierung letzten Endes völlig vom Analysanden abhängt. Achten wir indessen auf die Signale, die vom Patienten ausgehen und verstehen wir es außerdem, unsere Gegenübertragung zum Verstehen der Signale zu nutzen und auch sie zu überprüfen, dann sind wir auch in der Lage, unsere Deutungen fortlaufend zu vervollständigen und gegebenenfalls zu korrigieren. Auf diese Weise wird jede Sitzung so lebendig wie möglich sein; und diese Lebendigkeit wird uns vor jeder Selbstherrlichkeit und/oder Intellektualisierung bewahren. In dieser Perspektive entwickelt sich aus der analytischen Situation ein Dialog, in dem die Assoziationen der Analysanden die Antwort (Deutung) des Analytikers bedingen, während dieser seinerseits die neuen Assoziationen des Analysanden bedingt, wodurch die Deutung legitimiert oder widerlegt wird.

Es ist für Analytiker sehr schwierig, eigene Vorurteile und Konflikte zu überwinden, die sie daran hindern, die Beurteilung ihrer Arbeit wirklich von seiten der Analysanden zu sehen. In diesem Fall müßten wir anerkennen, daß auch wir von den Analysanden abhängig sind. Sehen wir dies, dann sind wir erstaunt, wie uns unsere Analysanden laufend beurteilen, uns pausenlos supervisieren. Insofern bilden Kooperation und Rivalität zwischen Analysand und Analytiker den gordischen Knoten der analytischen Situation, denn in ihm sind die kooperierenden und rivalisierenden Stränge beider beteiligten Personen miteinander verknüpft. Unsere Arbeit hängt von der Kooperation des Analysanden ab, während uns dessen ständiges Rivalisieren mit uns aus der Tiefe des Lebens den Kontakt mit Eifersucht und Neid der Menschen aufrecht erhält.

Der psychoanalytische Dialog geht von den freien Assoziationen des Analysanden aus. Auf sie muß der Analytiker in seiner Grundeinstellung eingehen, ohne sich von irgend etwas anderem beeinflussen zu lassen. Dies kann er dadurch erreichen, daß er ständig seine Gegenübertragung beachtet, die er ausschließlich dazu benutzt, um Zugang zu den Primärprozessen des Analysanden zu finden und nicht dazu, um den Patienten in bestimmter Weise zu beeinflussen oder zu fördern (aktive Technik). In den Momenten, in denen es uns gelingt, diese Grundeinstellung zu erreichen, verwandelt sich der psychoanalytische Dialog in das privilegierte Feld der wissenschaftlichen Forschung des Analytikers, ohne deshalb seinen edlen Wert als Kur zu verlieren. Im Gegenteil: erst dadurch wird der Dialog zum psychoanalytischen Prozeß.

Analysieren wir aus dieser flexiblen Grundeinstellung heraus, die den Kern der wahren Empathie ausmacht, dann werden wir die unermeßliche Veränderbarkeit der analytischen Situation schätzen lernen, die sich buchstäblich von Minute zu Minute wandelt. Der wiederholte Versuch, die psychoanalytische Technik zu systematisieren, wie dies Jones (1929), Reich (1933) und Racker (1957) versuchten, findet so eine unerwartete und spontane Lösung: Die Technik ist nämlich nicht ein Bestandteil des psychoanalytischen *Dialogs,* obwohl sie sehr wohl im analytischen *Prozeß* und dessen komplexem, wechselhaftem Verlauf mit Gewinn angewandt werden kann.

Literatur

Bion, W. R. (1962). Learning from experience. London: Heinemann.
Bion, W. R. (1963). Elements of psychoanalysis. New York: Basic Books.
Bion, W. R. (1965). Transformations: change from learning to growth. New York: Basic Books.
Bion, W. R. (1967). Notes on memory and desire. Psychoanalytic Forum, Vol. 2.
Bion, W. R. (1970). Attention and interpretation. New York: Basic Books.
Breuer, J., & Freud, S. (1985). Studien über Hysterie. GW I.
Etchegoyen, R. H. (1981). The relevance of the ‚here and now' transference interpretation, for the reconstruction of early psychic development. International Journal of Psycho-Analysis, 63 (1982).
Etchegoyen, R. H. (1986). Los fundamentos de la técnica psicoanalîtica. Buenos Aires: Amorrortu Editores.
Etchegoyen, R. H., López, B. M., & Rabih, M. (1985). De la interpretación de la envidia. Revista de Psícoanálisis, 42, 1019–1041 (International Journal of Psycho-Analysis, im Druck).
Fenichel, O. (1941). Problems of psychoanalytic technique. New York: Psychoanalytic Quarterly.
Ferenczi, S. (1913). Entwicklungsstufen des Wirklichkeitssinnes. In ders., Bausteine zur Psychoanalyse I. Bern: Huber 1964.
Ferenczi, S. (1919). Technische Schwierigkeiten einer Hysterieanalyse. In ders., Bausteine zur Psychoanalyse III. Bern: Huber 1964.
Ferenczi, S. (1920). Weiterer Ausbau der »aktiven Technik« in der Psychoanalyse. In ders., Bausteine zur Psychoanalyse II. Bern: Huber 1964.
Ferenczi, S. & Rank, O. (1923). The development of psycho-analysis. New York: Nervous and Mental Disease Monograph Series 1925.
Freud, S. (1912). Zur Dynamik der Übertragung. GW VIII, 363–373.
Freud, S. (1914). Erinnern, Wiederholen und Durcharbeiten. GW X, 125–135.
Freud, S. (1915). Das Unbewußte. GW X, 263–303.
Freud, S. (1918). Aus der Geschichte einer infantilen Neurose, GW XII, 27–157.
Freud, S. (1919). Wege der psychoanalytischen Therapie. GW XII, 181–193.
Freud, S. (1937). Konstruktionen in der Analyse. GW XVI, 41–55.
Freud, S. (1940). Die Ich-Spaltung im Abwehrvorgang. GW XVII, 57–61.
Grinberg, L. (1956). Sobre algunos problemas de técnica psicoanalítica determinados por la identificación y contraidentificación proyectivas. Revista de Psicoanálisis, 13, 507–511.
Grinberg, L. (1963). Psicopatología de la identificación y contraidentificación proyectivas y de la contratransferencia. Revista de Psicoanálisis, 20, 113–123.
Grinberg, L. (1976). Theoría de la identificación. Buenos Aires: Paidós.
Grinberg, L. (1982). Los afectos en la contratransferencia. Más allá de la contraidentificación proyectiva. (Einführung zum Panel ‚Los afectos en

la contratransferencia' des XIV Congreso Latinoamericano de Psicoanálisis.) Actas (S. 205–209). Fepal: Garamond.
Grinberg, L. (1986). Drives and affects: models instead of theories (unveröffentlicht).
Heimann, P. (1950). On countertransference. International Journal of Psycho-Analysis, 31, 81–84.
Jones, E. (1929). Angst, Schuldgefühl und Haß. Internationale Zeitschrift für Psychoanalyse, 16 (1930), 1–20.
Klein, M. (1932). Die Psychoanalyse des Kindes. München: Kindler 1973.
Klein, M. (1946). Notes on some schizoid mechanisms. In dies., Envy and gratitude and other works (pp. 1–24). London: Hogarth Press 1975.
Klein, M. (1957). Envy and gratitude. In dies., Envy and gratitude and other works (pp. 176–235). London: Hogarth Press 1975.
Klimovsky, G. (1986a). Ciencia y anticiencia en psicología. In G. Klimovsky, M. Aguinís, L. Chiozza y otros, Opiniones sobre la psicología. Buenos Aires: Adip, (pp. 13–48).
Klimovsky, G. (1986b). Aspectos epistemológicos de la interpretación psicoanalítica. In R. H. Etchegoyen, Los fundamentos de la técnica psicoanalítica. Buenos Aires: Amorrortu Editores.
Lacan, J. (1966). Schriften I–III. Olten, Freiburg: Walter 1973–1980.
Liberman, D. (1962). La comunicación en terapéutica psicoanalítica. Buenos Aires: Eudeba, 2. Auflage 1966.
Liberman, D. (1970/72). Linguística, interacción comunicativa y proceso psicoanalítico. Buenos Aires: Galerna.
Mack-Brunswick, R. (1928). Ein Nachtrag zu Freuds ‚Geschichte einer infantilen Neurose'. Internationale Zeitschrift für Psychoanalyse, 15 (1929), 1–43.
Meltzer, D. (1967). The psycho-analytic process. London: Heinemann.
Money-Kyrle, R. E. (1968). Cognitive development. Internatinal Journal of Psycho-Analysis, 49, 691–698.
Money-Kyrle, R. E. (1971). The aim of psychoanalysis. International Journal of Psycho-Analysis, 52, 103–107.
Morris, Ch. W. (1938). Foundations of the theory of signs. In O. Neurath (Hg.), International Encyclopedia of Unified Science. Chicago: The University of Chicago Press 1957.
Popper, K. R. (1953). Conjectures and Refutations. The growth of scientific knowledge. London: Routledge & Kegan Paul 1963.
Popper, K. R. (1962). Objektive Erkenntnis. Ein evolutionärer Entwurf. Hamburg: Hoffmann & Campe, 3. überarbeitete und ergänzte Auflage 1984.
Racker, H. (1948). Die Gegenübertragungsneurose. In ders., Übertragung und Gegenübertragung. München: Reinhardt 1978.
Racker, H. (1953). Bedeutungen und Verwendungsmöglichkeiten der Gegenübertragung. In ders., Übertragung und Gegenübertragung. München: Reinhardt 1978.
Racker, H. (1957). Contribution to the problem of psychopathological stratification. International Journal of Psycho-Analysis, 38, 223–239.

Reich, W. (1933). Charakteranalyse. Köln: Kiepenheuer & Witsch 1971.
Reik, Th.: New ways in psychoanalytic technique. International Journal of Psycho-Analysis 14 (1933), 321–334.
Reik, Th. (1937). Der überraschte Psychologe. Über Erraten und Verstehen unbewußter Vorgänge. Leiden: Sijthoff's Uitgeversmaatschappij 1935.
Resnik, S. (1966). Persönliche Mitteilung.
Ruesch, J. (1957). Disturbed Communication. New York: W. W. Norton.
Sterba, R. (1934). Das Schicksal des Ichs im therapeutischen Verfahren. Internationale Zeitschrift für Psychoanalyse, 20 (1934), 66–73.
Strachey, J. (1934). Die Grundlagen der therapeutischen Wirkung der Psychoanalyse. Internationale Zeitschrift für Psychoanalyse, 21 (1935), 486–516.
Waelder, R. (1930). Das Prinzip der mehrfachen Funktion. Bemerkungen zur Überdeterminierung. Internationale Zeitschrift für Psychoanalyse, 16, 286–300.
Zac, J. (1971). Un enfoque metodológico del establecimiento del encuadre. Revista de Psicoanálisis, 28, 593–610.

2 Psychoanalytische Grundeinstellungen

2.1 Das frühere Unbewußte, das gegenwärtige Unbewußte und die Schicksale der Schuld: eine technische Perspektive[1]

Joseph und Anne-Marie Sandler

Diese Abhandlung soll ein Bezugssystem liefern, in dem wir die Wandlung von Schuldgefühlen und der Vorstellungen betrachten können, die mit ihnen verbunden sind. Die Begriffe ‚früheres Unbewußtes' und ‚gegenwärtiges Unbewußtes' haben wir eingeführt, um einerseits einen engeren Zusammenhang zwischen psychoanalytischer Theorie und klinischer Praxis herzustellen, und um andererseits eine Möglichkeit vorzuschlagen, einige klinisch brauchbare Merkmale der topischen Theorie (Freud 1900), die bei der Einführung der Strukturtheorie (Freud 1923) verlorengingen, zu erhalten und weiterzuentwickeln.

In der klinischen Psychoanalyse müssen wir mit dem Material arbeiten, das der Patient uns bringt. Zu diesem Material gehören die Worte des Patienten ebenso wie sein affektiv-motorisches Verhalten, sein Übertragungsverhalten ebenso wie der Inhalt unserer Gegenübertragungsreaktionen. All diese Elemente sind Bestandteil des Dialogs zwischen Analytiker und Patient. Durch seine besondere Art des Zuhörens, mit Hilfe gleichschwebender Aufmerksamkeit und eines gewissen Grades gleichschwebender Reaktionsbereitschaft kann der Analytiker aus dem Material des Patienten gewisse *Schlüsse* ziehen. Der Analytiker sieht das, was der Patient bringt, als eine Reihe von *Anspielungen* auf das an, was unter der Oberfläche vor sich geht. Wir ziehen unsere Schlüsse auf der Grundlage vieler Faktoren. Zunächst ist da die breite Basis unserer eigenen Variante psychoanalytischer Theorie – unseres allgemeinen Modells oder unserer Modelle der

---

[1] Eine frühere Version dieser Abhandlung wurde auf der Konferenz der englischsprachigen europäischen psychoanalytischen Vereinigungen am 11. Oktober 1986 in London vorgetragen. Die vorliegende Version wurde erheblich verändert.

psychischen Funktionen. Weiter ist da unsere klinische und technische Erfahrung aus der Arbeit mit Patienten in der Analyse, ebenso der wichtige Faktor unserer klinischen Sensibilität für unsere Patienten und für uns selbst. Hinzufügen müssen wir die spezifischen Elemente des Modells, das sich in uns von dem jeweiligen Patienten entwickelt. Dieses wird beeinflußt durch das, was er von seiner Vorgeschichte erzählt hat, und durch das, was wir in unserer Arbeit mit ihm verstehen gelernt haben.

Die Art, wie wir *erfassen,* was im Patienten vorgeht, ist sehr unterschiedlich, erstens je nach unserer Ausbildung und zweitens entsprechend unserer späteren Erfahrung. Wir begreifen die Vorgänge im Inneren des Patienten vielleicht nach einem Strukturmodell – als Konflikt zwischen Es, Ich und Über-Ich. Wir sehen das Material des Patienten vielleicht als im wesentlichen auf sexuelle und aggressive Triebabkömmlinge reduzierbar an. Wir können die Gegenwart als Reproduktion der Vergangenheit betrachten. Vielleicht orientieren wir uns an der fortbestehenden Vorherrschaft infantiler Ängste, die mit Trennung, Verlust, Kastration und der Urszene zusammenhängen. Wir betonen in unserer Auffassung von dem Patienten möglicherweise entwicklungsmäßig sehr *frühe* Erlebnisse oder spätere Konflikte der Loslösung und Individuation. Wir richten unser Augenmerk vielleicht auf Vorstellungen von primitiven inneren Objektbeziehungen, und wir können die zentrale Stellung primitiver Identifikations- und Projektionsprozesse betonen.

Die Behauptung, diese oder jene Theorie sei ‚richtig' und eine andere ‚falsch', ist wenig sinnvoll. Vielleicht ist die Verwendung des Wortes ‚Theorie' in diesem Zusammenhang nicht gut; ‚Modell' wäre vielleicht besser. Auf der Grundlage unserer ureigensten Psychoanalyse-Modelle (vielleicht mehr als auf Grund der psychoanalytischen Theorien, zu denen wir uns bekennen) ‚sehen' und ‚erfassen' wir nämlich geistig, was unter der Oberfläche in unseren Patienten vor sich geht. Natürlich ‚sehen' wir gar nichts Derartiges, sondern wir stellen uns auf unsere eigene Weise etwas vor, konstruieren und rekonstruieren. *Diese ‚Art und Weise' braucht nicht unbedingt ein absichtliches Nachdenken über den Patienten zu sein; sie ist meist ein relativ automatisches geistiges ‚Erfassen' dessen, was vor sich geht.*

Im Verlauf unserer analytischen Arbeit intervenieren wir auf

Grund dessen, was wir schließen, und das *Ergebnis* unserer Interventionen ist für uns die Probe darauf, wie gut unser Modell vom Patienten ist. Jedoch: *Weder der Analytiker noch der Patient weiß jemals wirklich, was unterhalb des Oberflächen-Materials, das der Patient bringt, vor sich geht. Man kann es sich vorstellen, aber nicht wahrnehmen.*

Wir alle bringen bewußte oder unbewußte Schuldgefühle mit einer innerpsychischen Situation in Verbindung, in der ein Teil der Psyche einen anderen angreift (oder für einen solchen Angriff verantwortlich gemacht wird). Diese Vorstellung hat von Anfang an in der Psychoanalyse eine zentrale Stellung eingenommen. Der Begriff des *Gewissens* ist in psychoanalytischen Schriften immer hervorgehoben worden, wurde aber deutlicher gefaßt, als Freud 1914 in seiner Abhandlung *Zur Einführung des Narzißmus* das Ichideal vom Gewissen unterschied. Mit der Zeit verschmolz Freud beide zum Begriff des Ichideals, das 1923 in *Das Ich und das Es* zum Über-Ich der strukturellen Theorie umgeformt wurde. Man sollte sich daran erinnern, daß Freud seine neue Theorie im Bezug zur *negativen therapeutischen Reaktion* einführte, die er mit einem *unbewußten Schuldgefühl* in Verbindung brachte, das aus Konflikten zwischen Ich und Über-Ich herrührte. Von nun an betonte Freud immer stärker die Rolle der aggressiven und destruktiven Kräfte im Seelenleben, und das Über-Ich wurde als eine beständig *kritische* Instanz in der Psyche angesehen, durch die ein Großteil der Aggression und Destruktivität des Individuums gegen die eigene Person gekehrt wurde.

Freuds Formulierungen in bezug auf das Über-Ich waren zwar höchst bedeutsam, sie wurden jedoch im Lauf der weiteren Entwicklung der psychoanalytischen Theorie abgewandelt. Besonders durch die Arbeit von Melanie Klein wurde die Aufmerksamkeit auf die Bedeutung primitiver innerer verfolgender Objekte gelenkt. Melanie Klein maß dem Todestrieb großes Gewicht bei, und ihre Anhänger schenkten den Veränderungen früher aggressiv-destruktiver Kräfte und Phantasien bei der Über-Ich-Bildung besondere Aufmerksamkeit. Gewiß kann heute keiner von uns das Über-Ich noch als eine psychische Instanz betrachten, die erst im Alter von fünf Jahren als Folge der Bemühung entsteht, den Ödipuskomplex zu lösen.

In der klassischen Psychoanalyse zeigte sich eine gewisse Unzufriedenheit, nachdem Freud 1923 den Begriff des Ichideals in denjenigen des Über-Ichs verwandelt hatte, wobei er das Hauptgewicht der Über-Ich-Funktionen von den libidinösen auf die aggressiven Aspekte verlagerte. Manche Autoren gingen sogar so weit anzuregen, man solle das Ichideal neben dem Über-Ich als eigene psychische Struktur beibehalten. Das Über-Ich sollte dann die von Freud beschriebene kritische innere Instanz sein, und das Ichideal der verinnerlichte liebende, billigende Aspekt der elterlichen Autorität. Dieser Vorschlag wurde niemals so recht wirksam, aber 1960 erlebte die Anschauung vom Über-Ich in der klassischen Psychoanalyse eine Wandlung. Zu dieser Zeit äußerten mehrere Autoren die Ansicht, man solle im Über-Ich nicht nur eine kritische, sondern auch eine liebende, beschützende und unterstützende Instanz sehen (Sandler 1960; Schafer 1960).

Es sieht so aus, als hätten die kleinianische und andere Entwicklungen die Theorie vom Über-Ich und infolgedessen auch die Theorie der Schuldgefühle in eine Objektbeziehungsrichtung vorwärts getrieben, also in eine Richtung, wo die Objektbeziehung als eine solche zwischen dem Selbst und den inneren Objekten oder Introjekten betrachtet werden muß. Zwar war sich Freud darüber im klaren, daß die elterlichen Introjekte, die das Über-Ich ausmachen, keine genauen Abbilder der Eltern, sondern durch die Projektionen des Kindes entstellt waren; jedoch würden die meisten Psychoanalytiker heute sagen, daß Freud seinen Begriff vom Über-Ich stärker an die äußere Welt gebunden hat, als wir es tun würden. Man findet wohl – zumindest in Großbritannien – die Auffassung vom Über-Ich als einer großangelegten Struktur oder Instanz weniger nützlich als den Begriff der inneren Objektbeziehungen. Derartige innere Beziehungen spiegeln eine hin und her gehende dynamische Interaktion zwischen dem Selbst und inneren Objekten der Autorität und Unterstützung wider – eine Interaktion, die sowohl kritisch-aggressive als auch liebevolle Aspekte hat. Man kann die Über-Ich-Introjekte nur teilweise als etwas ansehen, das auf Realitätswahrnehmung beruht, da sie in erheblichem Maß das Produkt von Gestalten sind, die das Kind in der *Phantasie* entwickelt hat. Man kann sie sich als etwas denken, das wichtige

Externalisierungen und Projektionen von Aspekten des Selbst enthält, so daß die Ähnlichkeit mit den wirklichen Eltern äußerst schwach sein kann.[2]

Im Kontext des fortwährenden unbewußten Phantasiedialogs, der die Interaktion zwischen dem Selbst und den Introjekten widerspiegelt, haben wir natürlich das ganze Spektrum der Gefühlszustände; libidinöse und aggressive Lustgefühle, Liebe und Haß, narzißtische Lüste und Gefühle des Wohlbefindens weisen eine große Spannweite auf. Andererseits sind alle Unlustaffekte vorhanden – Ängste verschiedener Art, Schuldgefühle, Gefühle des Verlusts, der Reue, Scham, Demütigung, Erniedrigung, Verlegenheit usw. In diesem Zusammenhang sind Schuldgefühle nur Teil einer ganzen Reihe untereinander zusammenhängender Unlustgefühle. Es ist anzumerken, daß es einen Gefühlszustand gibt, den wir als das genaue Gegenteil von Schuldgefühlen bezeichnen können, eine objektbezogene Gefühlsverfassung moralischen Wohlbefindens, dem in unserer

[2] Einen wesentlichen Teil im Phantasieleben des Kindes macht die Interaktion mit direkten oder indirekten Repräsentanzen der Eltern aus. Im Verlauf solcher Interaktionen kommen – aus verschiedenen Motiven heraus – der Abwehr dienende Modifikationen von Selbst- und Objektrepräsentanzen vor. Die Selbstrepräsentanz des Kindes wird verändert durch Einbeziehung von Aspekten der Objektrepräsentanzen (Identifizierung), und die Objektrepräsentanzen werden verändert durch Einbeziehung von Aspekten der Selbstrepräsentanz des Kindes (Projektion). Im Lauf der Frühentwicklung des Kindes beruht die ‚Introjektion der Eltern', die wir mit der Über-Ich-Bildung in Verbindung bringen, auf Eltern- und Selbst-Bildern, *modifiziert* durch Projektionen und Identifizierungen, durch Internalisierungen und Externalisierungen verschiedener Art, die im Phantasieleben des Kindes sowohl zum Zweck der Befriedigung als auch zum Zweck der Abwehr stattgefunden haben (Sandler und Rosenblatt 1962). So werden typischerweise abgespaltene aggressive Aspekte der Selbstrepräsentanz in der Phantasie stets den Objektrepräsentanzen zugeschrieben, was zu der bekannten Beobachtung führt, daß die Kinder freundlicher, verständnisvoller oder nachsichtiger Eltern oft ein besonders strenges Über-Ich haben. Man kann annehmen, daß dies auf das Bedürfnis des Kindes zurückgeht, seine Aggression gegen die ‚guten' Eltern zu hemmen. Es bewältigt seine aggressiven Wünsche, indem es sie auf seine ‚angreifenden' Phantasieobjekte projiziert. (Das ist nicht dasselbe, als wenn man sagt, das Kind identifiziere sich mit der unbewußten Aggression der Eltern – das ist ein ganz anderer Vorgang.)

aktuellen psychoanalytischen Theorie, wie wir glauben, nicht genug Platz eingeräumt wird. Wenn wir Schuldgefühle haben, können wir auch ihr Gegenteil erleben. Diese Gefühle sind keineswegs krankhaft; sie stellen vielmehr ein Wohlbefinden dar, das auf ‚guten' Gefühlen der Selbstanerkennung beruht. Wenn wir nun vom Standpunkt der psychoanalytischen Technik aus einige Aspekte von Schuldgefühlen und ihre Wandlungen betrachten, stehen wir vor dem Problem, uns vorstellen zu müssen, was auf verschiedenen Funktionsebenen in unserem Patienten vor sich geht. Auf der ersten, oberflächlichsten Ebene haben wir das vom Patienten in der Analysesitzung berichtete Material. Dieses verbale Material kann den Ausdruck von Schuldgefühlen oder ähnlichem enthalten oder auch nicht. Wenn es nicht der Fall ist, kann es trotzdem leicht sein, aus dem manifesten Material auf das Vorhandensein darunterliegender Schuldgefühle zu *schließen*. Das offene Aussprechen von Schuldgefühlen, besonders in Form von Selbstvorwürfen, ist gar nicht so unüblich, und wir haben gelernt, derartigen Äußerungen mit Vorsicht zu begegnen und sie nicht gleich für bare Münze zu nehmen. Es gibt aber gewiß so etwas wie *angemessene* Schuldgefühle wegen etwas, das ein Mensch getan hat, und wir sollten dies nicht bagatellisieren. Es sind natürlich die *unangemessenen* offen ausgedrückten Schuldgefühle, die uns vor einer Vielzahl von Möglichkeiten warnen. Es ist z. B. durchaus üblich, daß ein Patient wegen unbewußter feindseliger Gedanken und Regungen gegenüber dem Analytiker Schuldgefühle hat und diese auf irgendein nebensächliches Element in seinem bewußt ausgedrückten Material verschiebt. Er hat vielleicht sogar unbewußt irgendeine ‚schuldhafte' Situation agiert, die ein ‚kleineres Übel' darstellt, um sich selber die Möglichkeit zu verschaffen, seine eigenen Handlungen, Gedanken oder Gefühle zu verdammen. Vielleicht fürchtet sich unser Patient vor dem Analytiker und versucht, ihn durch den Ausdruck von Schuldgefühlen ‚abzufinden', indem er ihn besänftigt oder vielleicht sogar versucht, durch sein ‚mea culpa' das Mitleid des Analytikers zu erregen. Es gibt auch jene Fälle, in denen der Patient, überzeugt, daß der Analytiker Schuldgefühle und Reue *erwartet*, das Erwartete liefert – ein zentrales Übertragungsmerkmal bei der Analyse sogenannter ‚Als-ob'-Charaktere oder Fälle von ‚falschem Selbst'.

Die zweite Ebene, die wir erwägen können, stellt dasjenige dar, *dessen sich der Patient bewußt ist, das er aber dem Analytiker nicht mitteilt.* In psychoanalytischen Schriften und Diskussionen neigt man dazu, die Bedeutung dieser Funktionsebene herunterzuspielen und anzunehmen, die offen ausgedrückten Assoziationen des Patienten seien nur Anspielungen auf *unbewußte* Phantasien und Gefühle des Patienten. Wir wissen aber alle, daß sie ebensogut *bewußte* Gedanken, Phantasien und Gefühle widerspiegeln können, *die jedoch nicht geäußert werden.* Auf dieser Ebene kann sich die Rolle der Schuldgefühle von der der bewußt ausgedrückten unterscheiden. Ein Patient kann ganz bewußt Schuldgefühle empfinden, z. B. weil er den Analytiker irregeführt hat, sich aber dagegen entscheiden, dies zu sagen; seine Schuldgefühle müssen dann aus dem Material, das er bringt, und aus der Art, wie er es bringt, erschlossen werden. Bei diesem häufigen Vorkommnis ist es wichtig, wie immer, die Übertragungsimplikationen zu bedenken und sich z. B. zu fragen, warum sich der Patient bewußt gegen eine Äußerung dieses Materials entschieden hat.

Soviel zu dem, was bewußt ist. Wir können uns nun den *unbewußten* Funktionsebenen zuwenden, und hier folgen wir ohne Zögern der allgemeinen Praxis, diesen ganzen Bereich als ‚das Unbewußte' zu bezeichnen, obwohl das Ganze mehr umfaßt als das ‚dynamische' Unbewußte oder das ‚System Ubw.', wie es Freud in der *Traumdeutung* beschrieben hat. Es ist ganz klar, daß die strukturellen Konzepte von Ich, Es und Über-Ich allein für unsere theoretischen Zwecke unzureichend sind, und dies wird dadurch bezeugt, daß der Gebrauch des Ausdrucks ‚das Unbewußte' in seiner weiten Bedeutung für ‚alles, was unbewußt ist' beibehalten worden ist. Aber ‚das Unbewußte' in diesem Sinn ist wirklich ein sehr weites Feld, und wir haben in einer Reihe unserer Schriften (Sandler 1986; Sandler & Sandler 1983, 1984, 1986) darauf hingewiesen, daß es sowohl klinisch als auch theoretisch nützlich ist, eine eindeutige begriffliche Unterscheidung zwischen dem *früheren (oder infantilen) Unbewußten* und dem zu treffen, was wir das *gegenwärtige Unbewußte* genannt haben.

2.1.1 Das frühere (infantile) Unbewußte

Dies ist in gewissem Sinn das ,Kind im eigenen Inneren' (Sandler 1985 a). Wir können es als etwas betrachten, das sich im Lauf der Frühentwicklung des Kindes gebildet und strukturiert hat. Die Reaktionen des hypothetischen früheren Unbewußten können viele verschiedene Quellen haben; sie können triebhaften Ursprungs sein, sind es aber nicht unbedingt. Man kann sich die Antriebe des früheren Unbewußten als etwas denken, das die Impulse und Reaktionen eines Kindes darstellt, das in der Entwicklung an einen bestimmten Punkt gelangt ist. Es stellt sich die Frage, *welchen* Punkt in der Entwicklung man als den in diesem Zusammenhang entscheidenden wählen soll. Wir neigen dazu, ihn etwa auf das Alter von fünf Jahren festzulegen, vor allem, weil das Kind in diesem Alter massive Verdrängung einsetzen kann (und es normalerweise auch tut), um die infantile Amnesie herbeizuführen, und weil sich zu dieser Zeit die ,erste Zensur' entwickelt (Freud 1900). Zwar können in der Analyse einige Erinnerungen an die frühen Jahre wiedergewonnen werden, aber man sollte bedenken, daß sie normalerweise bruchstückhaft sind und im Lauf der späteren Entwicklung revidiert worden sind. Wenn sie Kohärenz aufweisen, ist diese gewöhnlich später hinzugefügt worden. Außerdem ist ein Großteil dessen, was die Erinnerungen aus diesem Lebensabschnitt ausmacht, aus zweiter Hand erworben.

Es ist angebracht, in den Impulsen und Reaktionen des früheren Unbewußten, des ,Kindes im eigenen Inneren' unbewußte Phantasien zu sehen, die Aspekte der Wunscherfüllung, der Problemlösung und der Abwehr haben. Dazu gehören Reaktionen auf narzißtische Kränkungen, auf drohenden Objektverlust sowie auf eine ganze Reihe anderer Ängste, darunter Angst vor Kastration oder anderen Arten der körperlichen Verstümmelung. In der inneren Welt, die wir dem früheren Unbewußten zuschreiben, müssen wir *hochentwickelte Interaktionen mit den inneren Repräsentanten von Kindheitsgestalten* vermuten. Die innere Welt, von der hier die Rede ist, wird noch von relativ primitiven Formen des Denkens und vom Einsatz von Abwehrmechanismen beherrscht, die für die frühe Kindheit kennzeichnend sind; sie enthalten starke Elemente der Verschiebung, der

Projektion und der Verleugnung. Wir können annehmen, daß die Konstruktion der Gedanken und Phantasien im früheren Unbewußten von den primitiven Welttheorien des kindlichen Sekundärprozesses beeinflußt wird. Außerdem können wir, wenn wir eine Über-Ich-Bildung in der frühen Kindheit annehmen wollen, das Vorhandensein einer solchen Struktur als Teil des früheren Unbewußten postulieren – einer Struktur, von der man vermuten kann, daß sie auf relativ primitive Weise funktioniert.

Wir haben hier so über das frühere Unbewußte gesprochen, als könnten wir seine Inhalte unmittelbar kennen, *aber das ist natürlich nicht der Fall.* Wir können uns die Inhalte des früheren Unbewußten *vorstellen*, aber wir können sie nicht *wahrnehmen. Das frühere Unbewußte ist ein theoretisches Konstrukt, das für unsere psychoanalytische Arbeit wichtig ist, aber unsere Auffassung von ihm, unsere Hypothesen über es, unsere Ansichten von ihm als dem ‚Kind im eigenen Inneren' stammen aus der Rekonstruktion. Diese beruht für jeden von uns auf seinen eigenen expliziten und impliziten Theorien von den psychischen Funktionen, wie wir in dieser Abhandlung bereits erörtert haben.*

Wenn wir das *frühere Unbewußte* als das ‚Kind im eigenen Inneren' bezeichnen, wollen wir unterstreichen, wieviel mehr es darstellt als das Es des Betreffenden. Die Motivation im früheren Unbewußten rührt nicht nur von den Trieben her. Lustvolle und unlustvolle objektbezogene Affekte sind mächtige Verhaltensmotive. Sie lösen Anpassung und Abwehr aus und beeinflussen die psychische Entwicklung und Strukturbildung (Sandler 1985c; 1987). Das Konzept vom *früheren Unbewußten* ist in gewissem Sinn dreidimensional, und zwar insofern, als es von einer viel komplexeren Auffassung von Entwicklung ausgeht, als sie in unserer Theorie vom Es enthalten ist. Wir können also frühe innere und verinnerlichte trieb- und affektbezogene Objektbeziehungen in das frühere Unbewußte verlegen, und wir können die Produkte dieser *hypothetischen* Organisation als Phantasien betrachten, die in die mächtigsten Gefühle eingebettet sind, zu denen auch Schuldgefühle, Scham und Reue gehören. Da diese Phantasien auf dem Denken der frühen Kindheit beruhen (vor-operationales Denken, Gesetz des Talion usw.) und weil die Projektionen des Kindes so massiv sind, kann man annehmen, daß starke Schuldgefühle tief verankerte und bedeutsame Bestandteile des früheren Unbewußten sind.

Fassen wir zusammen: Unser Begriff vom früheren Unbewußten spiegelt einen unbewußten infantilen Aspekt des Selbst des Patienten wider, einen Aspekt, der eine Geschichte hat, eine Organisation, die sich während der ersten Kindheitsjahre kristallisiert hat, und die dem Bewußtsein niemals direkt zugänglich ist. Diese Konstruktion haben wir als Psychoanalytiker auf der Grundlage dessen erstellt, was zugänglich ist. Nach unserer Ansicht ist sie auch im wesentlichen unveränderlich. *Veränderlich ist nach unserer Meinung die Art und Weise, wie sich die Spiegelungen des früheren Unbewußten in der Psyche des Erwachsenen auswirken und wie sie gehandhabt werden.*

2.1.2 Das gegenwärtige Unbewußte

Das *frühere Unbewußte* kann als die begriffliche Hauptgrundlage der Psychoanalyse für das Verständnis der Erlebnisse und Verhaltensweisen des Patienten *in der Gegenwart* angesehen werden. Es ist ein Bezugssystem für die Beurteilung unbewußter Reaktionen, die im Hier und Jetzt auftauchen. Man kann es als den Bereich der Psyche betrachten, der die hier und jetzt peremptorischen, unveränderlichen Phantasien enthält, die das *unmittelbare erwachsene Gegenstück zu infantilen Reaktionen darstellen.*

Das, was wir als das *gegenwärtige Unbewußte* bezeichnen können, ist uns viel zugänglicher und hat eine ganz andere Art der funktionellen Organisation als das frühere Unbewußte. Während das frühere Unbewußte *gemäß der Vergangenheit* agiert und reagiert, geht es dem gegenwärtigen Unbewußten darum, *in der Gegenwart das Gleichgewicht aufrechtzuerhalten*; es betrachtet die peremptorischen auf das Objekt bezogenen Wunschphantasien, von denen wir annehmen, daß sie ein Widerhall des früheren Unbewußten in der Gegenwart sind, als lästig und störend.

Wenn eine solche, die Kindheit widerspiegelnde Reaktion aufsteigt, muß der sich in der Gegenwart befindende Mensch – eine entwicklungsmäßig ältere Person – mit ihr fertigwerden, und überdies muß das außerhalb des Bewußtseins stattfinden. Das bewirkt einen Konflikt im gegenwärtigen Unbewußten, und wir können das Über-Ich (genauer: die Über-Ich-Introjekte) des gegenwärtigen Unbewußten als Erben des Über-Ichs des früheren Unbewußten ansehen. Das aktuelle Über-Ich ist keineswegs ein genaues Ebenbild des infantilen Über-Ichs, aber die Familienähnlichkeit ist dennoch sehr groß. Nach Freud können wir uns das gegenwärtige Unbewußte, diesen Anpassungsaspekt des Menschen im Hier und Jetzt, als einen *Bereich* der Psyche vorstellen, der mit dem System Vbw. der topischen Theorie und dem unbewußten Ich des strukturellen Modells begrifflich zusammenhängt. Seine Hauptfunktion ist die Aktualisierung und Modifikation *jetziger* Wunschphantasien (insofern sie Konflikte heraufbeschwören), die in den tieferen Regionen des *gegenwärtigen* Unbewußten entstehen. Dies geschieht, damit die Phantasie zur Gegenwart ‚paßt' und schließlich in der einen oder anderen Abkömmlingsform Eingang ins Bewußtsein finden kann. Man kann sich vorstellen, daß das gegenwärtige Unbewußte die notwendigen Modifikationen der ‚kindlichen' unbewußten Phantasie mit Hilfe von Abwehrmechanismen zuwegebringt, zu denen unter anderen jene gehören, die man unter der allgemeinen Überschrift ‚projektive Identifizierung' zusammenfassen kann.

Die Objekte, welche in den aus dem gegenwärtigen Unbewußten aufsteigenden Phantasien vorkommen, stellen Objekte dar, wie sie *in der Gegenwart* wahrgenommen und phantasiert werden (am auffälligsten den Analytiker in der Übertragung), aber die Inhalte der Wunschphantasien spiegeln die Phantasien der frühen Kindheit wider, *die wir niemals wirklich kennen können, die wir aber dem früheren Unbewußten zuschreiben.* Das gegenwärtige Unbewußte wird mit den Konflikten, die die in seinen Tiefen entstehende, spontane kindliche (aber im Hier und Jetzt angesiedelte) Wunschphantasie hervorruft, dadurch fertig, daß es *weitere* unbewußte Phantasien erzeugt. Diese weiteren Phantasien kann man als Kompromißbildungen im klassischen Sinn betrachten. Infolge von Abwehr, Anpassung und anderen Modifikationsprozessen, denen sie im gegenwärtigen Unbewußten unterworfen werden, unterscheiden sie sich gewöhnlich stark von den Phantasien der frühen Kindheit oder des früheren Unbewußten. Die neuen unbewußten Phantasien enthalten immer höhere Stufen von Funktionen des Sekundärvorgangs und hängen eng mit Repräsentanzen der Gegenwartsrealität zusammen. Wir können das sagen, weil die in den tieferen Schichten des gegenwärtigen Unbewußten entstehenden Wünsche und Triebregungen *für das aktuelle Gleichgewicht des Individuums eine Bedrohung darstellen*. Das gegenwärtige Unbewußte muß etwas tun, um mit den auftauchenden Ängsten, Schuldgefühlen und anderen Unlustaffekten (oder Affektsignalen) fertig zu werden. Dies geschieht, indem es in der Phantasie Abwehrumformungen vornimmt. So kann die Abwehr einer unbewußten feindseligen Triebregung, die sich gegen den Analytiker richtet, im gegenwärtigen Unbewußten durch Projektion oder durch einen anderen Abwehrmechanismus erfolgen. Dies führt zu einer *modifizierten* unbewußten Phantasie im gegenwärtigen Unbewußten – einer Phantasie, in der der Patient das unbewußte Schuldgefühl bewältigt, indem er den Analytiker als jemand sieht, der ihm gegenüber kritisch ist. Es geschieht folgendes: Die Wunschphantasie wird im gegenwärtigen Unbewußten ‚operiert'; ihre Elemente werden neu angeordnet, verändert und neu zusammengestellt. Im vorliegenden Fall bekommen wir dann einen (immer noch unbewußten) *weiteren* Abkömmling des kindlichen Impulses. Was dann zunächst gedeutet werden muß, ist die Überzeugung des Patienten, der Analytiker sei ihm feindlich gesonnen. Erst wenn der Analytiker dem Patienten diesen Gedanken erträglich und annehmbar gemacht hat, kann er versuchen, an die feindseligen Gefühle des Patienten heranzukommen, deretwegen er Schuldgefühle hat. Nach unserer Ansicht bringt der Analytiker hier nicht den einfachen Widerhall einer Phantasie ans Licht, die ihren Ursprung in den tieferen Schichten des gegenwärtigen Unbewußten hat, eine neuzeitliche Version einer Wunschphantasie im früheren Unbewußten. *Es kann eine sehr stark umgeformte Phantasie sein, in der z. B. Aspekte von Selbst und Objekt ausgetauscht und umgekehrt worden sind, so daß der Betreffende sich in sich ungefährdeter fühlt.*[3]

---

[3] Dies weist auf eine ‚Schichtung' von Phantasien im gegenwärtigen Unbewußten hin. Auf der tiefsten Ebene spiegeln sich am stärksten jene

Während uns die Inhalte des früheren Unbewußten meist durch *Rekonstruktion* zugänglich werden, sind die Inhalte des gegenwärtigen Unbewußten leichter verfügbar. Aber wir haben einen Widerstand dagegen, sie offenzulegen, und diesen Widerstand kann man mit dem in Verbindung bringen, was Freud als die *zweite Zensur* bezeichnet hat, die Zensur zwischen den Systemen Vbw. und Bw. Wir haben an anderer Stelle (Sandler & Sandler 1983, 1984) die Ansicht geäußert, man könne annehmen, die zweite Zensur, jene zwischen dem gegenwärtigen Unbewußten und dem Bewußtsein, habe einen anderen entwicklungsmäßigen Ursprung als die erste. Sie enthält gewiß andere Elemente, *aber außerdem ist sie grundsätzlich auf die Vermeidung von Beschämung, Verlegenheit und Demütigung ausgerichtet.* Ihre Ursprünge hat sie gewiß früh im Leben, wenn das Kind gelernt hat, solche Gefühlsregungen zu unterscheiden, und wenn es anfängt, Spiel und andere Tätigkeiten, die soziale Mißbilligung auslösen, durch bewußtes Phantasieren zu ersetzen. Die zweite Zensur spiegelt vor allem den Unterschied wider, der in der Kindheit zwischen dem bestand, was man insgeheim tun konnte, und dem, was man andere sehen lassen konnte. In gewissem Sinn spiegelt sie internalisierte soziale Ängste wider. Die Bemerkung: „Sei nicht albern" ist eins der mächtigsten sozialen Verbote der Kindheit, und die Angst davor, ‚albern' oder ‚dumm' zu sein, sitzt tief.

Wenn das Kind zunehmend die Fähigkeit entwickelt, die beschämenden und demütigenden Reaktionen anderer vorherzusehen (mit all den Zusätzen, die zu seinen Erwartungen aus seinen eigenen Projektionen hinzukommen), wird es *selbst* zu seinem mißbilligenden Publikum und internalisiert die soziale

Phantasien, die wir dem früheren Unbewußten zuschreiben. Bei den in der Tiefe des gegenwärtigen Unbewußten entstehenden Phantasien haben wir es mit den aktualisierten Hier-und-Jetzt-Versionen dessen zu tun, was wir uns als die frühen Phantasien des Kindes vorstellen können. Die Wunschphantasien im gegenwärtigen Unbewußten werden fortgesetzt durch Abwehrtätigkeit modifiziert, während sie auf dem Weg zur Oberfläche sind und neue oder stärkere Konflikte auslösen. Schließlich müssen sie ausreichend *plausibel* gemacht werden, wenn ihnen erlaubt werden soll, sich in irgendeiner Form offen zu äußern.

Situation in Form der zweiten Zensur. Nur annehmbare Inhalte dürfen bis ins Bewußtsein vordringen. Sie müssen *plausibel* sein, aber weder lächerlich noch ‚albern'. In gewisser Weise ist die zweite Zensur viel narzißtischer als die erste, aber der Narzißmus, um den es hier geht, betrifft häufig die Angst, ausgelacht zu werden oder für albern, verrückt, lächerlich oder kindisch gehalten zu werden – im Grunde sind dies lauter Ängste vor Demütigung.

Das bedeutet nicht, daß Scham und Demütigung nicht in die Über-Ich-Aspekte des früheren Unbewußten eingehen. Dies geschieht; aber was wir als zweite Zensur an der Oberfläche des gegenwärtigen Unbewußten wirksam werden sehen, sind verschiedene Arten internalisierter sozialer Ängste, Formen, die das ganze Leben lang entwickelt und abgewandelt werden. Wir können in ihnen jedoch Abkömmlinge der frühen Ängste vor Demütigung im früheren Unbewußten sehen.

Man kann zwar das Konzept des gegenwärtigen Unbewußten scharf von dem des früheren Unbewußten unterscheiden, aber seine Funktionsweise wird gewiß weitgehend nach der Vergangenheit gestaltet. Trotzdem ist es nach unserer Ansicht eine unerlaubte Vereinfachung, beide gleichzusetzen.

Das gegenwärtige Unbewußte entwickelt sich aus dem früheren, aber es hat Merkmale und Funktionsweisen, die man als etwas ganz anderes ansehen kann als die des früheren Unbewußten. Für einige unserer Kollegen (durch das gesamte Spektrum der Psychonalytiker) *sind* beide dasselbe, und aktuelles Material kann systematisch so gedeutet werden, als sei das gegenwärtige Unbewußte (nach unserer Definition) identisch mit dem früheren Unbewußten. Wir sehen diesen Ansatz als nur begrenzt brauchbar an.

Abgesehen von allem anderen tritt in der Übertragungssituation der Analyse mehr oder weniger stark eine Externalisierung der zweiten Zensur gegenüber dem Analytiker auf, der für den Patienten unweigerlich (mehr oder weniger ausgeprägt) die Rolle eines billigenden oder mißbilligenden Zensors einnimmt. Natürlich wird diese Rolle durch all die anderen Elemente beeinflußt, die sich im Hier und Jetzt der Übertragung ausdrücken, Elemente, die durch den Versuch des Patienten in die analytische Situation hineinkommen, die unbewußten Phantasien zu externalisieren oder zu aktualisieren[4], die an die Oberfläche des gegenwärtigen Unbewußten kommen.

Die mit diesen Formulierungen verknüpfte Technik legt großen Wert darauf, die zentralen Inhalte des gegenwärtigen Unbewußten des Patienten für ihn so zugänglich und erträglich zu machen wie möglich. Wir haben schon die Ansicht geäußert, daß wir, um das Ziel der analytischen Arbeit zu erreichen, den Patienten auf verschiedene Art dahin bringen müssen, daß er auf eine Weise, die ihm mehr Sicherheit gibt als früher, die ehemals unannehmbaren Seiten seiner selbst ertragen kann. Damit dies möglich wird, muß er auf emotional überzeugende Weise Einsicht gewinnen, nicht nur in die Inhalte seiner unbewußten Phantasien, sondern auch in die Natur seiner ‚inneren Welt', d. h. seiner unbewußten Beziehung zu seinen Introjekten (von denen man sagen kann, er stehe mit ihnen in einem fortwährenden unbewußten inneren Dialog, der sich in den unbewußten Phantasien *des gegenwärtigen Unbewußten* widerspiegelt). Er muß seinen unbewußten Ängsten und Konflikten näherkommen, aber auch seinen Methoden, mit solchen Konflikten fertig zu werden. Zu solchen Einsichten sollte natürlich auch das Verstehen seiner eigenen üblichen Abwehrmechanismen und -manöver gehören, unter besonderer Berücksichtigung seines Einsatzes von Projektionen und Externalisierungen. Im selben Maß, wie wir unsere analytischen Ziele erreichen können, werden wir auch eine Herabsetzung von Konflikten und eine Verminderung der mit ihnen verbundenen Unlustgefühle herbeifüh-

[4] Aktualisierung bezeichnet in diesem Zusammenhang ein ‚Wirklich-machen' und das einfachste Beispiel ist das der direkten Erfüllung eines einfachen Wunsches. Die Aktualisierung oder ‚Erfüllung' unbewußter Wünsche geschieht jedoch gewöhnlich in versteckter Form, durch eine sogenannte verborgene ‚Wahrnehmungsidentität' (Sandler 1976 a). Der Versuch des Patienten, unbewußte auf das Objekt gerichtete Wünsche in der Übertragung zu verwirklichen, kann dazu führen, daß der Analytiker in der Gegenübertragung bei sich selber die Tendenz bemerkt, in die ‚Rollenreaktion' zu verfallen, die von ihm erwartet wird (Sandler 1976 b). Die Ansicht, Wunscherfüllung finde durch Aktualisierungsvorgänge statt, steht in direktem Widerspruch zur klassischen Theorie der ‚energetischen Abfuhr'.

ren können, sowie ein Hereinlassen dessen, was vorher nicht in die Nähe des Bewußtseins kommen durfte, ins bewußte Denken und in die bewußte Phantasie.[5]

Der Analytiker hat die Aufgabe, mit dem Patienten so zu arbeiten, daß soviel wie möglich vom Inhalt dessen, was sich den Oberflächenschichten des gegenwärtigen Unbewußten genähert hat, dem Bewußtsein zugänglich gemacht werden kann. Wir streben in unserer Arbeit danach, durch geeignete Deutungen, besonders durch die Deutung aktueller Konflikte, die Freisetzung derartigen Materials zu bewerkstelligen. Weil das, was wir zur Verfügung haben, Anspielungen auf die *erwachsene Form des Hier und Jetzt* bedeutungsvoller unbewußter Inhalte darstellt, müssen wir die Vergangenheit des Patienten auf relevante Weise *rekonstruieren*. Außerdem müssen wir *Konstruktionen* in bezug auf seine aktuelle innere Welt erstellen (die natürlich ein Abkömmling der inneren Welt ist, die sich der Patient als Kind gebildet hat, *wenn sie auch nicht mit ihr identisch ist*). Und wir verknüpfen die Anspielungen mit den Rekonstruktionen. Anders ausgedrückt, wir zielen darauf ab, das Wissen und das Verständnis des Patienten in bezug auf unbewußte wichtige Aspekte seiner inneren Welt zu erweitern, und weil der Patient ständig nach der Verwirklichung der Wunschphantasien im gegenwärtigen Unbewußten strebt, führt der überzeugendste Weg zur Erhellung der Inhalte des gegenwärtigen Unbewußten über die Übertragungsanalyse.

Eine wesentliche technische Folgerung daraus ist, daß die Übertragungsdeutung so nah wie möglich an dem aktuellen zentralen Konflikt und dem unmittelbaren Widerstand des Patienten stattfinden sollte. Im Brennpunkt der Deutung sollte zu allererst das stehen, was im Geist des Patienten am meisten ‚brennt'. Wir müssen darauf achten, unerlaubte Intellektualisierung zu vermeiden, die in affektiver Distanz von den oberen Schichten des gegenwärtigen Unbewußten und vom vorherr-

[5] Die Rolle von Deutungen für das Zustandekommen von Einsicht, Durcharbeitung und psychischer Veränderung steht im Zentrum des analytischen Prozesses. Die gleichzeitige Identifikation des Patienten mit der toleranten Einstellung des Analytikers zu den vorhandenen kindlichen Aspekten des Patienten ist jedoch ebenfalls von entscheidender Bedeutung.

schenden Konflikt des Patienten stattfindet. Eine solche Intellektualisierung kann eine Hauptquelle von Widerstand sein, der oft für den Patienten wie für den Analytiker unsichtbar bleibt. Unzulässige intellektuelle Abwehr ist nicht zu verwechseln mit geeigneten Konstruktionen und Rekonstruktionen, die grundsätzlich *nur nach einer Deutung* der *Gegenwart* gemacht werden sollten. Wenn einmal die Vergangenheit vor der Gegenwart gedeutet wird, sollte es geschehen, *um das aufzuklären, was aktuell geschieht,* so daß die Gegenwart wieder in den Brennpunkt der Analyse tritt. Obwohl wir immer wieder zum Hier und Jetzt zurückkehren, erschaffen Patient und Analytiker (quasi als Nebenprodukt ihrer Arbeit) ein erweitertes Modell vom Selbst und von der Welt des Patienten, in das auch eine zeitliche Dimension hineinverwoben ist. Infolgedessen kann sich der Patient ein Bild von dem Teil seiner selbst machen, der kindlich ist, und unter diesem Blickwinkel ist die Vergangenheit für die Gegenwart von entscheidender Bedeutung. Das vom Patienten und vom Analytiker gemeinsam entwickelte Modell enthält das, was wir als ‚Strukturen der Einsicht' bezeichnen können, und wir können hoffen, daß diese Strukturen mit der Zeit autonom und automatisch zu funktionieren anfangen.

Wenn wir uns nun speziell dem Schuldgefühl und seinen Schicksalen zuwenden, wird deutlich, daß wir es für wichtig gehalten haben, begrifflich zwischen zwei Arten von Schuldgefühlen zu unterscheiden. Die erste bezeichnet jene Schuldgefühle, die durch Deutung zugänglich werden und die wir dem gegenwärtigen Unbewußten zuordnen. Die zweite bezeichnet jene hypothetischen primitiven Schuldgefühle, die in relativ archaische Phantasien eingebettet sind, die nach unserer Überzeugung zu dem unzugänglichen früheren Unbewußten gehören, *und die wir uns nur vorstellen und rekonstruieren können.*

Wir haben schon gesagt, daß die gebieterischen (kindlichen, aber ‚aktualisierten') Wunschphantasien, die in den tiefsten Schichten des gegenwärtigen Unbewußten wachgerufen werden, dessen Gleichgewicht zu stören drohen. Solche Phantasien rufen regelmäßig Schuldgefühle und andere unlustbetonte Affekte hervor und stellen für das Bewußtsein eine Bedrohung dar. Sie müssen modifiziert werden, und bei diesem Vorgang, der es dem Individuum ermöglicht, sein Gleichgewicht im Hier und

Jetzt wiederzugewinnen, können vielerlei unbewußte Abwehr- und Anpassungsmechanismen eingesetzt werden, die Schuldgefühle vermindern. Wir meinen, daß die Psychoanalyse danach streben sollte, solche Mechanismen so vollständig wie möglich zu verstehen. Man kann sie als Abwehr gegen Schuldgefühle oder als Manöver (oder Phantasien) zur Beseitigung oder Verminderung von Schuldgefühlen bezeichnen – darauf kommt es nicht an.

Wir haben schon früher auf einen solchen Mechanismus angespielt, als wir von der Institution eines ‚kleineren Übels' gesprochen haben, dessentwegen der Patient Schuldgefühle empfinden kann, anstatt wirklich die Schuldgefühle zu empfinden, die er wegen etwas anderem im Hier und Jetzt hat. All diese Mechanismen kann man als Formen der Verschiebung innerhalb des Phantasieprozesses im gegenwärtigen Unbewußten betrachten. *Die Phantasie wird im gegenwärtigen Unbewußten auf ihrem Weg zur Oberfläche modifiziert, damit das seelische Gleichgewicht erhalten bleiben kann.*

Projektion ist hier natürlich ein äußerst verbreiteter Mechanismus – „Ich bin nicht der Schuft, er ist es". Dieser Mechanismus ist höchst beruhigend, aber im Normalfall nicht einfach. Der Mensch mit unbewußten Schuldgefühlen, der eine Phantasie entwickelt, in der jemand anderer der Schuldige ist, identifiziert sich zugleich mit seinem inneren Phantasiekritiker, einem Vertreter des Über-Ich-Introjekts. Was durch diese narzißtische Erweiterung gewonnen wird, tritt zu der aggressiven Befriedigung und Beruhigung hinzu, die aus der Verschiebung von Schuld von der eigenen Person auf jemand anderen resultiert.

Wenn wir weiter nach Mechanismen suchen, die im Umgang mit Schuldgefühlen eingesetzt werden, finden wir, daß Versuche der Wiedergutmachung, der Sühne und der Genugtuung häufig sind, ebenso das Annehmen einer Gefügigkeits- und Unterwerfungshaltung. Von größter klinischer Bedeutung sind all die masochistischen Reaktionen, die uns vertraut sind; dazu gehört eine Form der Lenkung von Aggression und Sadismus gegen das eigene Selbst, in unterschiedlichem Ausmaß durch erogenen Masochismus verstärkt.

Ein weiterer häufiger Mechanismus zur Bewältigung unerträglicher Schuldgefühle besteht darin, daß andere zu Kritik herausgefordert werden. Gemäß der hier vorgetragenen Ansicht kann man davon ausgehen, daß ein solcher Prozeß zunächst in den unbewußten Phantasien stattfindet (durch die Modifikationen, die im gegenwärtigen Unbewußten ablaufen) und dann erst sekundär in die Tat umgesetzt oder verwirklicht wird. Eine derartige Aktualisierung einer unbewußten Phantasie (die durch Abwehr modifiziert worden ist, um zerrüttende Schuld- und andere Unlustgefühle zu bewältigen) läuft gewöhnlich ganz außerhalb des Bewußtseins ab. Das erste Anzeichen für den Analytiker, daß ein solcher Mechanismus benützt wird, ist eine in der Gegenübertragung auftauchende Wahrnehmung seiner eigenen kritischen Gefühle gegenüber dem Patienten. Der Analytiker hat die Aufgabe, diese (gegenwärtige) unbewußte Phantasie ans Licht zu bringen, und erst später, wenn der Widerstand gegen sie abgenommen hat, *sie in einer Rekonstruktion der Vergangenheit zu verankern.*

Die Liste der Mechanismen, die zur Bewältigung von Schuldgefühlen eingesetzt werden, ist praktisch endlos. Zu solchen Mechanismen gehört das Erfinden tröstender Phantasien, in denen dem Betreffenden Anerkennung und Beruhigung zuteil wird, die Konstruktion von Rationalisierungen und Ausreden, und sogar Techniken wie die Herausforderung ungerechter Beschuldigungen, um sich selbst rechtfertigen zu können. Es kann auch Versuche geben, andere an Schuld und Verantwortung für die Missetat zu beteiligen, und wir kennen alle die Art und Weise, wie viele Patienten sich an eine äußere Alternativ-Autorität wenden, die ihnen genug narzißtische Zufuhr liefern kann, so daß sie sich wegen ihrer ‚Vergehen' nicht schuldig zu fühlen brauchen. Im Extremfall bekommen wir möglicherweise grobe Formen von Selbstbestrafung, Melancholie und andere pathologische Zustände zu sehen, die die Folge pathogener Anpassung an unerträgliche Schuldgefühle sind.

Zum Abschluß möchte ich noch einige Punkte unterstreichen.

Es ist sehr verlockend, für die meisten der oben beschriebenen Mechanismen den Begriff ‚projektive Identifizierung' zu verwenden. Melanie Klein hat 1946, als sie diesen Begriff einführte, einen außerordentlich bedeutungsvollen Beitrag geleistet, besonders im Hinblick auf das Element der *Beherrschung* des Objekts, die dadurch erfolgt, daß ihm in der Phantasie Aspekte des Selbst einverleibt werden; der Begriff hat heute jedoch eine sehr stark erweiterte Bedeutung bekommen. *Wenn* man ihn verwendet, sollte man ihn immer durch eine Angabe der transformativen Prozesse ergänzen, von denen man glaubt, daß sie beteiligt sind (Sandler 1985 b).

Wir haben von all diesen Umwandlungen so gesprochen, als kämen sie nur in der (gegenwärtigen) unbewußten Phantasie vor. Unserer Ansicht nach ereignen sie sich *in erster Linie* in diesem Bereich, aber die resultierende verwandelte Phantasie kann die zweite Zensur vielleicht nicht passieren. Sie kann jedoch möglicherweise, ohne daß der Patient es merkt, an die Oberfläche ‚durchsickern', so daß sie in Form von ‚Anspielungen', Agieren oder in verschiedenen anderen Formen der Aktualisierung erscheint. Diese können zwar vielleicht vom Analytiker verstanden werden, vom Patienten aber erst dann, wenn sie gedeutet worden sind. Dies ist besonders offensichtlich bei Übertragungsphantasien, mit denen wir ja in unserer Arbeit am meisten befaßt sind.

Schließlich möchten wir noch betonen, wie wichtig der Versuch ist, so gut wie möglich mit den Affekten des Patienten in Fühlung zu bleiben. *Wir können in der Analyse unbewußter Schuldgefühle nicht sehr weit kommen, ohne daß der Patient zunächst bewußt wahrnimmt, daß mit irgendeinem Element seines gegenwärtigen Lebens Schuldgefühle verbunden sind.* Von diesen sind wiederum die Hier-und-Jetzt-Elemente der Übertragung am wichtigsten für unsere analytische Arbeit.

Aus dem Englischen von Gudrun Theusner-Stampa

Literatur

Freud, S. (1900). Die Traumdeutung. GW II/III.

Freud, S. (1914). Zur Einführung des Narzißmus. GW X, 137–170.

Freud, S. (1923). Das Ich und das Es. GW XIII, 235–289.

Klein, M. (1946). Bemerkungen über einige schizoide Mechanismen. In dies., Das Seelenleben des Kleinkindes (S. 101–126). Stuttgart: Klett-Cotta 1962.

Sandler, J. (1960). On the concept of superego. The Psychoanalytic Study of the Child, 15, 128–162.

Sandler, J. (1976a). Dreams, unconscious fantasies and identity of perception. International Review of Psycho-Analysis, 3, 33–42.

Sandler, J. (1976b). Countertransference and role-responsiveness. International Review of Psycho-Analysis, 3, 43–47.

Sandler, J. (1985a). The id — or the child within? Bulletin of the British Psycho-Analytic Society, März 1985.

Sandler, J. (1985b). Some notes on projective identification. Bulletin of the British Psycho-Analytic Society, Mai 1985.

Sandler, J. (1985c). Towards a reconsideration of the psychoanalytic theory of motivation. Bulletin of the Anna Freud Centre, 8, 223–244.

Sandler, J. (1986). Reality and the stabilizing function of unconscious fantasy. Bulletin of the Anna Freud Centre, 9, 177–194.

Sandler, J. (1987). From safety to superego. New York: Guilford/London: Karnac.

Sandler, J., & Rosenblatt, B. (1962). The concept of the representational world. The Psychoanalytic Study of the Child, 17, 128–145.

Sandler, J., & Sandler, A.-M. (1983). The second censorship, the three box model and some technical implications. International Journal of Psycho-Analysis, 64, 413–425.

Sandler, J., & Sandler, A.-M. (1985). Vergangenheits-Unbewußtes, Gegenwarts-Unbewußtes und die Deutung der Übertragung. Psyche 9, 800–829.

Sandler, J., & Sandler, A.-M. (1986). The gyroscopic function of unconscious fantasy. In D. B Feinsilver (ed.), Towards a comprehensive model for schizophrenic disorders. Hillsdale: Analytic Press.

Schafer, R. (1960). The loving and beloved superego in Freud's structural theory. The Psychoanalytic Study of the Child, 15, 163–188.

2.2 Realistische Beziehung und Übertragung[1]

Walter Bräutigam

2.2.1 Begriffe in der Psychoanalyse

Hundert Jahre nach den Anfängen der talking cure sind wir immer noch dabei, den therapeutischen Prozeß der Psychoanalyse zu erforschen und, wie wir hoffen, besser zu verstehen. Wenn anfänglich Fallschilderungen als ausreichend angesehen wurden, traten vor einigen Jahrzehnten Krankheitsgruppen und deren Veränderung in den Mittelpunkt. Heute ist man dazu übergegangen, Sprachsequenzen aus verschiedenen Sitzungen aufzuzeichnen und diese von unabhängigen Beobachtern beurteilen zu lassen, ob sie den Hypothesen entsprechen und Veränderungstendenzen des therapeutischen Prozesses anzeigen. Wenn zunächst der Patient, seine Störung und seine Persönlichkeit im Vordergrund standen, so fand von den 50er Jahren an immer mehr die „Therapeutenvariable" Aufmerksamkeit, es wurde das Therapeutensubjekt eingeführt. Bezeichnend für die Gegenwart erscheint, daß Begriffe wie „therapeutische Allianz" bzw. „helping alliance" (Luborsky 1976) auftauchen, mit denen eine Gegenseitigkeit der Beziehung verbunden ist. Noch immer wird aber in der Fachliteratur unterschiedlich beurteilt, welchen Anteil die kognitiven und die emotionalen Vorgänge beim Patienten im therapeutischen Prozeß haben, wie wichtig sich die Einstellung und das Verhalten des Therapeuten auswirkt und welches Gewicht schließlich das gelingende oder mißlingende Patient-Therapeut-Verhältnis hat.

Der Wandel der Auffassungen ist wohl kaum als geradlinig fortschreitender Erkenntnisprozeß aufzufassen. Offenbar handelt es sich bei der Erforschung der psychoanalytischen Therapie darum, eine Form der menschlichen Lebenspraxis zu erfassen, die ihre eigene Rationalität hat, die sie von der zeitlosen Rationa-

---

[1] Dem Andenken von Paula Heimann gewidmet.

lität der Erforschung der Natur unterscheidet (Blankenburg 1984, Straus 1963). Es geht hier um Verständigung (Gadamer 1986) zwischen zwei Menschen, die Begegnungscharakter hat, um Teilhabe und Teilnahme und nicht um eine sichere Beherrschung von Tatbeständen der Erfahrung. Dabei ist ebenso Selbsterkenntnis für den einen wie für den anderen Beteiligten im Spiele. Es ist also nicht erstaunlich, wenn sich die gegenwärtige Generation in ihrer Lebenspraxis anders versteht und andere Begriffe auftauchen als in früheren Generationen, und daß sie ihre Einstellung und ihr Verhalten im therapeutischen Prozeß auch anders auslegt.

Unter den Begriffen, die mit dem therapeutischen Prozeß eng verbunden sind und die Grundhaltung des Analytikers prägen, steht der der Übertragung traditionsgemäß im Mittelpunkt. Die hier unternommene ausdrückliche Abgrenzung der realistischen Beziehung von der Übertragung ist auf ein differenzierteres Selbstverständnis des Analytikers und des zwischen ihm und seinem Patienten ablaufenden therapeutischen Prozesses gerichtet.

Wie in anderen Gebieten wissenschaftlicher Theorie und Praxis ist für die Psychoanalyse eine weitere lebendige Entfaltung nur dann möglich, wenn die überkommenen Begriffe in Frage gestellt und immer wieder neu und anschaulich mit Inhalt gefüllt werden. Begriffe sind in der Lebenspraxis Instrumente, die nicht nur etwas beschreiben, sondern auch die Wirklichkeit konstituieren und erschließen. Sie bestimmen therapeutisches Selbstverständnis, Atmosphäre und Ablauf einer Behandlung. Aufgabe ist es jeweils, die gebrauchten Begriffe zu präzisieren, zu differenzieren und an den alltäglichen Abläufen der Behandlungspraxis zu überprüfen und fortzuentwickeln.

Daß viele Begriffe der Psychoanalyse *prägnant* im ursprünglichen Sinne sind, d. h. mehr bedeutungsträchtig und inhaltsschwer als scharf und genau umrissen, macht den Reiz, aber auf die Dauer auch eine Schwäche der psychoanalytischen Theorien aus. Der ausgeweitete Bedeutungshof etwa des Begriffes der „Sexualität“ hat den ganzen Umkreis und die Wechselwirkung sexueller Erlebnisse und Geschehnisse mit anderen Lebensbereichen und ihre gegenseitige Durchdringung perspektivisch eröffnet. Unter dem Signum „infantile Sexualität“ wurde die lebensgeschichtliche Dimension eröffnet. Diese Ausweitung hat aber auch dazu geführt, daß Sexualforschung im engeren und eigentlichen Sinne sich von der Psychoanalyse gelöst hat. Indem sich der Begriff immer mehr ausdehnte, hat sich Sexualität als Qualität subjektiver Erfahrung, als „Trieb" aus der Psychoanalyse verflüchtigt. Die Unschärfe eines Begriffes führt für eine bestimmte Zeit zu einer produktiven Spannung, sie hemmt jedoch die weitere Entwicklung, wenn er nicht abgegrenzt und anschaulich mit Inhalt gefüllt wird. Dies scheint uns nicht allein bei dem Begriff der Sexualität, sondern seit langem bei dem für die Behandlungstheorie zentralen Übertragungsbegriff der Fall. Seiner Veränderung stellen sich äußere und innere Schwierigkeiten entgegen. Der Begriff ist nicht nur historisch belastet mit dem Diktum der conditio sine qua non des therapeutischen Prozesses. Mit seiner Anerkennung verbindet sich, ob man zum Kreis der Psychoanalytiker gezählt wird oder nicht. Daß die reale persönliche Beziehung neben der Übertragung steht und nicht vernachlässigt werden darf, wurde vor 50 Jahren von der Tochter des Mannes, der den Übertragungsbegriff geschaffen hatte, erkannt, zugleich aber als gefährliche „subversive" Aktivität bezeichnet und nicht weiter verfolgt (Anna Freud 1954).

In einer historisch orientierten, aber zugleich modernen großen Darstellung des psychoanalytischen Therapieprozesses wird die realistische Beziehung allgemein „als Existenzbedingung der Kur" bezeichnet (Thomä & Kächele 1985). Die Autoren bedauern, daß gerade für die kurativen Faktoren, die aus der Übertragungsneurose herausführen, kein eigenes psychoanalytisches Vokabular zur Verfügung stand, als Freud und seine Zeitgenossen die therapeutische Methode theoretisch begründeten. Später stellen die Autoren jedoch auch fest, daß in der Übertragungsdeutung nicht nur ein historischer Kern, sondern auch eine Feststellung von Ähnlichkeit von Dort und Damals und Hier und Jetzt erfolge. Der gemeinsame Boden sei in der „Anerkenntnis des aktuellen Wahrheitskerns" bei Übertragungsdeutungen zu finden. Es genüge, „in der Regel die allgemeinmenschliche Reaktionsbereitschaft der Analytiker anzuerkennen", d. h. wohl auf sie zu vertrauen. – Aber ist dieses allgemeinmenschliche Reagieren und Sprechen auf den Moment der Übertragungsdeutung beschränkt? Wie steht es um sie „im Rest" der Behandlung?

Offenbar ist bis heute die Verwendung von Worten der alltäglichen Lebenspraxis, in denen die Verständigung und Teilnahme des einen am anderen im Prozeß der Behandlung deutlich wird, nicht ohne weiteres möglich. Es scheint zum Selbstverständnis eines psychoanalytischen Wissenschaftlers zu gehören, sich in einem abgeschotteten, wissenschaftlich verfremdeten Sprachkorpus zu bewegen. Und diese Verfremdung hat Schutzfunktion, wie wir noch zeigen werden.

2.2.2 Therapeutische Praxis und Krankheitstheorie

Klinische Wissenschaften streben einheitliche Theorien an, in denen Symptomatologie mit ätiologischer Krankheitstheorie und diese wieder mit einer angemessenen Behandlungstheorie in Verbindung stehen. Idealerweise ist ein Verständnis der Erscheinungsformen bzw. der Ursachen mit einer Praxeologie zu verbinden. Schließlich müßte auch die Evaluation des Behandlungserfolges auf der gleichen theoretischen Ebene liegen wie die Störungsbilder selbst. (Hier liegt das Problem der vielen „objektiven" Testverfahren, die einer der Psychoanalyse fremden Behandlungs- und Krankheitstheorie entstammen). Selbst für Neurosen und Psychosomatosen, mit denen sich die Psychoanalyse bisher am intensivsten beschäftigt hat, sind wir von einer solchen Verbindung weit entfernt.[2] Es ist oft beklagt worden, daß eine relativ selbständige Praxeologie neben der Neurosentheorie steht, und auch, daß die Erscheinungsbilder empirisch nur sehr locker mit der Ursachenforschung verbunden sind. Noch größer ist aber sicher der Abstand zwischen Krankheit und Behandlungstheorie und dem theoretischen Rahmen der Evaluationsforschung, soweit sie überhaupt betrieben wird. Dabei sind alle diese Bereiche gerade in der Psychoanalyse als behandelnder Psychologie eng aufeinander bezogen.

[2] Eine bemerkenswerte Ausnahme sind Untersuchungen, die die äußeren und inneren Gegebenheiten beim Auftreten einer bestimmten, z. B. depressiven Symptomatik bei einem Patienten herausarbeiten und diese dann mit aus der depressiven Verstimmung herausführenden therapeutisch relevanten Sprachsequenzen verbinden (Luborsky et al. 1984).

Historisch steht in der Psychoanalyse ein Ausprobieren verschiedener Behandlungstechniken am Anfang, wodurch die Krankheitstheorien, damals die Neurosentheorie, speziell die der Hysterie, geprägt wurden. Die Richtungen, in die sich die psychoanalytische Praxis jeweils entwickelte, bestimmten auch die unterschiedlichen Krankheitstheorien. Der kathartischen Methode entsprach eine Theorie vom eingeklemmten Affekt. Der „talking cure" und Aufdeckung belastender sexueller Erlebnisse entsprachen die Verdrängungstheorie der Neurosen und die Traumatheorie. Den späteren, immer länger werdenden Behandlungen, in denen der Analytiker als Lehrer und Erzieher auftrat, entsprachen die Vorstellungen struktureller Schädigungen mit entsprechenden Defekttheorien als Ursache seelischer Störungen und damit verbunden eine Behandlungstheorie der emotionalen und kognitiven Nachentwicklung bzw. der Ichstärkung. Eine solche weiter zu verfolgende Wechselwirkung, bei der praktische Erfahrungen zu Krankheitstheorien werden, ist keine Besonderheit der Psychoanalyse, sondern charakteristisch für die Heilkunde. In der Geschichte der Medizin, die eine Erfahrungs- und keine normative Wissenschaft ist, findet man sie in den verschiedensten Fächern.

Im Mittelpunkt der gegenwärtigen psychoanalytischen Praxis stehen Theorien, die die Neurose als zwischenmenschliche Beziehungsstörung auffassen.

Emotional und kognitiv eingeengte und deformierte Beziehungsmuster, die in der frühen Kindheit erworben wurden, sollen im zwischenmenschlichen Prozeß der Behandlung umgeformt und neu geprägt werden. Diese kognitive, emotionale und zwischenmenschlich korrigierende Neuerfahrung wird im Rahmen eines übertragungstherapeutischen Prozesses beschrieben. Die Übertragungsneurose in der Beziehung zum Analytiker als Neuauflage der infantilen Neurose zu provozieren, erscheint als die therapeutische Aufgabe. Nach der klassischen Theorie soll die therapeutische Aktivität dabei allein in der Deutung liegen, nur vorübergehend sind „Parameter" einzuführen, die die Deutungsempfänglichkeit fördern sollen (Eissler 1985).

Auch wenn diese Position, wie wir zeigen werden, real in der psychoanalytischen Therapie nicht durchzuhalten und auch theoretisch aufgeweicht ist, spielt sie in dem Lehrgebäude, das in der traditionsorientierten Ausbildung der psychoanalytischen Schulen heute dem Nachwuchs vermittelt wird, eine bestimmende Rolle. Sie formt damit zweifellos die Grundeinstellung der nächsten Generation. Ob der Übertragung im engeren Sinne und der auf ihre Deutung beschränkten klassischen Behandlungstechnik tatsächlich eine große therapeutische Effektivität in der „mutativen Deutung" zukommt und wenn ja, bei welchen Störungen und bei welchen nicht, ist weder in Einzelstudien noch in größerem Umfang an Krankheitsgruppen empirisch untersucht und belegt. Die Kennerschaft einzelner Autoritäten als Meinungsführer wirkt hier theoriebildend. Das Expertenurteil ist aber zumindest uneinheitlich, empirische Untersuchungen sprechen eher dafür, daß es für den Erfolg entscheidend ist, ob eine bestimmte gegenseitige Beziehungsform, eine therapeutische Allianz gelingt oder nicht. Viel spricht auch dafür, daß es nicht *ein* bestimmter Faktor ist, der bei den verschiedener Formen neurotischer, psychosomatischer und sonstiger funktioneller Störungen und der weiten Skala der hier auftauchenden Persönlichkeitsbilder als einzige gewichtige therapeutische Variable im Spiel ist. In der Beziehungsebene ist beispielsweise die Übertragungsdimension eine unter mehreren, die bei manchen Neurosenformen und bei manchen Individuen eine größere Bedeutung haben mag als bei anderen.

2.2.3 Übertragung – Gegenübertragung – Arbeitsbündnis

Die zahlenmäßig stärkste Gruppe der Psychoanalytiker verwendet eine eher *enge* Fassung des Übertragungsbegriffes im therapeutischen Prozeß. Die Beziehung zwischen Patient und Therapeut wird in ihrer Gesamtheit als Übertragung bezeichnet und beinhaltet damit von seiten des Patienten die neurotische Wiederholung infantiler Vorbilder. Die Beziehung zum Therapeuten wird zwar als aktuell erlebt, es handelt sich aber um „falsche Verknüpfung", eine „mésalliance" im Sinne einer besonderen Form von Verschiebung, die in ihren positiven und negativen Formen im Dienste des Widerstandes (Freud 1895, Sandler, Dare & Holder 1973) steht. Die durch die unbewußten Wünsche an frühere Objekte bestimmten Übertragungsmuster waren am Anfang als Störung und Gefährdung in ihren positiven und negativen Formen gefürchtet. Im Laufe der Zeit wurden sie zum mächtigsten Hilfsmittel der Analyse, ja, wie es scheint, in der mutativen Übertragungsdeutung, (Strachey 1934, 1937) die auf ihre „Vernichtung" gerichtet ist, zum einzigen. Es wird immer wieder der neurotische Charakter als unbewußte Wiederholung und entfremdeter Teil der Übertragung betont. Affektiv überwertige Beziehungsformen gegenüber dem Therapeuten werden als Hinweise für Übertragungstendenzen angesehen. Der gefährdete Therapeut muß bemüht sein, sich nicht im Fangnetz der vom Patienten ausgehenden, seine Primärbeziehungen wiederholenden Übertragungstendenzen fangen zu lassen.

Beziehung erscheint bei dieser Akzentsetzung nur am Rande und wird in ihren einzelnen Zügen nicht ausgearbeitet. Die Beziehung wird als „Beziehung der Nichtbeziehung" charakterisiert. Einer Art von Sparprinzip gehorchend soll sie vom Therapeuten „so technisch wie möglich, so menschlich wie unumgänglich notwendig" gestaltet werden (Marten 1978). Die Abstinenz des Therapeuten ist darauf ausgerichtet, durch Vermeidung persönlicher und außeranalytischer Kontakte das „Übertragungsschild" sauber zu halten und die Übertragungsneurose des Patienten zu provozieren. – Immerhin wird von Freud selbst angedeutet, daß sich die Übertragung „an die reale Beziehung zum Arzt" (Freud 1905) anlehne. Und in der Verteidigung gegen Ferenczi hat er betont, daß nicht jede gute Beziehung zwischen Analytiker und Analysiertem während und nach der Analyse als Übertragung einzuschätzen sei. „Es gebe auch freundschaftliche Beziehungen die real begründet sind und sich als lebensfähig erweisen" (Freud 1937). Doch diese deskriptive und in der Theorie nicht berücksichtigte reale bzw. realistische Beziehung wird als selbstverständlich gegeben angesehen – und entsprechend vernachlässigt. Freud selbst war souverän im Einsatz dieser realistischen Beziehung. In der gegenwärtigen Praxis sehen wir aber die große Gefahr, daß die enge Fassung des Übertragungsbegriffes zu einer distanzierten, unkommunikativen Grundeinstellung führt.

Andere Theoretiker der Psychoanalyse verwenden einen *weiten* Übertragungsbegriff. Die wiederholende, zu analysierende und zu deutende Übertragung ist nur ein Spezialfall von Übertragung als einem ursprünglichen Phänomen überhaupt. Die milde „unanstößige“ positive Übertragung könne unanalysiert bleiben. Übertragung wird als ursprüngliches Phänomen gesehen, das die Beziehung zu einer relevanten Person, zu einem ergänzenden anderen Menschen und zwischen Menschen überhaupt notwendig provoziert. Aber auch diese milde positive Übertragung wird als Wiederholung der frühen Mutter-Kind-Beziehung gesehen. Es scheint dabei nicht unwichtig, am Rande daran zu erinnern, daß Übertragung als affektiv überwertige intensive Beziehung zum Therapeuten sich häufig nicht auf eine Wiederholung bestimmter früher Objektbeziehungsmuster der frühen Kindheit reduzieren läßt (Laplanche und Pontalis 1972). Übertragung kann durchaus auch als Neuschöpfung verstanden werden, etwas, was nicht effektiv erlebte Kindheitsbeziehungen wiederholt, auch nicht in symbolischer Form. Jeder Analytiker kennt Patienten, die ein strenges Über-Ich oder abgewehrte eigene triebhafte, neurotisch verzerrte Tendenzen auf den Therapeuten projizieren und eine intensive, reale erlebte Beziehung und Erfahrung durchlaufen. Sie idealisieren oder sexualisieren ihn, sie stellen ein Beziehungsmuster her, das nicht ohne weiteres als Wiederholung bestimmter früher Objektbeziehungen gefaßt werden kann.

Von der Übertragung ist das Arbeitsbündnis (Greenson 1967) auch Behandlungsbündnis oder Behandlungsvertrag genannt (Sandler, Dare & Holder 1973) abzugrenzen. Das Arbeitsbündnis beschreibt die gemeinsame Ausrichtung von Patient und Arzt im Rahmen der therapeutischen Aufgabe. Es wendet sich an den gesunden, nichtneurotischen Anteil im Patienten und seine Fähigkeit der Kooperation. Manche Analytiker neigen dazu, die realistische Beziehung ganz in diesem Begriff aufgehen zu lassen.

Nun meint das Arbeitsbündnis nur eine bestimmte, behandlungstechnische Funktion, nämlich die gemeinsam sachliche Ausrichtung auf die Aufgabe, wobei vor allem die Bereitschaft und Fähigkeit des *Patienten* zur Mitarbeit gemeint ist, weniger die des Analytikers.

Ohne eine persönliche und vertrauensvolle Beziehung und ohne umgreifendes Rollenverständnis wird ein Arbeitsbündnis kaum zustande kommen. Deshalb ist der Begriff Arbeitsbündnis im Laufe der Zeit auch immer weiter gefaßt worden. So wird im Rahmen des Arbeitsbündnisses bzw. der therapeutischen Allianz eine *Identifikation des Patienten* (Thomä und Kächele 1985) mit den Funktionen des Analytikers beschrieben, die den Behandlungsprozeß überdauern soll. Es ist sehr die Frage, ob diese zweifellos ablaufenden Identifikationen (Morgenthaler 1986), tatsächlich noch unter dem Zeichen des Arbeitsbündnisses ausreichend zu fassen sind.

In den letzten Jahren wurde die *Gegenübertragung* immer mehr zur Einbruchsstelle der klassischen Übertragungsposition. Sie kann nicht mehr unter dem Zeichen neurotischer Komplexe des Therapeuten und seiner unbewußten und emotionalen, unanalysierten Tendenzen angesehen werden. Sie wird als Instrument der Therapie betrachtet, wobei die bewußten und unbewußten Strebungen und Wahrnehmungen des Therapeuten gegenüber dem Patienten unter diesem Zeichen gefaßt und therapeutisch genutzt werden (Heimann 1950). Hindernis soll sie für die psychotherapeutische Behandlung nur dann noch sein, wenn sie nicht analysiert und beherrscht wird. Immer mehr wird dabei aber die *Gesamtheit* der Gefühle und der Einstellung des Therapeuten gegenüber seinem Patienten und nicht nur seine neurotisch deformierten Tendenzen untersucht. Nachdem das Eis gebrochen war, wurde Gegenübertragung nicht nur zum „Forschungsinstrument“, sondern zum Eingeständnis, daß beide Partner gefühlsmäßig beteiligt sind und im Rahmen der therapeutischen Rollenaufteilung auch eine natürliche und persönliche Beziehung von der Seite des Therapeuten eine Grundbedingung des therapeutischen Prozesses ist.

Wie sehr der Übertragungsbegriff im ganzen ausgeweitet und unscharf geworden ist zeigt sich in der Feststellung, durch die Übertragungsdeutung werde der Patient Ähnlichkeiten und Verschiedenheiten zwischen dem Dort und Damals und dem Hier und Jetzt entdecken können. Diese kognitive Differenz soll therapeutisch wirksam sein (Thomä und Kächele 1985). Muß nicht vor dieser Erfahrung eine *neue* kognitive und emotionale Erfahrung und eine Verbindung eingetreten sein, welche die frühere Erfahrung relativierbar macht? Und müssen dazu nicht realistische Wahrnehmungen der Person des Therapeuten stattgefunden haben, damit der Patient nicht völlig dem Übertragungssog und Wiederholungszwang unterliegt? Sind die Wahrnehmungen der Gegenwart, d. h. des richtigen und zutreffenden Erlebens und Benennens im Hier und Jetzt wirklich noch als Übertragung aufzufassen?

2.2.4 Die realistische Beziehung

Wir sprechen von realistischer Beziehung und nicht von realer Beziehung, weil wir nicht Gegebenheiten einer materiellen Wirklichkeit meinen, die außerhalb oder unabhängig vom Bewußtsein bestehen. Das entspräche einer Auffassung, wie sie der philosophische Realismus vertritt.

Die realistische Beziehung meint die mit der Begegnung von Therapeut und Patient *neu* einsetzende subjektive Erfahrung, die Patient und Therapeut durchlaufen. Sie hat ihre Wirklichkeit in den Geschehnissen und Erlebnissen der Behandlung selbst und ihre eigene Geschichte. Sie wird durch die persönliche Einstellung und das Verhalten der Partner und die jeweilige subjektive Spiegelung im anderen bestimmt. Diese realistische Beziehung ist in ihrem ganzen Umfang und in ihrem Kern nicht durch regressive Wiederholungsmuster besetzt, nicht durch infantile, affektiv überwertige Imagines des Patienten verzerrt, auch wenn diese daneben ebenfalls auftreten und im Laufe der Behandlung und tieferer Regression die Beziehung stärker verformen können.

Die realistische Beziehung ist nicht gleichzusetzen mit der „*psychischen* Realität" (Laplanche und Pontalis 1972) die Freud als die für Neurosen maßgebende Wirklichkeit beschrieb und von der materiellen Realität abgrenzte. Die „psychische Realität" ist ganz durch Wünsche und Urphantasien, dem „Unbewußten" entstammende Vorgänge bestimmt. Mit der „psychischen Realität" wird bei Freud das Subjekt eingeführt, die innere Lebensgeschichte, die durch eigenwillige subjektive Sinnentnahmen bestimmt ist die er von einer früheren, physikalisch gedachten Traumtheorie abgrenzt.

Diese maßgebende „psychische Realität" der Neurosen wird bei Freud relativ unabhängig von der materiellen Realität gesehen. Heute tendieren viele Psychoanalytiker dazu, die faktischen Vorkommnisse, das reale Verhalten z. B. der Eltern selbst, als bestimmend und auch schädigend anzusehen. Das Subjekt im oben genannten Sinne wird wieder eliminiert. Die Gewichtung der lebensgeschichtlichen Gegebenheiten und der äußeren, materiellen Realität für die Entwicklung des Kindes ist offenbar schwankend. Beim Erwachsenen und auch beim jugendlichen Patienten sollte sie jedenfalls *für den Lauf des therapeutischen Prozesses*, neben der Wiederbelebung und Überwindung zurückliegender Erfahrungen in der Regression, *nicht unterschätzt* werden.

Die Begegnung mit dem Psychoanalytiker stellt für den Patienten auf jeden Fall eine neue Erfahrung dar, die ihn zwingt, neue Wahrnehmungen zu machen, neue emotionale Erlebnisse zu durchlaufen, in die Behandlungsgeschichte mit ihm einzutreten.

Worin besteht nun diese realistische Beziehung? Wie ist sie in ihrer Geschichte beschaffen und wodurch in ihren Anfängen und ihrem Ende bestimmt? Und gibt es in der realistischen Beziehung eigene, therapeutisch wirksame Erfahrungsinhalte?

Wir möchten allgemein die den Rahmen der Beziehung konstituierende Einflüsse von den in der therapeutischen Beziehung selbst liegenden Faktoren abgrenzen.

1. Die rahmengebende Funktion

Rahmengebend und *konstitutiv* ist sicher ein zunächst noch allgemein vorgegebenes, im Laufe der Behandlung sich immer deutlicher herausbildendes *Rollenvorverständnis* (Löwith 1928). Es liegt zwischen jemandem, der Hilfe sucht und jemandem, der kompetent und vertrauenswürdig genug ist, Hilfe zu geben (Thomä und Kächele 1985, Bräutigam 1977). Das Vorbild liegt in der ärztlich-therapeutischen Rollenteilung, es reicht aber, indem hier Fragen der emotionalen und geistigen Entwicklung aufgeworfen werden, weit über dieses traditionelle Rollenbild hinaus. Im Gegensatz zu den üblichen Patientenrollen soll der Patient selbst durch freie Assoziation und Lebensrückschau seinen Beitrag leisten, letztlich auch selbst den Akt der Einsicht vollziehen. Damit kommt es

u. a. zu dem, was als Arbeitsbündnis die spezielle Rollenverteilung der psychoanalytischen Behandlungssituation charakterisiert.

Rahmengebend und konstitutiv für eine realistische Beziehung ist eine *gemeinsame Kultur*, ein gemeinsames Verständnis kultureller und gesellschaftlicher Werte. Ist das familiäre und gesellschaftliche Wertsystem, in dem der Patient aufgewachsen ist, infolge religiöser und kultureller Unterschiede so weit von dem des Therapeuten entfernt, daß ein gemeinsames Selbstverständnis nicht gegeben ist, erscheint ein tieferer Austausch und Behandlungsprozeß kaum möglich. Menschen, die in einer ganz anderen Kultur und Sozialisation verwurzelt sind, wo Mutter, Schwester und Bruder oder die Ehefrau einen ganz anderen zwischenmenschlichen Stellenwert haben, sind zu einer solchen rahmengebenden realistischen Beziehung kaum fähig. Es ist nach unserer Erfahrung für einen europäischen Analytiker kaum möglich, z. B. mit einem Farbigen aus einem New Yorker Slumviertel oder mit einem reichen Araber islamischen Glaubens in eine intensive therapeutische Beziehung einzutreten.

Rahmengebend ist sicher weiter, daß Therapeut und Patient sich im Rahmen ihrer Lebenspraxis überhaupt realistisch wahrnehmen und bejahen können, daß der Patient wie auch der Therapeut ein Minimum an Akzeptiertwerden erfahren. Das bedeutet, daß ein Patient, der nur eine uneingeschränkte und vollständig negative Übertragung mitbringt, der den Therapeuten nur als feindlich erfährt, in diesem Setting nicht erfolgreich behandelt werden kann. Es muß außerhalb der Übertragungs-Gegenübertragungsprozesse als deformierter und eingeengter Wirklichkeit eine alltägliche selbstverständliche Gemeinsamkeit geben. Ein ich-schwacher Patient, der im Therapeuten einen realen Lebenspartner erwartet oder ein psychotisch Kranker, der allein seine destruktiven Projektionen als Wirklichkeit erfährt und bei dem es nicht möglich ist, wie bei anderen Psychosekranken in einer Art von doppelter Buchführung zugleich eine realistische Beziehung herzustellen und Abstand zu den Projektionen zu schaffen, ist zumindest solange behandlungsunfähig, bis dieser Zustand überwunden ist.

Ebenso konstitutiv ist sicher ein Taktgefühl in der Beziehung zum Patienten, in dem sich ausdrückt, daß der eine den anderen als wertvoll respektiert. „Die Kunst natürlich zu sein" (Heimann 1978) beinhaltet im Rahmen der therapeutischen Beziehung Werte, die von der Gesprächstherapie als Echtheit, Selbstkongruenz und emotionale Wärme verabsolutiert und als alleinige therapeutische Variable herausgestellt wurden. Zu diesem „Taktgefühl" und Respekt gehört es, daß die Wahrnehmungen und Äußerungen des Patienten in der Behandlungssituation selbst, die realistisch sind, vom Therapeuten akzeptiert und anerkannt werden. Ralph R. Greenson berichtet aus seinem Supervisionsalltag Beispiele horrender Taktlosigkeiten seiner Ausbildungsteilnehmer, die es nicht fertig brachten, Fragen ihrer Patienten und deren elementare Bedürfnisse, Unfälle, Krankheiten und andere alltägliche Ereignisse in einer sachlichen, menschlichen Weise in ihrem therapeutischen Setting aufzunehmen. Er berichtet auch, daß er selbst – und diese Möglichkeit besteht für jeden Analytiker – aus den kritischen, realistischen Wahrnehmungen und Äußerungen seiner Analysanden über sein eigenes Verhalten und seine eigene Emotionalität viel gelernt hat – aber auch, wie schwer es ihm war, dies anzuerkennen (Greenson 1969, 1971).

In vielen Behandlungen ist die Haltung und ein Persönlichkeitsfaktor auf der Seite des Analytikers für den Ausgang mitentscheidend – was nicht einfach als Therapeutenvariable zu sehen ist. Es ist gut, sich daran zu erinnern, daß die psychoanalytische Therapie ein Prozeß ist, an dem *zwei* Personen beteiligt sind. Ob eine Beziehung glückt oder mißglückt, ist nicht von einer Seite her allein zu verstehen (Luborsky et. al 1980). Daß der Therapeut den Patienten nicht nur versteht, sondern es ihm auch mitteilen kann, daß es zu einer *Verständigung* zwischen beiden kommt, stellt ein Vorgang dar, der nur im Rahmen einer Zweipersonen-Psychologie zu fassen ist. Ob es also nicht zu einem Verstehen, welches über den Kopf des Patienten hinweggeht, sondern zu einer echten Verständigung kommt, hängt von beiden betroffenen Partnern ab und nicht von einem allein. Es ist beispielsweise immer wieder erstaunlich, wie verschieden die Patienten in einer Gruppe den gleichen Therapeuten erleben können, was sie für unterschiedliche Seiten in ihm wahrnehmen und wie sie positive oder negative Sinnentnahmen für sich selbst aus seiner Person zu ziehen vermögen. Und auch als Therapeut sollte man eine feine und sichere Wahrnehmung dafür entwickeln, mit welchen Menschen man einen kürzeren oder gar einen längeren therapeutischen Prozeß durchlaufen will und kann. Es ist die Frage, mit wem man einen beträchtlichen Teil seines eigenen Lebens verbringen möchte oder nicht.

Aber, diese Frage taucht immer wieder auf, sind Patienten überhaupt in der Lage, ihren Analytiker realistisch als Person zu erleben und zu beurteilen? Sind sie als Patient nicht in ihre je eigenen deformierten Wahrnehmungen und Übertragungs-Wiederholungszwänge eingeschlossen? Es ist vielleicht gut, bei solchen Überlegungen als Analytiker sich an die eigene Patientenerfahrung zu erinnern, die im Laufe der Lehranalyse durchlaufen wurde. Hat man seinen Therapeuten in dieser Zeit nicht auch im Laufe der Jahre in tausend Einzelheiten sehr persönlich kennengelernt? Hat man nicht Positives und Negatives an ihm wahrgenommen, seine Schwächen wie auch seine besonderen Begabungen erkannt, vieles mitnehmen können, manches als seine Eigenheiten bei ihm gelassen?

2. Die realistische Beziehung selbst als therapeutisches Instrument

Ob er es will oder nicht, der Therapeut wird zum *Vorbild.* Er wird zu jemandem, mit dem der Patient sich in seinen Einstellungen auseinandersetzt, an den er sich anlehnt oder von dem er sich abstößt. Es kommt zu Identifikationen, die vielseitige Aspekte haben: zu Identifikationen mit den Funktionen des Analytikers, ebenso aber auch zu Identifikationen mit bestimmten Einstellungen und Formen der Lebensbewältigung. Manche Analytiker akzeptieren diese Identifikation, andere sind geneigt, darin beinahe einen Kunstfehler zu sehen.

Das Therapeutenmodell wirkt für den Patienten meist unausgesprochen. Es kann aber auch durch den Therapeuten durch Kundgabe eigener Meinungen im Hinblick auf Verhaltensweisen oder Konfliktlösungen die sorgsam als Deklarationen etikettiert werden, ausgesprochen und unterstrichen werden. Auch in dem, was als „stellvertretende Übernahme von Ichfunktionen" beschrieben wurde (Fürstenau 1977), werden bestimmte Lösungsmöglichkeiten oder Einschränkungen ausdrücklich bejaht.

Es gibt vielfältige Hinweise, daß nicht nur sprachliche sondern auch vorsprachliche Äußerungen des Therapeuten, die eine Bejahung und positive Bewertung ausdrücken, eine Verstärkung darstellen und einen positiven Einfluß haben können (u. a. Heigl & Triebel 1977).

Das psychoanalytische Zeremoniell der Couch und der verborgenen Sitzordnung im Sessel erschwert das von vielen Patienten geäußerte Bedürfnis, den Therapeuten auch visuell als Vorbild und Beispiel nehmen zu können. Es ist nicht selten zu beobachten, daß Patienten in einer gewissen Phase der Analyse den Wunsch haben, den Analytiker zu sehen, ihm gegenüberzusitzen, um Mimik, Gestik und Haltung aufnehmen zu können. Das bedeutet aber nicht in jedem Fall, daß die Person des Therapeuten als Vorbild genommen wird, es ist für andere auch eine Möglichkeit, sich abzugrenzen.

Zweifellos kommt es in vielen Behandlungen auch zu einer Identifikation mit den Wertsystemen der Therapeuten. Ob er es will oder nicht, der Analytiker gibt viele verbale (Heigl und Triebel 1977) und nichtverbale Signale, die dem Patienten deutlich machen, was er denkt, wie er Situationen beurteilt, was er für richtig oder falsch hält, für wertvoll oder wertlos.

Das Gewicht und vor allem die bleibende therapeutische Wirkung eines solchen „Lernens am Modell“ (French 1937) darf jedoch gewiß nicht überschätzt werden.

Im Ganzen findet innerhalb des therapeutischen Prozesses ein intensiver Austausch statt, der als kognitiver, emotionaler und kommunikativer Lernprozeß aufzufassen ist. Lernen am Vorbild des Therapeuten ist in der Psychotherapie in vielfältiger Weise festzustellen. Der Patient übernimmt im sprachlichen Austausch Begriffe, Figuren des Verstehens, Deutungen der Gegenwart und der Vergangenheit aus der Perspektive des Therapeuten. Er übernimmt damit Zusammenhänge, die sein Selbstverständnis mehr oder weniger intensiv und dauernd bestimmen können.

In einer nicht geglückten intensiven Beziehung, in dem Interesse, das er von einem anderen relevanten und wertvollen Menschen bekommt, erfährt der Patient schließlich eine außerordentliche Aufwertung und damit eine Stärkung seiner Persönlichkeit. Diese Zuwendung und positive Bewertung geschieht als neue Erfahrung im Rahmen der realistischen Beziehung und nicht im Rahmen einer wie auch immer übertragungsverformten Wirklichkeit.

2.2.5 Begriffe als Entscheidung in der Lebenspraxis

Es ist lohnend, zu problematisieren, warum in der psychoanalytischen Behandlungstheorie bisher die Bedeutung der realistischen Beziehung nicht längst allgemein anerkannt und eingehender untersucht wurde. Warum konnte sie sich nur auf Umwegen und unter Auslaugung des Übertragungsbegriffes im Schrifttum bemerkbar machen?

Es ist häufig zu beobachten, daß wesentliche Elemente des therapeutischen Prozesses, die von den psychoanalytischen Schulen nicht integriert und bearbeitet wurden, von einer der zahlreichen anderen psychotherapeutischen Richtungen aufgegriffen und isoliert als wesentliche oder einzige Elemente des therapeutischen Prozesses herausgestellt wurden. So wird in einer sogenannten „Beziehungstherapie" (Biermann-Ratjen et. al. 1979), eine der zahllosen neuen psychotherapeutischen Richtungen, dieses Element ganz in den Vordergrund geschoben.

Wichtiger ist die Frage, wie es zu dem theoretisch eingeengten Selbstverständnis in der psychoanalytischen Bewegung kam und welche Funktion die damalige und die gegenwärtige Sprachregelung in der früheren und in der aktuellen Behandlungspraxis hat.

Der Übertragungsbegriff ist bei Freud zu einem Zeitpunkt aufgetreten, als er sich vor Patienten und ihrer Zuneigung schützen mußte (Bräutigam 1959). Er taucht im Bericht von einer Behandlung auf (Freud 1895), in der er sich einer Patientin gegenüberfand, die vom Gedanken verfolgt war, ihn am Ende der Sitzung zu küssen. Die Patientin war, nach der Feststellung von Freud; „ganz unbrauchbar zur Arbeit" (Freud 1895), bis er bei der Patientin die Erinnerungen an einen Mann ans Licht fördert, mit dem die Patientin vor vielen Jahren ein Gespräch geführt hat und ebenfalls gewünscht hatte, er möge sie herzhaft küssen. Freud bezeichnet diese Erinnerung als die „pathogene" und die Verbindung mit seiner Person als „mésalliance" oder „falsche Verknüpfung". Das Vergangene ist wichtig, nicht das

Gegenwärtige, und Freud beschreibt dann die Behandlungssituation nach dieser Zurückführung auf die falsche Verknüpfung folgendermaßen: „Nun ich das einmal erfahren habe, kann ich von jeder ähnlichen Inanspruchnahme meiner Person voraussetzen, es sei wieder eine Übertragung und falsche Verknüpfung vorgefallen. Die Kranke fällt merkwürdigerweise der Täuschung jedes neue Mal zum Opfer" (Freud 1895).

Gewiß hat der Übertragungsbegriff sich seither differenziert und vertieft. Die Möglichkeit, ihn in der hier beschriebenen Weise zu nutzen, ist aber nach wie vor aktuell. Freud hatte sicher viele Gründe und Veranlassung, die junge psychoanalytische Wissenschaft, die als Innovation und Paradigma der damaligen Medizin und seinen Zeitgenossen höchst fremd, ja verdächtig sein mußte, zu schützen und sie nicht aus dem Rahmen des nach außen zu wahrenden bürgerlichen Bildes einer wissenschaftlich begründeten Praxis allzu weit herausfallen zu lassen. Sicher hatte er auch Gelegenheit, in den folgenden Jahren unter seinen Schülern und Mitarbeitern zu beobachten, daß in einzelnen Fällen zwischen Analysandin und Analytiker der ethisch und therapeutisch wünschenswerte Abstand nicht immer aufrechterhalten wurde. Die Gefahr wird bei Freud gebannt, indem die gesamte Beziehung, jedenfalls theoretisch, unter dem technischen Begriff der Übertragung und als unbewußter Mechanismus funktionalisiert wird. Damit wird sie aus dem aktuellen Zusammenhang gelöst, sie wird zu einem Mechanismus einer Einpersonen-Psychologie. Seitdem leben Psychoanalytiker in dem Widerspruch zwischen einem Begriffsystem, das die Beziehung zwischen Arzt und Patient auf Übertragung, Gegenübertragung und Arbeitsbündnis reduziert – und dem, was sie alltäglich auf selbstverständliche Weise tun.

Dieser Widerspruch besteht, auch wenn sie selbst in der Aufnahme lebendiger und natürlicher Beziehungen zu ihren Analysanden nicht so weit gehen wie der Schöpfer des Übertragungsbegriffes selbst. Die Berichte ehemaliger Analysanden von Freud (Bräutigam 1983, Cremerius 1984) zeigen, daß die Beziehung, die er zu seinen Patienten aufnahm, von einem lebendigen Interesse für den anderen gekennzeichnet war. Seine Haltung wird als freundlich, ja herzlich und zugleich distanziert beschrieben. Er vermittelte das Gefühl der Ruhe und Sicherheit, er strahlte Autorität, Kraft und unbeschränktes Vertrauen aus. Er war selbstsicher, einfach, ungezwungen und natürlich. Manchen zeigte er unverhohlen seine Sympathie, ermutigte die Patienten, gab ihnen großzügig Geschenke und Geld. Andere ließ er ebenso deutlich offen seine Antipathie spüren. Mit manchen redete er viel, andere erlebten ihn nur als schweigenden Analytiker. An manche Analysanden schrieb er, bevor sie kamen, freundliche, oft sehr warme und persönliche, z. T. auch besorgte Briefe. Manchen Analysanden gab er zu essen, andere führte er in die Begriffswelt der Psychoanalyse ein, enthielt ihnen auch Informationen über sein gegenwärtiges Leben nicht vor. Er belastete die Analysanden aber nie mit persönlichen Verlusten und Leiden, mit denen er gerade selbst zu kämpfen hatte. Die meisten Analysanden fühlten sich von Freud akzeptiert. Er gab ihnen Ermutigungen mit auf den Weg, manchmal auch im Hinblick auf die Lebenspartner, die er selbst dann auch zu Gesprächen empfing. Auf jeden Fall stand Freud mit seinen Analysanden in einem natürlichen lebhaften Gedankenaustausch, in einer Beziehung, die er selbst ja, wie erwähnt, als „real begründet" und „freundschaftlich" bezeichnet und von der Übertragung abgegrenzt hat (Freud 1937).

Wenn Psychoanalytiker heute an der Vorstellung festhalten, daß es nur die historisch verformte psychische Realität und keine neue Realität in der psychoanalytischen Stunde gebe oder jedenfalls nach Möglichkeit geben dürfe, so hat das sicher auch in ihrer eigenen Persönlichkeit und ihrer Grundeinstellung seinen Hintergrund.

Nicht selten sind eigene Kontaktschwierigkeiten und Ängste vor Nähe im Spiel, wenn streng am Übertragungsbegriff als alleiniger Beziehungsrealität festgehalten wird. Noch häufiger sind es vielleicht Machttendenzen die dazu führen, daß eine Gegenseitigkeit der Beziehung und des Austausches verleugnet wird. Das Eingeständnis, daß der Patient in seinen realistischen Wahrnehmungen die eigenen Schwächen erkennt, daß er begründete Forderungen stellen kann, ist etwas, was Menschen dieser Art sich nicht gerne eingestehen. Im einseitigen Festhalten am Übertragungsbegriff infantilisieren sie den Patienten, machen ihn zu jemandem, der nur krankhaft verformter Wahrnehmungen fähig ist.

Anfänger haben häufig die Befürchtung, den Schutz des „sauberen Übertragungsschildes" zu verlieren, wenn sie sich persönlich und natürlich zeigen. Sie meinen, die wichtigen pathologischen Figuren und charakteristischen Übertragungsverformungen des Patienten nicht mehr erkennen und abgrenzen zu können, wenn sie die realistische Beziehung als Begriff oder als Realität anerkennen. Die Schwäche ihres therapeutischen Selbstgefühls und allgemeine Unsicherheit legt es ihnen nahe, sich in eine unpersönliche Therapeutenrolle zurückzuziehen und wenn möglich ganz in ihr aufzugehen. Da im gegenwärtigen Ausbildungssystem Lehranalytiker keine Einblicke in ihre therapeutische Praxis geben und deren Tätigkeit mit dem idealisierten Lehrkonzept psychoanalytischer Therapie gleichgesetzt wird, haben sie es schwer, sich zu korrigieren und zu einer natürlichen Einstellung zu finden, die auch Schwächen und Fehler bei sich zuläßt.

Es ist ja sehr die Frage, was an einzelnen Erfahrungen therapeutisch wirksam werden kann. Kann der Patient überhaupt bei einem Therapeuten, der alles „richtig" macht, eine positive Entwicklung durchlaufen? Stellt es nicht vielleicht eine ebenso wichtige oder noch wichtigere Erfahrung für den Patienten dar, wenn er den menschlich irrenden und dies sich eingestehenden Analytiker erlebt? Es gibt Beobachtungen, die darauf hinweisen, daß gerade Episoden, in denen das klassische Setting aus den Fugen gerät und die normale, oft starre Routine einer Behandlung in Frage gestellt wird (etwa wenn Therapeut oder Patient krank werden, sich außerhalb der Stunden begegnen, in eine Krise geraten etc.), therapeutisch weiterführen können. Es sind Episoden, in denen die Realität in einen zu abgeschotteten psychoanalytischen Alltag einbricht.

Eine Analytikerin der ersten Generation, Paula Heimann, verlangte vom Analytiker leidenschaftlich Verstand und ein Herz für den Menschen. Wenn sie 1981 anläßlich eines Gesprächs mit dem Verfasser empört feststellte: „Aber es ist doch einfach unerzogen, die Frage eines Patienten nicht zu beantworten!", so kann das darauf hinweisen, daß sich der Umgangsstil verändert hat und daß er erstarrt ist. Allerdings ließ sie keinen Zweifel daran, daß man in der Rolle des Analytikers einen privaten Bereich außerhalb des therapeutischen Dialogs wahren muß und daß es selbstverständlich wichtig sein kann, erst den Sinn einer Frage zu verstehen, ehe man sie beantwortet.

Kann und soll man das, was Freud an Beziehungen zu seinen Analysanden hatte und pflegte und was er als real begründete und freundschaftlich bezeichnete, nicht doch weiterhin unter dem Begriff Übertragung – Gegenübertragung fassen? Letztlich ist das keine Tatsachenentscheidung, sondern eine lebenspraktische. Sie betrifft allerdings die Gestaltung und das Schicksal des Behandlungsprozesses, bestimmt das Selbstverständnis und die Grundeinstellung des Analytikers. Es gibt Schlüsselworte, die Wirklichkeit nicht beschreiben sondern schaffen.

Literatur

Biermann-Ratjen, E., Eckert, J., & Schwartz, H. J. (1979). Gesprächspsychotherapie. Stuttgart: Kohlhammer.

Blankenburg, W. (1984). Unausgeschöpftes in der Psychopathologie von Karl Jaspers. Nervenarzt, 55, 447–460.

Bräutigam, W. (1959). Stufen therapeutischen Selbstverstehens. In Almanach Felix Schottländer zum Gedächtnis. Stuttgart: Klett, S. 39–52.

Bräutigam, W. (1977). Zur Frage der wirksamen Faktoren des psychotherapeutischen Prozesses. In A. M. Becker & L. Reiter (Hg.), Psychotherapie als Denken und Handeln. Festschrift für Hans Strotzka (S. 9–25). München: Kindler.

Bräutigam, W. (1983). Beziehung und Übertragung in Freuds Behandlungen und Schriften. Psyche, 37 (2), 116–129.

Cremerius, J. (1984). Freud bei der Arbeit über die Schulter geschaut. Seine Technik im Spiegel von Schülern und Patienten. In J. Cremerius, Vom Handwerk des Psychoanalytikers: Das Werkzeug der psychoanalytischen Technik, Bd. II. Stuttgart-Bad Cannstadt: Frommann-Holzboog.

Eissler, K. (1985). Variationen in der psychoanalytischen Technik. Psyche, 1, 607–624.

French, Th. M. (1937). Klinische Überlegungen über das Lernen im Verlaufe einer psychoanalytischen Behandlung. Internationale Zeitschrift für Psychoanalyse, 23 (1), 96–132.

Freud, A. (1954). The widening Scope of indications for psychoanalysis. Discussion. American Psychoanalytical Association, 2, 607–620.

Freud, S. (1895). Studien über Hysterie. GW I, 75–312.

Freud, S. (1905). Bruchstücke einer Hysterieanalyse. GW V, 161–286.

Freud, S. (1937). Die endliche und die unendliche Analyse. GW XVI, 57–100.

Fürstenau, F. (1977). Die beiden Dimensionen des psychoanalytischen Umgangs mit strukturell Ich-gestörten Patienten. Psyche, 31, 197–207 u. 361–365.

Gadamer, H. G. (1986). Zwischen Aufklärung und Romantik Heidelberg und die Geburt der modernen Wissenschaft. Vortrag Universität Heidelberg.

Greenson, G. (1969). Die übertragungsfreie Beziehung in der psychoanalytischen Situation (mit Milton Wexler) In R. R. Greenson, Psychoanalytische Erkundungen (S. 308–335). Stuttgart: Klett-Cotta 1982.

Greenson, R. R. (1967). Technik und Praxis der Psychoanalyse. Stuttgart: Klett.

Greenson, W. (1971). Die reale Beziehung zwischen Patient und Psychoanalytiker. In R. R. Greenson, Psychoanalytische Erkundungen (S. 364–379). Stuttgart: Klett-Cotta 1982.

Heigl, F. S. & Triebel, A. (1977). Lernvorgänge in psychoanalytischer Therapie. Bern: Huber.

Heimann, P. (1950). On counter transference. International Journal of Psycho-Analysis, 31, 81–84.

Heimann, P. (1978). Über die Notwendigkeit für den Psychoanalytiker mit seinen Patienten natürlich zu sein. In S. Drews (Hg.), Alexander Mitscherlich zu Ehren (S. 215–230). Frankfurt: Suhrkamp.

Kächele, H., & Fiedler, I. (1985). Ist der Erfolg einer psychotherapeutischen Behandlung vorhersagbar? Psychotherapie, Psychosomatik und Medizinische Psychologie, 35, 201–206.

Laplanche, J., & Pontalis, J. B. (1972). Das Vokabular der Psychoanalyse. Frankfurt: Suhrkamp.

Löwith, K. (1928). Das Individuum in der Rolle des Mitmenschen. München: Drei-Masken-Verlag.

Luborsky, L. (1976). Helping alliances in psychotherapy. In J. L. Claghorn (ed.), Successful psychotherapy (pp. 92–116). New York: Brunner & Mazel.

Luborsky, L., Mintz, J., Auerbach, A., Christoph, P., Bachrach, H., Todd, T., Johnson, M., Cohen, M., & O'Brien, C. P, (1980). Predicting the outcomes of psychotherapy. Findings of the Penn psychotherapy project. Archives of General Psychiatry, 37, 471–481.

Marten, R. (1978). Philosophische Überlegungen zur psychoanalytischen Situation. Zeitschrift für klinische Psychologie und Psychotherapie, 26, 316–327.

Morgenthaler, F. (1986). Technik. (Zur Dialektik der psychoanalytischen Praxis). Frankfurt: Syndikat.

Sandler, J., Dare, Ch., & Holder, A. (1973). Die Grundbegriffe der psychoanalytischen Therapie. Stuttgart: Klett.

Strachey, J. (1934). The nature of the therapeutic action of psychoanalysis. International Journal of Psycho-Analysis, 15, 127–159.

Strachey, J. (1937). Zur Theorie der therapeutischen Resultate der Psychoanalyse. Internationale Zeitschrift für Psychoanalyse, 23, 68–74.

Straus, E. (1963). Philosophische Grundfragen der Psychiatrie, II. Psychiatrie und Philosophie. In H. W. Gruhle et al. (Hg.), Psychiatrie der Gegenwart, Bd. I/II. 1^1. Aufl. Berlin: Springer.

Thomä, H., & Kächele, H. (1985). Lehrbuch der psychoanalytischen Therapie. Heidelberg: Springer.

2.3 Atmosphäre und Abstinenz[1]

Ernest Wolf

Im allgemeinen sind sich die Psychoanalytiker über die Definition der Hauptbegriffe einig, die das Gebäude der psychoanalytischen Theorie ausmachen. Das soll nicht heißen, daß es unter Psychoanalytikern keine theoretischen Meinungsverschiedenheiten gibt. Solche Differenzen betreffen gewöhnlich die Frage, welches theoretische Modell für die Anwendung auf eine besondere Reihe von Gegebenheiten am besten geeignet sei, wie z. B. das topische Modell im Gegensatz zum Strukturmodell. Meinungsverschiedenheiten können sich manchmal sogar zu hitzigen Kontroversen auswachsen, wenn neue Modelle eingeführt werden. Das war z. B. der Fall, als Freud (1923) in *Das Ich und das Es* das strukturelle Modell einführte. Ähnliche Kontroversen sind zur Zeit dadurch entstanden, daß Kohut das Modell von Selbst und Selbst-Objekt eingeführt hat, um die klinisch beobachtete narzißtische Übertragung begrifflich zu fassen. Diese Uneinigkeiten sind, so hitzig sie sich auch äußern mögen, Zeichen einer vitalen und sich fortentwickelnden Wissenschaft. Zugleich finden wir aber eine fast einhellige Übereinstimmung in bezug auf die Definition theoretischer Grundbegriffe. Analytiker brauchen nicht mehr um einen Konsens zu ringen, was mit dem Unbewußten, mit Trieb, Abwehr, Widerstand und einer Unmenge anderer Grundbegriffe gemeint ist.

Dies ist aber keineswegs der Fall, wenn es um die Grundelemente der psychoanalytischen *Praxis* geht. Selbst wenn wir jene Praktiker beiseitelassen, die aus verschiedenen Gründen, sei es wegen ihrer Ausbildung oder ihrer persönlichen Neigung, nicht Teil der vorherrschenden psychoanalytischen Richtung sind, wie sie von den nationalen und internationalen Organisationen anerkannt wird, bleibt eine große Mehrheit gut ausgebildeter und erfahrener Psychoanalytiker, deren Praxis der psychoanalytischen Behandlung große Unterschiede aufweist. Glover (1955)

[1] Erstveröffentlichung in *The Annual of Psychoanalysis,* Vol. IV (1976).

hat diese Unterschiede, die mehr sind als eine Frage des persönlichen Stils, ausführlich kommentiert. Dabei hat er in bezug auf viele Aspekte der Technik zwar Übereinstimmung festgestellt, kam aber dennoch zu dem Schluß, es herrsche ein großes Durcheinander.

Im Gegensatz zur exakten Praxis der Naturwissenschaften und auch in gewissem Maße im Gegensatz zur medizinischen Praxis schließt das Wesen der psychoanalytischen Praxis ausführliche Anweisungen an den Analytiker aus. Dies ist eine unvermeidliche Folge der Tatsache, daß das Sammeln spezifisch psychoanalytischer Daten durch Introspektion und Einfühlung kein öffentlich wahrnehmbarer Vorgang ist, der sich leicht beschreiben ließe. Man kann bestenfalls die Bedingungen beschreiben, die für den Ablauf introspektiver und empathischer Prozesse im Psychoanalytiker und im Analysanden optimal sind. Eine solche Beschreibung, die „die üblichen und konstanten Züge des Rahmens, des Vorgehens und der persönlichen Beziehung in der Analyse, sowohl in ihren bewußten als auch in ihren unbewußten Bedeutungen und Funktionen" umfaßt, hat man als die *psychoanalytische Situation* bezeichnet (Stone 1961). Sie besteht aus vielen Elementen. Der Rahmen eines privaten, behaglichen und ruhigen Zimmers, in dem der Analytiker hinter dem auf einer Couch liegenden Patienten sitzt, ist ein Element der Stabilität, das bei allen Analytikern fast die gleiche Form hat. Bestimmte Übereinkünfte und technische Verfahrensweisen wie z. B. Regelmäßigkeit und Häufigkeit der Sitzungen, die Grundregel und das freie Assoziieren sind ebenfalls eine Reihe von Elementen, über die man sich allgemein einig ist. Gewisse Unterschiede kommen durch individuelle Vereinbarungen über die Bezahlung des Honorars, Urlaub, Raucherlaubnis usw. zustande. Die größten Verschiedenheiten bringen natürlich die unterschiedlichen Menschen hinein, die Analytiker und Analysand jeweils sind.

Zu einer umfassenden Beschreibung der analytischen Situation würde auch eine Schilderung der Teilnehmer gehören. Beim Analytiker wäre dies nicht nur sein offenkundiges Verhalten wie seine Interventionen, Gratifikationen, Konfrontationen, Deutungen usw., sondern auch seine zugrundeliegende Einstellung. Beim Analysanden müßte man einbeziehen, wie weit er die

Grundregel beachtet, wie sehr er zum Agieren neigt, wie er sich mitteilt usw. Der Begriff der psychoanalytischen Situation umschreibt also eine *interpersonale Beziehung*. Die psychoanalytische Situation wird von den Beteiligten als Gesamtgestalt der Umgebung erlebt, die ich als *psychoanalytische Atmosphäre* bezeichnen will.

Wir beschreiben bezeichnenderweise die extremen Gegensätze dieser Atmosphäre mit Ausdrücken wie warm/kalt, annehmend/ablehnend, kritisch/vorurteilslos, durchdacht/dogmatisch, verständnisvoll/verständnislos – mit anderen Worten, mit Bezug darauf, wie jeder der beiden Beteiligten die psychoanalytische Situation erlebt. Verschiedene Menschen können in derselben Situation je nach ihrer psychischen Verfassung eine völlig unterschiedliche Atmosphäre erleben, und die Art, wie sie die Situation empfinden, beeinflußt den psychoanalytischen Prozeß.

In einer Reihe brillanter Abhandlungen hat Freud (1912, 1913, 1914, 1915) die Grundsätze skizziert, die die Praxis der Psychoanalyse leiten sollten. Diese „technischen" Abhandlungen haben viel dazu beigetragen, die wachsende Gruppe von Praktikern der Psychoanalyse anzuleiten, eine Reihe technischer Grundgedanken zu erlernen. Das ergab, zusammen mit ihrer Auffassung von der psychoanalytischen Theorie und ihren eigenen analytischen Erfahrungen, den Anschein eines allen gemeinsamen therapeutischen Vorgehens, einer gemeinsamen Einstellung und gemeinsamer technischer Verfahrensweisen. Trotzdem mußten Freuds Empfehlungen unweigerlich ein breites Interpretationsspektrum zulassen.

In dieser Abhandlung prüfe ich eine der Empfehlungen Freuds im Hinblick auf ihre Wirkung nach, die sie auf die psychoanalytische Atmosphäre hat – Freuds *Abstinenzregel* (Freud 1915, S. 313; 1919, S. 187–188).

Freud hat dort eindeutig formuliert, daß die Liebessehnsucht und die Liebesforderungen eines Analysanden (einer Analysandin) unter keinen Umständen befriedigt werden dürften. Die Behandlung müsse in der Abstinenz, unter Entbehrung durchgeführt werden, damit sie nicht vorzeitig durch eine „Flucht in die Gesundheit", durch eine sogenannte Übertragungsheilung beendet werde. Schon mehrere Jahre vorher hatte Freud in einem

Brief an Oskar Pfister empfohlen, die Patientin in der Abstinenz, in unglücklicher Liebe zu halten (Freud 1963).

Ralph R. Greenson (1967) hat Freuds technische Empfehlung weiter ausgearbeitet. Lang andauernde und starke Versagung führt nach Greenson zu tieferen Ebenen der Regression, die ihrerseits das Entstehen der Übertragungsneurose erleichtern. Im Gegensatz dazu sollen Übertragungsbefriedigungen die volle Entwicklung der Übertragungsneurose verhindern, da diese Befriedigungen zum Symptomersatz werden. Besonders wird befürchtet, daß Übertragungsbefriedigung eine Fixierung des Patienten in einer positiven und passiven Übertragung fördert und die Entwicklung einer negativen, feindseligen Übertragung hemmt (op. cit., S. 286–287).

Von den Schwierigkeiten, die Analytiker mit der Übertragung von Freuds Vorschrift in eine so gut wie einhellig gebilligte Norm der tatsächlichen analytischen Praxis haben, zeugt die fortdauernde Erörterung von Themen wie Grundübertragung oder therapeutisches Bündnis oder Arbeitsbündnis (Winnicott 1956, Zetzel 1956, Stone 1961, Greenson 1965). Der Begriff von der notwendigen Befriedigung und die Trennung der neurotischen Übertragung von den nicht neurotischen Seiten der Beziehung zwischen Analytiker und Analysand bringen einige Verzerrungen der analytischen Situation ins Blickfeld, die aus einem Mißverständnis oder einer falschen Anwendung der Freudschen Abstinenzregel hervorgegangen sind. Freud spricht unzweideutig von der Notwendigkeit, die Übertragungsliebe des Patienten zu frustrieren, aber seine Vorstellung, auf diese Weise libidinöse Befriedigung zu verhindern, hat übertrieben zu dem Versuch geführt, dem Patienten alle Befriedigungen zu versagen, die potentiell in der analytischen Situation enthalten sind. Das ist zwar offenkundig eine Unmöglichkeit, aber es ist nicht zu bezweifeln, daß die Berichte mancher Patienten, sie hätten ihre Analyse als etwas erlebt, das kalt und teilnahmslos durchgeführt wurde, oft keine Übertragungsverzerrung, sondern eine richtige Wahrnehmung darstellen. Viele relativ intakte Neurotiker schaffen es, sich trotz solcher Entbehrungen analysieren zu lassen. Viele andere finden solche Bedingungen unerträglich und werden dann vielleicht zu Unrecht als unanalysierbar abgestempelt.

Wir haben gute Gründe für die Ansicht, Freud sei in seiner

klinischen Praxis in Wirklichkeit alles andere als der harte und distanzierte Charakter gewesen, als den man sich den Autor der Abstinenzregel vorstellt. Er hat dem „Rattenmann“ zu essen gegeben, für den „Wolfsmann“ hat er Geld gesammelt, und laut den Berichten einiger seiner Analysanden nahm er warmherzig Anteil und ließ sich als Freund, Mentor und Analytiker aktiv auf sie ein. Man fragt sich daher, warum Freud in seinen Schriften die Notwendigkeit der Versagung und Entbehrung in der analytischen Situation so sehr betont. Greenson (1967, S. 223) glaubt, Freud habe dies aufgrund der Gefahr getan, die Analytiker könnten sich gestatten, übermäßig zu reagieren und mit ihren Patienten zusammen auszuagieren. Außerdem vermute ich, daß Freud sich im sozialen Gefüge seiner Zeit gedrängt fühlte, öffentlich die Zurückhaltung und Strenge in der analytischen Praxis übermäßig zu betonen, um die Kritik zum Schweigen zu bringen, die darauf fußte, daß er die Sexualität und besonders die infantile Sexualität ins Zentrum seiner wissenschaftlichen Forschung gestellt hatte [siehe hierzu auch den Beitrag von Walter Bräutigam in diesem Band (Anm. d. Hrsg.)]. Die offene Erörterung des sexuellen Phantasielebens in Freuds Schriften war tatsächlich für Ärzte wie Patienten eine revolutionäre Neuerung gewesen, die gespannte bewußte und unbewußte Erwartungen geweckt haben muß, in der analytischen Situation werde man seine Wünsche agieren können. Nach mehr als fünfzig Jahren, in einem sozialen Gefüge, das so von Sexualität durchdrungen ist, daß keine Steigerung mehr möglich scheint, können sich unsere Zeitgenossen der analytischen Situation mit wesentlich weniger sexueller Erregung nähern als man es sich für Freuds Zeit vorstellen muß. Die faszinierenden Geheimnisse der Sexualität und der Psychoanalyse sind zu Banalitäten verblaßt. Heutige Psychoanalytiker brauchen eher weniger Zurückhaltung und mehr Freiheit, um den Analysanden zur Mitarbeit am analytischen Prozeß zu bewegen.

Außerdem werden Analytiker heute wahrscheinlich immer häufiger einem Patiententypus begegnen, dessen primäre Krankheitserscheinungen die Folge narzißtischer Fixierungen und nicht ödipal-sexueller Konflikte sind (Kohut 1966, 1968, 1971). Dieses Phänomen mag selbst zum Teil die Folge einer Veränderung des sozalen Milieus sein, eines Milieus, das durch zunehmende Mechanisierung, Computerisierung und Entpersönlichung gekennzeichnet ist, je mehr der einzelne Bürger in eine Massengesellschaft eingegliedert wird. Im Gegensatz dazu hatte Freud hauptsächlich mit Patienten zu tun, deren sexuelle Konflikte primärer Art gewesen und durch Stimulation zur vorherrschenden psychopathologischen Manifestation geworden waren. Darum empfahl Freud, als er Abstinenz vorschrieb, die Versagung objektlibidinöser Triebe und ihrer Abkömmlinge. Das geht ganz deutlich aus der Formulierung seiner Mahnung hervor, Forderungen nach „Liebe“ nicht zu befriedigen. Für Freud verstand es sich anscheinend von selbst, ohne daß er es explizit sagte, daß die Zugänglichkeit für bestimmte nicht-libidinöse Bedürfnisse des Analysanden nicht dasselbe war wie die Befriedigung von Trieben des Analysanden.

Das folgende Material aus der Analyse eines dreißigjährigen Rechtsanwalts wird sowohl die theoretischen Fragen als auch die technischen Probleme veranschaulichen, die mit der Frage von Abstinenz und Atmosphäre zusammenhängen. Die drei Episoden, die ich gleich schildern werde, ereigneten sich während einer Phase der Analyse, in der der Patient in einer stark idealisierenden Übertragung steckte. Mehrere Sitzungen lang hatte Herr K. über einige seiner Lehrer gesprochen, die er sehr bewunderte; dann hatte er ausführlich dargestellt, wie prominent, reich und einflußreich die Familie seines Vaters früher gewesen war. Herr K. war in einem der alten Südstaaten von Nordamerika aufgewachsen, wo seine Familie Reichtum und gesellschaftliches Ansehen genossen hatte. Als er etwa fünf Jahre alt war, vernichtete ein lokaler politischer Umsturz plötzlich die Stellung seiner Familie und zwang seine Eltern, mit ihm in den Norden auszuwandern. Sein Vater fand dort zwar Arbeit, aber er blieb chronisch depressiv, und in den Augen von Herrn K. war sein Vater ein Versager. Seine Mutter reagierte, indem sie weiterhin die große Dame spielte und den Vater ein wenig verachtete. Für Herrn K. war sie nicht verfügbar, weder als jemand, den er wirklich bewundern konnte, noch als jemand, der seine Schwierigkeiten verstand. Als Herr K. diese Geschichte im einzelnen ausführte, begann er mit großer Verlegenheit davon zu sprechen, wie sehr er sich noch immer nach dem verlorenen Reichtum und dem gesellschaftlichen Ansehen sehnte, das seine Familie früher genossen hatte. Er befürchtete, ich würde ihn wie sein erster Analytiker auffordern, sich der Realität des Verlusts zu stellen. Statt dessen gab ich ihm die Deutung, seine fortdauernden Besorgnisse und sein fortwährendes Bedürfnis nach Bestätigung von Männern, die er idealisiere, seien Anzeichen eines unerfüllten Bedürfnisses aus seiner Kindheit: Damals habe das Unglück der Familie ihn jenes Aspekts der Beziehung zu seinem Vater beraubt, durch den er an seinem Ansehen, seiner Stärke und seiner Klugheit habe teilhaben können. Diese Deutung verminderte Herrn K.'s Angespanntheit erheblich. Einige Tage später fiel ihm, als er in einer Buchhandlung herumstöberte, ein Buch in die Hände, in dem seine Familie in ihrer früheren führenden Rolle erwähnt wurde. Er kaufte zwei Exemplare des Buches und brachte mir eins davon mit. Ich nahm das Geschenk an, dankte ihm und besprach mit ihm die wichtige Bedeutung seines Handelns, insbesondere in seiner Beziehung zu einer idealisierenden Übertragung.

Zu anderen Zeiten fiel ein anderes Verhaltensmuster ins Auge. Wenn ich mich in meinem Stuhl bewegt oder irgendein Geräusch gemacht hatte oder eine Deutung oder Bemerkung ausgesprochen hatte, die Herrn K. irgendwie überraschte oder verwirrte, fing er oft an, mich auszufragen und sich nach meinen Beweggründen zu erkundigen, zunächst nur irgendwie neugierig, dann immer hartnäckiger. Ich gab ihm keine Antwort; ich erwähnte nur, daß es wünschenswert sei, diese plötzlichen Ausbrüche von Wißbegier in bezug auf mich zu analysieren. In früheren Phasen der Analyse hatte ich gewöhnlich vor allem mit Schweigen reagiert. Später lernte ich, zu erkennen und anzuerkennen, daß Herr K. Angst hatte und half ihm, nach möglichen Ursachen der Angst zu suchen.

Die dritte Art von Episode hatte mit der spezifischen und sehr idiosynkratischen Art zu tun, in der Herr K. sich die Analyse-Couch herzurichten pflegte. Eines Tages wollte er wissen, warum ich die Couch nicht so für ihn vorbereitete, wie er sie immer herrichtete, nachdem er hereingekommen war, da ich doch wisse, daß er kommen würde, und wie unmöglich es für ihn sei, sich auf der Couch behaglich zu fühlen, wenn sie auf die übliche Weise hergerichtet sei. Sollte ich nicht alles beseitigen, was sein Behagen beeinträchtigen könnte, um seine Analyse zu fördern?

Ich bestätigte, daß sein Wunsch berechtigt sei, erklärte dann aber, ich könne mich nicht darauf verlassen, daß mein Gedächtnis mir immer richtig melde, welcher meiner Analysanden als nächster kommen werde, und daß er daher die Couch an einem Tag auf die eine Weise, an einem anderen Tag auf eine andere Weise hergerichtet vorfinden würde. Da diese unvorhersehbare Unregelmäßigkeit meinerseits ihn mehr beunruhigen würde als der Umstand, daß ich die Couch regelmäßig so herrichtete, wie es ihm nicht gefiele, habe ich beschlossen, sagte ich ihm, die Couch immer auf dieselbe Weise vorzubereiten. Vielleicht hätte ich mein eigenes Unbehagen über seinen Wunsch direkter eingestehen sollen.

Diese drei Episoden hätten alle auch anders gehandhabt werden können. Im ersten Fall hätte ich die Annahme des Buchgeschenks verweigern und lediglich das Bedürfnis des Patienten analysieren können, es mir zu schenken. Wenn ich gedacht hätte, das Geschenk sei eine Geste der Dankbarkeit oder ein Versuch, meine Gefühle gegenüber dem Patienten zu verändern, hätte ich es vielleicht nicht angenommen, und ich hätte versucht, mit dem Patienten seine unbewußte Motivation, vielleicht ein unbewußtes Wetteifern, zu analysieren. Sein Handeln war jedoch nicht durch einen solchen Triebabkömmling motiviert gewesen. Was den Patienten motivierte, war sein Bedürfnis, von mir – dadurch, daß ich das Buch annahm und die zu ihm in Beziehung stehenden Abschnitte las – eine Bestätigung und Anerkennung der Bedeutung seiner Familie und mittelbar der Bedeutung des Patienten sowohl für mich als auch für ihn selbst zu erhalten. Auf einer tieferen Ebene bedeutete das Geschenk auch, daß ich für ihn eine wichtige Person geworden war, ein idealisiertes Selbst-Objekt, mit dem er sich verschmolzen fühlen konnte, indem er etwas mit ihm teilte. Dies alles bekam Herr K. natürlich gedeutet, und er verstand es. Eine Weigerung hingegen, das Buch anzunehmen, hätte aus meinen Worten einen hohlen Schwindel gemacht; sie hätte die idealisierende Übertragung vorzeitig und auf höchst traumatische Weise gestört, genau wie ihn die vorzeitige und abrupte Unerreichbarkeit seines Vaters früher schon traumatisiert hatte.

Die Episoden, in denen Herr K. anfing, mich neugierig über mich selbst auszufragen, waren von anderer Art. Zum Teil waren sie ängstliche Versuche, sich meiner Gegenwart, meiner Stärke und meiner ungeteilten Aufmerksamkeit zu versichern. Zum Teil stellten sie auch eine Mobilisierung von Sexualtrieben dar. Ich wußte, daß zu den Symptomen, die Herrn K. in die Analyse gebracht hatten, sporadische Homosexualität gehörte. Wenn Herr K. sich in einem Zustand narzißtischer Anspannung befand, weil irgendein idealisierter Mensch ihm die Bestätigung versagt hatte, die er brauchte, nahm er häufig seine Zuflucht zur Bewunderung und symbolischen Einverleibung des Phallus als Ersatz für die fehlende Stärke des idealisierten Objekts, das ihm nicht zur Verfügung stand. Auf dieselbe Weise regredierte, wenn er mich über mich ausfragte, sein ursprüngliches Bedürfnis, sich zu vergewissern, daß immer noch ein starker Mann hinter ihm saß und ihm zur Verfügung stand, rasch zur Sexualisierung, und der Klang seiner Stimme wurde verführerisch eindringlich. In dieser Situation versagte ihm meine Weigerung, auf den Inhalt seiner Fragen einzugehen, obwohl ich seine Ängste anerkannte, die Befriedigung seines Sexualtriebs, während er zugleich hinsichtlich meiner Gegenwart beruhigt wurde.

Die Interaktion mit Herrn K. in bezug auf das Herrichten der Couch ist insofern prototypisch, als sie gut veranschaulicht, wie man mit bloßen *Erklärungen* die meisten Situationen handhaben kann. Die Forderungen des Patienten nach Anerkennung und Billigung in der narzißtischen Übertragung braucht man gewöhnlich nur als etwas zu bestätigen, das aus einem spezifischen genetischen Zusammenhang legitim und altersangemessen entstanden ist. Sie werden in der Übertragungssituation so erlebt. Man braucht nicht mit der geforderten Zustimmung zu antworten, wenn man durch die Deutung überzeugend dartun kann, daß die Forderung das legitime Erbe früherer Traumata ist. Eine solche Deutung, die die genetische Authentizität eines aktuellen Wunsches oder Bedürfnisses in der Übertragung akzeptiert, wird dadurch nicht zu einer Befriedigung der beteiligten Triebe.

Aus den obigen Beispielen sollte deutlich hervorgegangen sein, daß die Entscheidung über eine angemessene Reaktion auf die Forderung eines Patienten, ob sie nun ganz subtil oder ganz direkt zum Ausdruck kommt, sich auf ein angemessenes dynamisches Verständnis der aktuellen analytischen Situation, ihrer Übertragungsimplikationen und des genetischen Hintergrunds stützen muß. Sie unterscheidet sich also überhaupt nicht von jedem anderen analytischen Verständnis und jeder anderen analytischen Intervention. Ob man begeistert oder widerstrebend auf den Wunsch des Patienten eingeht, ob man mit Festigkeit oder zögernd ablehnt, ob man eine vollständige oder eine partielle Erklärung gibt oder überhaupt keine – all diese Entscheidungen gehören zum Rüstzeug der Handlungsalternativen, das man gemäß seinem Gesamtverständnis der analytischen Atmosphäre einsetzen soll. Freuds Ausspruch über die analytische Abstinenz, der nur auf objektlibidinöse Befriedigung gemünzt war, so mißzuverstehen, daß man ihn auf alle Arten analytischer Situationen anwendet, ob sie mit Befriedigungen zu tun haben oder nicht, führt zu einer Verzerrung des sich normal entfaltenden analytischen Prozesses. Eine solche Verzerrung erzeugt eine kalte, abweisende Atmosphäre, die eine ordnungsgemäße Entwicklung der Analyse stört.

Das entscheidende Element in der angemessenen Reaktion des Analytikers wird daher der Umstand, daß der Analytiker die herrschende dynamische Konstellation der analytischen Übertragung innerhalb einer richtig bewerteten analytischen Atmosphäre erkennt. Die Abwägung, ob man es in erster Linie mit einer objektgerichteten oder mit einer narzißtischen Übertragung zu tun hat, ist oft ein wichtiger Aspekt für die Vorhersage, wie die Reaktion des Analytikers die analytische Atmosphäre beeinflussen wird. Diese Unterscheidung läßt sich nicht immer leicht und rasch treffen, und sie kann noch durch eine Reihe von Komplikationen erschwert werden. Einige allgemeinere Bemerkungen über häufig auftretende klinische Situationen sollen diese Überlegungen ergänzen.

Besonders in den Frühphasen der Analyse erlebt man oft, daß sich eine allgemeine, unspezifische narzißtische Verletzlichkeit durch eine stark gesteigerte Neigung manifestiert, die Stellung des Analysanden als erniedrigend oder entwürdigend zu empfinden. Taktvolle Erklärungen des Analytikers können dieses negative Empfinden in eine Atmosphäre der wechselseitigen Zusammenarbeit verwandeln. Der Kern der Neurose mag in vielen dieser Fälle wohl die Folge von Konflikten sein, die mit objektgerichteten libidinösen Trieben zusammenhängen. Wenn man die anfänglichen unspezifischen narzißtischen Widerstände sorgfältig analysiert, ohne den Analysanden zu traumatisieren, wird die weitere Entfaltung des analytischen Prozesses nicht ungehörig beeinträchtigt, und es entsteht eine analysierbare Übertragungsneurose. Alles, was hier vom Analytiker gefordert wird, ist Takt und Geduld. Daß diese nicht immer im Überfluß vorhanden sind, wird aus dem Bericht eines Kollegen deutlich, dem vor vielen Jahren, als er mit seiner Lehranalyse begann, einmal zu heiß wurde, und der, während er sich halb von der Couch erhob, halb sich rückwärts zum Analytiker umwandte, schüchtern fragte, ob er sein Jackett ausziehen dürfe. Die Antwort war Schweigen und ein eisiger Blick. Zwar mag der Analytiker in diesem Fall geglaubt haben, er versage einem libidinösen oder exhibitionistischen Impuls die Befriedigung, aber in Wirklichkeit wies er einen ersten Schritt in Richtung auf eine unerotische analytische Vertrautheit zurück. Diese Zurückweisung empfand der unerfahrene Analysand als tiefe Demütigung.

Eine zweite Komplikation bei der Unterscheidung zwischen einer primär objektlibidinösen und einer primär narzißtischen Übertragung ist die oft beobachtete defensive Übertreibung phallisch-narzißtischer Strebungen, um die aus einem ungelösten Ödipuskomplex herrührende Kastrationsangst zu verbergen. Den meisten Analytikern wird es nicht schwerfallen, diese besondere Abwehrkonstellation aufzudecken. Sie werden auch nicht leicht Abwehrprahlerei mit der kalten, hochmütigen Arroganz verwechseln, die von einer archaischen Größenphantasie herstammt. Die phallisch-narzißtische Abwehr ist meist brüchig und klingt bei beharrlicher, taktvoller Deutung meist ab. Auch hier muß der Analytiker Sorge tragen, nicht durch eine herabsetzende Intervention für den Analysanden eine feindselige, entlarvende Atmosphäre zu schaffen. Wenn der Patient auf eine korrekte Deutung einer phallisch-narzißtischen Abwehr unerwarteterweise nicht wenigstens etwas erleichtert wirkt, sondern angespannter, widerspenstiger, vielleicht sogar mürrisch-feindselig wird, ist zu vermuten, daß tiefere und archaischere narzißtische Strukturen vorhanden sind.

Viel schwieriger ist die diagnostische und therapeutische Aufgabe, wenn sich unter dem Deckmantel scheinbar starker objektlibidinöser Verwicklungen eine primär narzißtische Störung zeigt. Patienten dieser Art kann man, je nach ihrer dynamischen

Struktur, in zwei Gruppen einteilen. Bei der ersten Gruppe dient die intensive Verklammerung mit dem Objekt als Schutz gegen die Hohlheit und Leere des Selbst. Dies sind Menschen mit einem nur mäßig besetzten Selbst, die auf der Suche nach Reizen sind, um sich wieder ein Gefühl des Lebendigseins zu verschaffen. Die zweite Gruppe leidet, psychoökonomisch gesprochen, am entgegengesetzten Zustand. Diese Menschen leiden unter unerträglichen und unlösbaren narzißtischen Spannungen und schlagen leicht zugängliche libidinöse Wege ein, um eine Erregung zu schaffen, die sich durch Triebentladung abführen läßt. Ein Beispiel für die erste Patientengruppe könnte jemand sein, dessen pausenloses, zwanghaft wirkendes Arbeitsverhalten (z. B. ohne angemessenen erholsamen Urlaub) ihn davor bewahrt, in die öde Apathie zu verfallen, die er erlebt, wenn er mit seinem leeren Selbst konfrontiert ist. Die zweite Gruppe kann durch einen der Patienten veranschaulicht werden, der auf die durch Störungen der narzißtischen Übertragung erzeugten narzißtischen Spannungen – z. B. Unterbrechungen wegen Urlaub oder Krankheit oder Störungen aufgrund mangelhafter Einfühlung von Seiten des Analytikers – mit Mobilisierung sexueller Erregung in der Phantasie, in Träumen und mit übersteigerter sexueller Aktivität reagierte. Durch Assoziationen während der Analyse kam heraus, daß dieser Analysand, als er von beiden Eltern getrennt wurde, bevor er drei Jahre alt war, mit Überreizung und Erregung reagiert hatte, die sich damals als Schlaflosigkeit und Kopfschlagen manifestiert hatten. Etwas später, als der Patient etwa vier oder fünf Jahre alt war, hatte ihn die Erfahrung, daß er allein zu Hause gelassen wurde, während seine Mutter zum Einkaufen ging, unerträglich geängstigt, und der Patient erinnerte sich, daß er sich Erleichterung verschafft hatte, indem er sich dadurch in sexuelle Erregung versetzte, daß er in das Schlafzimmer seiner Mutter lief und aufgeregt ihre weiche, seidige Unterwäsche befühlte.

Die Erzeugung libidinöser Lust durch Erregung und Entladung, verbunden mit altersgemäßen stimulierenden Betätigungen zum Zweck der Befreiung von narzißtischen Spannungen, ist natürlich ein wohlbekanntes und ubiquitäres Phänomen. Manchmal wird sich eine Mutter, wenn sie das gestörte narzißtische Gleichgewicht ihres Säuglings nicht durch eine zärtliche

Reaktion wiederherstellen kann oder will, die die narzißtische Harmonie bestätigen würde, vielleicht für den Ersatz durch orale libidinöse Lust entscheiden, indem sie ihm einen Schnuller in den Mund steckt. Erwachsene gehen psychisch einen ähnlichen Weg, wenn sie vor dem Zubettgehen versuchen, ihre das Einschlafen verhindernde Unruhe zu beheben, indem sie sich oral ein Glas Milch oder einen potenteren Schlaftrunk oder sogar ein Schlafmittel zuführen.

Diese scheinbar objektgerichteten Impulse, die von den traumatischen Schicksalen des Selbst herrühren, sind nicht leicht von den neurotischen Konflikten zu unterscheiden, die auf die Schicksale libidinöser Triebe zurückgehen. Es gibt keinen zuverlässigen Abkürzungsweg, und der sorgfältige Analytiker muß geduldig warten, bis die sich allmählich entfaltende Übertragung deutlich ihre grundlegende und primäre Struktur offenbart, sei sie narzißtisch oder objektgerichtet. Es genügt nicht, verfrühte Deutungen zu vermeiden. Die spontan entstehende warme Atmosphäre, das freundliche Aufnehmen und der Versuch, den Patienten empathisch zu verstehen, mitsamt seinen schwachen Seiten, dürfen nicht gestört werden. Es muß dem Analysanden erlaubt sein, die analytische Situation als ausreichend vertrauenswürdig zu erleben, so daß er seine unspezifische narzißtische Abwehr allmählich abbauen und im gleichen Zug seine Übertragungen allmählich ausdehnen kann, seien sie narzißtischer oder objektlibidinöser Art. Verfrühte Deutungen schaffen, besonders wenn sie als kritisch empfunden werden, mit großer Wahrscheinlichkeit eine Atmosphäre verurteilender Härte, vor der der Analysand meist zurückweicht, oft auf feindselige, mürrische Weise, was dann vielleicht irrtümlich der Übertragung aggressiver Triebe zugeschrieben wird. Das ist jedoch keine Übertragung, sondern eine Hier- und -Jetzt-Reaktion auf die kritische Atmosphäre.

Gegen die oben skizzierten theoretischen und klinischen Überlegungen ließen sich mehrere Arten von Einwänden erheben. Man könnte z. B. sagen, die Auswirkungen der bedeutenden Forschungsarbeiten der letzten Jahrzehnte über das therapeutische Bündnis und das Arbeitsbündnis seien nicht berücksichtigt worden, und die meisten sensiblen Psychoanalytiker, gut ausgebildet, wie sie heutzutage sind, würden das therapeutische Bündnis nicht durch eine falsche Anwendung der Freudschen Abstinenzregel aufs Spiel setzen. In dem Maße, in dem dies zutrifft, entfällt die Notwendigkeit dieser Erörterung von selbst, zumindest teilweise. Jedoch wird sogar der gut ausgebildete und erfahrene Psychoanalytiker in den neueren Vorstellungen zur Psychologie des Selbst viele neue Einsichten finden, ebenso Zugang zu einer größeren theoretischen Verfeinerung, die klinisch von Nutzen sein kann. Ein gewichtigerer – wenn auch falscher – Einwand ist die Ansicht, die spontane Entwicklung einer freundlich-akzeptierenden Atmosphäre lasse, ganz gleich, wie sorgfältig jede objektlibidinöse Befriedigung vermieden werde, eine Analyse der negativen Übertragung nicht zu. Dieser Einwand beruht auf der irrigen Annahme, eine akzeptierende Atmosphäre schließe die Deutung von Reaktionsbildungen gegen feindseliges Konkurrenzstreben aus. Eher trifft das Gegenteil zu. Genau dann nämlich, wenn die Atmosphäre der analytischen Situation die Entstehung stabiler und zusammenhängender Übertragungsstrukturen ermöglicht hat, kann der Analytiker, ohne den analytischen Prozeß traumatisch zu sprengen, auf das abwehrspezifische Bedürfnis nach Strukturen wie denen einer Reaktionsbildung aufmerksam machen und es mit Bezugnahme auf seinen genetischen Ursprung erklären. Die irrige Annahme, bei solchen Analysanden bleibe die negative Übertragung unanalysiert, beruht auf einem Mißverständnis der klinischen und theoretischen Aspekte der Idealisierung (Gedo 1975).

Idealisierungen auf der Grundlage struktureller Defekte, die das Bedürfnis nach idealisierten Selbst-Objekten zeigen, sind nicht schwer von jenen zu unterscheiden, die auf Reaktionsbildungen gegen Feindseligkeit und Konkurrenzstreben zurückgehen. Diese letzteren manifestieren sich in augenscheinlich freundlichem, besänftigendem oder lobendem Verhalten, das die zugrundeliegenden feindseligen Impulse tarnen soll. Idealisierende Übertragungen manifestieren sich jedoch oft, wenigstens am Anfang und gewöhnlich über lange Zeit, durch eine Abwehr in Gestalt offenkundiger Geringschätzung des Analytikers oder, noch häufiger, durch ängstliche und zögernde Scheu, die von einem Gefühl der Einschüchterung herrührt. Und schließlich muß auch gesagt werden, daß die unvermeidlichen Unvollkommenheiten in Einfühlungsvermögen und Verständnis des Analytikers die akzeptierende Atmosphäre unweigerlich in solchem Maß beeinträchtigen, daß Wutanfälle ausgelöst werden, die jede Behauptung, angeblich trete keine negative Übertragung zutage, Lügen strafen.

Ich habe bisher auf spezifische klinische Konstellationen Bezug genommen, die die Nützlichkeit des Konzepts der *analytischen Atmosphäre* als Leitlinie für die Interventionen des Analytikers veranschaulichen. Ich werde nun versuchen, dieses Thema in den größeren Zusammenhang der psychoanalytischen Theorie zu stellen. Im Idealfall sollte die psychoanalytische Situation so angelegt sein, daß sie die optimal förderliche Umgebung für den fortlaufenden psychoanalytischen Prozeß liefert. Eine nähere Betrachtung des psychoanalytischen Prozesses wird sich vielleicht insofern als nützlich erweisen, als sie uns Einblick in spezifische Bedingungen gewährt, die diesen Prozeß fördern oder behindern.

Was ist der psychoanalytische Prozeß? Fast sofort wird klar, daß man in jeder psychoanalytischen Situation, genau genommen, gleichzeitig zwei psychoanalytische Prozesse beobachten kann – im Analytiker und im Analysanden –, ebenso aber auch die *Beziehung* zwischen diesen zwei Prozessen. Letztere Bemerkung folgt aus der Definition der Psychoanalyse als einer Psychologie *intra*psychischer Prozesse [i. e. insofern die Vorgänge in Analytiker und Analysand ja sonst ohne Beziehung zueinander wären (Anm. d. Hrsg.)]; ein Korrelat ist die Definition spezifisch psychoanalytischer Daten als solcher, die durch Introspektion und Empathie erlangt werden, letztere definiert als vikariierende Introspektion (Kohut 1959) [im Begriff der vikariierenden Introspektion definiert Kohut – um zu erinnern – die Empathie als stellvertretend-introspektiven Nachvollzug jener psychischen Prozesse, die im anderen ablaufen (Anm. d. Hrsg.)]. Die analytischen Prozesse im Analytiker und im Analysanden manifestieren sich, ganz allgemein ausgedrückt, durch das abwechselnde Erleben von Spannung und Befreiung von Spannung, worauf ein allmählich zunehmendes bewußtes Gewahrsein des eigenen inneren Lebens folgt, insbesondere der eigenen Gefühle und Wünsche, zusammen mit einer stufenweise wachsenden Herrschaft über das eigene Selbst und seine Funktionen. Am Anfang werden die Bemühungen des Analytikers gebraucht, um dem Analysanden zu helfen, den analytischen Prozeß in seinem Inneren in Gang zu setzen.

Schließlich kann der Prozeß, wenn er richtig in Schwung gekommen ist, als Selbstanalyse ohne fremde Hilfe weitergeführt werden. Jede Analyse ist jedoch im strengen Sinn von Anfang an eine Selbstanalyse, ob mit fremder Hilfe oder ohne. Sie ist eine Analyse des Selbst durch das Selbst. Nur ein relativ gut funktionierendes, integriertes und kohäsives Selbst kann seine selbstanalytische Funktion ausüben. Am Beginn der meisten Analysen muß sich daher das unzulängliche Selbst des Analysanden erweitern, indem es den Analytiker in seinen subjektiven Erlebensbereich mit hineinnimmt, um den Zusammenhalt und die Vollständigkeit zu gewinnen, die es zur Ausübung seiner selbstanalytischen Funktion braucht. Dies kann man in der klinischen Praxis bei zahlreichen Gelegenheiten beobachten. Zum Beispiel kommt ein Patient vielleicht ins Behandlungszimmer des Analytikers und fühlt sich erregt, durcheinander, etwas niedergeschlagen oder angespannt. Dann läßt er sich auf der Couch nieder, fängt an zu sprechen oder schweigt sogar eine Zeitlang in Gegenwart des schweigend zuhörenden Analytikers, bis nach kurzer Zeit sein Unbehagen abebbt und in ein Gefühl entspannter Ruhe übergeht; viele sagen, sie fühlten sich nun „ganz". Solche Vorkommnisse veranschaulichen oft eindrucksvoll, wie die bloße Gegenwart des Analytikers es dem Patienten ermöglicht hat, sein bruchstückhaftes Selbst wieder zu einem zusammenhängenden Ganzen zu sammeln, das ihn befähigt, sich der Selbstprüfung zu unterziehen, die für den Fortgang des analytischen Prozesses notwendig ist. Man könnte dieselben Ereignisse auch gemäß den theoretischen Konzepten Kohuts (1971) beschreiben und sagen, eine unterbrochene narzißtische Übertragung sei kohäsiv wiederhergestellt worden.

Es ist also klar, daß ein kohäsives Selbst eine unerläßliche Voraussetzung für die analytische Arbeit ist, ob die primäre Störung nun von den Konflikten archaischer verdrängter infantiler Sexualtriebe oder von fixierten archaischen narzißtischen Strukturen herstammt. Ist das Selbst relativ intakt, kann sich der Analysand in seine analytische Arbeit stürzen, ohne daß sich der Analytiker darum kümmern muß, eine kohäsionsfördernde Atmosphäre zu schaffen. Wenn er es jedoch mit einer primär narzißtischen Störung zu tun hat – das heißt, wenn der Zusammenhalt des Selbst auf dem Spiel steht –, muß sich der Analytiker sehr stark um die angemessene Atmosphäre kümmern, die es auf dem Weg über eine kohäsive narzißtische Übertragung ermöglicht, daß sich ein kohäsives Selbst manifestiert. Weil diese Atmosphäre sich darauf bezieht, wie der Analysand die analytische Situation *erlebt*, muß man sie auf die subjektive Weise beschreiben, die diesem Erleben eigen ist. Im Idealfall sollte der Analysand eine Atmosphäre ruhiger Stabilität erleben – eine Atmosphäre, die nicht teilnahmslos ist, sondern still anteilnehmend, nicht kritisch, sondern einfühlsam dazu bereit, was auch immer der Analysand an Material bringen mag, anzunehmen, zu untersuchen und es vom Standpunkt des Analysanden aus zu bewerten. In dieser Atmosphäre ist es nützlicher, die Interventionen des Analytikers nach Kriterien einzuteilen, die auf die dynamischen Wirkungen auf den intrapsychischen Prozeß des Analysanden Bezug nehmen, anstatt nach Kriterien, die sich auf die interpersonale Realität außerhalb seines psychischen Apparats beziehen. Als Beispiel möchte ich einen Analysanden erwähnen, der gewohnheitsmäßig zu spät zu seiner Stunde kam, weil er es nicht ertragen konnte, auf jemanden zu warten, der ihn möglicherweise enttäuschen würde, indem er nicht erschien. Es wäre falsch, dies als Widerstand zu deuten. Es wäre auch ein Fehler, den Analysanden mit der Realität der Zeit zu konfrontieren, die für die Analyse verlorengeht. Ebenso wäre es verkehrt, auf die feindselige Triebkomponente hinzuweisen, wenn auch natürlich all diese Interventionen im Grunde richtig sind, wenn man sie als jemand betrachtet, der *außerhalb* des psychischen Apparats des Analysanden steht. Der Analysand würde sie jedoch als Angriffe erleben und als Störung sowohl der analytischen Atmosphäre als auch des Zusammenhalts der narzißtischen Übertragung. Die richtige Intervention, die die Atmosphäre berücksichtigt, wie sie der Analysand erlebt, wäre eine Erklärung des Zuspätkommens als Versuch, die desintegrierende Wirkung des Wartenmüssens zu bewältigen.[2] Diese Interven-

[2] Unausgesprochen ist in dieser Intervention ein Platzwechsel des Analytikers als teilnehmender Beobachter vom Objekt außerhalb des psychischen

tion wird zu einer vollständigen Deutung, wenn man zusätzlich die relevanten genetischen Vorläufer nennt, d. h. indem man sie in Beziehung zu der unerträglichen Spannung des Jungen setzt, der immer wieder von der Teilnahme an den Gesprächen seiner Eltern ausgeschlossen wurde. Man fertigte ihn ab mit: „Warte, bis du an der Reihe bist!", aber er kam nie an die Reihe. Dieses Gefühl, daß seine Eltern ihm nie richtig zuhörten, war für den Patienten schon als Kind eine traumatische Erfahrung, weil es eine Wiederholung früherer Traumata war, wo man ihn ebenfalls nicht beachtet hatte. Tatsächlich war es prototypisch für eine *genetische Atmosphäre* der Nichtbeachtung, die die pathogene Matrix erzeugte, aus der seine narzißtische Störung erwuchs.

Ein Kind gedeiht nur in der durchschnittlich zu erwartenden Umwelt, an die es genetisch im voraus angepaßt ist. Größere Abweichungen von der durchschnittlich zu erwartenden Umwelt führen zu krankhaften Verzerrungen des Entwicklungsprozesses. Analog gedeiht auch der psychoanalytische Prozeß in einer „durchschnittlich zu erwartenden Umwelt", die eine Atmosphäre einfühlsamen Verständnisses schafft. Aktives Eingreifen stört die spontan entstehende warme Atmosphäre. Eine Mißdeutung der Freudschen Abstinenzregel erzeugt eine kalte und kritische Atmosphäre und hat Übertragungsartefakte zur Folge, die leicht irrtümlich für Abkömmlinge aggressiver Triebe gehalten werden. Vielleicht haben Analytiker in ihrem eifrigen Bemühen um wissenschaftliche Achtbarkeit und angetrieben von irregeleiteter Idealisierung des Asketizismus zuviel vom naturwissenschaftlichen Laboratorium ausgeborgt, wenn sie versuchten, eine Entsprechung zum Experiment bei null Grad und ohne Druck[3] zu schaffen. Der Mangel an Empathie in der analytischen Situation erzeugt die Art von Vakuum-Atmosphäre, die für die analytische Arbeit unheilvoll ist, genau wie das entsprechende Vakuum in der genetischen Atmosphäre der frühen Kindheit tatsächlich zum Tod des Säuglings führen kann (Spitz 1946).

Apparats des Analysanden zum Selbst-Objekt innerhalb der psychischen Selbsterfahrung des Analysanden enthalten. Eine ausführliche Erörterung des Deutungsprozesses findet sich bei Ornstein (1975).

[3] Ich möchte mich bei Dr. Heinz Kohut für dieses anschauliche Bild bedanken.

In jeder analytischen Atmosphäre kommen, wie in jeder genetischen Atmosphäre, unweigerlich schmerzliche Momente von Spaltung, Frustration und Desorganisation vor. Wenn sie in einer im allgemeinen einfühlsamen, verständnisvollen Atmosphäre als isolierte Ereignisse auftreten, dienen sie oft als Ansporn für weiteres Durcharbeiten und weitere Entwicklung. Eine optimale Atmosphäre ist also nicht frei von Störungen, aber sie werden so in Grenzen gehalten, daß ein chronischer Bruch vermieden wird. Die Aufrechterhaltung dieses optimalen Störungsgleichgewichts innerhalb einer einfühlsam-verständnisvollen Matrix macht die Arbeit des Analytikers zum „unmöglichen" Beruf.

Aus dem Englischen von Gudrun Theusner-Stampa

Literatur

Freud, S. (1912). Ratschläge für den Arzt bei der psychoanalytischen Behandlung. GW VIII, 375–387.

Freud, S. (1913). Zur Einleitung der Behandlung. GW VIII, 453–478.

Freud, S. (1914). Erinnern, Wiederholen und Durcharbeiten. GW X, 125–136.

Freud, S. (1915). Bemerkungen über die Übertragungsliebe. GW X, 305–322.

Freud, S. (1919). Wege der psychoanalytischen Therapie. GW XII, S. 181–194.

Freud, S. (1923). Das Ich und das Es. GW XIII, 235–290.

Freud, S. (1963). Psychoanalysis and Faith. Hrsg. v. E. L. Freud & H. Meng. New York: Basic Books.

Gedo, J. (1975). Forms of idealization in the analytic transference. Journal of the American Psychoanalytic Association, 23, 485–506.

Glover, E. (1955). The technique of psycho-analysis. New York: International Universities Press.

Greenson, R. (1965). The working alliance and the transference neurosis. Psychoanalytic Quarterly, 34, 155–181.

Greenson, R. (1967). Technik und Praxis der Psychoanalyse, Bd. I. Stuttgart: Klett 1973.

Kohut, H. (1959). Introspektion, Empathie und Psychoanalyse. Frankfurt: Suhrkamp 1977.

Kohut, H. (1966). Forms and Transformations of narcissism. Journal of the American Psychoanalytic Association, 14, 242–272.

Kohut, H. (1968). The psychoanalytic treatment of narcissistic personality disorders. The Psychoanalytic Study of the Child, 23, 86–113.

Kohut, H. (1971). Narzißmus, Frankfurt: Suhrkamp 1973.

Ornstein, A., & Ornstein, P. (1975). On the interpretive process in psychoanalysis. International Journal of Psychoanalytic Psychotherapy, 4, 219–271.

Spitz, R. A. (1946). Die anaklitische Depression. In Erziehung in früher Kindheit (S. 104–135). München: Piper 1968.

Stone, L. (1961). Die psychoanalytische Situation. Frankfurt: Fischer 1973.

Winnicott, D. (1956). On transference. International Journal of Psycho-Analysis, 37, 386–388.

Zetzel, E. R. (1956). Das Konzept der Übertragung. In ders., Die Fähigkeit zu emotionalem Wachstum. Stuttgart: Klett 1974.

2.4 Rekonstruktion und Wahrnehmungserleben: weiterführende Gedanken zum psychoanalytischen Zuhören[1, 2]

Evelyne Albrecht Schwaber

„Es gibt ein schönes jüdisches Sprichwort: ‚Der Mensch denkt, Gott lacht ...' Aber warum lacht Gott angesichts denkender Menschen? Weil der Mensch denkt und weil ihm die Wahrheit entgeht. Je mehr nämlich die Menschen denken, desto mehr weicht das Denken des einen Menschen von dem eines anderen ab. Und schließlich ist ja der Mensch nie, was er zu sein denkt ... Gerade indem der Mensch der Gewißheit dessen, was wahr ist, verlustig geht und mit den anderen Menschen in bezug auf die Wahrheit nicht übereinstimmt, wird er zum Individuum."

Milan Kundera, On the Freedom of Man in Society. Rede anläßlich bei der Entgegennahme des Jerusalem Prize for Literature on the Freedom of Man in Society, Mai 1985.

Als Freud gegen Ende seines Lebens über „Konstruktionen in der Analyse" (1937) schrieb, sprach er von dem „Stück historischer Wahrheit", nach dem wir in unserer Arbeit mit psychotischen wie mit neurotischen Patienten suchen müßten, und das jedem psychischen Erleben zugrundeläge: „... unsere Konstruktion [wirkt] nur dadurch, ... daß sie ein Stück verlorengegangener Lebensgeschichte wiederbringt." Damit stellte er klar, wie unentwirrbar diese beiden fundamentalen Prozesse – unsere Konstruktionsversuche und die Fähigkeit der Erinnerung an eine verlorengegangene Vergangenheit – miteinander verwoben sind und wie sehr sie einander im Sinne einer gegenseitigen Bereicherung und Verstärkung zugute kommen.

Ich werde mich in dieser Arbeit mit jenen Aspekten unseres

---

[1] Die vorliegende Arbeit führt weiter aus und vertieft, was ich schon vor einiger Zeit (1981, 1983a, b, c) über das psychoanalytische Zuhören geschrieben habe.

[2] Ebenfalls veröffentlicht in: *Journal of the American Psychoanalytic Association,* Vol. 34 (4), 1986, pp. 911–932. Dem vorliegenden Aufsatz ist der Preis des ‚Journal of the American Psychoanalytic Association' als der bedeutendsten Arbeit zuerkannt worden, die 1986 im ‚Journal' veröffentlicht wurde.

analytischen Zuhörens beschäftigen, die sich auf unsere „konstruktiven“ Unternehmungen beziehen. Außerdem werde ich einige Vorschläge zur Diskussion stellen, wie wir die Wirksamkeit, den Tiefgang und die Reichweite unserer Rekonstruktionen in einer Weise verbessern könnten, die die unvermeidlichen Erschließungsschritte verkürzt und die Wiederaufdeckung mehr oder weniger lange zurückliegender Nuancen der Lebensgeschichte fördert.

Was verstehen wir unter „verlorengegangener Lebensgeschichte“?[3] Als Analytiker fassen wir den psychischen Bereich als unser Arbeitsgebiet auf; wenn wir von Lebensgeschichte – sei sie nun verlorengegangen oder wieder zurückgewonnen, sei sie gegenwärtiges oder früheres Erleben – reden, reden wir von einem psychischen Phänomen. Alles, was wir über sie wissen können, entstammt der Art und Weise, wie unser Patient sie uns mitteilt, sowie den vielfältigen Resonanzen, die dadurch wiederum in uns hervorgerufen werden. Das Verlorengegangene kann gerade vergangen sein oder bereits Jahrzehnte zurückliegen; als Echo der Zeitlosigkeit des Unbewußten ist das psychische Erleben selber zeitlos – Vergangenheit ist psychische Vergangenheit, *wie sie im jetzigen Augenblick empfunden* und zum Ausdruck gebracht wird. Von verlorengegangener Lebensgeschichte können wir bezüglich einzelner bestimmter Ereignisse sprechen – wie z. B. einer Geburt, eines Todesfalls, einer Trennung, einer Wiederversöhnung, einer Krankheit, eines Unfalls, einer Urszene; aber wir können über sie nur erfahren, wie sie erlebt wurde, was ins psychische Erleben aufgenommen wurde und wie das vor sich ging, und was ausgeblendet wurde. Als verlorengegangene Lebensgeschichte können uns aber auch ein Kontinuum von Ereignissen, weniger scharf abgegrenzte tagtägliche Begebenheiten, ständige subtile und eher undramatische Phänomene gelten: Wünsche, Gefühle, Träume, Phantasien, Wahrnehmungen, Arten und Weisen des Überhöhens, des Sich-Wehrens, des

[3] Die Autorin möchte darauf hinweisen, daß sie bei der Abfassung der folgenden Passage von Stracheys Übersetzung ausgegangen war, der ‚Lebensgeschichte‘ mit ‚experience‘ wiedergegeben hatte. Ins Deutsche rückübersetzt, müßte anstelle von ‚Lebensgeschichte‘ also ‚Erfahrung‘, ‚Erleben‘ stehen (Anm. d. Hrsg.).

Kontaktes und des Sich-Zurückziehens. Unsere Frage lautet stets: *Warum jetzt?* Was bringt das zum jetzigen Zeitpunkt an die Oberfläche, und welche Konflikte sind damit verbunden? Und wer sind wir? Welche Rolle haben wir in diesem Prozeß des Wiedererweckens übernommen?

Wir stimmen wohl darin überein, daß unser Arbeitsgebiet der psychische Bereich ist und daß unsere Forschungsmethode dieses Terrain widerspiegeln muß. Wenn wir jedoch unser analytisches Zuhören unter die Lupe nehmen, tritt eine andere Einstellung zutage. Wir hören zu, als könnten wir als Analytiker auseinanderhalten, was „wirklich" und was „nicht wirklich" ist – obwohl wir eine solche Haltung von der Technik her durchaus ablehnen. Wir beurteilen Ereignisse, die unsere Patienten berichten, und Beziehungen, die sie beschreiben – seien es nun solche innerhalb oder solche außerhalb des analytischen Austauschs – und legen fest oder versuchen festzulegen, ob sich das nun „wirklich" zugetragen hat oder nicht.

Weiterhin besteht wohl darin Übereinstimmung, daß unser bevorzugter Ansatzpunkt die Aufhellung der Übertragung ist, und daß der Patient dem, was wir sagen und tun, wie wir aussehen und wie unsere Stimme klingt, Bedeutung beimißt. Dennoch bezeichnen wir die Übertragung als eine Verzerrung – der Patient *braucht es*, uns so und so zu sehen, und damit werden wir diejenigen, die Motive zuschreiben. Oder aber wir beschließen, der Patient habe „recht" – er oder sie reagiere auf etwas „Reales" in der Beziehung – und unsere Gegenübertragung wirke sich möglicherweise störend aus; damit werden wir diejenigen, die, wenn auch implizit, über die Gültigkeit der Wahrnehmung richten. Wir erkennen die Bedeutung der Wahrnehmung für das innere Erleben an, und dennoch beurteilen wir sie: verzerrt oder richtig?

Wir sehen uns selber als teilnehmende Beobachter, begegnen aber selten klinischen Fallgeschichten, denen wir entnehmen können, was der Analytiker sagt oder nicht sagt – d. h. die uns darüber Aufschluß geben, wie der Analytiker tatsächlich teilnimmt. Und wir erhalten kaum einmal Informationen über die wechselnden Affektlagen des Patienten, durch die wir seine von Augenblick zu Augenblick erfolgenden Reaktionen ermitteln können.

Da es uns demzufolge nicht gelingt, uns ohne irgendeine Vorstellung von ‚Richtigkeit' auf die herausragende Bedeutung dessen einzustellen, was der Analytiker beiträgt – und zwar *in der Wahrnehmung des Patienten* – sowie auf die verbalen und nonverbalen Hinweise, in denen sich die Wirkung dieses Beitrags ausdrückt, bleibt eine Hauptkomponente der psychischen Realität des Patienten – und damit seiner oder ihrer Geschichte – unbeachtet.[4] Die Rekonstruktion der Vergangenheit dürfte ohne diese Anerkennung des perzeptorischen Erlebens wohl eher Erschließungsschritte erfordern, die der Analytiker für den Patienten machen muß (oder die der Patient möglicherweise für den Analytiker zu machen lernt), als daß der Patient selber sie spontan in Angriff nimmt und ihr einen affektiven Ausdruck verleiht.

Zur Veranschaulichung meiner Gedanken möchte ich einige Fallgeschichten heranziehen, die ich aus verschiedenen Schriften unserer Fachliteratur ausgewählt habe. Sie sind, wohlgemerkt, aus ihrem Kontext herausgerissen.

Ich habe mich für sie entschieden, weil ihr Stil so klar ist und weil sie mir auf Grund ihrer aufrichtigen und unumwundenen Ausführungen als besonders nützliche Beispiele bei meinem Versuch dienen, die jeweilige Weise des Zuhörens zu erkennen und aufzuzeigen, was nach meiner Ansicht eine für unsere Arbeit allgemein zutreffende, durchgehende klinische Einstellung ist.

Das erste Beispiel handelt von einem Patienten, dessen Charakter, wie wir erfahren, weitgehend davon beeinflußt wurde, daß er als Kleinkind mehrere Jahre lang im Schlafzimmer der Eltern schlief. Der Analytiker schreibt (Arlow 1969b):

> „Während unserer Arbeit am Problem der ödipalen Rivalität, wie es in der Übertragung zutage trat, berichtete der Patient . . . : ‚Ich habe phantasiert, daß ich zu meiner Stunde kam und auf die Couch zuging. *Sie*

[4] Wir können hier Arlows (1969a) überzeugende Metapher einer durchscheinenden Leinwand zitieren, auf die gleichzeitig von beiden Seiten Bilder projiziert werden – zum einen von der Seite der unbewußten Phantasie und zum anderen von Seiten der „Realität", der Wahrnehmung äußerer Reize; sie charakterisiert sehr treffend die herausragende Rolle der Wahrnehmung, die an der Organisation des psychischen Erlebens des Patienten durchaus gleichgewichtig beteiligt ist.

ärgerten sich über mein Verhalten in der Analyse und beschlossen, die Behandlung zu beenden. Ich wollte zur Couch gehen, aber Sie bedeuteten mir, ich solle im Sessel Platz nehmen und sagten, die Behandlung sei zu Ende. Ich protestierte heftig dagegen. Ich wurde sehr wütend. Ich stürzte zur Couch, legte mich hin und sagte, ich würde mich nicht von der Stelle rühren. Sie waren entschlossen, die Polizei zu rufen, damit sie mich wegschafft, wenn ich nicht gehen würde. Ihre nächste Patientin war schon da. Sie sagten ihr, sie solle warten. Sie würden mit ihr weitermachen, sobald Sie mich loswären. In meiner Phantasie fürchteten Sie sich auch. Sie dachten, ich könnte der Polizei entkommen und zurückkehren und Sie mir vornehmen.' "

Der Autor fährt fort:

„Der Schlüssel zum Verständnis der Phantasie kam in den ersten Assoziationen, deren Thema der Rollentausch war, bei dem der Patient die Rolle des Analytikers übernimmt und der Analytiker zum Patienten wird. Andere Assoziationen betrafen die Sexualisierung der analytischen Situation, die Couch als Bett, die attraktive Patientin als Objekt *unserer* konkurrierenden Rivalität, drei Leute in einem Zimmer, wo nur zwei sein sollten, das Ausbooten eines Rivalen durch Abwarten, die Tatsache, daß schwache und hilflose Menschen die Polizei brauchen, wenn in bestimmten Situationen ihre eigene Körperkraft nicht ausreicht.

Unter Anwendung des Prinzips der Traumdeutung bezüglich gegensätzlicher Elemente ließ sich die Phantasie als Rollentausch deuten ... Auf der Ebene der Übertragung ist der Patient wütend und eifersüchtig. Er möchte mich los sein, aber ich klammere mich an meine Habe. Er wird mehr Kraft anwenden, mich hinauswerfen und meine Position, meine Praxis sowie die attraktive Patientin als besondere Beute für sich beanspruchen. Als Rekonstruktion: ... Der Patient, der sich im Elternschlafzimmer befand, war aufgewacht und versuchte auf verschiedene Weise ... seinen Vater zum Verlassen des Bettes zu bewegen ... Aber der Vater kehrte immer wieder in sein Bett zurück, und der schwache und kleine Ödipus konnte nur sehr wenig dagegen unternehmen. Wenn er doch bloß die Polizei oder vielleicht ein paar verbrecherische Kerle rufen könnte ... sie würden den Vater schon aus dem Weg räumen ... und der Kleine könnte die Mama für sich allein haben. Der Vater ist natürlich stark. Er könnte entkommen. Er wäre sehr wütend. Er könnte zurückkehren und den Kleinen bestrafen. (Die Kindheitsneurose des Patienten bestand in der Angst vor Verbrechern, die des Nachts eindringen und ihn entführen oder verletzen könnten.) In der nächsten Sitzung bestätigte sich die Deutung ..." (S. 41f.) [Hervorh., E. A. S.]

Der Autor benützt dieses Beispiel, um zu veranschaulichen, wie *wirkliche* Ereignisse und *Phantasien* ineinandergreifen; das Erleben der Urszene war ein „wirkliches" Ereignis, ebenso die besonderen „Ingredienzien" der analytischen Situation, mit denen sich dann die Phantasien und Wünsche vermengten.

Bei all seinem reichen Material sagt uns der Analytiker an keiner Stelle seines „Schlüssels zum Verständnis der Phantasie", was er zum Patienten gesagt hatte, bevor dieser seine Phantasieen entwickelte: „Sie ärgerten sich über mein Verhalten in der Analyse und beschlossen, die Behandlung zu beenden ... entschlossen, die Polizei zu rufen, damit sie mich wegschafft, wenn ich nicht gehen würde ... Sie fürchteten sich auch." (Außerdem sprach der Patient beim Assoziieren von „*unserer* konkurrierenden Rivalität" – d. h. seiner *und* der des Analytikers). Wie gelangte der Patient im Rahmen der analytischen Situation zu dieser Sicht vom Analytiker? Da der Analytiker diese Frage nicht ausdrücklich erwägt, müssen wir uns fragen, ob er nicht folgende Einstellung hat: Da er „weiß", was „in Wirklichkeit" zwischen ihm und dem Patienten passiert ist, muß – unter der Annahme, daß eine störende Gegenübertragung nicht vorhanden ist – das perzeptorische Erleben des Patienten Produkt einer Verzerrung gewesen sein (die in diesem Fall in einem phantasierten Rollentausch zum Ausdruck kommt). Wäre man der Frage nachgegangen, hätte der Patient möglicherweise an seiner Wahrnehmung der Reaktion des Analytikers, die zu der Phantasie geführt hatte, etwas erkannt, das ihm wiederum eine alte Wahrnehmung ins Gedächtnis hätte rufen können – vielleicht eine Wahrnehmung der Art und Weise, wie sein Vater auf ihn reagiert hatte – eine Fährte des Forschens, die vielleicht zu einer Rekonstruktion geführt hätte, die uns jetzt verlorengegangen ist. Wir wissen natürlich nicht, ob der Analytiker dieser Frage tatsächlich nachgegangen ist oder nicht; da er uns jedoch seine vorherigen Interventionen nicht mitteilt, könnte man zu dem Schluß gelangen, daß die Art und Weise, wie er am analytischen Prozeß teilnimmt, irgendwie nicht zu unserem Verständnis des Materials paßt.

Ein anderer Autor führt das folgende Fallbeispiel an (Brenner 1982):

> "Eine auffallende Eigenart im Verhalten [der Patientin] ... war, wie oft sie sich mit mir herumstritt. Selbst wenn ich ihre Aufmerksamkeit auf ihr *Bedürfnis* zu streiten gelenkt und sie dann beschlossen hatte, wenigstens so weit zu kooperieren, daß sie sich anhören wollte, was ich sagen würde,

ohne gleich beim ersten Wort aus meinem Mund zu widersprechen, war ihr guter Vorsatz verflogen, sobald sie in meine Praxis kam und sich auf die Couch legte. Herumzustreiten schien ihr ebenso natürlich und unvermeidlich zu sein wie Atmen ...

Die Patientin merkte bald, daß das Streiten mit mir in der Analyse dem Streiten mit ihrem Vater in ihrer Adoleszenz ähnelte, ... es befriedigte sowohl aggressive als auch libidinöse Triebabkömmlinge. Es sollte einerseits mich auf besondere Weise zu Fall bringen und demütigen und andererseits ihren Wunsch befriedigen, mit mir sexuell zu verkehren. Die besondere Weise, mich zu Fall zu bringen und zu demütigen, sah so aus: Wenn sie relativ ruhig bleiben und mich dazu bringen könnte, wütend, erregt und unvernünftig zu werden, würde sie den Sieg davontragen. Sie erinnerte sich, daß sie diese Vorstellung auch schon bei ihren Diskussionen mit dem Vater hatte. Wenn sie die Beherrschung verlor und unvernünftig wurde, fühlte sie sich besiegt. Wenn ihr Vater wütend wurde, ... triumphierte sie innerlich ...

Ein weiterer Anteil ihrer Wut auf mich ... – d. h. auf ihren Vater, der sie nicht in der Weise bevorzugte, wie sie es ersehnte – war eine Abwehrreaktion, die ihre depressive Stimmung auf Grund des als Kastration erlebten Fehlens eines Penis verminderte ... zu streiten, unabhängig zu sein, wütend und widerspenstig zu sein, bedeutete, dem Mann ebenbürtig zu sein und sich eben nicht kastriert, wertlos und unterlegen zu fühlen ... Die beunruhigenden Wünsche der Patientin, ihre Befürchtungen und ihr Unglücklichsein waren ganz und gar auf die Übertragungserscheinung der ständigen Diskussionen mit mir verlagert und verbargen sich in ihr. *Am Anfang* war ihr bewußt, daß sie mit mir stritt, weil *es ihr so vorkam, als versuchte ich, ihr* mit etwas, das nicht wahr war, *den Hals vollzustopfen* – und nicht, weil sie vermeiden wollte, sich kastriert und gedemütigt zu fühlen. Sie meinte auch, wütend zu sein und mit mir zu streiten, weil *ich sie* durch meine unverschämte und herablassende Art oder Stimme oder beides provozierte. Es ist offensichtlich, daß all diese Aspekte ihres Streitens mit mir der Abwehr dienen.

Das Streiten hatte schließlich auch Über-Ich-Aspekte ... Das Gefühl, ich sei provozierend, gebe nichts her und verachte sie, ... stellte die Bestrafung und Buße dar, die sie unbewußt verdient zu haben glaubte: Sie mußte sie erleiden, um die Vergebung der Mutter zu erlangen ..." (S. 197–200) [Hervorh., E. A. S.]

Der Autor, der die Übertragung benützt, um das ungelöste ödipale Dilemma der Patientin zu rekonstruieren, möchte anhand dieses Beispiels zeigen, wie die Übertragung stets Elemente aller Komponenten eines psychischen Konflikts widerspiegelt – der Triebabkömmlinge wie der Abwehr und der Funktionsweise des Über-Ich.

Aber auch hier hören wir nichts von dem, was der Analytiker zur Patientin gesagt hat; er scheint seine Äußerungen nicht als zum Verständnis ihrer Erfahrungen (wie sie sich in der Übertragung widerspiegeln) notwendige Information zu betrachten. Im Gegenteil: Ihre Wahrnehmung des Analytikers, er „versuche, ihr mit etwas den Hals vollzustopfen“ oder er „provoziere sie durch seine unverschämte und herablassende Art“ gilt ihm als prädeterminiert – indem sie ihre Triebwünsche befriedige, sie abwehre und die Forderungen des Über-Ichs vermindere. Sie bekommt zu hören, sie habe „ein Bedürfnis zu streiten“ – ihre Wahrnehmung ist also durch bereits vorhandene konflikthafte Triebabkömmlinge verzerrt und nicht vielmehr grundlegender Anteil von deren besonderer Ausprägung und Entstehung. Eine Klärung ihres Erlebens von Stil oder Eigenart des Analytikers hätte wiederum möglicherweise eine Erinnerung an bestimmte Nuancen in Stil oder Eigenart des Vaters (oder der Mutter) wachgerufen (sie erzählt, der Vater sei wütend geworden und die Mutter vielleicht unversöhnlich gewesen); sie hätte sich vielleicht erinnert, wie diese Nuancen ihrerseits, in enger Verbindung mit ihren eigenen aufkommenden Wünschen und Phantasien, sie zu ihrer eigentümlichen Reaktion gebracht hatten. Solche Daten, bei denen dann der spezifische Anteil des Analytikers eine wesentliche Rolle für das Verständnis der Übertragung spielt, könnten der Rekonstruktion der Schicksale jeder einzelnen Komponente ihres ödipalen Dilemmas aus ihrem Wahrnehmungskontext heraus eine bedeutungsvolle Dimension hinzufügen.

Ich möchte unterstreichen, daß die Fragen nach den Äußerungen des Analytikers oder nach den Erinnerungen der Patientin an das, was ihre Eltern gesagt haben, nicht gestellt werden, um entscheiden zu können, ob die Patientin „recht“ hatte oder nicht – zum Beispiel, ob der Analytiker tatsächlich unverschämt oder herablassend klang – oder um herauszufinden, ob ein Gegenübertragungshindernis mit im Spiel war. Unterläßt man sie jedoch, so entsteht leicht die Annahme, die Patientin habe „Unrecht“ gehabt; der Analytiker gerät dadurch in die Position dessen, der dieses Urteil fällt. Ich stimme diesbezüglich grundsätzlich mit der Ansicht Brenners (1979) überein, nach der das Erleben des Patienten im wesentlichen *analytisch* anzugehen – zu verstehen und zu deuten – ist und daß dies *nicht* unbedingt eine Veränderung im Verhalten des Analytikers gegenüber dem Patienten voraussetzt. Ich vertrete jedoch den Standpunkt, daß eine Klärung der Beteiligung des Analytikers es möglich macht, den Brennpunkt der analytischen Arbeit klarer zu fassen. In einem weiteren Beispiel (Tolpin 1983) berichtet eine Patientin von einem Traum, den sie auf einer Reise hatte; sie habe mit ihrem Freund zusammensein wollen, ihn aber beim Spielen mit einem kleinen Jungen, seinem Sohn, angetroffen; da habe sie beschlossen, ihn nicht zu behelligen. Sie assoziiert:

> „Der Ausdruck, den Sie neulich gebrauchten, als Sie meinten, meine Eltern seien mir gegenüber teilnahmslos gewesen, als ich ein kleines Mädchen war: Es waren die Worte ‚kleines Mädchen'. Es ging mir furchtbar schlecht daraufhin. Irgendwie beschämen sie mich. Ich habe das Gefühl, nie ein kleines Mädchen gewesen zu sein. Ich hab' nur einfach von einem Tag zum anderen gelebt, bis ich erwachsen war; ich hab' nie etwas Angemessenes erlebt in der Zeit. Das Thema Geld spielt hier auch eine Rolle – ich versuche zu verstehen, was Geld für mich bedeutet. Würden Sie auf Ihr Honorar warten, wenn ich einen Monat lang kein Geld hätte? Ja, Sie würden es tun. Oder wenn Sie ein Multimillionär wären, würden Sie mich umsonst behandeln? Es gab nur noch einen Menschen, der mir auch zuhörte und mich zu verstehen versuchte, das war das Kindermädchen, und es bekam auch Geld dafür."

Der Analytiker antwortet:

> „Sie fragen mich, ob ich wirklich für Sie da bin. War das Kindermädchen für Sie da? Sie haben das Gefühl, daß es für Sie da war, ob es nun bezahlt wurde oder nicht. Es hatte eine Beziehung zu Ihnen und verstand Sie, und das ist es, was für uns wichtig ist. Natürlich möchte ich Ihnen helfen können" (S. 472–473).

Dieser Analytiker nimmt einen theoretischen Standpunkt ein, bei dem besondere Aufmerksamkeit auf äußere Einflüsse gerichtet ist – die Patientin bedarf der psychischen „Ernährung", um „ihren relativen Mangel an innerer Struktur auszugleichen". Er unterläßt es aber immer noch, die Wahrnehmung seiner Person durch die Patientin zu erforschen. Er fragt sich an keiner Stelle, was an seiner Bemerkung die Patientin beschämt oder woraus sie ihre Sorge – vielleicht ihren Zweifel – abgeleitet hat, ob er sie umsonst behandeln oder ihr zuhören würde; sie hatte ja diesbezüglich auch schon bei ihrer Kinderfrau Bedenken. Ohne je wirklich von ihren Wahrnehmungen zu sprechen, „bestätigt" er die Patientin einfach und setzt damit der weiteren Bearbeitung ihrer konflikthaltigen Themen ein Ende. (In der Tat scheinen hier viele mögliche Nebenbedeutungen unbeachtet zu bleiben.) Wir könnten auch fragen, woher der Analytiker weiß, daß die Eltern der Patientin ihr gegenüber teilnahmslos waren – wenn es stimmt, daß er das zu ihr gesagt hat. Woher weiß er denn, daß das Kindermädchen sie verstanden hat?

Ich bringe dieses Beispiel, weil ich gern aufzeigen möchte, daß eine derartige theoretische Position, die die Rolle des – früheren oder aktuellen – Milieus betont, genauso wenig auseinanderzuhalten vermag, daß es bei der Analyse um das psychische und nicht um das „reale" Erleben geht.

Diese Beispiele wurden weder sorgfältig herausgefiltert noch ausgewählt, um meine Argumentation zu stützen. Ich habe schon angedeutet, daß ich sie aufgrund ihrer Detailliertheit und Klarheit in der Darstellung herangezogen habe. Wenn sie derart verkürzt dargeboten werden und einen Punkt beleuchten sollen, um den es den Autoren gar nicht zu tun war, könnte man sie als unfaire Auszüge anfechten. Aber hier wird kein Strohmann aufgebaut. Diese Fallbeispiele enthüllen in repräsentativer Weise eine innere Einstellung, die unsere Arbeit durchdringt: die Nichtbeachtung der zentralen Funktion der Wahrnehmung des Patienten als integraler Bestandteil seines inneren Erlebens. Trotz einhelliger Warnungen vor einer Technik, die verhaltenskorrigierend eingreift, erzeugt der Analytiker, indem er von einem überlegenen Standpunkt bezüglich der Tatsächlichkeit oder Nicht-Tatsächlichkeit bestimmter früherer oder aktueller Ereignisse aus zuhört, eine Art Hierarchie der Wirklichkeiten – derjenigen, die er oder sie kennt und derjenigen, die der Patient verkehrt wahrnimmt.

Stein schreibt zum Beispiel (1966, von mir bereits bei früheren Gelegenheiten – 1981 und 1983 b – zitiert):

> „Wir dürfen unseren Patienten nicht sagen, daß sie eine Lebenssituation *falsch beurteilt* haben und geben in der Regel auch nicht der Versuchung nach, die *fehlerhafte Wahrnehmung* eines Ereignisses in der Analyse *zu korrigieren*. Wir versuchen statt dessen durch die Analyse jene *Verzerrungen* in der Selbstbeobachtung zu *berichtigen*, die in der analytischen Situation zum Vorschein kommen. Indem unser Patient einen klareren Blick für seine geistig-seelischen Abläufe gewinnt – durch schonungslose Ehrlichkeit sich selbst gegenüber – hoffen wir, daß seine *verzerrte Wahrnehmung* der Außenwelt auf ein Minimum reduziert wird." (S. 276) [Hervorh., E. A. S.]

Der Patient beurteilt falsch, nimmt fehlerhaft und verzerrt wahr, und es ist der Analytiker, der, wenn auch stillschweigend, dieses Urteil fällt. Genau dieses *unausdrückliche* Vorhandensein einer hierarchischen Sicht möchte ich veranschaulichen. Obschon wir vielleicht alle übereinstimmen, daß unsere Domäne die „psychische" und nicht die „materielle" Realität ist (vgl. Freud 1917, S. 383), daß wir uns nicht mit der absoluten oder „objektiven" Wirklichkeit befassen, hat dieser Standpunkt in der klinischen Anwendung nicht Fuß fassen können – bei aller Verfechtung auf der theoretischen Ebene. So führt Spruiell (1983) schwerwiegende Gründe für eine stärker relativierende Sicht der Dinge an und stellt fest, unsere Sprache sei im mittlerweile unhaltbaren Positivismus des 19. Jahrhunderts befangen. Er schreibt:

> „Die Psychoanalyse hat immer noch die Wirklichkeitsbegriffe früherer Zeiten, so sehr sie auch erodiert sein mögen, und obwohl sie eine eigene theoretische Stoßkraft besitzt. Alle Aussagen bezüglich dessen, was psychologisch real, was rational, irrational, wahnhaft oder realistisch ist, bezüglich des Wesens der Realitätsprüfung, der angeblich ‚realen' Beziehung im Gegensatz zur ‚Übertragungs'-Beziehung, des Realitätssinnes, bezüglich dessen, was psychotisch, verzerrt, angemessen, unangemessen, angepaßt und unangepaßt ist oder nicht, – all diese urteilenden Aussagen betreffen Dinge, die im Kern unseres Berufes stecken. Dennoch sind die meisten derartigen Aussagen begriffsmäßig nicht mehr haltbar, auch wenn sie *in der praktischen Anwendung* weitgehend noch *befriedigen*. Die philosophische Position des ‚naiven Realismus' ist obsolet." (S. 5) [Hervorh., E. A. S.]

Wir haben hier eine wesentliche Frage vor uns: Wenn diese Aussagen begriffsmäßig *un*haltbar sind, wenn sich in ihnen ein überholter naiver Realismus äußert, was soll dann die Behauptung besagen, sie seien in der praktischen Anwendung befriedigend? Sie kann nur bedeuten, daß unser innerer Ort des analytischen Zuhörens nach wie vor in einer hierarchischen „Zwei-Wirklichkeiten"-Perspektive angesiedelt ist, die dem Analytiker zugesteht, über die „richtigere" Realität zu urteilen, und daß wir hinter den Implikationen der Freudschen Hinwendung zur Phantasietheorie zurückgeblieben sind.

J. McLaughlin (1981) weist in einer eloquenten Arbeit ebenfalls auf diese „Zwei-Wirklichkeiten"-Perspektive hin und spricht sich überzeugend für eine Rückkehr zu „Freuds ursprünglicher und weiterer Sicht der seelischen Wirklichkeit ... als wesenhaft für alle psychischen Phänomene" (d. h. aller psychischen Phänomene bei Analytiker und Analysand) aus. Er schreibt:

> „Ich möchte mit allem Nachdruck die Relativität der wahrgenommenen Wirklichkeit (psychischen Wirklichkeit) – auf beiden Seiten der Couch – und die Ubiquität von Übertragungsvorgängen, auf denen diese Wahrnehmungen aufbauen, behaupten und verfechten. (S. 649) Wenn wir die psychische Realität so hoch einschätzen, daß sie das einzige ist, womit wir – in der Analyse oder außerhalb der Analyse – zu arbeiten haben, scheinen wir dem Analytiker auf den ersten Blick mehr zu nehmen, als wir ihm geben ... Aber wir können davon potentiell weit mehr haben als von unserem früheren und eher schiefen Konzept des analytischen Paares." (S. 658)

Dieses potentielle Mehr liegt, wie ich schon erörtert habe, in der Wiedergewinnung tieferer Schichten der „verlorengegangenen Lebensgeschichte", in größerer Klarheit sowie in einer komplexeren und subtileren Dimensionierung.

Ich möchte nun ein paar kurze Beispiele anführen, die die von mir vertretene innere Einstellung beleuchten sollen:

> „In einer Sitzung kam ein Patient mit der Klage an, seine Freundin scheine ihn wohl nicht zu mögen, sie rühre ihn kaum einmal an, und er fühle sich daher auch nicht gesprächig. Die Worte kamen ihm langsam und versiegten allmählich. Er hielt inne, ich sagte nichts; dann sagte er, er habe eine Musik gehört und ihr ganz still gelauscht. Ich forderte ihn auf, mehr darüber zu sagen, und er antwortete: ‚Anscheinend habe ich die Musik gehört, als ich darauf wartete, daß Sie etwas dazu sagen und Sie es nicht taten.' Was erwartete er von mir, und was bedeutete mein Schweigen für ihn? (fragte ich mich). Als er jetzt darüber nachdachte, wurde ihm klar, daß er sich auch von mir ‚nicht angerührt' fühlte; da er das Bedürfnis hatte, getröstet zu werden, griff er zu einem altvertrauten Muster, das er mir dann mitteilte: Musik hören – einem auditiven Modus, wie ich es formuliert hätte – auch wenn sich das Ganze in der Vorstellung abspielte.
>
> Ich erfuhr dann, wie er als Kind bei der Musik Zuflucht gesucht hatte, die ihm sein Gefühl der Isolation und Bedeutungslosigkeit erträglicher machte ... Musik (wie den Brahms, dem er auf der Couch ‚zugehört' hatte) mochte auch sein Vater gern hören ..." (Schwaber 1983a, S. 279f.)

Er erinnerte sich, daß er sich auf diese Weise dem Vater zuwandte, wenn er sich von der emotional ‚distanzierten' Mutter ‚nicht angerührt' fühlte. Da er meine Distanz fühlte, tröstete er sich – in der Phantasie – auf ähnliche Weise. So gelang es uns, eine wichtige Dimension der Bedeutung von Musik in seinem Leben zu rekonstruieren.

Lassen Sie mich nun wieder zum Anfang zurückkehren und dieses Fallbeispiel noch einmal erzählen; ich versuche dabei, den klinischen Prozeß etwas detaillierter zu erklären:

„Ein Patient kam mit der Klage, seine Freundin scheine ... ihn kaum einmal anzurühren, und er fühle sich daher nicht gesprächig." Wir sehen hier, daß der Patient eine unmittelbare Verbindung zu seinem Gemütszustand *in dieser Stunde, in diesem Augenblick* herstellt. Rückblickend hätte ich ihn nach dem Zusammenhang zwischen der Reaktion seiner Freundin auf ihn und seiner mangelnden Gesprächigkeit mir gegenüber fragen können.

„Er hielt inne, ich sagte nichts; dann sagte er, er habe eine Musik gehört und ihr ganz still gelauscht. Ich forderte ihn auf, mehr darüber zu sagen ..." Ich forderte ihn also mit anderen Worten auf, zu überlegen, was soeben passiert sei. „... er antwortete: ‚Anscheinend habe ich die Musik gehört, als ich darauf gewartet habe, daß Sie etwas dazu sagen, und Sie es nicht taten." Indem er überlegt, was soeben geschehen ist, kann er nun die Verbindung zwischen seinem Schweigen, d. h. seinem Widerstand, und *meiner* Reaktion *bewußt* und *ausdrücklich* herstellen.

„Was erwartete er von mir und was bedeutete mein Schweigen für ihn?" Diese Frage diente der weiteren Klärung des von ihm hergestellten Zusammenhangs; er dachte darüber nach und kam auf Folgendes: „Als er jetzt darüber nachdachte, wurde ihm klar, daß er sich auch von mir ‚nicht angerührt' fühlte ..." – Da er aber „das Bedürfnis hatte, getröstet zu werden ..." – nun wissen wir also, warum er sich – auch am Beginn der Stunde – nicht gesprächig fühlte – „... griff er zu einem altvertrauten Muster ...: Musik hören ..." Dieses Gefühl, ‚nicht angerührt' zu werden, und das Verlangen nach ‚Getröstetwerden' kam ihm irgendwie alt und vertraut vor, ein Muster, das er wiedererkannte, *weil* es diesem Zustand so sehr entsprach. Doch warum wählt er gerade diese Weise des Rückzugs? „... er erinnerte sich, daß er sich auf diese Weise dem Vater zuwandte ..." *Nun* waren die Erinnerungen wieder wachgerufen.

Wir konnten zu dieser Rekonstruktion gelangen – d. h. der Patient konnte es –, weil wir gemeinsam seinem Stimmungswechsel und dem Nachlassen seiner freien Assoziationen nachgingen und weil sich dadurch seine Fähigkeit zur Selbstbeobachtung verbesserte. Er erkannte dann, daß sein Stimmungsumschwung auf eine spezifische Wahrnehmung meiner Person hin erfolgte – nämlich als schweigend, und das bedeutete für ihn ‚nicht anrührend' – und zwar zu einem Zeitpunkt, wo er vielleicht ein stärkeres Bedürfnis nach irgendeiner Reaktion hatte. Da seine Wahrnehmung meiner Person als ihn „nicht anrührend" nicht in den Bereich der Verzerrung verwiesen wurde, konnte diese Dimension seiner Kindheitserfahrungen und des von ihm eingeschlagenen Weges aus seinem Dilemma allmählich zum Vorschein kommen. Die Stimmung des Patienten und deren Wechsel sowie sein besonderer Widerstand verliehen der Rekonstruktion der präödipalen Grundlagen seines ödipalen Dilemmas und dem Kontext, in dem sie sich entwickelt hatten, Form und Bildhaftigkeit. In den nachfolgenden Stunden konnten wir noch deutlicher sehen, wie sich seine Gedanken auf den emotional anteilnehmenderen Vater zubewegten, während sie sich gleichzeitig vom schmerzhaften oder konfliktreichen Erleben der Interaktion mit seiner distanzierten Mutter zurückzogen – wobei diese Einsicht um so deutlicher wurde, je leichter der Patient dieses Muster durchschaute.

Man könnte an dieser Stelle fragen, ob ihm nicht die Intensität seiner Impulse gegenüber der Mutter so sehr Angst machte, daß er zum Vater flüchtete. Könnte es nicht sein, daß seine bedrohlichen Impulse mir gegenüber ihn in der Übertragung in ähnlicher Weise in eine Abwehrhaltung drängten? Dies mag der Fall sein, aber es sagt uns nichts über den Kontext, in dem sich sein Rückzug abspielte. Als er seine vielleicht gefährlichen Wünsche mir gegenüber wahrnahm, wirkte mein Schweigen auf ihn wie eine Abfuhr. Würde man sagen, seine Wahrnehmung meiner Person habe ein *Bedürfnis* von ihm dargestellt, so würde man ihm ein Motiv unterstellen, das weiterer Erschließungsschritte bedürfte und die Bedeutung meines Anteils an seinem Erleben überginge. Da der Sinn seines Erlebens bereits festgelegt wäre, würden wir es versäumen, die Bedeutung seiner Wahrnehmung meiner Person auf unparteiische Weise zu erforschen: wieso es nämlich zu der Vorstellung kam, ‚nicht angerührt' zu werden, weshalb sie gerade zu diesem Zeitpunkt auftauchte und zu jener besonderen Reaktion führte. Diese Fragen spiegeln eine *Einstellung* wider, die das Zustandekommen unserer Rekonstruktion ermöglichte.

Man könnte weiterhin fragen: War seine Mutter wirklich distanziert, wirklich nicht kontaktfreudig? War ich wirklich so schweigsam? Ein kritischer Beitrag zu dieser Sitzung lautete, der Patient habe meine „routinemäßige analytische Schweigsamkeit verzerrt" (Schwaber 1981, S. 363). Wie lange kann der Analytiker schweigen, damit es noch als „Routine" gilt – eine oder fünf Minuten, eine halbe Stunde, eine ganze Sitzung oder zwei? Wann gilt sein Schweigen als zu lang? Wer könnte darüber befinden?

In einem anderen Fall kam ein Patient in eine Sitzung und stellte mir immer wieder Fragen; er wollte unbedingt wissen, wie er sich meiner Ansicht nach bezüglich gewisser bedeutsamer Entscheidungen für sein Leben verhalten sollte. Ich wies darauf hin, daß seine Fragen einen echten Druck ausübten, daß sein Verlangen nach einer Antwort meinerseits sehr drängend sei. Als er sich dessen bewußt wurde, sagte er: „‚Ich habe mich an diesem Wochenende recht einsam gefühlt und muß deshalb den Kontakt mit Ihnen wieder herstellen ... ich bin sicher, es hat nichts damit zu tun, daß Sie am Donnerstag und Freitag nicht da waren ... Machen Sie sich keine Hoffnungen!', fragte ich, ‚Was reimen Sie mit Hoffnungen?' Er antwortete: ‚Daß Sie mir keine Erklärungen geben können, die Sie zufriedenstellt ... daß Sie keine Erklärung haben ...'" Ich sagte: „‚Sie meinen, meine Motive, eine Erklärung (dafür, daß meine Abwesenheit bei Ihnen Gefühle hervorruft) zu finden, könnte irgendwie meinen eigenen Bedürfnissen dienen – so daß ich zwar etwas für *Sie* tue, dabei aber *meine* eigenen Wünsche befriedige?'"

Daraufhin veränderte sich sein Tonfall, und er schien weniger unter Druck zu stehen, als er sagte: „‚eine Assoziation ist interessanterweise, daß ich nicht gesund werden will, weil es Sie gesund macht ... Ich habe das immer zu meinem anderen Therapeuten gesagt ... Ich denke an meine Mutter, die als Mutter immer gut dastehen wollte; wenn ich nämlich ein guter Sohn bin, wirft es ein gutes Licht auf sie ... sie bestand immer darauf, daß ich eine Krawatte trug, wenn wir irgendwo hingingen ... Es war klar, daß es für sie war ... Oder sie kam immer wieder in mein Zimmer und verlangte, ich solle es saubermachen – es war aber *mein* Zimmer.' Ich sagte: ‚Sie meinen, die Erwartungen, die sie hatte, waren irgendwie mehr für die Bedürfnisse Ihrer Mutter als für Ihre eigenen da.' ‚Genau!' sagte er, ‚darüber haben wir uns ewig gestritten ... ihr Bedürfnis im Gegensatz zu meinem ... Dann könnte also mein Motiv dafür, keine Krawatte zu tragen, den Sinn haben, daß ich ihr nicht nachgebe. Da

> ist immer dieses Fragezeichen – tue ich es für sie oder absichtlich gegen sie?' ‚Wie in Ihrer Analyse', stellte ich fest, ‚wenn es Ihnen besser geht, ist es dann für mich? Oder wenn nicht, absichtlich gegen mich?' ‚Ja!' sagte er, ‚wie werd' ich es je herausfinden?'" (Schwaber 1981, S. 387–388, an einigen Stellen unformuliert).

Rollen wir nun das Beispiel noch einmal auf:

„... ein Patient (kam) in eine Sitzung ... er wollte unbedingt wissen, wie er sich meiner Ansicht nach ... verhalten sollte. Ich wies darauf hin, daß seine Fragen einen echten Druck ausübten, daß sein Verlangen nach einer Antwort meinerseits sehr drängend sei." Ich lenkte seine Aufmerksamkeit auf seinen Affekt, auf den Nachdruck.

„Als er sich dessen bewußt wurde, sagte er: ‚Ich habe mich ... recht einsam gefühlt und muß deshalb den Kontakt mit Ihnen wieder herstellen.'" Er stellt diesen Zusammenhang her, weil er nicht mehr über seinen Gefühlszustand nachdenkt. Er sieht *jetzt* ein, weshalb er das Gespräch mit mir sucht. „‚Ich bin sicher, es hat nichts damit zu tun, daß Sie ... nicht da waren ... Machen Sie sich keine Hoffnungen!' ‚Hoffnungen?' fragte ich, ‚Was meinen Sie mit Hoffnungen?'" Ich stellte diese Frage, weil seine Äußerung eine Sicht meiner Person widerspiegelte, die ich geklärt haben und *nicht bestreiten* wollte.

„‚Daß Sie mir eine Erklärung geben können, die Sie zufriedenstellt ... daß Sie eine Erklärung haben ...'" Wollte er mich nur mit einem gewissen Sarkasmus abblitzen lassen oder wehrte er seine eigenen Gefühle bezüglich einer Unterbrechung ab? Das kann natürlich der Fall sein, aber er hat immerhin auch etwas über seine „Sicht" meiner Person ausgesagt. Ich hatte schon bei anderen Gelegenheiten auf den Zusammenhang zwischen seinem Gemütszustand und irgendwelchen Trennungen hingewiesen – vielleicht nahm er an meiner Art, diese Verbindungen zu knüpfen, etwas wahr, das ihm mehr von mir als von ihm zu kommen schien.

„Ich sagte: ‚Sie meinen, meine Motive, eine Erklärung ... zu finden, könnte irgendwie meinen eigenen Bedürfnissen dienen ..." Das heißt, ich sprach seine Sicht meiner Person aus, wie er sie mir vermittelte, ohne sie als Verzerrung hinzustellen. „Daraufhin veränderte sich seine Tonfall, und er schien weniger unter Druck zu stehen ..." Der Wechsel seines Tonfalls war eine

Reaktion auf meine Intervention. Offenbar war ihm seine soeben geklärte Sicht meiner Person irgendwie vertraut. Dieses Wiedererkennen ließ ihn an andere Situationen denken – beispielsweise mit einem früheren Therapeuten und mit seiner Mutter – und er stellte fest, daß er im Zusammenhang mit derartigen Wahrnehmungen immer schon eine bestimmte Neigung zum Streiten hatte: weil er nämlich vermutete, die uneingestandenen Motive der betreffenden Person ihm gegenüber hätten eigennützige Gründe, so daß er also wachsam sein müßte.

Rückblickend hätte ich an dieser Stelle auf die Veränderung seines Tonfalls in Richtung auf weniger Nachdruck und auf den nun freier fließenden Strom der Assoziationen eingehen können, so daß er dies ebenfalls hätte bemerken können. Vielleicht hatte diese Reaktion auch eine Geschichte.

„,... wenn es Ihnen besser geht, ist es dann für mich? (bemerkte ich). Oder wenn nicht, absichtlich gegen mich?' ‚Ja!' sagte er, ‚Wie werd' ich es je herausfinden?'" Er nimmt wieder die Position des Fragenden ein, wenn sie auch schon reflektierter zum Ausdruck kommt. Er tastet sich hier an eine weitere Bedeutungsdimension heran, an eine Fährte, die noch zu verfolgen sein wird: Er ist sich nicht sicher, ob er sich nun als Initiator seiner Handlungen oder als bloß Reagierender fühlt.

In den nachfolgenden Sitzungen erinnerte sich der Patient an mehrere derartige Auseinandersetzungen mit der Mutter, die oft eindeutig „streitlustig" waren; ein riesiges Sammelsurium an Erinnerungen kam spontan zum Vorschein, als er erstmals erkannte, wie er sich eine Art „Weltanschauung" zurechtgelegt hatte: Die Menschen sind grundsätzlich eigennützig, ganz gleich, wie hilfsbereit sie sich geben. Es war nicht nötig, seine Wahrnehmung – meiner Eigenart oder derjenigen seiner Mutter – in Frage zu stellen; deren konsequente Anerkennung führte vielmehr dazu, daß die Schärfe seiner Reaktion von selbst nachließ; er erwog ja auch von sich aus zunehmend alternative Bedeutungsmöglichkeiten. Er erkannte sogar, daß er genau nach dieser Hilfe suchte, der er dann nicht vertraute – wie beispielsweise in den Fragen, die er stellte – und dachte darüber nach, welchen Sinn dieses Verhalten für ihn hatte. Er mußte sich auch eingestehen, daß die drohende Absage der Sitzung ihm doch gefühlsmäßig etwas ausmachte, und er mußte lernen, für diese Gefühle selber die Verantwortung zu tragen.

Ein letztes Fallbeispiel: Eine Patientin kam zu einer Sitzung, die ich verlegt hatte, und sagte mir, sie habe irrtümlich für den gleichen Zeitpunkt einen Termin beim Zahnarzt vereinbart. Sie war *sicher,* daß der Irrtum etwas zu bedeuten habe. Da mir der Nachdruck auffiel, fragte ich: „Was macht Sie sicher?" Sie war überrascht, daß ich ihr diese Frage stellte; ich sei doch die erste, die davon ausgehe, daß alle Handlungen etwas bedeuteten. Sie fuhr fort zu assoziieren, und ich beobachtete, wie ich etwas unaufmerksam und unruhig wurde; es fiel mir etwas schwerer, bei der Sache zu bleiben. Mir fiel auf, daß sie irgendwo zögernd und zerstreut – fast monoton – redete, und ich sagte ihr, sie scheine wohl ins Stocken geraten zu sein und taste irgendwie herum. „Ja", sagte sie, sie könne das jetzt sehen, und als sie weiter darüber nachdachte, kam sie zu dem Schluß, daß sie wohl durch meine Frage: „Was macht Sie sicher?" ins Stocken geraten sei. Wie das? fragte ich. Die Frage beinhaltete, wie sie sich dann überlegte, daß ihr Irrtum vielleicht gar keine Bedeutung hatte; in diesem Fall könnte sie ihn nur aus Dummheit begangen haben. Es machte ihr Angst, für dumm gehalten zu werden. Schon als Kind war sie immer wieder der Dummheit bezichtigt worden – und dieser Vorwurf hatte zu ihrem eben durchschauten, nunmehr von früher wohlbekanntem Rückzug geführt.

Gehen wir diese Stunde noch einmal durch: „Sie war sicher, daß der Irrtum etwas zu bedeuten habe. Da mir der Nachdruck auffiel, fragte ich: ‚Was macht Sie sicher?' Sie war überrascht, daß ich ihr diese Frage stellte ..." Auf meine Frage erfolgt unmittelbar eine affektive Reaktion.

„... ich beobachtete, wie ich etwas unaufmerksam und unruhig wurde: es fiel mir etwas schwerer, bei der Sache zu bleiben. Mir fiel auf, daß sie irgendwie zögernd – fast monoton – redete, und ich sagte ihr, sie scheine wohl ins Stocken geraten zu sein ..." Ich erwähne an dieser Stelle die offensichtliche Veränderung ihrer inneren Verfassung und ihrer Redeweise. Ich weiß noch nicht, wie es zu dieser Veränderung kam. Ich gehe außerdem nicht davon aus, daß meine Reaktion des Abschaltens eine Motivation der Patientin widerspiegelte, ein Bedürfnis oder einen Wunsch, mich wegzuschieben; ich gewinne vielmehr aus dem Gewahrsein meiner selbst den Anhaltspunkt dafür, daß ich die Ebene der Patientin verlassen und mich zurückgezogen habe.

„‚Ja', sagt sie, sie könne das jetzt sehen ..." Während sie ihr Zögern beobachtet, denkt sie weiter darüber nach und findet, in

Beantwortung meiner Frage, seinen Ursprung: „Es machte ihr Angst, für dumm gehalten zu werden." Vielleicht hatte sie tatsächlich deswegen so nachdrücklich gemeint: „Ich bin sicher."

„Schon als Kind war sie immer wieder der Dummheit bezichtigt worden – und dieser Vorwurf hat zu ihrem eben durchschauten Rückzug geführt." Meine Frage kam also wie ein Vorwurf an; nachdem dies klar geworden war – und zwar, ohne daß die „Richtigkeit" ihrer Ansichten in Frage gestellt oder objektiv bestätigt worden wäre – kam eine alte Episode ihrer Lebensgeschichte zum Vorschein.

Wenn ich mir jetzt meine Frage „Was macht Sie sicher?" noch einmal ansehe, fällt mir auf, daß sie mehr auf den Inhalt als auf das Gefühl ausgerichtet war. Ich hätte statt dessen fragen können: „Woher der Nachdruck?" Es ist in der Tat genau dieser Nachdruck, der eine tiefere Bedeutung nahelegt. Meine Intervention stimmte offenbar nicht mit meinem Standpunkt überein und verrät meine eigene Schwierigkeit, so entschieden bei dieser Sichtweise zu bleiben, wie ich es eigentlich für richtig halte. Ich hatte mich von der affektiven Unmittelbarkeit im Erleben der Patientin fortbewegt.

Im Hinblick auf diese Intervention sollte man noch einen weiteren Aspekt berücksichtigen. Ihre erneute Beurteilung ist selber retrospektiv. Als ich die Frage bezüglich ihres Gefühls der Sicherheit stellte, schien sie mir ein schlichter Versuch, die Erkundung etwas voranzubringen. Die Frage rückte wieder in den Vordergrund, *weil* ich mich auf den Gefühlsumschwung der Patientin einstellte; sie wäre sonst nicht weiter beachtet worden. Wenn man im Nachhinein abschätzt, wie geeignet oder ungeeignet eine Frage war, kann darin doch noch eine allgemeinere Bedeutung liegen. Hat man die Sichtweise eines Patienten/einer Patientin einmal lokalisiert, kann seine bzw. ihre Reaktion auf eine bestimmte Intervention durchaus einleuchtend sein – wie ja auch die Intervention als solche *offensichtlich* fragwürdiger scheinen kann. Meiner Ansicht nach gelangt man aber dazu eher, *weil* der Standpunkt des Patienten identifiziert wurde.

Wie läßt sich das „Herumtasten" der Patientin, der Wechsel von Sicherheit zu zögerndem Stocken, einzuordnen? Es war ihre Art, sich selber „stillzulegen"; sie fühlte sich abgefertigt – diesen

Sinn gab *sie* jedenfalls meiner Frage – und getraute sich nicht, noch weiter aus sich herauszugehen. Schließlich erkannte sie, daß diese Art, sich zu verteidigen, auch schon bei anderen Gelegenheiten aufgetreten war; so erhielt sie einen Anhaltspunkt für irgendeine „niederschmetternde" Erfahrung, die in der Übertragung wieder hervorgerufen wurde. Das heißt, meine Beobachtung ihrer monotonen Wiederholungen – vielleicht auf Grund der Beachtung meiner eigenen Verfassung – diente als Hinweis, daß ihr an meiner Reaktion irgendetwas „daneben" schien; daraufhin konnten wir dann versuchen, die Quelle ihres Mißbehagens zu ermitteln. Später erfahren wir dann die Geschichte ihrer Art des Rückzugs – wie sich ihre Angst vor offenem Protest entwickelt hatte, und wie sie sich statt dessen in einer Art „Nebel", wie sie selber es bezeichnete, verbarg.

Wenn wir uns in unserer Einstellung gezielt auf solche klinischen Augenblicke ausrichten – auf einen Wechsel des Affekts oder des ‚state', eine bestimmte Wendung, ein vorübergehendes Auftreten eines Symptoms oder einer alten Verhaltensweise – und unsere Beteiligung in der Weise berücksichtigen, wie der Patient sie wahrgenommen hat und *wie sie eine zentrale Rolle in der Übertragung spielt*, erleichtern wir die Entstehung eines sich vertiefenden psychischen Erlebens. Die Wahrscheinlichkeit nimmt zu, daß der Patient von sich aus die Rekonstruktion zusätzlicher Dimensionen von konflikthaltigen Phänomenen und Abwehrhaltungen sowie des Kontextes, in dem sie zum Ausdruck kamen, in Angriff nimmt und durchführt; er/sie wird das Gefühl haben, in dem, was da zum Ausdruck kam, etwas Altvertrautes wiederzuerkennen.[5] Wenn wir die Vorstellung

[5] L. Sander (im Druck) beschreibt eine ähnliche Perspektive bezüglich seiner Untersuchung zur Entwicklung des Kindes. In Reaktion auf einen Entwurf der vorliegenden Arbeit wiederholt er noch einmal, wie eminent wichtig die Herausbildung des ‚state' – i. e. der Gemütslage – des Kleinkinds für die Entwicklung des Gewahrseins ist, und wie sie in direkter Beziehung zur Ausformung geregelter Interaktionen im Kleinkind-Betreuer-System steht. Er hebt besonders die „Spezifität des Wiedererkennens als Bindeglied in der sich wiederholenden Konfiguration dieses Systems" hervor und stellt einige mögliche Folgerungen für den analytischen Prozeß zur Diskussion. Er stellt des weiteren fest: „In Ihrem Fall, in dem ‚Distanz' erlebt wurde, kehrte der Betreffende interessanterweise

aufgeben, wir „wüßten" es schon, reduzieren sich die notwendigen Erschließungsschritte auf unserer Seite, während die Fähigkeit des Patienten zur Selbstbeobachtung zunimmt.

Die Rekonstruktion, die Verknüpfung der Vergangenheit mit der Gegenwart und die Anbindung der „Außen-" an die Innenwelt ermöglicht ein Gefühl der Kontinuität und des Real-Seins, das für den analytischen Prozeß von wesentlicher Bedeutung ist. Wenn wir zu dieser Verknüpfung gelangen wollen, müssen wir zunächst einsehen, daß die von uns gesuchte Vergangenheit – gleichgültig, ob weit entfernt oder gerade eben erlebt – eine psychische Vergangenheit ist, die im jetzigen Augenblick erlebt wird. Das ist nicht bloß eine theoretische oder begriffliche Frage; es betrifft vielmehr eine umwälzende Veränderung unserer klinischen Einstellung, unserer grundlegenden Auffassung von „Wirklichkeit" – was wiederum weitreichende technische Konsequenzen hat.

Ich bin überzeugt, daß hier ein Element jenes grundsätzlichen Widerstandes liegt, von dem ich gesprochen habe – es geht um den fortwährenden Kampf, die Perspektive des psychischen Erlebens des Patienten in seiner ganzen Gefühlstiefe im Blick zu behalten, ohne irgendwie einen Schritt rückwärts zu machen und wieder eine hierarchische Perspektive einzunehmen. Die große Schwierigkeit liegt im Verzicht auf eine Position, in der wir diejenigen sind, die wissen können, wann ein Patient verkehrt wahrnimmt – die beurteilen können, ob etwas real oder „nur" Verzerrung ist. Es ist sehr schwer, die Innenwelt eines anderen Menschen zu erkennen, zu akzeptieren, daß die einzige Wahrheit, nach der wir suchen können, die psychische Wahrheit des Patienten ist – gleichgültig, ob sie sich auf die Vergangenheit oder auf die Gegenwart bezieht –, und daß das, wovon wir in bezug auf unsere eigene Person so fest überzeugt sind, in der Tat ganz anders wahrgenommen werden kann, daß ihm ein Sinn

wieder zu einer selbstregulatorischen Strategie zurück – nämlich zum ‚Anhören' von Musik." Sander spricht sich nachdrücklich für eine stärkere Beachtung des ‚state' des Patienten in analytischen Falldarstellungen aus und bemerkt dazu: „Man sucht nicht nach der Vergangenheit, sondern nach der inneren Logik der auf den ‚state' bezogenen regulatorischen Strategien des Patienten" (Persönliche Mitteilung).

verliehen werden kann, der dem von uns gemeinten recht unähnlich und ebenso stichhaltig ist. Wenn wir uns aber dazu bequemen, werden wir den Genius des Freudschen Schwenks zur Phantasietheorie besser erfassen. Freud schrieb, daß „die psychische Realität die maßgebende ist." (1917, S. 333). Gehen wir davon aus, werden wir „ein Stück verlorengegangener Lebensgeschichte" leichter wiederfinden.[6]

Zusammenfassung

Freuds monumentaler Schwenk zur Phantasietheorie stellte die Auffassung in den Vordergrund, die einzige Domäne unserer Forschungen sei „die psychische und nicht die materielle Realität". Doch trotz theoretischer Übereinstimmung und überzeugender Ermahnungen, wir sollten uns hinsichtlich unserer psychoanalytischen Technik nicht mit absoluten oder „äußeren" Wahrheiten befassen, offenbart das analytische Zuhören eine Haltung, durch die der Analytiker sich auf eine Wirklichkeit einstellt, die mit der Innenwelt des Patienten nicht übereinstimmt. Er nimmt dadurch – wenn auch vielleicht unausgesprochen – die Position dessen ein, der beurteilt, ob das jeweilige perzeptorische Erleben des Patienten ‚verzerrt' ist oder nicht. Die zentrale Wirkung der Wahrnehmung als entscheidende Komponente im inneren Erleben des Patienten – sei es vergangen oder gegenwärtig – bleibt unbeachtet. Um dies zu belegen,

[6] In seiner Schlußbetrachtung der Krankengeschichte Doras (Freud 1905, S. 232f.) beschreibt Freud mit bewegenden Worten seine verspätete Entdeckung der Übertragung und bringt sie mit irgendeinem „Detail aus unserem Verkehre, an meiner Person oder an meinen Verhältnissen", mit dem „X, in dem ich sie [Dora] an Herrn K. erinnerte", in Verbindung. Als ich diese Fallgeschiche vor kurzem wieder las, fiel mir an den Formulierungen Freuds noch etwas anderes auf: Er schrieb, als wollte er uns warnen, damit nicht die Übertragung uns auch „überrasche". Er erwähnt, die Übertragung sei schwer faßbar und mühsam zu entwirren: „Nun ist dieses Stück der Arbeit das bei weitem schwierigste." (S. 280). Es scheint, als habe Freud durch seine Ermahnung, auf jenes „X" in uns zu achten, vorhersagen wollen, daß der Kampf um eine wirksame Art und Weise, in der wir als Zuhörer unserer Patienten das Außen nach innen bringen können, weitergehen wird. (Vgl. Schwaber 1985).

werden klinische Fallbeispiele, die von unterschiedlichen theoretischen Überzeugungen ausgehen, einer kritischen Durchsicht unterzogen.

Es werden Überlegungen angestellt, wie eine veränderte Art des Zuhörens aussehen könnte, die von einer gewandelten Grundeinstellung und Perspektive ausgeht und bei der jede Vorstellung fallen gelassen wird, wir könnten „wissen", welche Wahrnehmungen des Patienten „richtig" sind und welche nicht. Gleichzeitig wird dabei die Aufmerksamkeit verstärkt auf die klinischen Phänomene gelenkt, als da sind: eine Veränderung hinsichtlich des Affekts oder des ‚state' des Patienten, eine bestimmte sprachliche Wendung oder das vorübergehende Auftreten eines Symptoms irgendeiner alten Verhaltensweise. Es wird die Ansicht vertreten, eine derartige Einstellung führe zu einer ausschließlicheren Konzentration auf die psychische Realität des Patienten, ermögliche das Auftauchen einer tieferen Schicht psychischer Phänomene, fördere die Fähigkeit zur Selbstbeobachtung und bereichere den Prozeß der Rekonstruktion.

Aus dem Englischen von Gudrun Theusner-Stampa

Literatur

Arlow, J. A. (1969a). Unconscious fantasy and disturbances of conscious experience. Psychoanalytic Quarterly 38, 1–27.

Arlow, J. A. (1969b). Fantasy, memory and reality testing. Psychoanalytic Quarterly, 38, 28–51.

Brenner, C. (1979). Working alliance, therapeutic alliance, and transference. Journal of the American Psychoanalytic Association Supplement, 137–157.

Brenner, C. (1982). The mind in conflict. New York: International Universities Press.

Freud, S. (1905). Bruchstück einer Hysterie-Analyse. GW V, 161–286.

Freud, S. (1917). Vorlesungen zur Einführung in die Psychoanalyse, Teil III: Allgemeine Neurosenlehre. GW XI.

Freud, S. (1937). Konstruktionen in der Analyse. GW XVI, 41–56.

Kundera, M. (1985). Man thinks, God laughs. N. Y. Review of Books, 13. Juni.

McLaughlin, J. T. (1981). Transference, psychic reality, and countertransference. Psychoanalytic Quarterly, 50, 639–664.

Sander, L. W. (in Druck). Toward a logic of organization in psychobiological development In H. Klar & L. Siever (Eds.), Biologic response styles: Clinical Implications. Monograph, American Psychiatric Association.
Schwaber, E. (1981). Empathy: a mode of analytic listening. Psychoanalytic Inquiries, 1, 357–392.
Schwaber, E. (1983a). Construction, reconstruction, and the mode of clinical attunement. In A. Goldberg (Ed.), The future of psychoanalysis. (pp. 273–291). New York: International Universities Press.
Schwaber, E. (1983b) Psychoanalytic listening and psychic reality. International Review of Psycho-Analysis, 10, 379–392.
Schwaber, E. (1983c). A particular perspective on analytic listening. The Psychoanalytic Study of the Child, 38, 519–546.
Schwaber, E. (1985). Concluding remarks. In ders. (Ed.), The transference in psychotherapy: clinical management (pp. 169–176). New York: International Universities Press
Spruiell, V. (1983). The rules and frames of the psychoanalytic situation. Psychoanalytic Quarterly, 52, 1–33.
Stein, M. H. (1966). Self observation, reality, and the superego. In R. M. Loewenstein et al. (Eds.), Psychoanalysis – A general psychology (pp. 275–297). New York: International Universities Press.
Tolpin, P. H. (1983). A change in the self: the development and transformation of an idealizing transference. International Journal of Psycho-Analysis 64, 461–483.

2.5 Aktionsforschungen zur Gegenübertragung – Rückblick auf ein Forschungsprogramm

Dieter Beckmann

Im folgenden möchte ich einen Rückblick auf eine intensive Forschungstätigkeit versuchen, die für mich 1962 begann und 1972 zum Abschluß kam. An diesem Programm waren viele Psychoanalytiker beteiligt, denen ich hier nochmals Dank dafür aussprechen möchte, daß sie meine wissenschaftlichen Interessen mit Geduld und auch kritischer Teilnahme begleitet haben.

Als Student interessierte ich mich sehr für Rorschach-Diagnostik nach einem Ansatz von Roy Schafer, bei dem im wesentlichen aus den Assoziationsketten des Patienten auf unbewußte Phantasien zurückgeschlossen wird. Mich beschäftigte damals ein mathematisches Modell, das die individuellen Assoziationsverläufe beschreibt. Unter anderem wollte ich als Anker der Analyse das Material verwenden, das über die unterschiedlichen Reizqualitäten der zehn Tafeln bekannt war. Bei diesen Vorüberlegungen fiel mir dann auf, daß ein Patient z. B. auf einer Tafel zwar ein „tanzendes Paar“ sieht, aber nicht sagen kann, warum. Das „warum“ entsteht erst durch die Interpretation des Testauswerters, der die Assoziationsketten des Patienten begleitet. Wie aber kann man die Interpretationen von zwei und mehr Testauswertern vergleichen, wenn nahezu jeder das vom Patienten gesehene „tanzende Paar“ in einen anderen assoziativen Zusammenhang stellt? Entstehen die gedeuteten Strukturen nicht vielmehr im Kopf des Interpreten, zumal der Patient nicht sagen kann, warum er ein „tanzendes Paar“ sieht und nicht z. B. einen „Schmetterling“? Mein mathematisches Modell war damit erledigt. Der Vorgang war viel zu komplex. Zu diesem Zeitpunkt wurde mir klar, daß mein methodisches Problem in der Psychoanalyse unter dem Begriff „Gegenübertragung“ abgehandelt wird. Ich ging davon aus, daß mir Psychoanalytiker objektive Interpretationen liefern könnten, über die eine Validierung der Assoziationsketten von Patienten im Rorschach-Test möglich sei.

Aus methodischen Gründen wählte ich dann jedoch nicht den Rorschach-Test für meine ersten Untersuchungen zur Gegenübertragung, sondern die Grid-Technik (vgl. Kelly 1955). Ich bat insgesamt fünf erfahrene Lehranalytiker, die mit dem Universitätskrankenhaus Eppendorf in Hamburg verbunden waren, Patientenaussagen über deren Verwandte und Bekannte danach zu beurteilen, ob sie oral, anal oder phallisch-genital zu verstehen seien. Bei vielen Beurteilungen erreichten die Psychoanalytiker Übereinstimmungen, bei vielen aber auch nicht. Es war zwischen zwei Komponenten also zu unterscheiden: Gegenübertragungshaltungen, die mit der jeweiligen Person des Psychoanalytikers verbunden sind, und Gegenübertragungen, die objektiv als Reaktionen auf Übertragungen verstanden werden können. Diese Untersuchungen faßte ich 1963 (zusammen mit G. Baum) in meiner Diplom-Arbeit unter anderen, mehr testtheoretischen Gesichtspunkten zusammen. Interessant waren insbesondere meine informellen Beobachtungen, da ich durch meine Untersuchung mit allen fünf Psychoanalytikern intensive Kontakte aufnehmen konnte. Mir schienen die Gegenübertragungshaltungen durchaus charakteristisch für die jeweiligen Personen zu sein. Aber auch Statusunterschiede zwischen den niedergelassenen und in Kliniken Beschäftigten schienen die spezifischen Gegenübertragungshaltungen mitzubestimmen. Publiziert habe ich zu diesen Überlegungen nicht. Sie waren für mich aber bestimmend, als ich 1964 als einziger empirisch orientierter Psychologe in eine Gruppe von Psychoanalytikern nach Gießen kam.

Neben einer Reihe anderer Forschungsfragen interessierte mich ein Projekt, bei dem mittels über Video aufgezeichneter Interviews die Ausbildung von Kandidaten verbessert werden sollte. Es ging hierbei um die ersten Ansätze von Aktionsforschungen, die danach noch über viele Jahre vertieft wurden. Durch die Analyse der Falldiskussionen sollten die „Restneurosen" der Ausbildungskandidaten überwunden werden (Richter 1967; Beckmann & Richter 1968d).

Mich selbst interessierte jedoch auch weiterhin die Konstruktion eines Testverfahrens, das über psychoanalytische Urteile validiert werden sollte. Deshalb wurde in Abwandlung der ursprünglichen Grid-Technik ein Fragebogen entworfen, der Selbstbilder und Fremdbilder erfassen sollte. Im Laufe des Aktionsforschungsprogramms wurde dieser Fragebogen laufend verbessert und schließlich als Gießen-Test (GT) publiziert (erst GPI, später GT, vgl. Beckmann 1969 a; Beckmann & Richter 1972). Die Grid-Technik als ideales Verfahren zur Erfassung von Objektbeziehungen wurde von unserer Forschergruppe jedoch erst 1980 wieder aufgenommen (vgl. Böker et al. 1984).

Nach einer Reihe von unsystematischen Erhebungen wurde im Sommer 1967 ein Programm mit den entwickelten Verfahren verwirklicht, das eine Kontrolle der persönlichkeitsabhängigen Gegenübertragungshaltungen zuließ. Es wurden insgesamt von acht Kandidaten und Analytikern sechzehn fernsehaufgezeichnete Interviews von Patienten der Ambulanz beurteilt. Über die beteiligten Psychoanalytiker und auch über die beurteilten Patienten wurden eine Reihe von Daten erhoben, die mit den Urteilen in Beziehung gesetzt wurden. Um die komplexe Struktur der Zusammenhänge zu ordnen, wurde ein mathematisches Modell entwickelt, das die subjektiven von den objektiven Wahrnehmungs- und Beurteilungsaspekten hinreichend unterschied. Um die Spezifität analytischer Urteile nachzuweisen, wurden bei Laien (Schwestern) analoge Erhebungen durchgeführt.

Über diese Forschungen wurde damals mehrfach in psychologischen Instituten vorgetragen (Beckmann 1967 b, 1968 b, 1969 b, 1969 c). Neben großem Interesse kam auch die Kritik, daß durch das vollständige Rückspielen aller Daten zur Gegenübertragung die Objektivität der Ergebnisse nicht gesichert sei. Aus psychologischer Sicht war damals offenbar unverständlich, daß ein Programm zur Kontrolle von Gegenübertragungen nur über den Ansatz der Aktionsforschung Sinn ergibt. Es ging ja nicht um Fremdkontrolle der Analytiker, sondern um deren Selbstkontrolle. Alle beteiligten Analytiker waren hinreichend mit dem GT und den anderen Erhebungsinstrumenten vertraut, um die Ergebnisse fruchtbar diskutieren zu können. Ein Vortrag auf einem DPV-Kongreß (Beckmann 1967 a) machte jedoch auch deutlich, daß die meisten Psychoanalytiker anderer Orte den Untersuchungen eher skeptisch gegenüberstanden. Die Ergebnisse waren wohl auch zu neu (vgl. auch Richter 1986, S. 216ff.).

Folgende Ergebnisse aus der ersten systematischen Untersuchung (Beckmann 1968 b, c) sollen hier kurz referiert werden:

1. Gegenübertragungen enthalten einen emotionalen und einen kognitiven Anteil.
2. Der emotionale Anteil besteht aus spontanen Reaktionen auf die Befindlichkeit des Patienten.
3. Der kognitive Anteil enthält einen Entwurf zum Verständnis der Genese der neurotischen Symptome. Dieser historische Aspekt ist von fundamentaler Bedeutung (Übertragungsneurose). Die Interpretationskonzepte müssen über eine analytische Ausbildung erlernt werden. Bei Laien finden sie sich nicht.
4. Gegenübertragungen gliedern sich in Reaktionen auf Patienten (Reaktionen auf Übertragungen der Patienten) und Gegenübertragungshaltungen (persönlichkeitsspezifische Übertragungen der Analytiker, vgl. 7).
5. Die Übertragungs-Gegenübertragungen korrelieren deutlich mit Beschwerden und Symptomen von Patienten, aber auch mit Gefühlsreaktionen der Analytiker, wie z. B. Faszination, Mitleid, Ohnmachtsgefühlen u. a. m.[1]
6. Die Gegenübertragungshaltungen der Analytiker korrelieren mit deren Persönlichkeitsmerkmalen. Sie nehmen mit wachsendem Ausbildungsstand ab. Der selbstsichere, kontaktsichere Analytiker erlebt z. T. Patienten als vermehrt depressiv und unsicher u. a. m., je weniger weit er in seiner Ausbildung fortgeschritten ist. Andererseits verschwinden die Gegenübertragungshaltungen nicht vollständig, auch bei Lehranalytikern nicht.
7. Die Gegenübertragungshaltungen können als Übertragungen der Analytiker interpretiert werden, da sie empirisch nachweisbar mit Widerstand verbunden sind (vgl. auch Beckmann 1974, S. 47). Diese Tatsache ist deshalb wichtig, da man

---

[1] Je nach Patient, eigener Persönlichkeit und Gruppenposition werden diese ‚Reaktionen' von Analytikern über Selbstwahrnehmung mehr oder weniger stark kontrolliert.

ihr zufolge davon ausgehen muß, daß sowohl Patient als auch Analytiker in eine Beziehung Übertragungen einbringen, wenn auch in unterschiedlichem Ausmaß.

Insgesamt muß man anmerken, daß dieses Forschungsprogramm in die antiautoritäre Zeitströmung paßte. Manche Analytiker fühlten sich damals durch die Ergebnisse entlastet, zumal die Falldiskussionen lockerer verliefen. Konflikte wurden offen ansprechbar. Andererseits gab es jedoch auch Reaktionen, mit denen ich nicht gerechnet hatte. Obwohl ich immer wieder alle Daten zurückspielte, kam ich selbst in eine zunehmend schwierigere Gruppenposition. Offensichtlich geschahen auch schwer ertragbare narzißtische Kränkungen, die projektiv an mir abgearbeitet wurden. Im wesentlichen gab es in der Gruppe drei Verarbeitungsformen: der Beckmann soll doch endlich seine eigene Lehranalyse beginnen, er soll doch alle Daten rausrücken, die er noch zurückhält, und er ist irgendwie unheimlich, wohl ein borderliner. Für mich war es eine schwere Zeit, zumal ich keinerlei Autorität über die reinen mathematisch-statistischen Datenauswertungen hinaus beanspruchte. Trotzdem war ich offensichtlich in eine Position geraten, die analytische Autorität zweifelhafter Legitimation zu beanspruchen schien.

Bei Durchsicht meiner Unterlagen fiel mir auf, daß ich zur selben Zeit mit der dogmatischen Ausbildungssituation in der Deutschen Psychoanalytischen Vereinigung (DPV) beschäftigt war. Ich hielt auf einem DPV-Kongreß einen Vortrag über das Verhältnis von Ausbildungsplätzen, Ausbildungsdauer und zu erwartendem Nachwuchsmangel (Beckmann 1968 a). Grundlage dieser Analyse waren sämtliche Unterlagen der DPV, die mir damals zur Auswertung zur Verfügung gestellt wurden. Ich kam also im Zuge der antiautoritären Welle auch in diesem Bereich in eine pseudoautoritäre Rolle. Weiterhin fand ich die Situation, daß bei psychoanalytischen Behandlungen vornehmlich Privatpatienten berücksichtigt wurden, ärgerlich und unzeitgemäß. Eine Auswertung der Patientendokumentation unserer klinischen Gruppe hatte u. a. ergeben, daß eine starke Selektion in Richtung von Privatpatienten nachzuweisen war. Bei einem Vortrag über diese Beobachtungen (Beckmann & Scheer 1971) entstanden jedoch in der Diskussion dieser Ergebnisse derart viele Aggressionen, daß mir die Zeit für eine kritische Sichtung psychoanalytischer Praxis noch nicht reif erschien. Insofern beanspruchte ich doch eine gewisse Autorität. Der Vortrag wurde *nie publiziert*, u. a. wohl auch, weil die Herausgeber der Kongreßmitteilungen die Zeit eher tatenlos verstreichen ließen. Es ging darum, daß nach unseren Daten Patienten vermehrt gesehen und stark vermehrt behandelt werden, wenn sie jung, attraktiv, verbal geschickt und intelligent, d. h. sozial erfolgreich sind. Analoge Ergebnisse aus amerikanischen Forschungen waren mir damals nicht hinreichend bekannt. Vielleicht hätte ich bei Kenntnis mehr Mut zum Publizieren gehabt. Allerdings habe ich diesen Aspekt in später erschienenen Handbuchartikeln hinreichend dargestellt (Beckmann u. a. 1974; Beckmann 1978).

Über die bisherigen Untersuchungen hinaus mußte es also noch eine ganz allgemeine analytische Haltung geben, die professionsspezifisch mit der Berufsrolle verbunden ist. In dieser Zeit kam auch die Couch aus meinem Dienstzimmer, zumal ich sie nie gebraucht hatte. Ich behandelte nunmehr vorzüglich Arbeiter, die pflichtversichert waren. Da ich mich als gut bezahlten Beamten verstand, wollte ich auch nicht an Patienten verdienen. Die Couchsituation erinnerte mich darüber hinaus allzu sehr daran, daß in unserer Kultur Frauen bei der Geburt der Kinder auf dem Rücken liegen. Das Thema der Geschlechtsrollen wurde damals für mich wichtig.

Meine Identität als Psychologe in einer Gruppe von Psychoanalytikern wurde mir also ganz persönlich wichtig. Durch eine zweite systematische Untersuchung, nunmehr bei 12 Analytikern, Kandidaten und Psychologen über 30 Patienten, wollte ich auch die Gruppenpositionen erforschen. Inzwischen war der Gießen-Test (GT) und eine Reihe anderer Verfahren entwickelt, so daß auch der instrumentelle Ansatz verbessert war. Da ich bei der ersten systematischen Untersuchung unter den acht „Analytikern" der einzige Psychologe war, konnte ich jetzt auch kontrollieren, ob auch andere Psychologen mit analytischer Praxis sich im Prinzip von Analytikern nicht unterscheiden: Es gab inzwischen drei Psychologen unter den 12, die formell keine Analytiker waren, weder durch angefangene, noch durch abgeschlossene analytische Ausbildungen. Ich konnte damit auch meine eigene Position in der Gruppe klären. Meine eigenen Gegenübertragungshaltungen waren in der ersten systematischen Untersuchung eher unauffällig gewesen, was mich verwundert hatte.

Die gruppendynamischen Untersuchungen wurden nun an die zweite Erhebung zur Erfassung der Gegenübertragungen angegliedert. Über diese gruppendynamischen Untersuchungen habe ich mehrfach publiziert. Sie gaben mir den Trost, daß ich als „psychoanalytisch" erfahrener Psychologe in allen Daten genauso unauffällig bzw. auffällig war wie die anderen Analytiker und Psychologen. Diese Arbeiten, bei denen nunmehr Gruppennormen, persönliche Ideale und Beziehungen untereinander mit großer Geduld aufgearbeitet wurden (Beckmann 1972, 1973, 1981), brachten jedoch eine neue Perspektive hervor, die mich über viele Jahre noch beschäftigen sollte. Ohne hier auf die differenzierten Ergebnisse einzugehen, muß dieser Aspekt hervorgehoben werden. Es zeigte sich, daß ein Grundmuster der Gruppenstruktur durch das Verhältnis von Narzißten zu Depressiven bestimmt war. Damals verglich ich diese Grundmuster mit tradierten männlich-weiblichen Beziehungen. Heute würde ich genereller betonen, daß sie mit dem Verhältnis von Freiheit und Gerechtigkeit zu tun haben: der narzißtische Psychotherapeut sucht sich depressive Patienten, um diese frei vom Zwang der Normen zu machen. Der depressive Psychotherapeut sucht sich narzißtische Patienten, um ihnen mehr Gerechtigkeit beizubringen. Was aber vereint die Koalition der Narzißten und Depressiven?

Nicht ganz unwesentlich ist auch die Feststellung, daß durch die zweite systematische Untersuchung eine Kreuzvalidierung der oben beschriebenen sieben dargestellten Punkte zur Gegenübertragung gelang. Es ergab sich nur ein Unterschied (vgl. Punkt 6): Die Gegenübertragungshaltungen waren nunmehr nicht vom Ausbildungsstand abhängig, sei es, weil die Hälfte der früheren Analytiker nun selbst Lehranalytiker waren, sei es, weil die Psychologen in bezug auf ihren psychoanalytischen Ausbildungsstand überhaupt nicht einzuordnen waren. Andererseits war schon in den Daten von 1967 eine signifikante Gruppenteilung zu beobachten. Damals polarisierte sich die Gruppe der acht Analytiker u. a. danach, ob sie Rivalitätsbeziehungen bei Patienten stark oder fast überhaupt nicht wahrnahm (Beckmann & Richter 1968d). Drei Kandidaten orientierten sich damals an einem Lehranalytiker, der die nachgeordnete C 3-Professur innehatte. Sie betonten die Konkurrenz. Die anderen fünf orientierten sich am Chef, dem C 4-Lehrstuhlinhaber. Sie übersahen weitgehend Rivalitäten bei Patienten. Die analytische Autorität war bei den neuen Untersuchungen erheblich verwickelter geworden. Inzwischen gab es nicht zwei, sondern vier Lehranalytiker mit ihren Anhängern.

Die Koalitionen der Narzißten und Depressiven war also als eine übergeordnete Grundorientierung zu verstehen. Sie bildete von konkreten Leitbildern unabhängige Grunddimensionen ab. Lehrreich fand ich die Bemerkung eines psychologischen Mitarbeiters aus unserer Gruppe. Er meinte etwas zynisch, warum ich wohl derart komplizierte Analysen anstelle, wo doch ein einfaches Kriterium hinreiche. Die „Narzißten“ führen Autos über 80 PS, die „Depressiven“ unter 80 PS. Diese Feststellung war richtig. Die Korrelation betrug tatsächlich über die zwölf Gruppenmitglieder $r = 1$: die Narzißten bevorzugten große Wagen.

Nun beschäftigte mich zu dieser Zeit das mögliche Gegenargument, daß derartige Gegenübertragungen zwar in Interviews vorkommen, jedoch bei Therapien nicht. Um dieses Argument zu entkräften, wurden bei 9 Psychoanalytikern, die je fünf bis zwanzig Patienten im Mittel 35 Stunden in Beratung und Therapie hatten, die Grundhaltungen untersucht. Es zeigte sich, daß die Gegenübertragungshaltungen in den Erstinterviews nur milde wirksam sind, in Therapien entfalten sie sich verstärkt (Beckmann 1974). Auch große Psychoanalysen wurden untersucht. Jedoch brachte mir ein Aufenthalt in den USA die Einsicht, daß Psychoanalysen und Psychotherapien unter dem Aspekt der Gegenübertragungen nicht wesentlich unterschiedlich sein können. Da ich aber andererseits keine objektiven Daten über die Gegenübertragungen bei großen Psychoanalysen habe, muß ich mich gegenüber Argumenten aus dieser Richtung offen halten. Andererseits darf man auch feststellen, daß psychoanalytische Praxis in der Regel auf Psychotherapien, Ehepaartherapien, Gruppentherapien u. a. m. bezogen ist, nicht nur auf Psychoanalysen. Über Gegenübertragungen bei Gruppentherapien habe ich zusammen mit Heising publiziert (Heising & Beckmann 1971).

Insgesamt erbrachte die zweite systematische Untersuchung

zur Gegenübertragung eine Kreuzvalidierung der oben erwähnten Ergebnisse und darüber hinaus folgende Beobachtungen:

8. Die Gegenübertragungen sind z. T. zwischen verschiedenen Analytikern vergleichbar, z. T. auch unvereinbar widersprüchlich. Das Ausmaß an widersprüchlichen Gegenübertragungen hängt von unaufgeklärten Patientenmerkmalen ab. Es ist zu vermuten, daß manche Patienten durch eindeutige Übertragungen auch eindeutige Gegenübertragungen hervorrufen, andere jedoch nicht. Später kam mir zu diesem Befund der Einfall, daß es auch spezifische Gegenübertragungen geben muß, wenn die Übertragungen unspezifisch sind oder gar fehlen (vgl. Alexithymiekonzept). Hierzu gibt es jedoch bis heute keine Untersuchungen.
9. Neben den Gegenübertragungshaltungen, die persönlichkeitsspezifisch sind (= Übertragungen der Analytiker, vgl. 7), kommen auch situationsspezifische Übertragungen der Analytiker vor, die sich von ihren jeweiligen Stimmungen leiten lassen. Dies macht wohl den einen Analytiker menschlicher als den anderen, da der Patient auch schwankende Stimmungen beim Analytiker erleben kann (falls die Schwankungen im Rahmen bleiben).
10. Da die Gegenübertragungshaltungen in die Berufsrolle des Analytikers eingebunden sind, ergibt sich die Frage, inwieweit nicht auch Patienten zur Sozialisation des Analytikers beitragen. Dabei sind drei Komponenten zu unterscheiden, die jedoch empirisch noch genauer abzusichern wären: die Sozialisation des Analytikers über die Spezifitäten der Arzt-Patient-Beziehungen (z. B. Helfersyndrom u. a.), die Schüler-Lehrer-Beziehungen (z. B. Identifikationen mit Lehr- und Kontrollanalytikern) und der Berufsrolle überhaupt (Interpretation subjektiver Bedeutungszusammenhänge bei Vernachlässigung objektiver Abhängigkeiten).

Insgesamt ergibt sich nach den umfangreichen Untersuchungen, daß alle untersuchten Analytiker mehr oder weniger mit phobischen Allmachtsphantasien identifiziert sind, indem sie sich entweder narzißtisch gegen Normalkontakte absichern oder depressiv an Normalkontakten leiden. Die phobische Absicherung ist generalisiert, da sie einerseits Schutz gegen Kontakte bietet und andererseits die Empathie mit Patienten sichert, die schließlich bis zu ihrem Analytiker durchdringen. Das „Gold" der Psychoanalyse liegt insofern nicht für alle bereit. Nur der leidlich aktive Patient kann es erreichen, entweder durch Anspruch oder durch ein Übermaß an subjektivem Leiden.

Zum Schluß bleibt nur die Feststellung, daß ich als Psychologe mein eingangs erwähntes Ziel nicht erreichte, wohl auch nicht erreichen konnte. Die Welt seelischen Leidens erwies sich als sehr viel subjektiver als ich geglaubt hatte. Nur in verborgenen Nischen kann der Leidende seinen Analytiker finden.

Ich selbst entlastete mich nach Auswertung aller Daten dadurch, daß ich alle Originaldaten und Lochkarten vernichtete. Zu dieser Zeit (1972) wurde dann noch einige Zeit bei klinischen Falldiskussionen eine direkte Rückmeldung versucht. Nachdem alle Beobachter das Fernsehband gesehen hatten, wurden die Gießen-Tests ausgefüllt und unmittelbar in den Rechner eingegeben, so daß jeder seine persönlichen Reaktionen im Vergleich zu allen anderen noch während der Falldiskussion überprüfen konnte. Nachdem ich selbst aber keine Forschungsfragen mehr einbrachte, erlahmte das Interesse sehr schnell. Wichtig ist noch ein Nachtrag. Die Beobachtung, daß die globale Tendenz, Patienten mehr oder weniger stereotyp wahrzunehmen, mit dem Ausbildungsstand korreliert, ließ sich ja in der zweiten Untersuchung nicht bestätigen. Insofern war auch der oben dargestellte Ansatz, daß über die gemeinsamen Falldiskussionen „Restneurosen" überwunden werden könnten, im Prinzip wohl zu hoch gegriffen. Es stellte sich vielmehr heraus, daß gerade auch erfahrene Lehranalytiker ganz persönliche Stile der Patientenwahrnehmung praktizieren.

Beim Rückblick auf diese Forschungen darf jedoch nicht übersehen werden, daß sich seit dieser Zeit in der gesamten Gruppe eine Hinwendung zu Anwendungen der Psychoanalyse außerhalb der tradierten Arzt-Patient-Beziehung durchsetzte, wie z. B. die Betreuung von Obdachlosen, Familien von Gastarbeitern und organisch Kranken. Wahrscheinlich haben die Forschungen zur Gegenübertragung mit dazu beigetragen, daß diese Öffnung stattfand. Zumindest in Gießen hatte sich die Auffassung durchgesetzt, daß seelisches Leid nicht allein auf eine phobische Grundhaltung bezogen sein darf, wenn die Ursachen der Leiden auch sozial mitbedingt sind. Es ging also methodologisch darum, wie eigentlich subjektive psychoanalytische Erkenntnisse, die über Selbstreflexion und Introspektion gewonnen werden, sich auf soziale Realitäten beziehen können. Eine Schlüsselstellung nimmt hierbei die Tatsache ein, daß auch Analytiker Übertragungen und Widerstände zeigen. Analytiker befriedigen damit also auch unbewußte Bedürfnisse über ihre Patienten. Falls sie bereit sind, diese Tatsache zu akzeptieren, ergibt sich jedoch der Übergang aus befangener Subjektivität in eine offene Objektivität. Der Analytiker wird damit auch zum realen Partner seines Patienten, da er bestimmte Ängste und Wünsche mit ihm gemeinsam hat. Diese Zusammenhänge habe ich vor vielen Jahren sehr viel mutiger formulieren können (vgl. Beckmann 1974) als heute. Inzwischen ist der Zeitgeist offensichtlich soweit, daß metapsychologische Aspekte der Psychoanalyse, die über die reine Arzt-Patient-Beziehung hinausgreifen, kaum mehr opportun sind (vgl. z. B. Schafer 1985). Andererseits sollte man auch die kreativen Potentiale nicht unterschätzen, die in psychoanalytischen Theorien angelegt sind. Mir zumindest haben die intensiven Forschungen zur Gegenübertragung eine Reihe von Forschungsfeldern eröffnet, deren Perspektiven noch nicht absehbar sind.

Nach wie vor beschäftigt mich jedoch ganz zentral das Verhältnis von Gerechtigkeit und Freiheit, das als dialektisches Argument die Gegenübertragungshaltungen der Psychoanalytiker damals so kreativ werden ließ.

Literatur

Baum, G., & Beckmann, D. (1964). Versuch zur quantitativen Erfassung von neurotischen Sozialbeziehungen bei Erwachsenen mit dem Ziel der Psychoanalytischen Differenzierung von Neurosen. Unveröffentlichte Diplom-Arbeit, Universität Hamburg.

Beckmann, D. (1967a). Einige Ergebnisse aus dem Gießener Fernsehprogramm. Vortrag auf dem Kongreß der Deutschen Psychoanalytischen Vereinigung in Heidelberg.

Beckmann, D. (1967b). Faktoren der klinischen Urteilsbildung. Vortrag am Psychologischen Institut der Justus-Liebig-Universität Gießen.

Beckmann, D. (1968a). Entwicklung der Ausbildungskapazitäten in der Psychoanalyse. Vortrag auf dem Kongreß der Deutschen Psychoanalytischen Vereinigung (DPV) in Berlin.

Beckmann, D. (1968b). Untersuchungen zur klinischen Urteilsbildung. Vortrag am Max-Planck-Institut für Psychiatrie in München.

Beckmann, D. (1968c). Untersuchungen zur klinischen Urteilsbildung bei psychoanalytischen Interviews. Inaugural-Dissertation, Justus-Liebig-Universität Gießen.

Beckmann, D. (1969a). Das Gießener Persönlichkeitsinventar (GPI). Habilitationsschrift, Justus-Liebig-Universität Gießen.

Beckmann, D. (1969b). Das psychoanalytische Erstinterview. Vortrag am Psychologischen Institut der Universität Freiburg.

Beckmann, D. (1969c). Validität psychoanalytischer Interviews. Vortrag am Psychologischen Institut der Universität Marburg.

Beckmann, D. (1972). Die Abhängigkeit des einzelnen von Gruppenprozessen. Gruppendynamik, 3 (1), 62–79 und in P. Kutter (Hg.), Gruppendynamik der Gegenwart (S. 28–53). Darmstadt: Wissenschaftliche Buchgesellschaft 1981.

Beckmann, D. (1973). Funktionale Struktur informeller Rollensysteme. Psyche, 27 (8), 719–748.

Beckmann, D. (1974). Der Analytiker und sein Patient. Untersuchungen zur Übertragung und Gegenübertragung. Bern: Huber.

Beckmann, D. (1978). Übertragungsforschung. In L. J. Pongratz (Hg.), Klinische Psychologie. Handbuch der Psychologie, Bd. 8 (S. 1242–1256). Göttingen: Hogrefe.

Beckmann, D., Müller-Braunschweig, H., & Plaum, F. G. (1974). Forschung in der Psychoanalyse. In W. J. v. Schraml, & U. Baumann (Hg.), Klinische Psychologie II (S. 168–207). Bern: Huber.

Beckmann, D., & Richter, H. E. (1968d). Selbstkontrolle einer klinischen Psychoanalytiker-Gruppe durch ein Forschungsprogramm. Zeitschrift für Psychotherapie und medizinische Psychologie, 18 (6), 201–208.

Beckmann, D., & Richter, H. E. (1972). Der Gießen-Test. Ein Test für Individual- und Gruppendiagnostik. Handbuch. Bern: Huber.

Beckmann, D., & Scheer, J. W. (1971). Struktur der Klientel und Patientenselektion in der Psychosomatischen Klinik Gießen. Vortrag bei den 8. Hamburger psychiatrisch-medizinischen Gesprächen.

Böker, H., Gerlach, I., Beckmann, D., & Neuhäuser, G. (1984). Probleme der Eltern nach der Geburt eines Risikokindes – Psychologische Beziehungsdiagnostik und klinische Erfahrungen. In E. Brähler & J. W. Scheer (Hg.), Ärztliche Maßnahmen aus psychologischer Sicht – Beiträge zur medizinischen Psychologie (S. 157–164). Berlin: Springer.

Heising, G., & Beckmann, D. (1971). Gegenübertragungsreaktionen bei Diagnose- und Indikationsstellung. Zeitschrift für Psychotherapie und medizinische Psychologie, 21 (1), 2–8.

Kelly, G. A. (1955). The psychology of personal constructs, vol I, II. New York: Norton.

Richter, H. E. (1967). Fernsehübertragung psychoanalytischer Interviews. Psyche, 21, 324.
Richter H. E. (1986). Die Chance des Gewissens. Erinnerungen und Assoziationen. Hamburg: Hoffmann und Campe.
Schafer, R. (1985). Eine Alternative zur Metapsychologie. Psyche, 39 (117), 961–980.

3 Die psychoanalytische Methode und deren aktuelle Veränderungen

3.1 Gedanken zu Veränderungen meiner psychoanalytischen Methode[1]

Donald Meltzer

Ich möchte versuchen, auf etwas persönlichere Weise nachzuzeichnen, was ich als den Einfluß der Ideen Wilfried R. Bions auf meine Lebensführung und meine Weltanschauung (Modell der Psyche, Struktur der Geschichte, Entwicklung politischer Organisationen, die Rolle des Künstlers im Gemeinwesen, das Wesen der Psychoanalyse als solcher usw.) ansehe.

Im Sinne von Bions Konzept der „katastrophischen Veränderung" und der Wirkung der „neuen Idee" ist unschwer festzustellen, was diese Idee besagte, und wie sie meine Denk- und Arbeitsweise revolutioniert hat... und ebenso mein Handeln im allgemeinen. Die „neue Idee" war offenbar etwas wie „Im Anfang war das ästhetische Objekt, und das ästhetische Objekt war die Brust, und die Brust war die Welt." Natürlich verwende ich das Wort „Brust" als terminus technicus mit nur einem Anklang des Deskriptiven, anstatt anders herum. Einerseits überrascht es mich, daß diese Vorstellung nicht durch Adrian Stokes zu mir gekommen ist, der sie immer lebhaft vor Augen hatte, andererseits ist schwer zu sagen, wo sie in Bions Werk zu finden ist. In *The elements of psycho-analysis* („Grid", 1963) ist sie nicht; in *Transformations* (1965) wird sie nur angedeutet, in *Attention and Interpretation* (1970) läuft sie als Anhängsel mit. Nur in *A Memoir of the Future* (1979) findet sie unzweideutig ihren Platz. Aber sie war vor dieser Veröffentlichung durch Bion zu mir gekommen, war in mein Denken und gewiß auch in mein Behandlungszimmer eingedrungen. Ich hatte nicht nur gemerkt, daß die psychoanalytische Methode in meinen Augen eine ästhetische Qualität angenommen hatte, sondern mir war klar geworden, hauptsächlich durch Träume, daß dies auch bei einigen meiner Patienten der Fall war.

[1] Erstveröffentlichung in *Studies in Extended Metapsychology*. Strath Tag (Pertshire): Clunie Press 1980.

Im Rückblick glaube ich, daß die Arbeit über Autismus (Meltzer et al. 1975) mit ihrer Ausarbeitung des Dimensionalitätskonzepts eine wichtige Rolle gespielt hat. Die großartige ästhetische Sensibilität vieler dieser Kinder war so unverkennbar, daß man nicht umhin konnte, sich zu fragen, ob ihr Entwicklungsversagen nicht auf Prozessen beruhte, die den Eindruck der Schönheit der Welt abwehren sollten. Der Abbau sinnlicher Wahrnehmung und die Zweidimensionalität erschienen mir als äußerst sanfte Methoden, dies zu bewerkstelligen, ohne dem Objekt Gewalt anzutun, weder außen noch innen. Der Vorgang des Abbaus der Sinne war jedoch zu massiv, glich zu sehr einem Seelenselbstmord, als daß er das Problem hätte klären können. Aber die Zweidimensionalität bot Anlaß zu faszinierenden Fragen. Zunächst sah es so aus, als bedürfe diese Verflachung der Welt keiner Erklärung, als führe die Verdünnung der Bedeutungen ganz natürlich zu einer Verarmung der Affekte. Bions Gedanken legten das Gegenteil nahe, daß nämlich eine Methode, die Affektintensität herabzusetzen, ein Verblassen der Bedeutung zur Folge habe. Wenn dies der Fall war, dann wäre die zweidimensionale Ausrichtung auf die Welt eine Abwehr gegen die gefühlserregende Wirkung des Objekts. Aber wie sollte das funktionieren? Melanie Klein hatte die Vorstellung, das Interesse am Inneren der Mutter, und so auch der Wissensdrang im allgemeinen, habe seinen Ursprung in der starken Emotionalität der Mutter-Kind-Beziehung. War die Zweidimensionalität also die Folge einer Verleugnung der psychischen Realität des Objekts und nicht eine Regression auf ein früheres Stadium der kognitiven Entwicklung?

Ähnlich wurden alte Annahmen in Frage gestellt, die mit Melanie Kleins Darstellung der paranoid-schizoiden Position und der depressiven Position zusammenhingen. Esther Bick (1975) hatte die mit der Zweidimensionalität verbundenen Identifizierungsprozesse (adhäsive Identifizierung) aufgedeckt; deshalb war denkbar, daß es vielleicht eine psychische Struktur geben konnte, die vor der paranoid-schizoiden Position lag. Dadurch würde auch die Hypothese von einer genetischen Abfolge durch eine starke innere Logik bekräftigt, die die depressive Position auf einer weiterentwickelten Ebene des Erlebens ansiedelt. Aber Melanie Kleins Formulierung der Faktoren, die den Wissensdrang in Gang setzen, erschien irgendwie unbefriedigend. Das Begriffsgebäude geriet ins Wanken, weil sie nicht zwischen eindringender Neugier und Wissensdurst als Faktoren im Interesse des kleinen Kindes für das Körperinnere der Mutter unterschied. Befunde bei den autistischen Kindern wiesen nachdrücklich darauf hin, daß bei ihrer Krankheit Sadismus und Spaltungsprozesse nicht stark wirksam waren, sondern sich erst während der Genesung und fortschreitender Entwicklung mit großer Intensität manifestierten.

Eine Unzufriedenheit dieser Art mit dem im Behandlungszimmer wirksamen Modell der Psyche muß allmählich eine Verschiebung vom Denken in genetischen Phasen in Richtung auf eine Feld-Konzeption bewirkt haben. Die damit verbundene Komplexität war fast entmutigend, aber jegliche Anpassung an Bions Vorstellungen schien ein solches Umdenken zu erfordern. Mir fiel wieder ein, daß Melanie Klein Kritikern bei einer Zusammenkunft geantwortet hatte, nicht sie mache die Dinge kompliziert, sie seien einfach so. Natürlich muß die menschliche Psyche in unserem Gesichtskreis die komplizierteste Sache der Welt sein. Die Psyche, die sich selbst zu ergründen sucht, muß beim Eindringen in ihre Geheimnisse an Grenzen stoßen. Vielleicht ist das Geheimnis überhaupt ein bedeutsamer Aspekt ihres innersten Wesens.

Schon die Erfahrungen mit autistischen Kindern hatten Bions Betonung des Bewußtseins, nicht als System, sondern als geistig-seelisches Organ, als Organ der Aufmerksamkeit, bestätigt und gerechtfertigt. Die bei ihnen beobachtete Diffusion der Aufmerksamkeit mit dem daraus resultierenden Abbau dessen, was Bion halb im Scherz „common sense" (Sullivans „consensuality") genannt hatte, erschien wie eine gleichzeitig höchst wirksame und dennoch sehr schonende Methode der Kinder, dem Ansturm des Lebens von außen und im eigenen Inneren zu entgehen. Die therapeutische Bedeutung und Indiziertheit eines Vorgehens, das darin bestand, die Aufmerksamkeit der Kinder dadurch zu erregen und zu fesseln, daß man akute Beobachtungen auf eine sie interessierende Weise ansprach, hatte seine Wirksamkeit bewiesen, allerdings auch seine Tendenz, den Therapeuten zu erschöpfen.

Die „Feld"-Orientierung, bei der mannigfaltige Ebenen

gleichzeitigen und mehr oder weniger integrierten Funktionierens möglich sind, und die nicht nur die Frage „wann“, sondern auch die Frage „wie“ zuzulassen scheint, ist die psychische Ebene, deren Tätigwerden das rein Neurophysiologische überlagert. Bion näherte sich dem Problem so, daß er annahm, als erstes würden die Gedanken erzeugt, die dann einen Apparat erfordern, mit dem man sie denken (sie handhaben, benützen) kann; dies scheint der entscheidende Bruch mit der traditionellen Ansicht zu sein, nach der das Denken als Funktion älter ist und Gedanken erzeugt. Dieser Bruch befähigte ihn, den „Grid“ zu erdenken und dann zur Untersuchung der „Transformationen“ fortzuschreiten, durch die das Denken seine Verwendung von Gedanken bewerkstelligt. Ja, mehr noch, er lieferte ein Bezugssystem, um über falsche Gedanken, Lügen, Mißverständnisse, Unwahrheit, falsche Auffassungen, Propaganda und Zynismus nachzudenken. Wenn man dies mit dem großen Schritt zusammennimmt, der Emotion die Anti-Emotion entgegenzusetzen (positive und negative L, H und K – *L*iebe, *H*aß und Erkenntnis = *K*nowledge), hat man ein neues Hilfsmittel zur Hand, um über das Denken nachzudenken.

Wir bekommen bei unseren Betrachtungen des Problems dadurch eine neue Freiheit, daß wir uns das Psychische als „Ebene“ denken können und uns vorstellen können, es werde dadurch „ins Spiel gebracht“, daß man seine Aufmerksamkeit auf die durch ein Erlebnis geweckte Gefühlsregung konzentriert. Und die Atmosphäre wird nicht nur durch die semantische Klärung gereinigt, sondern nun ist auch die herkömmliche primäre Sorge um Logik (und damit auch Mathematik und Linguistik) als unsere höchste Informationsquelle beseitigt, die uns von den Griechen bis zum „Tractatus“ begleitet hat. Das „leere“ Konzept von der Alpha-Funktion ist unser neuer Schlüssel. Aber auch das Schloß, in das er paßt, wird verschoben; das ist das Entscheidende. Wir sind irregeleitet worden, die Schöpfung ästhetischer Dinge als Werk seltener und voll entfalteter Genies mit der Wahrnehmung der „Schönheit der Welt“ zu verwechseln, von der Wordsworth behauptet, sie wohne den „clouds of glory“ inne, sei verkörpert in der Denkweise von Kindern und ihrer Empfänglichkeit für den „Glanz im Grase“. Wäre er dem Problem des Verlusts dieser Sensibilität nachgegangen, anstatt die (im wesentlichen soziologische) einfache Erklärung zu akzeptieren, „im Nehmen und Geben verzehren wir unsere Kräfte", hätte er das Wesen des Schmerzes klarer erkannt, den diese Sensibilitäten mit sich bringen.

Ähnlich hat Melanie Kleins Loyalität gegenüber Freuds Formulierung von der Dualität der Triebe sie veranlaßt, einfach an dem Problem vorbeizugehen und die offenkundige Ambivalenz wegzuerklären, die dem Wissenstrieb auf der Grundlage von Frustration innewohnt. Diese Haltung ist etwas überraschend, wenn man bedenkt, wie gut sie wußte, daß ein gewisses optimales Maß an seelischem Schmerz (Frustration, Verfolgung, Neid usw.) für die Entwicklung notwendig ist, da diese durch erträgliche Konflikte vorangetrieben wird. Meine eigene erste Ahnung von diesem Problem habe ich in einer Abhandlung mit dem Titel „The Apprehension of Beauty" in *Painting and the inner world* (Meltzer & Stokes 1963) niedergelegt, in der es auch mir mißlungen ist, zu erfassen, was ich flüchtig erblickt hatte, was aber Hanna Segal (1955) in ihrer berühmten Abhandlung über Ästhetik nach meiner Ansicht gelungen ist.

Und so kamen sie zusammen, der Schlüssel „Alpha-Funktion" und das Schloß der Zweidimensionalität, und es schien eine passende Metapher zu sein. Der Problembereich, den der Schlüssel der Symbolbildung aufschließen sollte, war das Rätsel des Innen und des Außen des ästhetischen Objekts. Seiner Macht, Gefühle hervorzurufen, kam nur seine Fähigkeit gleich, Angst, Zweifel und Mißtrauen zu erzeugen. Die sinnlichen Eigenschaften des ästhetischen Objekts konnten zwar mit einem gewissen Grad von Zuverlässigkeit erfaßt werden, seine inneren Eigenschaften hatten aber, da sie infra- oder suprasensuell waren, keinen solchen Trost zu bieten. Hier mußte sich Beobachtung mit Denken und Urteil paaren, und die Festigkeit des Urteils war weitgehend von Erfahrung abhängig. Denn gewiß mußte die Bewertung dieses gefürchteten und bestaunten Objekts als gut oder böse davon abhängen, ob dieses Äußere und Innere des Objekts zusammenpaßten oder nicht. Das Baby hat jedoch so gut wie keine Erfahrung mit der Welt. Wie soll es solche Urteile fällen? Es kann nicht; es kann nur abwarten, um zu erfahren, was als nächstes geschieht.

Dies wäre also der Zusammenhang, in dem die Abwesenheit

des Objekts ihre entscheidende Wirkung ausübt und die Feuerprobe herbeiführt. Bion hat dieses Problem des abwesenden Objekts definiert als ‚das abwesende Objekt als anwesender Verfolger' im Hinblick auf den ‚Raum, wo das Objekt zu sein pflegte', vielleicht auch, indem er stillschweigend Berkeleys „Geister verschwundener Eigenschaften" mit einbezog. Diese „Zeiten, die die Seelen der Menschen auf die Probe stellen" (Tom Paine: Common Sense) und in der Tiefe den „Sonnenkrieger" entdecken, müssen für das Baby noch um ein Unendliches belastender sein, wenn wir uns an ihre Wirkung auf Othello und Leontes und „La Belle Dame sans Merci" erinnern. Vertrauen wäre also eine zusammengesetzte Qualität der Psyche, wie Meter/Kilogramm als eine Definition der physikalischen Arbeit: Hoffnungs/Stunden oder Minuten oder Tage oder Jahre. Bei ganz kleinen Kindern werden es wohl eher Hoffnungs/Sekunden sein, da sich das Gesicht des Babys verzieht, sobald die Mutter aus seinem Gesichtsfeld verschwindet.

Durch eine solche Definition des grundlegenden Problems der ästhetischen Beziehungen und durch die Aussage über die ästhetische Beziehung zur Welt und den ersten Anstoß fürs Denken haben wir eine Stellung eingenommen, die mit einer – gleichzeitig inhärent genetischen – Feldtheorie vereinbar ist. Sie ermöglicht, was die Unterscheidung einer paranoid-schizoiden und einer depressiven Position in ihrer Loyalität gegenüber dem Fundament des Lebens- und Todestriebes nicht kann, einen rein psychischen Zugang zur Dimension der Werte, unbelastet durch biologische Spekulation. Zwar verliert die Frage des seelischen Schmerzes und der Toleranz ihm gegenüber nichts von ihrer Bedeutung als Maßstab für Ich-Stärke, aber in die Konfliktdynamik wird ein neuer Faktor eingeführt. Vertrauen scheint (quantitativ ausgedrückt, in Einheiten von Hoffnungs/Zeit qualitative Wurzeln im Reichtum des ästhetischen Erlebens zu haben, auf das die Trennung folgt. Und dieser Reichtum liegt sicherlich in dem Element der Gegenseitigkeit im Wahrnehmen der Schönheit. Denn das Baby muß von der Mutter als ästhetisches Objekt geschätzt werden, damit das Erlebnis ihrer beider Liebe Widerhall findet und an Intensität zunimmt.

Eine solche Grundlage, die es uns ermöglicht, uns vorzustellen, „wie" die Fähigkeit zum symbolischen Denken, das Produkt der geheimnisvollen Alpha-Funktion, in Gang gesetzt wird, enthebt uns mehr oder weniger der Rücksichtnahme auf das „wann" dieses Geschehens. Vor oder nach der Geburt – es muß eintreten. Und wenn diese Übereinstimmung der Gegenseitigkeit sein wesentlicher Bestandteil ist, kann sein Beginn einen großen zeitlichen Spielraum haben. Aber wir müssen traurig zugeben, daß es auch überhaupt nicht stattfinden kann, wie z. B. bei den Kindern, die anscheinend keine postnatale Anpassung vollziehen, oder deren neurophysiologischer Apparat nicht komplex genug ist, um die ästhetische Reaktionsebene zu erreichen. Das autistische und das entwicklungsrückständige Kind spüren sie vielleicht und lehnen sich gegen ihre Herrschaft auf.

Wichtiger für die klinische Praxis ist jedoch die Folgerung, daß die Abwehrmaßnahmen, die aufzuspüren die Psychoanalyse speziell geeignet ist, zum großen Teil, wenn nicht ganz und gar, als Maßnahmen gegen die Einwirkung des ästhetischen Objekts angesehen werden können. Das tritt natürlich nicht in der ersten Zeit einer Analyse zutage. Es kommt meiner Ansicht nach an der Schwelle zur depressiven Position heraus, nachdem die ersten Verwirrungen geklärt wurden. Wie unterscheidet sich nun diese Anschauung von den Formulierungen Melanie Kleins, und was genau sind die Veränderungen im Behandlungszimmer, die durch diese Ansicht entstehen?

Zweifellos die erste und wichtigste Veränderung ist eine verminderte Betonung der „Richtigkeit" des Deutens, vielleicht eine Verminderung der Dringlichkeit, überhaupt zu deuten. Statt dessen bewegt sich der Brennpunkt gleichsam vorwärts in die Interaktion, in die Beziehung, aus der erklärende Ideen hervorgehen. Das Modell Container/Contained verleiht der Aufnahmebereitschaft einen neuen Wert, ebenso dem Umstand, daß der Analytiker die dynamische Situation der Übertragung/Gegenübertragung in sich geistig-seelisch präsent hält.

Wenn man dies so sagt, als sei der Analytiker der „Container", geht man daran vorbei, daß das Zusammenpassen der Aufmerksamkeit und der Einstellungen des Analytikers mit der Bereitschaft des Patienten zur Zusammenarbeit den „Container" bildet und zusammenschweißt und ihm den Grad von Flexibilität und Spannkraft gibt, der jeweils im Moment erforderlich ist.

Die Deutung verliert daher ihre erklärende Funktion, teilweise durch das veränderte Wesen der Situation, aber auch, weil der Analytiker seine kausale Orientierung an psychischen Ereignissen verloren hat. Das Feld der geistig-seelischen Zustände läßt es nicht mehr zu, daß die Linearsprache sich durchsetzt. Sie fällt weg zugunsten von Beschreibungsversuchen, die jedoch ähnlich hoffnungslos unzureichend sind wie es ein Gemälde als Grundlage für botanische Forschung wäre. Statt dessen tritt die Metapher der Erhellung an die Stelle der Erklärung. Ich erinnere mich noch gut an den Besuch einer Höhle in der Dordogne, ich glaube, es war Combarelles, die voll war von eingeritzten Zeichnungen eiszeitlicher Tiere. Als der Führer den Schein der Lampe von einer Ecke in die andere wandern ließ, hoben sich verschiedene, übereinander liegende Bilder von der Höhlenwand ab.

Dieses Bild für die verbale Aufgabe des Analytikers, ein Licht des Verstehens von einem Schnittpunkt zum anderen wandern zu lassen, modifiziert die Atmosphäre der Kommunikation außerordentlich; es vermindert die autoritativen Erwartungen des Patienten und teilt die Verantwortung zwischen den Mitgliedern der „Zweier-Arbeitsgruppe" auf. Es ermöglicht auch, daß sich im Lauf der Zeit eine Deutungslinie bildet, bei der für beide Mitglieder bestimmte Träume – die Träume, und nicht ihre Deutungen – die Marksteine sind. Die Funktion des Verstehens mit all ihrer Unsicherheit und Bereitschaft, ihren Platz zu räumen, erlaubt dem Analytiker, indem sie ihn von der Erwartung des Wissens befreit, eine viel größere Freiheit des Spekulierens. Intuitive Erkenntnisse, für die sich einem die Beweise noch nicht geradezu aufdrängen, kann man frei aussprechen, wobei der Grad der Ungewißheit durch den Stimmklang angezeigt wird. Da die Beziehung auf diese Weise der Mystifikation scheinbarer Allwissenheit entkleidet wird, interessiert sich der Patient mehr für die Methode und begrüßt eine Erklärung der Verhaltensgrundlage des Analytikers. Dies alles, einschließlich der verbesserten Definition der Gestalt, die der psychoanalytische Prozeß anzunehmen scheint, hat die Tendenz, das Konzept der Wissenschaft, des Prozesses, der Methode – vielleicht zusammengenommen mit dessen persönlicher und institutioneller Geschichte als ein Ding an sich erscheinen zu lassen, das man schließlich als ästhetisches Objekt begreifen kann.

Das hat weitreichende Folgen für die Übertragung und die Gegenübertragung, denn so ist ein Objekt etabliert worden, das den in den, wie Freud sagte, „Besonderheiten“ des Analytikers liegenden Begrenzungen nicht unterworfen ist – seinem Alter, Geschlecht, Aussehen, über seine Lebenssituation bekannten Tatsachen, seinen Wertvorstellungen, seinen politischen Meinungen usw.. Tatsächlich kann nun ein Objekt gebildet werden, das Therapeut und Patient miteinander aus einer gewissen Entfernung untersuchen können, genauso, wie man von den meisten Gemälden zurücktritt, um die Komposition auf sich einwirken zu lassen, und dann wieder nähertritt, um den Pinselstrich und die Kunstfertigkeit des Malers zu würdigen.

Die Psychoanalyse als Ding an sich und ihre besondere Manifestation im eigenen Analyse-Erleben des Patienten bildet ein Bindeglied zum inneren Teilobjekt, der mütterlichen Denk-Brust als kombiniertem Objekt aus Brust und Brustwarze. Die Funktionen, die der Analytiker nach dem Gefühl des Patienten im analytischen Prozeß hat, nehmen eine definitive Gestalt an, wodurch das Wesen der empfundenen Abhängigkeit weitgehend geklärt wird: Das Agieren auf der Suche nach Stellvertretern des Analytikers während der Trennungszeiten zeigt deutlich sowohl die Angemessenheit als auch die Unangemessenheit dieser Abbilder. Der Analytiker ist daher besser in der Lage, dem Patienten bei der Einschätzung der Nützlichkeit dieser Alternativbeziehungen zu helfen, und er braucht sich ihnen nicht bloß entgegenzustellen, weil er annimmt, sie müßten notwendigerweise die Übertragung verarmen lassen.

In diesem Zusammenhang wird die äußerliche Manifestation der narzißtischen Struktur des Patienten im Kontakt mit Individuen und Gruppen einer neuen und genaueren Prüfung unterzogen, denn die Grundlage der Bewertung brauchen nicht nur Werte zu sein. Es trifft zu, daß bei Werturteilen die Verschiebung von moralischen oder sogar ethischen Kriterien auf Entwicklungskriterien (was oft einen Aufschub der Beurteilung bedeutet) die Härte der Interventionen des Analytikers in bezug auf narzißtisch begründete Beziehungen abschwächt, denn es fehlt seiner Haltung meist die Grundlage der Notwendigkeit des aufzeigbaren Beweises, abgesehen von Träumen. Aber wenn auch die Denkweisen und die Kommunikationswege genau untersucht werden können, kann man oft die Mängel in der Qualität des Denkens nachweisen. Dies ist am deutlichsten, wenn es um ein Sich-Einlassen auf eine „Grundannahmen-Gruppe" geht, aber selbst beim Zusammenschluß mit einem oder mehreren Bekannten lassen sich die „falsch verbindenden" Funktionen des „Negativen Grid" oft nachweisen

Dieser Weg der Erforschung von Kommunikationsprozessen in der Gruppe ist gewiß ein Bionsches Zusatzwerkzeug für unsere Ausrüstung zur Untersuchung der Wirkungen des Narzißmus. Sie sind nirgends deutlicher zu sehen als in perversen Bereichen der Persönlichkeit, die ganz still die Vitalität von Objektbeziehungen austrocknen. Und hier wirkt Bions Formulierung von den positiven und negativen emotionalen Bindungen sehr erhellend. „Aber bin ich nicht Teil des emotionalen Lebens dieses Menschen?" scheint der perverse Bereich zu sagen und damit eine gewisse Achtbarkeit und einen rechtmäßigen Anteil an der Welt der menschlichen Intimität zu beanspruchen. Eine dualistische Theorie von Leben und Tod, von schöpferischen und zerstörerischen Trieben, gibt keine entschiedene Antwort, nur ein widerwilliges: „Ja, aber du mußt dich unterordnen, dich für gute und kreative Zwecke integrieren" – was der perverse Aspekt lächelnd und insgeheim triumphierend akzeptiert. Wenn jedoch die perversen Tendenzen als Anti-Emotionen, als Minus-L, -H und -K, erkannt werden, braucht man ihnen nicht durch Kompromisse Boden abzutreten.

Das Konzept eines „Negative Grid" und die Erkenntnis Bions, daß man die Wahrheit wissen muß, um wirksame Lügen erfinden zu können (sich selbst und anderen gegenüber), hat uns ein wirksames Instrument an die Hand gegeben, um Inhalt und Wirksamkeit zynischer Angriffe auf die Wahrheit genau zu prüfen. Ich habe zwar den „Grid" nie als nützlich für die analytische Betrachtung (wie Bion es empfahl) empfunden, aber seine Anlage offenbart auf großartige Weise Verschiebungen von Abstraktionsebenen und damit einhergehende paradoxe Aussagen. Dies führt zu größerer Geschicklichkeit bei der Untersuchung der Abwehr- und Ausweich-Funktionen zweideutiger Reden wie auch von Fehlern in logischen Operationen, Pseudo-Quantifizierungen, falschen Gleichsetzungen und unechten Vergleichen.

Insgesamt versetzen diese Werkzeuge zur peinlich genauen Untersuchung von Denk- und Kommunikationsprozessen den Analytiker in eine weit stärkere Position, als er sie je zuvor in dem Kampf hatte, infantile Strukturen der Herrschaft oder dem Einfluß destruktiver Persönlichkeitsanteile zu entreißen, die im Inneren oder in der Außenwelt die narzißtischen oder „Grundannahmen"-Gruppierungen organisieren.

Schließlich müssen wir die wichtige Frage unserer privaten und öffentlichen Definition der Psychoanalyse und die Folgerungen aus ihr für unsere Arbeitsmethoden im Behandlungszimmer überprüfen. Ich meine damit nicht die politischen Aspekte des Problems, wie z. B. die Definition der Psychoanalyse als das, was Mitglieder der Psychoanalytischen Vereinigung tun, oder die Frage, ob der Patient fünfmal in der Woche kommen muß oder den äußeren institutionellen Rahmen usw.. Diese lokalen Definitionen richten sich nach lokalen politischen Problemen und sind nicht von wissenschaftlichem Interesse. Wichtig sind die Probleme der privaten Definition und der öffentlichen Darstellung den eigenen Kollegen gegenüber.

Im wesentlichen muß unsere private Definition auf zwei Pfeilern ruhen, der Methode und dem Prozeß, den sie in Gang setzt. Fast jeder Angehörige unseres Berufs würde zustimmen, daß das Wesentliche an der Methode die genaue Untersuchung und Beschreibung der Übertragung vermittels der inneren Prüfung der Gegenübertragung ist. Weit weniger Einigkeit oder Bedarf an Einigkeit gibt es in bezug auf das Wesen des therapeutischen Prozesses, der durch diese Maßnahmen hervorgerufen wird. Es ist nicht unwahrscheinlich, daß der Prozeß bei jedem Analytiker ein anderer ist, ja, sich vielleicht bei jedem Patienten auf wesentliche Art unterscheidet. Aber alle würden zustimmen, daß jeder Analytiker sich schließlich seine eigene Auffassung vom Typus oder von der Reichweite der Prozesse gebildet haben muß, die er in einer voranschreitenden Analyse für nützlich hält. Es ist klar, daß er therapeutische Kriterien nicht benützen kann, weder selbst beobachtete, noch von anderen berichtete. Es gibt schließlich keinen Grund, warum Analytiker irgendein Monopol therapeutischer Wirksamkeit für sich beanspruchen sollten.

Wenn sich der Analytiker eine solche Auffassung vom Typus oder von der Reichweite des Prozesses gebildet hat, sollte er den

Forderungen seiner Patienten hinsichtlich der Häufigkeit und Dauer von Stunden, der Stunden-Abstände, des Ausfalls von einzelnen Sitzungen oder längeren Zeitspannen, von Zahlungsmethoden, der Verwendung der Couch, des Mitbringens oder Zusendens von schriftlichem oder Bild-Material und von Gesprächen mit Angehörigen flexibler begegnen können. Vorsicht kann an die Stelle einer Unbeweglichkeit in Stil und Methode treten, wenn man aus seinen Erfahrungen mit dem jeweiligen Patienten und mit der Praxis im allgemeinen grundlegende persönliche Konzepte von Methode und Prozeß entwickelt hat. Vom Analytiker eingeführte Abwandlungen von Stil und Methode sollten dennoch mit größtem Mißtrauen betrachtet und wahrscheinlich vermieden werden, es sei denn bei einem zuverlässig organisierten Forschungsprojekt. Aber eine flexible Reaktion auf die Wünsche eines Patienten kann, wenn sie auf Erfahrung und Festigkeit des Konzepts beruht und durch eine sorgfältige Prüfung des davor und danach auftauchenden Materials unterstützt wird, eine wohltätige, humanisierende und ermutigende Wirkung haben. Die Konsequenzen für den Analytiker sind jedoch weit wichtiger. Eine solche Ausrichtung verpflichtet ihn, die rationale Grundlage seiner Verfahrensweisen fortwährend sorgfältig zu überprüfen und so sein eigenes Lernen aus der Erfahrung zu fördern.

Aus dem Englischen von Gudrun Theusner-Stampa

Literatur

Bick, E. (1975). Adhesive identification. (unveröffentlicht).
Bion, W. R. (1963). The elements of psycho-analysis. London: Heinemann.
Bion, W. R. (1965). Transformations. London: Heinemann.
Bion, W. R. (1970). Attention and interpretation. London: Heinemann.
Bion, W. R. (1975). Memoir of the future. Part III: The dawn of oblivion. Strath Tag (Pertshire): Clunie Press.
Meltzer, D., & Stokes, A. (1963). Painting and the inner world. London: Tavistock.
Meltzer, D., et al. (1975). Explorations in autism. Strath Tag (Pertshire): Clunie Press.
Segal, H. (1955). A psychoanalytic approach to aesthetics. In dies., New directions in psychoanalysis. London: Tavistock.

3.2 Einige Bemerkungen über die Rolle der projektiven Identifizierung in der analytischen Beziehung

Ralf Zwiebel

3.2.1 Einleitung und Fragestellung

Die zunehmende Betrachtung der psychoanalytischen Beziehung aus der Sicht der Zweipersonen-Psychologie (Thomä & Kächele 1985) macht Theorien und Konzepte erforderlich, die den interpersonell-interaktionellen Bereich der psychoanalytischen Situation zu fassen vermögen. Daher gewinnt die Theorie der projektiven Identifizierung eine wachsende Beachtung, weil in ihr neben der intrapsychisch konzipierten unbewußten Phantasie die interaktionelle Komponente zunehmend mehr Berücksichtigung findet (Bion 1977, Ogden 1979, 1982, Sandler 1984).

In der folgenden Arbeit möchte ich mich auf zwei Fragen beschränken, die die Rolle des Psychoanalytikers beim Umgang mit der projektiven Identifizierung betreffen und die nach meiner Auffassung für den praktizierenden Psychoanalytiker von Bedeutung sind:

1. Wie kann der Analytiker die projektive Identifizierung des Patienten aufnehmen, bewahren und in eine angemessene Intervention umwandeln? Und welche Hindernisse, die aus der Beziehungsdynamik und/oder aus der persönlichen Problematik des Analytikers erwachsen, verhindern diesen Aspekt der analytischen Interaktion?
2. In welchen Situationen gerät der Analysand seinerseits unter den Einfluß der projektiven Identifizierung seines Analytikers?

Wegen der Komplexität der Thematik kann eine detaillierte oder gar vollständige Bearbeitung dieser beiden Fragen nicht erwartet werden. Vor allem wird es mir darum gehen, die Berechtigung dieser Fragen zu dokumentieren, da es Psychoanalytiker gibt, die die Theorie der projektiven Identifizierung und damit viele der mit ihr verknüpften Fragen kategorisch ablehnen. Insofern ist hier eine Grundeinstellung des Psychoanalytikers angesprochen, die sich entscheidend auf seine Haltung und die Handhabung der analytischen Situation auswirken wird. Bevor ich auf die beiden Fragen genauer eingehen werde, möchte ich eine kurze Zusammenfassung der Theorie der projektiven Identifizierung geben.

3.2.2 Zum Prozeß der projektiven Identifizierung

In meinem Bericht über die Jerusalemer Tagung zu den Themen Identifizierung, Projektion und projektive Identifizierung (Zwiebel 1985) und in einer zusammenfassenden Arbeit (Zwiebel 1988) habe ich einige der Probleme, die mit der Theorie der projektiven Identifizierung verknüpft sind, referiert und diskutiert. Dabei habe ich zu zeigen versucht, daß sich die definitorischen Schwierigkeiten entschärfen, wenn man projektive Identifizierung als einen komplexen Mechanismus auffaßt, der intrapsychische und interaktionelle Komponenten umfaßt, wobei letztere in einer interpersonellen Aktualisierung einer unbewußten Phantasie zu sehen sind. Die oft kritisierte Ausweitung des Begriffes wird durch die Unterscheidung von normaler und pathologischer projektiver Identifizierung relativiert, wie sie bereits Bion vorgeschlagen hat (Bion 1977).

Normale projektive Identifizierung ist an Vorgängen wie Empathie, Intuition, Verliebtheit oder auch der freien Assoziation in der analytischen Situation beteiligt; entscheidend ist, daß das Subjekt die andere Person als ganz und getrennt erlebt und akzeptiert, und daß der Empfänger der projektiven Identifizierung nicht transformiert wird. Im Gegensatz dazu dient *pathologische* projektive Identifizierung dazu, die Getrenntheit des anderen fundamental zu negieren; sie hat so neben kommunikativen Aspekten vor allem defensive Funktionen.

Trotz aller Ambiguitäten, die dem Begriff der projektiven Identifizierung wie vielen anderen psychoanalytischen Begriffen anhaften, – es handele sich um eine unbewußte Phantasie, einen primitiven Abwehrmechanismus, eine Form von Objektbeziehung, eine Form non-verbaler Kommunikation, einen Baustein zur Entwicklung innerer Objekte, einen Schutz vor archaischen Trennungsängsten, der aber in exzessiver Form selbst starke Ängste hervorruft –, trotz dieses „Almagams von Konzepten“ (Grotstein 1981), das sehr verwirrend sein kann, läßt sich folgendes formulieren: introjektive und projektive Identifizierung sind zentrale und basale psychische Vorgänge, wobei die projektive Identifizierung als *Identifizierung durch Projektion* zu verstehen ist. Der andere wird durch Projektion so gemacht, verändert, behandelt, wie man sich selbst – vor allem in abgespaltenen Anteilen seiner Person – sieht und erlebt.

Neben die intrapsychische Projektion, nämlich die Projektion eines unerwünschten oder aber idealen Selbstaspektes auf die Objektrepräsentanz, tritt ein *interpersoneller unbewußter Druck*, damit der andere so empfindet und sich so verhält, wie es der unbewußten projektiven Phantasie entspricht. Dadurch bleibt eine Vertrautheit mit den Objekten bestehen, die Phantasie omnipotenter Kontrolle über sie kann aufrechterhalten bleiben, und schmerzliche Gefühle des Neides und der Abhängigkeit werden vermieden.

Pathologische projektive Identifizierung ist ein früher, primitiver Vorgang, der mit Spaltung eng verknüpft ist und an die paranoid-schizoide Position gebunden ist. Klinisch beobachten wir pathologische projektive Identifizierung insbesondere bei präpsychotischen, narzißtischen und Borderline-Störungen, bei denen Phänomene wie Konfusion, Desorientiertheit, Manipulation und Zwang auf das Wirken von projektiver Identifizierung zurückzuführen sind. Besonders exzessive Formen führen zu Konfusionen und Verwirrung in der Übertragung und nicht selten zu gefährlich angespannten analytischen Beziehungen. Wesentlich ist auch, daß nicht nur unerwünschte, abgelehnte Selbstaspekte, sondern erwünschte, aber für nicht erreichbar gehaltene Selbstanteile projiziert und durch interpersonellen Druck im anderen induziert werden. Dies führt zu Formen parasitärer Objektbeziehungen, in denen die eigene Existenz negiert wird und der andere stellvertretend alles das lebt und erlebt, was man selbst nicht wagt. Melanie Klein hat in diesem Zusammenhang das Motiv des „Verschwindens“, das ich persönlich für ganz entscheidend halte, besonders herausgestellt (Klein 1955).

Der Prozeß der projektiven Identifizierung vollzieht sich vorwiegend prä-, non- und para-verbal, ja nicht selten sogar in Gegensatz zum Inhalt des Gesprochenen. Für die klinische Arbeit ist daher die Unterscheidung folgender Kommunikationsmodi wichtig:

- verbal-symbolische Kommunikation
- non- und para-verbale Kommunikation, vor allem durch projektive Identifizierung
- Nicht-Kommunikation durch Abkapselung.

Wenn wir unsere Patienten verstehen und ihnen eine neue emotionale Erfahrung ermöglichen wollen – und das ist unser primäres analytisches Ziel, von dem wir hoffen, daß unser Analysand es teilt – meinen wir ein umfassendes Verständnis, das diese drei Ebenen der Kommunikation einschließt. Der Traum vom sprechenden Säugling, der nach meiner Erfahrung besonders dann beim Patienten auftritt, wenn der Analytiker die verbal-symbolische Interaktion überschätzt und damit seinen Analysanden überfordert, ist ein Indikator dafür, wie schnell es hier zu grundlegenden Mißverständnissen zwischen Analysand und Analytiker kommen kann – eben dann, wenn sich der Analytiker nicht auf das Verständnis des ganzen Patienten einstellt, sondern nur das verbale Material des Patienten zu verstehen und zu interpretieren versucht (Joseph 1983).

3.2.3 Aufnahme, Bewahrung und Umwandlung der projektiven Identifizierung

Für die alltägliche klinische Arbeit erscheint es vorteilhaft, diagnostische Erwägungen nicht in den Vordergrund zu stellen und beim Auftreten der geschilderten Beziehungsphänomene (vor allem Zwang, Manipulation, Konfusion) an das Wirken von pathologischer projektiver Identifizierung zu denken, das im übrigen auch bei überwiegend neurotischen Personen durch regressive Bewegungen im analytischen Prozeß zu beobachten ist. Auf die sehr interessante Frage, inwieweit der Analytiker selbst durch eine unangemessene Technik – ich denke vor allem an übertriebene Passivität und Abstinenz – regressive Bewegungen und damit auch pathologische projektive Identifizierung mobilisiert, kann ich im Rahmen dieser Arbeit nicht eingehen. Im übrigen werde ich im folgenden nur noch verkürzt von „projektiver Identifizierung“ sprechen, beziehe mich damit jedoch auf die *pathologische* projektive Identifizierung.

Ich möchte mich nun der ersten Frage zuwenden, wie es nämlich dem Analytiker möglich ist, die projektive Identifizierung des Analysanden aufzunehmen, zu bewahren und umzuwandeln. Der folgende Versuch, die Reaktionen des Analytikers auf die projektive Identifizierung seines Analysanden in drei Phasen (Aufnehmen, Bewahren, Umwandeln) zu unterscheiden, sollte mit aller Vorsicht betrachtet werden. Denn fraglos kann man diese Reaktionen auch als einen komplexen ziemlich einheitlichen Vorgang beschreiben, bei dem sich allerdings vor allem bei den Störungen Akzente herausheben, die eine solche Dreiteilung doch gerechtfertigt erscheinen lassen.

Wenn der Analytiker um jeden Preis die Grundhaltung des Verstehens und der neuen emotionalen Erfahrung einnimmt, hat er bereits den wesentlichen Schritt zur *Aufnahme* der projektiven Identifizierung seines Analysanden getan. Denn diese Haltung impliziert einen basalen introjektiven Vorgang – bei gleichzeitiger Abstinenz gegenüber agierenden und mitagierenden Reaktionen. Der Analytiker verhält sich sozusagen wie ein großzügiger Gastgeber, der allen Gästen sein großes Haus zur Verfügung stellt, alle Türen und Tore weit öffnet, damit möglichst viele Leute bei ihm Eintritt finden können.

Solange die wesentliche Kommunikation und Verständigung im verbal-symbolischen Bereich liegt, ergeben sich selten größere Probleme. Der Analytiker stellt sich dabei zuerst immer auf die Worte des Analysanden ein und zieht Gesten, Tonfall und andere Handlungen sekundär zum Verständnis heran. Aber was passiert, wenn er auf diese Weise zu keinem Verständnis gelangt bzw. Reaktionen bei ihm auftreten, die im Kontrast zum Verlauf der Assoziationen seines Analysanden stehen?

Klinische Beispiele sind das Auftreten von Langeweile und Müdigkeit, obwohl der Analysand rege Material produziert, oder heftige Emotionen, wie sexuelle Erregung, Gereiztheit oder Angstgefühle, die keinesfalls zu dem Inhalt der Mitteilungen des Analysanden zu passen scheinen. Man kann vermuten, daß der Analytiker neben den verbalen Mitteilungen etwas aufgenommen hat, was ihm selbst nicht bewußt gewesen ist, was also einer Introjektion der projektiven Identifizierung des Analysanden entspricht. Man könnte vielleicht sogar postulieren: der Analytiker nimmt erst einmal alles auf, was ihm der Analysand anbietet: Assoziationen, Gefühle und vor allem die abgespaltenen Persönlichkeitsanteile des Analysanden. Wenn für den Analytiker das allumfassende Verstehen seiner Analysanden Priorität besitzt, wird dieser Vorgang der empathischen Introjektion notwendigerweise wesentlich stimuliert.

Ein klinisches Beispiel: Bei einem meiner Analysanden passierte es mir öfters, daß ich in den Sitzungen gedanklich abschweifte und mich dabei meiner wissenschaftlichen Arbeit zuwandte. Es konnte dann passieren, daß ich einen Vortrag oder eine Arbeit entwarf, ja mich bis in Einzelheiten hineinvertiefte, bis ich plötzlich innehielt und mich verwundert fragte, wie es kam, daß ich bei diesem Analysanden immer wieder diese Assoziationen bekam. Ich spürte dann einen sehr subtilen Druck, der vom Analysanden ausging, und der sich zunehmend verbalisieren ließ: ich solle mich anstrengen, etwas leisten, tüchtig arbeiten, ja, mich notfalls auch quälen und damit dem Analysanden den Persönlichkeitsanteil abnehmen, unter dem er selbst besonders litt. Wenn ich nicht rechtzeitig eine Distanz zu dem Vorgang bekam, konnte es auch passieren, daß sich bei mir ein Angstgefühl einschlich, das sich bei weiterer Analyse konkretisierte: der Analysand könnte mich attackieren und bestrafen, weil ich so passiv und untätig herumsitze und seinem Druck nicht unmittelbar nachgebe.

Dieses Beispiel verdeutlicht mir immer wieder, daß bei der Aufnahme der projektiven Identifizierung der Analysanden in der Regel sowohl Eigenes wie Fremdes beteiligt sind: Arbeiten als Schutz gegenüber regressiven Bewegungen ist mir ebenso wie die Strafangst vertraut. Es war so, als ob der Analysand mit seiner spezifischen projektiven Identifizierung eine Saite in mir zum Schwingen brachte, die sich nur dann zu einer konkreten Melodie weiterentwickelte, wenn die Musik mir in irgendeiner Weise vertraut war. Ich glaube, daß man an diesem Beispiel noch genauer beschreiben kann, was passiert: eine spezifische, primitive Objektbeziehung des Analysanden wird durch den analytischen Prozeß aktiviert, woraufhin der Analysand seinen

Selbstanteil – sein kindliches, hilfloses, aber arbeitswilliges Selbst, das sich von einem strafenden inneren Objekt bedroht fühlt – auf mich projiziert und durch einen unbewußten interpersonellen Druck (z. B. durch lückenhafte Assoziationen oder einen leichten Frageton in seinen Mitteilungen) die Aktivierung einer eigenen inneren Objektbeziehung bei mir induziert, die eine ähnliche Struktur hat und so aufgrund der Gemeinsamkeiten eine Resonanz bewirkt. Dabei identifiziere ich mich mit dem projizierten Selbstanteil des Analysanden und projiziere meinerseits mein inneres Objekt auf den Analysanden. Versteht man den Vorgang der Aufnahme auf diese Art und Weise, wäre zu fragen, ob bei der Aufnahme der projektiven Identifizierung die eigentliche Aufnahme – als erste Phase – von der Resonanz im Inneren des Analytikers als zweite Phase – zu unterscheiden ist: bei der letzteren scheint mir, daß sich Eigenes und Fremdes vermischen und dies die spezifische Reaktion in Form von Phantasien, Affekten und Erinnerungen beim Analytiker ausmacht.

Dieser zweiphasige Vorgang der Aufnahme der projektiven Identifizierung durch den Analytiker kann nun entsprechenden Störungen unterliegen. Die schwerwiegendste Störung ist die Weigerung des Analytikers, die projektive Identifizierung des Patienten überhaupt aufzunehmen. Ich selbst erinnere mich an einige Patienten, die ich in Vorgesprächen sah, bei denen sich nach kurzer Zeit das Gefühl einstellte: diesen Menschen möchte ich auf keinen Fall wieder in meiner Praxis sehen, verbunden mit einem fast körperlichen Widerwillen. Hier spürte ich sehr deutlich die fehlende Bereitschaft, irgend etwas von dem Patienten in mich aufzunehmen – symbolisiert in der Phantasie, dieser Mensch möge nie wieder meine Räume betreten. Dies ist ein relativ grobes Beispiel; vielleicht spielen diese Phänomene in manchen nicht-analytischen Psychotherapien eine größere Rolle, in denen die Abgrenzung als technisches Hilfsmittel stärker betont wird. Vermutlich spielen Störungen in der *zweiten* Phase der Aufnahme eine sehr viel größere und häufigere Rolle: im Analytiker kommt etwas zum Klingen, wird etwas zum Schwingen gebracht, was er nicht ertragen kann, was bei ihm selbst konflikthaft ist, was ihm unerträgliche Gefühle bereitet. Er wehrt sich dagegen, indem er seine Aufnahmebereitschaft zurücknimmt, seine Abwehr verstärkt oder seine Reaktionen rationalisiert. In dem eben geschilderten Beispiel wäre denkbar, daß der Analytiker dem Analysanden – vielleicht mit leicht vorwurfsvollem Ton – mitteilt, daß dieser ihn offenbar zum Arbeiten bringen wolle, während der Analysand selbst versäume, Schlußfolgerungen aus seinen lückenhaften Assoziationen zu ziehen. Es besteht dann die Gefahr, daß sich die geschilderte Objektbeziehung wieder umkehrt, was eine Angstentlastung für den Analytiker bedeuten, aber die analytische Beziehung keinesfalls entspannen würde.

Eine andere Störungsmöglichkeit besteht in einer *zu starken Introjektion* durch den Analytiker. Es erscheint berechtigt, hier von pathologischer Introjektion zu sprechen, weil die defensive Funktion – vor allem die Abwehr der Getrenntheit – in der Regel als unbewußtes Motiv nachweisbar ist. Die ganze konflikthafte innere Objektbeziehung des Analysanden wird dann vom Analytiker so erlebt, als sei diese nur in ihm und ausschließlich sein eigenes Problem.

Von der Aufnahme der projektiven Identifizierung des Analysanden bis zur Umwandlung in eine adäquate Intervention liegt die Phase des *Bewahrens* der projektiven Identifizierung. Hier treten ganz unterschiedliche Probleme auf, die im Zusammenhang stehen mit der Massivität der projektiven Identifizierung, mit Angst- und Spannungstoleranz des Analytikers und mit seiner Fähigkeit zum Verbalisieren. Selbst die gesellschaftliche Situation, in der sich Analysand und Analytiker befinden, kann eine entscheidende Rolle spielen. Wie kann beispielsweise der Analytiker Gefühle der Hoffnungslosigkeit oder Sinnlosigkeit seines Analysanden aufnehmen und bewahren, wenn er selbst unter starkem gesellschaftlichen Druck steht, seinen Analysanden möglichst schnell zu heilen!

Ich gebe ein weiteres, kurzes klinisches Beispiel: ein Analysand mit einer Psychosomatose, die sich in den ersten Monaten stark besserte, arbeitete in den Stunden tüchtig und intensiv an seinen Problemen. Bemerkenswert war, daß er immer wieder der aktuellen analytischen Situation auszuweichen schien bzw. nach einer entsprechenden Intervention sich auf die „Vater-Übertragung“ einstellte und sehr viel Material in den folgenden Stunden dazu brachte. Bei mir dauerte es einige Zeit, bis ich folgendes deutlicher feststellte: ich langweilte mich zunehmend in den Stunden und spürte mehr und mehr, daß ich überhaupt keinen Spielraum zu eigenen Überlegungen hatte; fast resigniert bemerkte ich, daß der Patient alles, was ich ihm sagte, bereits schon formuliert hatte. Ich bemerkte in diesem Zusammenhang, daß der Analysand nicht frei phantasierte, kaum einen wirklichen spontanen Einfall, ein unmittelbares Gefühl, einen Traum mitteilte. Ich hatte bis zu diesem Zeitpunkt mehr oder weniger abgewartet und meine Unlustgefühle registriert und ertragen, bis sich plötzlich der Inhalt der Assoziationen, meine eigenen Gefühle und die Beobachtungen des Verhaltens des Patienten in der analytischen Situation zu einem Gedanken verdichteten: nicht ich war in der Übertragung Vater für den Patienten, wie er es mir immer wieder nahelegen wollte, sondern er war Vater für mich, bzw. für seinen kindlichen Selbstaspekt, den er auf mich projiziert hatte. So wie ich mich dem Analysanden gegenüber fühlte, hatte er sich als kleiner Sohn gefühlt, einem übermächtigen Vater gegenüber, der allmächtig erschien, immer alles schon wußte, auf jede Frage eine Antwort parat hatte und ihm kaum einen Spielraum gelassen hatte, wirklich etwas Eigenes zu entwickeln. Das gesamte Geschehen hatte sich nun so verdichtet, daß es lediglich eine Frage des richtigen Zeitpunkts war, wann eine Interpretation zu einem vertieften Verständnis bei dem Analysanden führen könnte.

In dieser Phase, in der der Analytiker die projektive Identifizierung seines Patienten auf sich wirken läßt und nicht mit- oder gegenagiert, ist die Situation oft von einem *Nichtverstehen* des Analytikers geprägt. Vermutlich ist dieses Nicht-Verstehen ein Charakteristikum der Phase des Bewahrens der projektiven Identifizierung. Das Bewahren der projektiven Identifizierung des Analysanden klingt wie ein bewußter, gezielter Akt. Die eigentliche Leistung des Analytikers ist jedoch in meinen Augen eine andere: tatsächlich kann diese Phase von massiven Gegenübertragungsgefühlen bestimmt sein und vor allem von dem basalen Gefühl, nicht wirklich zu verstehen, was vor sich geht, geprägt sein. In dem eben geschilderten Beispiel hatte der Analysand mich in die Rolle des kleinen Sohnes einem dominierenden Vater gegenüber gebracht, während er verbal mir nahelegte, er fühle sich mir gegenüber so, wie er sich immer seinem Vater gegenüber gefühlt hatte. Der Patient wollte die Einsicht vermeiden, wie stark er sich mit bestimmten Zügen seines Vaters identifiziert hatte und benutzte sozusagen die Vater-Übertragung, um sich dieser Einsicht zu widersetzen. Ich verstand diesen Zusammenhang über einige Zeit überhaupt nicht. Statt dessen erlebte ich etwas, das teilweise auf das Wirken der projektiven Identifizierung des Patienten zurückzuführen war. Erst als ich mein Gefühl, daß ich bei diesem Patienten gar keinen Raum für etwas Eigenes, eigene Gedanken, Überlegungen, spontane Einfälle hatte, sehr verdichtete – und ich mich nicht verleiten ließ, die auftauchenden Reaktionen als mein persönliches Problem anzusehen – konnte ich eine Formulierung finden, die tatsächlich eine Wende im analytischen Prozeß brachte.

Aus diesen wenigen Überlegungen ergeben sich auch einige der möglichen Störmomente. Es dürfte deutlich geworden sein, daß die Phase des Bewahrens ganz wesentlich für den Umgang mit der projektiven Identifizierung ist: der Analytiker wird ja von dem Patienten unter Druck gesetzt und manchmal gezwungen, etwas zu erleben, zu fühlen oder zu tun, was er selbst nicht beabsichtigt und ihm in dieser speziellen analytischen Situation auch fremd und unpassend erscheint. Es entsteht ein Gefühl, vom Analysanden beherrscht oder gesteuert zu werden, ohne daß wirklich verstanden werden kann, wie und wozu der Analysand das macht.

Nach meiner eigenen Erfahrung entstehen aus einer solchen Situation leicht zwei charakteristische Gegenbewegungen: zum einen wird als Abwehr gegen das Nicht-Verstehen ein betont rationales und theoretisches Denken eingesetzt, das sich steigern kann bis zu diagnostischen Überlegungen in der analytischen Situation (nosologische Kategorien, Fragen der Analysierbarkeit etc.). Dies stellt einen Distanzierungsversuch dar, der in einer solchen Situation auch tatsächlich notwendig ist, allerdings mit den falschen Mitteln, weil der Analytiker sich nicht nur distanziert, sondern die analytische Beziehung *verläßt*, um sich kompensatorisch in die altbewährte omnipotente Arztposition zu begeben. Wohlbemerkt beziehe ich mich hier auf das Theoretisieren und das Diagnostizieren *in* einer analytischen Sitzung oder unmittelbar danach oder davor – ich leugne damit nicht, daß dies in gebührendem Abstand von der einzelnen Sitzung seinen Platz hat.

Ebenso ist es mit der zweiten Gegenreaktion: der Analytiker beginnt, sich selbst anzuklagen, sich schlecht zu fühlen, die Schuld bei sich zu suchen, um in schwierigen Situationen noch weiter zu gehen: seine Kompetenz generell in Frage zu stellen, einen Supervisor aufzusuchen, eine erneute Analyse ins Auge zu fassen oder gar nach neuen Berufsperspektiven Ausschau zu halten.

Alle diese Überlegungen und Schritte sind für die analytische Arbeit nicht sehr hilfreich, denn sie verkennen, daß wir uns mit unseren Analysanden immer in einem *Beziehungsprozeß* befinden und alles, was in der Analyse passiert, zu diesem Prozeß gehört. Auch das Nicht-Verstehen hat hier seine Bedeutung, und die Lösung des Problems kann nur aus dem Beziehungsprozeß kommen.

Das trifft meiner Meinung nach auch für eine Steigerung des Nicht-Verstehens zu, die sich klinisch als *Konfusion* manifestiert. Der in der Konfusion enthaltene Angriff auf das Denken des Analytikers mobilisiert nicht selten Notfall-Reaktionen des Analytikers, wenn es nicht bald gelingt, die Situation zu klären. Konfusion kommt durch sich widersprechende oder ausschließende Botschaften oder Angebote zustande, die auf verschiedenen Ebenen gleichzeitig kommuniziert werden (vgl. das letzte Beispiel, in dem der Patient bewußt mich zur Vater-Figur machte und gleichzeitig unbewußt die Vaterrolle mir gegenüber einnahm. Die dadurch entstandene Übertragungskonfusion war relativ milde, aber immerhin so erheblich, daß doch stärkere Gegenübertragungsreaktionen auftraten.).

Andere Übertragungskonfusionen sind zwingender und können den analytischen Rahmen bedrohen, zu Symptombildungen bei Analysand und Analytiker führen und in der Regel nicht bewahrt werden, ohne daß wirklich problematische Entwicklungen resultieren. Für mich hat sich in solchen Fällen eine Grundüberlegung immer wieder als hilfreich erwiesen: diese massive Form der Konfusion, Resultat einer massiven projektiven Identifizierung des Patienten und einer starken introjektiven Aufnahme durch den Analytiker, ist das Ergebnis einer Vermischung von Fremdem und Eigenem, bei der die Grenzen zwischen beiden verloren gegangen sind. Um es einmal ganz pointiert zu formulieren: der Analysand kann das Fremde, der Analytiker das Eigene nicht ertragen. Es paßt zu dieser Überlegung, daß solche Übertragungskonfussionen sich oft vor Trennungssituationen (Wochenenden, Ferien) verschärfen.

Vielleicht ist es in einigen Fällen unumgänglich, auch die Konfusion so lange zu bewahren, bis eine Klärung möglich wird. Mir scheint, daß die Konfusion, wenn sie sich dauerhaft einstellt, jedoch die Substanz des analytischen Prozesses so aushöhlt, daß es nicht mehr gerechtfertigt erscheint, von einem Bewahren der projektiven Identifizierung durch den Analytiker zu sprechen. Hier läge auch ein Mißbrauch des Konzeptes nahe, als bräuchte man nur lange genug auszuhalten und auszuharren, sprich, die projektive Identifizierung des Analysanden zu „bewahren", bis sich die Lösung von alleine einstellt. Von einem Bewahren der Konfusion könnte man jedoch dann sprechen, wenn sich der Analytiker durch den Prozeß auch verändert und wieder zu seinem Eigenen findet und noch wesentlicher: auch wieder zu seinem Eigenen stehen kann. In milder Form spürte ich dies auch bei meinem eben beschriebenen Analysanden. Als ich mich nach längeren Überlegungen und einigen vorbereitenden Interventionen dann zu einer umfassenden Intervention entschloß, spürte ich plötzlich eine leichte Angst, denn mir war bewußt, daß ich nach längerer Zeit wieder etwas wirklich Eigenes einbrachte, das sich gegen eine starke unbewußte Tendenz im Patienten richtete.

Das Bewahren kann also kein völlig bewußter und gezielter Akt sein. Es handelt sich um einen eher unbewußten, quasi natürlichen Prozeß, der sich einstellt, wenn die analytische Haltung konsequent eingehalten wird und das analytische Ziel des Verstehens wirklich ernst genommen wird. Die beschriebenen möglichen Entgleisungen des Bewahrens – Reprojektion auf den Analysanden oder massive Introjektion der projektiven Identifizierung des Analysanden, in deren Folge es zu starken Übertragungskonfusionen kommen kann – können nach meiner Auffassung hilfreiche gedankliche Orientierungshilfen sein, die eine Korrektur des gestörten Bewahrens ermöglichen.

Die eigentliche Leistung des Analytikers ist in seiner Bereitschaft zu sehen, sich von dem Patienten „infizieren" zu lassen (Eckstaedt 1984), diese „Infektion" durchzustehen und eine Art

Heilung durchzumachen, an der der Analysand partizipierend teilnehmen kann. Der Analytiker macht also in dieser Phase des Bewahrens eine begrenzte Krankheit durch, die allerdings auch die seine sein könnte. Kritisch wird es dann, wenn der Analytiker Eigenes und Fremdes zu differenzieren beginnt und eine Intervention entwirft, die eine Grenze zwischen der Störung des Analysanden und seiner eigenen etablieren wird. Mit dieser Intervention entscheidet sich, ob etwas Neues, eine neue Erfahrung, eine Veränderung im analytischen Prozeß und im Verstehen des Analysanden erreicht werden kann oder sich die Störung vertieft.

Ich komme noch einmal auf mein letztes klinisches Beispiel zurück. Ich sagte dem Patienten etwa folgendes: „Sie legen mir immer wieder nahe, daß Sie mich wie Ihren Vater erleben und Sie alles tun, um es mir recht zu machen, um zu mir eine ebenso gute Beziehung wie zu Ihrem Vater zu haben. Da ist sicher viel Wahres dran. Wenn ich aber an die letzten Sitzungen denke, was Sie mir erzählt haben, aber auch, wie ich mich Ihnen gegenüber manchmal fühlte – beispielsweise als hätte ich kaum einen Spielraum, Ihnen wirklich etwas Eigenes zu sagen oder zu zeigen –, dann kam mir mehr und mehr ein anderer Gedanke: ob es nicht gerade jetzt so ist, daß Sie mich so behandeln, wie Sie sich von Ihrem Vater behandelt fühlten, so daß ich am eigenen Leibe spüren kann, wie Sie sich Ihrem so starken Vater gegenüber als kleiner Junge wirklich fühlten."

Es geht hier nicht um die Dokumentation der Richtigkeit einer Deutung. Deutungen werden nicht nach richtig oder falsch beurteilt, sondern danach, welche Wirkung sie im analytischen Prozeß entfalten und wie plausibel sie diesen Prozeß beschreiben. Tatsächlich war die Reaktion des Analysanden eindrucksvoll: zuerst eine erhebliche Abwehr, dann ein Erschrecken, das sich auf die Einsicht bezog, wie stark er sich mit dem Vater identifiziert hatte und weitere Mitteilungen, die diese Identifizierung belegten. Ebenso wichtig erscheint mir auch mein eigenes Gefühl: der verlorene Spielraum war zurückgewonnen, die Deutung stellte eine eigene kreative Leistung dar, die damit die unbewußte Dynamik, die durch die projektive Identifizierung in Gang gesetzt war, relativierte. Es handelte sich jedoch keineswegs um eine exemplarische Deutung, die es wohl auch nicht geben kann. Mir scheint, daß die Deutung – wie immer sie im einzelnen formuliert sein mag – nur dann den Analysanden in einer solchen Phase der projektiven Identifizierung erreicht und eine progressive Veränderung durch Verstehen bewirkt, wenn

- sie selbst keine wesentlichen projektiv-identifikatorischen Momente enthält (d. h., wenn die Deutung als verbale Kommunikation intendiert ist und nicht, um den Analysanden etwas spüren oder fühlen zu lassen)
- sie der Aufnahmebereitschaft und Fähigkeit des Analysanden in der momentanen Situation in etwa entspricht
- sie möglichst klar und überzeugend die aktuelle Situation belegt, d. h. mit einer gewissen Überzeugungskraft formuliert werden kann (d. h. sie muß auf einem Erlebnis in der analytischen Beziehung basieren, und dazu muß sich etwas ereignet haben)
- sie die Mitbeteiligung, das Verstricktsein des Analytikers nicht leugnet, aber mögliche Erwähnungen der eigenen Befindlichkeit nicht als Konfessionen, sondern als Beleg für das formulierte Verständnis dienen.

Interventionen mit dieser Charakteristik werden immer eine Wirkung haben, die aus den bewußten und unbewußten Reaktionen des Analysanden ersehen werden kann. Dies ermöglicht auch die stets notwendige Korrektur der Deutung durch den Analytiker, was ebenfalls den gestörten Dialog wieder zu normalisieren vermag.

Bei dem Prozeß, eine angemessene Intervention zu finden, gibt es eine verwirrende Anzahl von Störungsmöglichkeiten. Zu sehr sind dabei auch die persönlichen Kapazitäten des Analytikers angesprochen. Vorab spielt wohl die *Grundeinstellung* des Analytikers eine nicht zu unterschätzende Rolle, d. h. inwieweit er der verbalen Intervention Priorität einräumt oder nicht. In kollegialen Gesprächen klingt immer wieder an, welche Wirkungen man sich auch ohne direkte Verbalisierung erhofft. Einige Analytiker gehen heute noch weiter, stellen die klassische Technik mit der verbalen Deutung als entscheidendes technisches Instrument weitgehend in Frage und verweisen zunehmend auf ergänzende Körpertechniken. Ich möchte meiner persönlichen Überzeugung Ausdruck verleihen, daß am Ende der Sequenz „projektive Identifizierung des Analysanden – Aufnahme – Bewahren – Umwandlung durch Intervention" die *Verbalisierung* dieses Prozesses stehen sollte. Zwar ist nicht alles in Worte zu fassen, und manches muß vielleicht sogar unausgesprochen bleiben. Es bleibt aber die Richtung, das Ziel: die Versprachlichung der archaischen, unbewußten non- oder präverbalen Prozesse. Aber auch der Analytiker kann sprachlos werden. Ich erinnere mich an die Behandlung einer Patientin mit einem schweren Asthma bronchiale. Während die Patientin in den Stunden oft hektisch und aufgeregt sprach, stellte sich bei mir neben der Schwierigkeit, die Patientin wirklich zu verstehen, öfters ein fast körperlich unerträgliches Gefühl absoluter Enge und Sprachlosigkeit ein: ich wurde fast körperlich unfähig, der Patientin irgend etwas zu sagen. Natürlich ist es naheliegend eine Verbindung zu der psychosomatischen Störung der Patientin zu knüpfen. Tatsächlich war entscheidend, daß ich aufgrund einer Übertragungsreaktion auf die Patientin (die ich im einzelnen nicht angeben kann) eine pathologische Introjektion vornahm, also zu stark die gestörten Selbstanteile der Patientin aufnahm und dann an ihrer Stelle das erlebte, was sicherlich mit ihrem Körpersymptom in Verbindung stand: nämlich die archaischen Bedürfnisse nicht verbal, sondern nur körperlich ausdrücken zu können.

Bisher habe ich zu beschreiben versucht, wie der Analytiker auf die projektive Identifizierung seines Analysanden reagiert und in einem Prozeß des Aufnehmens, Bewahrens und Umwandelns dem Analysanden ein Identifikationsangebot macht, das ihm einen veränderten Umgang mit sich und anderen ermöglichen kann. Ich habe auch einige Störungen auf Seiten des Analytikers beschrieben, die vor allem durch eigene reaktivierte Konflikte des Analytikers, die durch die projektive Identifizierung des Analysanden mobilisiert werden, bedingt sind. Unter massivem Druck wird der Analytiker gleichsam „infiziert", was zu Vorwürfen und/oder Schuldgefühlen dem Patienten gegenüber führen kann. In dieser Situation kommt es zu einer krisenhaften Zuspitzung der analytischen Beziehung, in der entweder eine weitgehende wert- oder projektionsfreie Intervention den unbewußten projektiv-identifikatorischen Prozeß verbalisiert oder aber sich die Mißverständnisse, die Konfusion und das Nichtverstehen vertiefen.

Aus meinen bisherigen Ausführungen ist vermutlich deutlich

geworden, daß in bestimmten Phasen der Analyse, bei bestimmten Patienten oder auch bei bestimmten Analytikerpersönlichkeiten der analytische Prozeß als ein *zirkulärer Prozeß* von wechselseitigen projektiven Identifizierungen verstanden werden kann. Unter diesem Aspekt müssen dann Änderungen des Rahmens ebenso wie die Interventionen, die neben der eigentlichen verbal-symbolischen Kommunikation die Intention haben können, den Patienten etwas spüren und fühlen zu lassen, betrachtet werden. Folgendes Beispiel habe ich in einer früheren Arbeit kurz beschrieben:

> „Herr B. ist seit über einem Jahr wegen einer Zwangssymptomatik in Psychotherapie. Zu Beginn der Stunde spricht er über seine positiven Gefühle gegenüber dem Therapeuten und wie er dankbar sei, da er bemerkt habe, wieviel sich schon durch die Therapie verändert habe. Vor allem die Beziehung zu seiner Freundin habe sich sehr gewandelt. Früher sei es ihm wesentlich gewesen, daß sie seine Meinungen teilte und – er ballt dabei die Fäuste – er habe alles daran gesetzt, sie zu überzeugen. Während er dies weiter ausführt, spüre ich deutlicher, daß der Patient immer mehr auf mich eindringt, ja mit seinem belehrenden Ton mich dazu zu bringen versucht, daß ich seine gerade geäußerte Meinung bestätige, wenn nicht sogar übernehme. Natürlich ist dem Außenstehenden sofort deutlich, daß der Patient nun den Analytiker so behandelt wie er früher seine Freundin behandelte: nämlich den Versuch macht, ihm seine Meinung in einer lehrerhaften Art und Weise aufzuzwingen. Obwohl ich dies thematisiere, merke ich, daß ich auf der Basis einiger theoretischer Überlegungen zur Theorie der Triangulierung dem Patienten eine komplizierte Deutung gebe, worauf dieser offen sagt, er verstünde nicht mehr genau, was ich eigentlich meinte. Verblüfft stelle ich fest, daß die anfängliche Situation nun plötzlich umgekippt ist. Ich fühle mich in der lehrerhaften Position und ertappe mich dabei, wie ich zumindest latent versuche, dem Patienten meine Meinung aufzuzwingen." (Zwiebel 1988).

Wenn diese zirkuläre Interaktion nicht chronisch wird und der Analytiker wachsam auf diese Form seines Mitagierens achtet, gehört dies zur Lebendigkeit der analytischen Beziehung und kann als aktuelles Material im analytischen Prozeß nutzbar gemacht werden. Die analytische Zunft mit ihren sehr hohen Idealen und Über-Ich-Forderungen macht es den Analytikern allerdings schwer, in diesem Bereich der analytischen Beziehung eine dem Analysanden und sich selbst gegenüber wohlmeinende spontane Haltung einzunehmen.

Diese Form der Interaktion gehört also zum analytischen

Prozeß, zwar nicht als Ziel, aber als ein Durchgangsstadium hin zur verbal-symbolischen Kommunikation. Schwieriger zu belegen ist die Vermutung, daß dieser Prozeß *entgleisen* kann und der Analysand unter den Einfluß massiver pathologischer projektiver Identifizierung des Analytikers gerät. Diese Behauptung verweist auf die ungelöste Pathologie des Analytikers, die in einem spannungsvollen Prozeß derart virulent wird, daß der Analysand nun seinerseits mit der „Krankheit" des Analytikers infiziert wird. Anstatt selbst als „Container" (Bion 1977) für den Patienten zu fungieren, kehrt sich der analytische Prozeß um, und der Analysand wird zum „Container" für abgespaltene und projizierte Selbstanteile des Analytikers. Manche maligne Verläufe von Analysen ließen sich sicherlich unter diesem Aspekt betrachten. Im Rahmen dieser Arbeit kann ich nur noch auf zwei Punkte aufmerksam machen, die mir besonders wichtig erscheinen.

Zum einen ist der Analytiker nach meiner Auffassung immer auf die Hilfe des Analysanden angewiesen. Denn er kann seine eigene projektiv-identifikatorische Aktivität in der Regel nur begrenzt selbst wahrnehmen. Der Analysand wird es ihm sagen oder mitteilen, und der Analytiker sollte bereit sein, diese Hilfe anzunehmen und sich nicht scheuen, die Realität der Wahrnehmung ernst zu nehmen und gegebenenfalls auch zu bestätigen. Eine sehr sensible Analysandin von mir, die ihr symbiotisches Problem u. a. dadurch zum Ausdruck brachte, daß sie sozusagen hautnah mit mir in Berührung war, teilte mir mit, wenn sie eine Veränderung in meiner Stimme oder eine Schwankung in meiner Aufmerksamkeit notierte. Nicht selten hatte sie recht, und es war schwierig, mit einer Bemerkung wie: „Eben haben Sie aber sehr entwertend geklungen" umzugehen, vor allem, wenn dieser Beiklang mir selbst nicht bewußt war. In jedem Fall zeigt sich darin eine „Schwäche" des Analytikers, die man vor dem Analysanden und vor der analytischen Gemeinde lieber verbergen möchte. Ich plädiere jedoch nicht für Konfessionen, weder in der analytischen Situation noch in der analytischen Öffentlichkeit, sondern möchte auf die Gefahr einer omnipotenten Haltung dem Analysanden gegenüber aufmerksam machen. Dann nämlich muß alles Kranke, Schwache, Hilflose, das selbstverständlich auch zum Analytiker gehört, via projektive Identifizierung im Analysanden abgeladen werden, was den analytischen Prozeß zum Entgleisen bringen muß.

Das Aufgeben der Omnipotenz etabliert daher eine Grenze, die für die Zurücknahme der projektiven Identifizierung notwendig ist. Analytiker, die ihre Möglichkeiten überschätzen, werden leicht von bestimmten Analysanden überfordert, die sie tatsächlich an ihre Grenzen führen können. So muß sich wohl jeder Analytiker immer wieder fragen, ob sein Analysand und dessen Material ihn nicht so ängstigt, abstößt oder beunruhigt, daß ihm eine entspannte analytische Arbeit gar nicht mehr möglich ist. Wenn man als Analytiker nicht zu seiner eigenen Begrenztheit stehen kann – und dies geschieht vor allem bei solchen Analysanden, die ihre eigenen Omnipotenzansprüche in den Analytiker projizieren – kann eine traumatische Situation für den Analytiker entstehen, der er durch forcierte projektive Identifizierung zu entgehen versucht. Selbstverständlich sind dies krasse Entwicklungen, die weit ab von dem Ziel des analytischen Prozesses führen, aber es gehört zu manchen Übertragungsprozessen, daß es nur noch darum zu gehen scheint, festzustellen, wer eigentlich am kränkesten oder verrücktesten ist.

Schließlich möchte ich noch einmal die Thematik des *Verschwindens* und die damit verknüpfte Form der *parasitären Objektbeziehung* erwähnen. Der Beruf des Psychoanalytikers kann die Gefahr mit sich bringen, parasitär am Leben des Analysanden zu partizipieren. Der Analysand wird dann via projektive Identifizierung delegiert, eigene Lebensziele und Interessen zu verfolgen, während man selbst in aller Ruhe im Analytikersessel verharrt, wenn nicht sogar „verschwindet", aber durch die enge Verbundenheit mit dem Analysanden alles mehr oder weniger hautnah miterlebt.

3.2.4 Schlußbemerkung

Die vorausgegangenen Ausführungen belegen hoffentlich die Fruchtbarkeit der Theorie der projektiven Identifizierung für die analytische Arbeit, auch wenn manches nur angedeutet werden konnte und viele offene Fragen bestehen bleiben. Um zu einem vertieften Verständnis der unbewußten Kommunikation in der analytischen Beziehung zu kommen, bedarf es vor allem einer radikalen Anerkennung der *Betroffenheit* des Analytikers. Nur dann werden Störungen und Entgleisungen zu Hilfsmitteln und Orientierungshilfen im analytischen Prozeß, und nur dann kann der Analytiker seine kompetenten Funktionen ausüben, die gerade darin bestehen, daß er aus seiner Störung und Störbarkeit ein tiefes und wirkungsvolles Erkenntnisinstrument entwickelt hat.

Literatur

Bion, W. R.(1977). Seven Servants. New York, London: Jason Aronson.

Grotstein, P. (1981). Splitting and projective identification. New York: Jason Aronson.

Klein, M. (1955). On identification. In: New directions in psychoanalysis. London: Tavistock.

Eckstaedt, A. (1984). Unveröffentlichtes Manuskript.

Joseph, B. (1982). Understanding and not-understanding. International Journal of Psycho-Analysis, 64, 291–98.

Ogden, T. (1979). Projective identification. International Journal of Psycho-Analysis, 60, 357–373.

Ogden, T. (1982). Projective identification and psychotherapeutic technique. New York: Jason Aronson.

Sandler, J. (1984). Unveröffentlichtes Manuskript.

Thomä, H., & Kächele, H. (1985). Lehrbuch der psychoanalytischen Therapie. Berlin: Springer.

Zwiebel, R. (1985). Das Konzept der projektiven Identifizierung. Psyche, 39, 456–468.

Zwiebel, R. (1988). Einige klinische Anmerkungen zur Theorie der projektiven Identifizierung. Zeitschrift für psychoanalytische Theorie und Praxis, 1.

3.3 Das Problem der „Realität" in der Psychoanalyse

Harald Leupold-Löwenthal

Die Bedeutung des Konzeptes der Realität hat im Laufe der Entwicklung der psychoanalytischen Theorie eine wechselvolle Geschichte gehabt. Hatte Freud ursprünglich die Ansicht vertreten (etwa im *Paranoia-Manuskript* des Fliess-Briefwechsels 1895, in den *Abwehr-Neuropsychosen* 1894 und in den *Weiteren Bemerkungen über die Abwehr-Neuropsychosen*" 1896a), daß die Abwehr der Erinnerung realer Ereignisse gelte, um peinliche Gefühle wegen deren Anstößigkeit zu vermeiden, änderte sich diese Einstellung nach dem ersten Versuch einer systematischen Theorie des psychischen Apparates im VII. Kapitel der *Traumdeutung* (1900).

Aber noch 1911 in den *Formulierungen über die zwei Prinzipien des psychischen Geschehens* finden sich die ursprünglichen Aussagen zur Rolle der Realität in der Symptombildung wiedergegeben: „Wir haben seit langem gemerkt, daß jede Neurose die Folge, also wahrscheinlich die Tendenz habe, den Kranken aus dem realen Leben herauszudrängen, ihn der Wirklichkeit zu entfremden." Und gleich darauf schildert Freud den Abwehrcharakter, der nun als „Verdrängungsprozeß" bezeichnet wird: „Der Neurotiker wendet sich von der Wirklichkeit ab, weil er sie – ihr Ganzes oder Stücke derselben – unerträglich findet." Freud spricht auch von einer „Abwendung von der Realität."

Es geht hier jedoch nicht mehr um die ursprüngliche Vorstellung der Wirksamkeit *realer* Traumata, die ja bis zur Preisgabe der Verführungstheorie im Vordergrund stand. Die Einsicht in den Phantasiecharakter der berichteten Verführungssituationen hatte ja dazu geführt, daß „diese Ätiologie an ihrer eigenen Unwahrscheinlichkeit und an dem Widerspruch gegen sicher festzustellende Verhältnisse zusammenbrach ..." „Die Analyse hatte auf korrektem Wege zu solchen infantilen Sexualtraumen geführt, und doch waren diese unwahr." Unwahr allerdings nur im Sinne ihrer Auffassung als realer Ereignisse in einer äußeren

Wirklichkeit. Um mit Freud (1914a) fortzufahren: „Man hatte also den Boden der Realität verloren."

Damit war der erste Schritt in Richtung der Entdeckung des kindlichen Sexuallebens getan und eine Abgrenzung von äußerer (Freud hat sie in diesem Zusammenhang als „praktische" Realität bezeichnet) und psychischer Realität ermöglicht worden, die gewürdigt zu werden verlangte.

In der *Traumdeutung* hat Freud (1900) die Frage gestellt, ob den unbewußten Wünschen Realität zuzuerkennen sei: „Hat man die unbewußten Wünsche auf ihren letzten und wahrsten Ausdruck gebracht, so muß man wohl sagen, daß die *psychische Realität* eine besondere Existenzform ist, welche mit der materiellen Realität nicht verwechselt werden darf. Die Würdigung der Funktionsweise des seelischen Apparates und die Einsicht in die Beziehung zwischen Bewußtem und Unbewußtem hat diese Unterscheidung nun theoretisch fundiert."

Mit der systematischen Aufstellung der Triebtheorie trat die Realität in ihrer Bedeutung etwas in den Hintergrund. Der Trieb als innerer Reiz stellte ganz andere Anforderungen an den psychischen Apparat. Die Abwehrvorgänge erschienen nun wesentlich gegen ihn gerichtet, obwohl der Trieb zur Befriedigung des Triebobjektes bedurfte, das als äußeres Objekt der Realität mit angehört. Vom Triebobjekt gehen ja äußere Reize aus, denen allerdings erst im Zusammenhang mit inneren Reizen Bedeutung zukommt.

War die Psychoanalyse nun also besonders mit intrapsychischen Prozessen beschäftigt und zur „Tiefenpsychologie" geworden, so blieb die Bedeutung der Realität dennoch erhalten. Im *Sekundärvorgang* wurden die Beziehungsmodi des psychischen Apparates zur Realität theoretisch gefaßt. Dem Lustprinzip wurde das Konzept des Realitätsprinzipes zugesellt. Der psychische Ruhezustand, der anfänglich durch die gebieterischen Forderungen der Triebbedürfnisse gestört wird, kann nicht durch die Ersetzung des Gedachten (Gewünschten) einfach halluzinatorisch wieder erreicht werden. In den *Formulierungen* wird (1911) hinzugefügt: „Anstatt seiner [i. e. der halluzinatorischen Wunscherfüllung, des Lustprinzips; Anm. d. Hg.] mußte sich der psychische Apparat entschließen, die realen Verhältnisse der Außenwelt vorzustellen und die reale Veränderung anzustreben“. Es wird also nicht mehr vorgestellt, was angenehm ist, sondern was real war, auch wenn es unangenehm ist. Dies ist die Funktion des „Realitätenprinzipes“. Damit erhöht sich nach Freuds eigenen Worten die Bedeutung der äußeren Realität.

Das Bewußtsein sei an die Sinneswahrnehmung geknüpft und Funktionen wie Aufmerksamkeit, Gedächtnis, Urteilsfällung, Handeln und Denkprozeß werden im Rahmen des bestehenden Modelles des psychischen Apparates abgehandelt, die später im Strukturmodell als Ichfunktionen Bedeutung gewinnen. Die Phantasie wird nun als eine abgespaltene Form der Denktätigkeit aufgefaßt, die von der Realitätsprüfung freigehalten werden kann und dem Lustprinzip folgt.

Den befremdlichen Charakter der unbewußten verdrängten Vorgänge mache es aus, daß bei ihnen die Realitätsprüfung nicht gelte. Die Denkwelt wird der äußeren Wirklichkeit gleichgesetzt, der Wunsch der Erfüllung, dem Ereignis. „Darum wird es auch so schwer, unbewußte Phantasien von unbewußt gewordenen Erinnerungen zu unterscheiden. Man lasse sich aber nicht dazu verleiten, die Realitätswertung in die verdrängten psychischen Bildungen einzutragen und etwa Phantasien darum für die Symptombildung gering zu schätzen, weil sie eben keine Wirklichkeiten sind ...“ warnt Freud (1911, op. cit.), der diese Arbeit als vorbereitend und vielleicht mangelhaft bezeichnet. Vorbereitend ist sie gewiß, zeigt sie doch schon wichtige Ansätze der späteren Ichpsychologie. Man ist an eine Fußnote aus dem Jahr 1924(a) zu der 1896(b) erschienenen Arbeit *Zur Ätiologie der Hysterie* erinnert, wo es um die Echtheit der infantilen Sexualszenen geht: „All dies ist richtig, aber es ist zu bedenken, daß ich mich damals von der Überschätzung der Realität und der Geringschätzung der Phantasie noch nicht frei gemacht hatte.“

In der *Metapsychologischen Ergänzung zur Traumlehre* (1917) wird von der „Leistung der Orientierung in der Welt durch Unterscheidung von innen und außen“ gesprochen, denn: „Halten wir uns noch vor, daß es von großer praktischer Bedeutung ist, Wahrnehmungen von noch so intensiv erinnerten Vorstellungen zu unterscheiden. Unser gesamtes Verhältnis zur Außenwelt, zur Realität, hängt von dieser Fähigkeit ab“

(i. e. von der Realitätsprüfung, die Freud hier schon als eine der großen Institutionen des Ichs bezeichnet).

In der Arbeit *Die Verneinung* (1925) wird Freud den Gegensatz von Außen und Innen ergänzen. Das Nichtreale, bloß Vorgestellte, Subjektive ist nur innen, das Reale auch im Draußen vorhanden. „Es ist nicht nur wichtig, ob ein Ding (Befriedigungsobjekt) die ‚gute' Eigenschaft besitzt, also die Aufnahme ins Ich verdient, sondern auch, ob es in der Außenwelt da ist, so daß man sich seiner nach Bedürfnis bemächtigen kann. Vorstellungen stammen von Wahrnehmungen." Damit sei der erste Zweck der Realitätsprüfung nicht „ein dem Vorgestellten entsprechendes Objekt in der realen Wahrnehmung zu finden, sondern es *wiederzufinden*, sich zu überzeugen, daß es noch vorhanden ist".

Die Abwehr von Triebwünschen repräsentiert nun insofern die Realität, als nicht nur Realitätsprinzip und Realitätsprüfung der Erreichung der Befriedigung in der Realität dienen – auch um den Preis des Aufschubes –, sondern darüber hinaus zum Verzicht nötigen, wo Triebansprüche reale Gefahren auslösen würden.

Mit der Einführung der Strukturtheorie wird das Ich zu jenem Anteil des psychischen Apparates, der die Abwehrfunktion ausübt. Aber nicht nur die Abwehr ist konstitutiv für das Ich, die Ichentwicklung selbst wird durch Realitätseinflüsse gefördert oder gehemmt. Im Überich wird internalisierte Realität auch in der inneren Welt wirksam, das Ich selbst wird zum wesentlichen Kontaktorgan mit der Realität, der nun eine neue Bedeutung zukommt. In der Auffassung der Zeit vor der Strukturtheorie hatten sich die Abwehrvorgänge wesentlich gegen Triebansprüche gerichtet.

In Anna Freuds (1936) *Das Ich und die Abwehrmechanismen* wird auch *die Realität selbst* zum Gegenstand der Abwehr: „Aber das Ich verteidigt sich nicht nur gegen Unlust die von innen kommt. Zur gleichen frühen Zeit wie die gefährlichen inneren Triebreize lernt es die Unlust kennen, die aus der Außenwelt stammt ... In dieser Zeit der Unreife und Abhängigkeit macht das Ich, unabhängig von seinen Versuchen zur Bewältigung der Triebreize, auch Abwehranstrengungen gegen die reale Unlust und die Realgefahren, die es bedrängen wollen."

Dies seien Vorgänge, die viel mehr der Normalpsychologie angehörten, nicht eigentlich pathogen seien und daher in der Arbeit mit Kindern eher beobachtet werden könnten. Die Verleugnung der Realität in der Phantasie wird als Beispiel solcher Abwehr angeführt: „Die Abwehrmethode, die das Ich zu Hilfe ruft, richtet sich nicht gegen das Triebleben, sondern direkt gegen die versagende Außenwelt.“

Was auf den ersten Blick wie eine Rückkehr zu Freuds frühesten Auffassungen der Realität als Abwehr auslösender traumatischer Erfahrungen anmuten könnte, stellte tatsächlich eine Weiterentwicklung psychoanalytischer Theoriebildung dar, die durch die beginnende Elaborierung der Ich-Psychologie möglich geworden war. Das Interesse galt nun nicht mehr nur der Psychopathologie. Abwehr wurde zu einem universellen Konzept einer psychoanalytischen Psychologie als einer allgemeinen Theorie des Seelenlebens und der seelischen Entwicklung. Für Anna Freud war Abwehr nicht mehr nur ein Vorgang, der als Regulativ des Trieblebens angesehen werden konnte. Ihr Abwehrkonzept schließt bereits in gewisser Weise den adaptiven Gesichtspunkt der Metapsychologie ein, den Heinz Hartmann etwa zur selben Zeit in Vorträgen in der Wiener Psychoanalytischen Vereinigung zu entwickeln begann, die in *Ich-Psychologie und Anpassungsproblem* 1937 zusammengefaßt wurden. War in den theoretischen Auffassungen vor dem ersten Weltkrieg zumindest die Möglichkeit einer relativen Autonomie des psychischen Apparates von seiner Umwelt unausgesprochen impliziert, hatte sich Hartmann nun mit der Frage der Ich-Autonomie explizit auseinandergesetzt. Das Problem der Anpassung an die Realität war ein besonderer Interessenschwerpunkt geworden. Dem Ich wurde dabei ein wesentlicher Einfluß zugeschrieben. Obwohl Hartmann die Realität als in ständiger Veränderung begriffen auffaßte, sprach er ihr doch relativ stabile und vorhersagbare Charakteristika zu. Das kommt in Hartmanns Konzept einer durchschnittlich erwartbaren Umwelt zum Ausdruck. Mit der Annahme einer primären Ich-Autonomie stehen die angeborenen Ich-Apparate „für den Durchschnittsfall, für eine durchschnittlich zu erwartende Aufgabenbreite“ als Instrumente der zweckmäßigen Vorsorge zur Verfügung. Für Hartmann wird damit das Ich auch zum Anpassungsorgan. Die äußere Realität, die in den bisherigen Konzeptionen eher einen feindseligen und hostilen Charakter hatte, wird nun zur „fördernden Umwelt" die, wie Donald W. Winnicott (1965) es gezeigt hat, Entwicklungsvorgänge in ihrem Ablauf nun nicht mehr nur mit feindlicher, versagender und gefährlicher Realität konfrontiert. Für Hartmann ist aber auch die Realität, an die der Mensch sich anpaßt, eine von ihm und seinen Vorfahren geschaffene Realität. In der Diskussion des Vortrages Freuds *Formulierungen über die zwei Prinzipien des psychischen Geschehens* in der Wiener Psychoanalytischen Vereinigung am 16. Oktober 1910 hatte sich Viktor Tausk schon in ähnlicher Weise geäußert: „... daß die Realität für den lebendigen Organismus unerträglich sei und daß ihm die Aufgabe obliege, für die Realität ein Ersatzgebilde zu schaffen, das erträglicher ist: die Kultur." Hier kommt noch der feindselige und negative Charakter der Realität zum tragen. Dies wird auch damals in Wilhelm Stekels Diskussionsbemerkung deutlich. „Stekel kann nur ein Lustprinzip anerkennen; alle Realität ist ihm nur Unlust und das Realitätsprinzip demnach nur das negative Lustprinzip." Freud stimmt Stekel ironisch in seiner Schlußbemerkung zu: „Stekel habe eigentlich dasselbe gesagt wie er selbst in seinem Vortrag." Doch hat Stekel weniger eine theoretische Position zum Ausdruck gebracht als eine affektive Reaktion. Das wird selbst in den nüchternen Rankschen Aufzeichnungen deutlich. Im Anschluß an Stekel hat Furtmüller damals in der Diskussion gemeint, daß Stekels Einwendungen auf einem Mißverständnis beruhten. „Es seien zwei verschiedene und parallel gehende Erscheinungen mit einem Namen bezeichnet: eine die unser Denken bestimmt, und eine die unser Handeln bestimmt. Beim Denken sind die beiden Prinzipien gegensätzlich." Freud faßt es in seiner Schlußbemerkung viel schärfer: „Furtmüller habe ganz richtig festgestellt, daß unter den psychischen Vorgängen das Handeln ausgeschlossen sei."

Loewald (1960) hat die Realität als die Gesamtheit der real existierenden Dinge in der äußeren Welt bezeichnet. Damit hängen Begriffe wie Verhalten im Hinblick auf die Realität, Handeln in der Welt der Realität und Agieren in der äußeren Welt zusammen. Agieren als nicht (oder nicht nur) verbale Aktion geht über Denkvorstellungen und Denken als Probehandeln ohne oder mit nur geringer motorischer Aktion hinaus.

Dies impliziert, wie Erik Erikson aufwies, auch die Tatsache, daß das Handeln in der Welt der Realität in gewisser Weise eine „terra incognita" der psychoanalytischen Theorie ist. Erikson hat in einer Ansprache vor der APA (1961) vorgeschlagen, diese Fragen – endlich – zu diskutieren. Man könne dies tun, wenn man das Konzept der Realität mit dem Konzept der „Aktualität" verbinde. Freud selbst hat in einer kurzen Bemerkung in einer Fußnote der *Metapsychologischen Ergänzung zur Traumtheorie* (1917) auf die Unterscheidung einer Aktualitäts- von einer Realitätsprüfung angespielt. Allerdings wird dieser Gedanke nirgendwo ausgeführt. Den Begriff der Aktualität hat Freud allerdings 1898 in der Arbeit *Die Sexualität in der Ätiologie der Neurosen* in einem anderen aber ähnlichen Zusammenhang verwendet, wenn er schreibt: „Die Ereignisse und Einwirkungen nämlich, welche jeder Psychoneurose zugrunde liegen, gehören nicht der Aktualität an, sondern einer längst vergangenen sozusagen prähistorischen Lebensepoche, der frühen Kindheit, und darum sind sie auch dem Kranken nicht bekannt. Er hat sie in einem bestimmten Sinne – nur vergessen."

Die Aktualität sieht Freud damals in der sexuellen Ätiologie der Neurasthenie und dem nosologischen Konzept der Aktualneurose.

Die Abtrennung der Aktualität von der Realität bietet für Erikson eine Reihe von Vorteilen. Er weist darauf hin, daß das Wort „Wirklichkeit" in Freuds Verwendung des Wortes „Realität" impliziert sei. Tatsächlich verwendet Freud beide Worte zunächst synonym, zieht aber dann „Realität" deutlich vor.

„Wirklichkeit" in der deutschen Sprache bedeutet (nach dem ausführlichen Eintrag im Grimmschen Wörterbuch) als Abstraktbildung von „wirklich": Tätigkeit, Aktivität, Wirkung, Auswirkung. Erst in der zweiten Hälfte des 17. Jahrhunderts wird „Wirklichkeit" auch für die tatsächliche Existenz, das wahrnehmbare Dasein, die Realität gesetzt. Dabei steht dieses Wort im Gegensatz zur Einbildung, Erdichtung, Behauptung, dem Anschein, dem Wunsch. Emmanuel Geibel spricht so 1888 über „die Doppelwelt von Wirklichkeit und Schein". Bei Grimm findet sich ein Goethe-Zitat, das den von Erikson hervorgehobenen Handlungs- und Aktivitätsaspekt unterstreicht:

„Nun geh er, Herr, sonst packt mein Arm ihn in der Wirklichkeit."

Erikson regt unter dem Eindruck von *Kindheit und Gesellschaft* (1950) an, die phänomenale Realität, die wir im analytischen Prozeß von gewissen Verzerrungen befreien wollen, von der Realität als Aktualität zu unterscheiden, die eine handelnde Teilnahme frei von abwehrenden Agieren darstellt. Realität ist dann also die Welt der phänomenalen Erfahrung, die mit einem Minimum idiosynkratischer Verzerrung und einem Maximum gemeinsamer Validierung wahrgenommen wird, während Aktualität die Welt der Teilnahme (des Handelns) bedeutet, zugleich mit einem Minimum von Abwehrmanövern und einem Maximum wechselseitiger Aktivierung.

Die Eriksonsche Konzeption mit ihrer eindeutigen entwicklungsorientierten Vorstellung einer Vereinigung von phasenspezifischem Verhalten und Umweltbedingungen machen die Vorstellung einer objektiven Realität und „wirklichkeitsgerechter" Einstellungen weitgehend fragwürdig. Konnte die Triebtheorie mit der Betonung des Triebes als konstitutionellem Faktor den Eindruck einer völligen Autonomie des Individuums von der Umwelt entstehen lassen, stand dem die Vorstellung von der Abhängigkeit des Verhaltens von sozialen Normen und der individuellen Erfahrung gegenüber. Hartmann (1944) hat im Konzept des „sozialen Entgegenkommens" versucht zu beschreiben, wie gesellschaftliche Struktur die adaptiven Möglichkeiten bestimmter Verhaltensformen bedingt. So werden z. B. bestimmte Formen der Abfuhr der Triebenergie durch ein Vorwiegen charakteristischer Trends der Persönlichkeitsentwicklung in einer bestimmten Kultur gefördert. Dieser, wie man mit Rapaport (1950) sagen könnte, *psychosoziale* Gesichtspunkt hat zwar einige Bedeutung für die psychoanalytische Entwicklungspsychologie und -diagnostik gehabt, für die Technik der psychoanalytischen Behandlung ist er jedoch nicht relevant geworden. Anna Freud hat in *Wege und Irrwege der Kinderentwicklung* (1965) betont, daß Lustprinzip und dissoziales oder asoziales Verhalten so eng zusammengehören wie Realitätsprinzip und gelungene Sozialisierung.

Unter Hinweis auf August Aichorns *Verwahrloste Jugend* zeigte sie jedoch, daß Realitätsanpassung allein noch keine Garantie bedeute, „daß das Individuum den sozialen Anforderungen nachkommen wird“.

Von einem anderen Betrachtungsgesichtspunkt haben sich Edith Jacobson (1964) und Sandler & Rosenblatt (1962) an Hand der Frage der Repräsentanzenwelt dem Problem der Realität genähert. Es geht dabei um die Feststellung, daß Realität nicht nur „das da draußen“ ist. Notwendigerweise ist Realität durch das Individuum in besonderer Weise im Laufe der Entwicklung verarbeitet und gestattet eine besondere und individuelle Sicht. Realität wird auch in der inneren Welt wirksam und dient deren Strukturierung. Die Konstruktion der Repräsentanz ist eine der Ichfunktionen. Die Objektrepräsentanzen tragen auch zur Bildung von Ich und Überich bei. Dabei werden Komponenten der Realität internalisiert und in der Entstehung psychischer Strukturen wirksam.

In einer Betrachtung der frühen Lebensmonate meint Erikson (1961), daß unser übliches Konzept der Realität an der fundamentalen Tatsache vorbeigehe, daß das neugeborene Kind zwar in unserer Realität schwach erscheine, in seiner eigenen Aktualität aber kompetent sei. Niemand sei jemals stärker, denn Aktualität in allen Stufen ruhe auf der Komplimentarität der inneren und äußeren Struktur. Ich-Stärke auf jeder Ebene faßt Erikson als relativ gegenüber einer Zahl von Notwendigkeiten: vorausgegangene Entwicklungsstufen dürfen nicht ein lähmendes Defizit hinterlassen haben, die Stufe selbst muß unter Bedingungen in Erscheinung treten, die ihren Möglichkeiten günstig sind, und Reifungskapazitäten müssen in den Anderen kooperative Reaktionen auslösen, die für das gemeinsame (Ich-)Überleben notwendig sind. Etwa so faßt Erikson „Entwicklungsaktualität“ auf. Sie hängt in jeder Stufe vom aktiven, selektiven Ich ab, das funktionieren kann und das dazu durch eine „Umwelt“ (auch im Original deutsch) in die Lage versetzt wird, die einem Menschen die Bedingungen gestattet, die er braucht – und das schließt auch die Bedingung, gebraucht zu werden, ein.

Wir haben heute in der Psychoanalyse eine genetische Theorie des Realitätserwerbes, der Triebkonfrontation mit der Realitätsprüfung und eine Theorie der Objektbildung unter dem Blickwinkel der Polarisierung von innen und außen, lustvoll und unlustvoll, Introjektion und Projektion vor uns.

Loewald (1951) hat darauf Bezug genommen, daß die psychoanalytische Theorie ursprünglich die Realität als etwas feindseliges und für den Organismus bedrohliches angesehen habe. In Freud's Schriften fände sich jedoch eine zweite Ansicht über die Realität, die aber nie mit der ersten integriert wurde. Diese zweite Ansicht gehe von einer Entwicklungsgrundkonzeption des Ichs aus die besagt, daß während früher Entwicklungsstadien Ich und äußere Realität vom Organismus noch nicht differenziert werden können. Löwald sieht die Realität daher nicht als eine statische Einheit „dort draußen" an. Er sieht die Beziehung von Ich und Realität als einen dynamischen, interaktiven Prozeß, innerhalb dessen eine stabile äußere Realität für ein gegebenes Individuum nur im Zusammenhang mit dem Erreichen einer gegebenen Ebene der Ich-Entwicklung möglich sein kann. In diesem Sinn ist seine Auffassung zu verstehen, daß Abwehrprozesse, die mit der Regression psychischer Prozesse einhergehen, auch die Realitätsprüfung regressiv beeinflussen in dem Sinn, daß sie für das Individuum weniger objektiv wird.

1943 hat Dorsey anläßlich der Diskussion des Realitätsbegriffs die Meinung vertreten, daß die psychische Realität die einzige Realität sei, von der wir wissen könnten: „alle Beobachtung ist Selbstbeobachtung, alles Bewußtsein ist Selbstbewußtsein". Auch Zilboorg (1941) hat zum Ausdruck gebracht, daß die Realität etwas Unwißbares sei, daß menschliche Wesen immer irgendwo zwischen Animismus und Realismus funktionieren und daß das Realitätserleben eine Kombination von mit der Wirklichkeit übereinstimmenden Perzeptionen, nihilistisch-animistischen Qualitäten und den Phantasieprojektionen in die Imago der Realität darstelle.

Im November 1910 hat Freud in einer Diskussion in der Wiener Vereinigung als Nachtrag zu den zwei Prinzipien des Psychischen Geschehens hervorgehoben: „Ein Hauptcharakter des Unbewußten ist die neurotische Währung, die darin besteht, daß den Denkvorgängen absolut dieselbe Realität zugeschrieben wird wie den äußeren Vorgängen; eine Erkenntnis, die man auch bei der Traumdeutung braucht, um sonst unverständliche Träume zu verstehen." Man hat heute manchmal den Eindruck, daß das Hauptaugenmerk vieler Analytiker nur der psychischen Realität gilt und die „neurotische Währung" zum allgemeinen

Zahlungsmittel der psychoanalytischen Arbeit zu werden beginnt. So hat Nicole Berry-Bertrand (1974) die Psychoanalyse als eine Erfahrung bezeichnet, die außerhalb des realen Lebens des Patienten stattfinde. Sie sei ein Abenteuer, das eine Enklave im Alltagsleben konstituiere. Begründet auf einer Phantasiebeziehung zum Analytiker mag jedoch die Analyse, da wir der inneren Realität Wichtigkeit zumessen, als realistischer als die Realität angesehen werden. In dieser Arbeit, die sich vorwiegend mit der Phantasie in der Übertragung beschäftigt, meint sie, daß es auf dem Höhepunkt der Übertragungsneurose wahrscheinlich sei, daß die Analyse für den Patienten realistischer werde als sein aktuelles Leben. Berry-Bertrand beschreibt, daß die Phantasien die sich in der Übertragung um den Analytiker ranken, sogar die Perzeption der äußeren Realität durch den Patienten überwältigten. Die nackte, objektive, rationale Realität existiere in diesem Sinne nicht. Wir erfahren Realität während unseres ganzen Lebens durch unsere Phantasien, durch unsere Erinnerungen und die konstante Wiederkehr der Wünsche. In diesem Sinn hätte Lagache (1964) recht, wenn er Calderons Ausspruch „Das Leben ist Traum“ so interpretiert.

Obwohl der Analytiker normalerweise als Repräsentant der Realität angesehen wird und damit eine Quelle der Frustration der Wünsche des Patienten darstellt, wie Freud (1919) empfohlen hat, als er von der Abstinenz sprach, darf dies nicht zu weit gehen. Die Veränderungen im Über-Ich des Patienten durch Identifizierung mit dem Analytiker und durch die mutativen Deutungen im Sinne Stracheys sind aber nur möglich, solange der Patient neben seinen Übertragungsphantasien den Analytiker als reale Person sehen kann. Deshalb muß eine Konfrontation zwischen der phantasierten Imago des Analytikers und ihm als einem realen Lebewesen bestehen. Insofern werden die Interventionen des Analytikers den Vergleich mit der Realität erleichtern und eine Auflösung der Phantasien bringen.

John Klauber (1972) hat die Tatsache unterstrichen, daß die zahllosen Wechselwirkungen zwischen Patient und Analytiker die Analyse zu einer realen menschlichen Erfahrung machen. Er betont, daß die Fähigkeit des Analytikers, sich objektiv zu verhalten, einer der fundamentalen kurativen Faktoren sei. Tatsächlich erleichtert dies die Übernahme der Einstellung des

Analytikers durch den Patienten. Für Klauber wirkt auch das nichtverbale Verhalten des Analytikers im Sinne einer impliziten mutativen Deutung. Klauber gründet diese Ansicht auf der Annahme einer unbewußten Kommunikation zwischen Analytiker und Patient und siedelt die Bedeutung dieser Interaktion zwischen Übertragung und Gegenübertragung an. Winnicott hat ja schon 1947 darauf hingewiesen, wie sehr die Patienten die wirklichen Gefühle des Analytikers kennen wollen.

Die Ablösung des Lustprinzipes durch das Realitätsprinzip, die Herrschaft des Realitätsprinzips über das Lustprinzip macht die äußere Realität zu einem Regulator der Triebwünsche, da sie auf dem Weg der Realitätsprüfung des Ich wirksam wird und Verzicht bzw. Frustration herbeiführt. Wir müssen uns fragen, wie weit unter den Umständen der heutigen sozialen Umwelt Triebaufschub wirklich noch immer bedeutet, daß momentane Lust dem Realitätsprinzip folgend aufgeschoben werden kann, um später sichere Lust zu gewinnen. Dies würde erfordern, daß es eine äußere Realität gäbe, die zu irgendeinem späteren Zeitpunkt Befriedigung ermöglichen würde. Leo Stone (1961) hat in seiner Freudvorlesung den Wert der klassischen psychoanalytischen Situation und ihrer Konzeptionen daran gemessen, wie weit ihre fortgesetzte, vielleicht steigende Wertigkeit darauf beruhen mag, daß sie offen ist und daß sie mit einer gewissen Offenheit wiederholt gegen unsere Realitäten geprüft und in eine gewisse Konformität mit ihnen gebracht wird, im Gegensatz zu einer oberflächlichen Bewahrung im Sinne eines idealen Standards, an den die existierenden Realitäten sich irgendwie anpassen müssen. Es ist immer noch so, daß junge Kinder heute wie in der Vergangenheit für eine Realität vorbereitet werden, die ihnen als relativ stabil, vorhersagbar und vertrauenswürdig erscheint. Das geschieht nicht so sehr durch das, was die Kinder von den Eltern gesagt bekommen, als auch durch die Art und Weise, wie die Kinder ihre Eltern perzipieren: als machtvolle, allwissende, gerechte und im günstigen Fall auch liebenswerte Objekte. Belohnung und Bestrafung die das Kind im Aufwachsen von den Eltern zu erwarten lernt, hängen jedoch nur teilweise mit den Verhaltensweisen der Belohnung und Bestrafung zusammen, die es später in der Gesellschaft tatsächlich erfahren wird. In unserer gegenwärtigen sozialen und kulturellen Situation werden diese geweckten Erwartungen der Kinder in einen unauflösbaren Konflikt mit den Realitäten der Natur und der Gesellschaft kommen, wie sie später durch den Jugendlichen perzipiert wird. Damit werden nicht nur die Vorstellungen der Eltern und Älteren über die äußere Umwelt obsolet, sie werden notgedrungen als romanhaft, betrügerisch und böse erlebt werden. Und so ist die Möglichkeit einer gemeinsamen Realität, die auf konsensuellen, bestätigten Erfahrungen beruht, vom Zusammenbruch bedroht – und damit auch die Möglichkeit gemeinsamer moralischer Werte.

So wie sich für Freud mit E. T. Vischer das Moralische von selbst verstand, hat sich für ihn und zumindest die klassische Psychoanalyse auch die äußere Realität sozusagen von selbst verstanden, obwohl er selbst in einer Diskussion der Wiener Psychoanalytischen Vereinigung am 27. November 1907 eine etwas verwunderliche Feststellung traf: „Ein kleiner Nebengewinn ergebe sich aus den Analysen: man erfahre daraus, wie es eigentlich in der Welt zugehe: man bekomme ein wirkliches Weltbild.“ Und er fügt hinzu was gewiß unleugbar ist: „Die Analysen seien kulturhistorische Dokumente von allerhöchster Wichtigkeit.“

Die durchschnittlich erwartbare Umwelt Heinz Hartmanns, die nun 50 Jahre zurückliegt, ist sicher eine andere als die, der wir heute gegenüber stehen. Selbst die für die ersten Lebensjahre über lange Zeit stabil und gleich gebliebene durchschnittlich erwartbare Umwelt des Kleinkindes hat sich heute deutlich verändert. In unserem sich rasch wandelnden sozialen Umfeld sind rigide internalisierte Kontrollen zunehmend irrelevant geworden. Kurzbeziehungen, Entwurzelung, Mobilität und rascher Wandel kaum mehr verbindlicher Normvorstellungen sind dafür deutliche Anzeichen. Hartmanns Konzept ist damit eine kaum mehr brauchbare Konstruktion, es sei denn, daß man die dauernde Erfahrung ständigen Wechsels zu den durchschnittlich erwartbaren Eigenschaften der Umwelt rechnet.

Im Lichte von Freuds *Formulierungen* (1911), in denen er die Abwendung von der Realität als ein Ergebnis oder gar das Abwehrziel neurotischer und psychotischer Manifestationen betrachtet, müßten wir die zunehmende soziale Entfremdung in unserer Gesellschaft, besonders in den jüngsten Generationen als neurotisches Symptom oder psychotischen Rückzug von der äußeren Realität ansehen. Dabei ist aber doch zu fragen, ob wir tatsächlich berechtigt sind, zu erwarten, daß die Perzeption der Umwelt durch manche Gruppen unserer Gesellschaft dieselbe sein muß, wie wir vom Konzept der durchschnittlich erwartbaren Umwelt her annehmen würden.

Harold Blum (1983) hat in einer Arbeit über *Position und Wert der Deutung außerhalb der Übertragung* gemeint, daß die Nichtübertragungssphäre analytischer Beziehung nun ein größeres Interesse findet, besonders im Hinblick auf die reale Beziehung von Analytiker und Analysand und das analytische Arbeitsbündnis. Jedoch sei das Verstehen der Objektbeziehungen des Patienten und der Realität außerhalb der analytischen Situation ein sehr komplexer Teil der Psychoanalyse. Eine äußere Realität sei nie völlig objektiv und absolut. Sie werde durch Analytiker und Patienten graduell definiert und neu definiert.

Auch hier wird meiner Meinung nach, trotz Betonung der Wichtigkeit der äußeren Realität im psychoanalytischen Prozeß doch wieder das Konzept der Realität nur wenig von der Perzeption der Realität und der Phantasie über Realität abgegrenzt. Selbstverständlich kommt im psychoanalytischen Prozeß der psychischen Realität Priorität zu. Doch neigen wir allzu sehr dazu, die Realität als gewichtigen Faktor zu vernachlässigen. Das wird besonders oft im Rahmen der psychoanalytischen Ausbildungsabläufe deutlich. In der Lehranalyse bedeuten reale Kontakte mit dem Analytiker und Informationen über ihn aus der analytischen Szene, in der sich der Analytiker und Analysand gemeinsam bewegen, unvermeidlich Möglichkeiten der Aktivierung, der Verstärkung, der Kontamination und Diffusion gewisser Übertragungsphantasien. Gerade in der Lehranalyse müssen Realität, Übertragung und Gegenübertragung in der Analyse differenziert gesehen werden. Nur so kann der Lehranalytiker auch eine tatsächliche Autorität für den Kandidaten sein. Der analytische Prozeß in Lehranalysen wird zudem durch die komplexe Struktur der Institution mit beeinflußt, und durch die bewußt wie unbewußt motivierte Zielsetzung des Kandidaten, Psychoanalytiker zu werden. Zudem mag die negative Übertragung in der Lehranalyse viel weniger zugänglich sein als die Feindseligkeiten außerhalb der Übertragung. Die Gegenübertragungsprobleme der Kandidaten gegenüber ihren eigenen Patienten sind nicht einfache Reflexe ihrer Übertragung auf den Lehranalytiker, sondern zusätzliche Bereiche für die analytische Arbeit und für potentielle Einsicht. Eine Analyse, die sich nur auf Übertragung richtet, ist in Gefahr, zu einem leeren Ritual, einer künstlichen Dramatisierung oder einem narzistischen System zu werden.

Jeanne Lampl-de Groot (1976) hat über ihre persönlichen Erfahrungen mit psychoanalytischer Technik und Theorie während des letzten halben Jahrhunderts gesprochen und kommentiert, daß die extreme Hingabe an analytische Übertragungsdeutung geheime analytische Grandiosität unterstützen könnte. Der Analytiker könnte ernstlich seine Bedeutung für den Patienten überschätzen. Wenn er kein Augenmerk auf die Realität und auf die Außerübertragungsbeziehung des Patienten wendet, hat das zur Folge, daß nur die Analyse, der analytische Prozeß und der Patient als Analysand Bedeutung haben. Die Psychoanalyse wird überbewertet und die Bedeutung des äußeren Lebens herabgemindert. So kann die Analyse zu einer ‚folie à deux‘ werden.

Anna Freud (1965) hat angemerkt, daß Erwachsenenanalytiker die psychische Realität gegenüber der äußeren Realität oft überbetonen; „Wenn irgend etwas zu beobachten ist, so ist es die Tatsache eines zu großen Eifers, während der therapeutischen Arbeit alle aktuellen Geschehnisse in Ausdrücken der Übertragung und des Widerstandes zu fassen und damit den Wert der Realität abzulehnen.“ Auch Fenichel (1942) hat betont: „aber des Patienten Leben besteht nicht in Übertragung allein, und sehr oft kann der Widerstand des Analytikers in seiner Vernachlässigung des Lebens des Patienten außerhalb der Übertragung gesehen werden“. Die Patientin, die mir auf eine Übertragungsdeutung mit den Worten antwortete: „Aber Doktor, Sie sind eingebildet, alles was ich Ihnen sag’ beziehen Sie nur auf sich ...“ könnte manchmal recht haben. Das Leben des Patienten in der äußeren Realität ist eben nicht einfach verschobene oder ausgedehnte Übertragung.

Die Isolierung der Analyse von der äußeren Realität behindert aber das Durcharbeiten von Konflikten im realen Leben. Freud hat schon in seinem Budapester Vortrag 1918 gemeint, man könne gewissen Patienten nicht ersparen, sich der angstmachenden Situation auszusetzen. Paula Heimann (1959) hat in ihrer berühmten Arbeit über Gegenübertragung mit Recht gesagt, daß nicht alles, was ein Patient über den Analytiker oder die Analyse denkt oder fühlt, nur mit Übertragung zu tun hat. Analytische Probleme können nicht dadurch gelöst werden, daß man die Grenzen zwischen psychischer und äußerer Realität verwischt, zwischen Übertragung und Nichtübertragungsreaktionen des Analytikers und des Patienten. In diesem Zusammenhang hat Anna Freud (1954) bemerkt, daß Analytiker und Patient in einer echten und realen persönlichen Beziehung, den gleichen erwachsenen Status haben, und daß die Vernachlässigung dieser Realität feindselige Reaktionen des Patienten verursachen könne, die dann wieder nur der Übertragung zugeschrieben werden.

Übertragung kann also auch benützt werden um der Realität auszuweichen. Dem widerspricht durchaus nicht, was Freud im *Abriß der Psychoanalyse* 1940 angedeutet hat, daß man dem Patienten „wieder und wieder zeigen müsse, daß das was er sein neues realistisches Leben nenne, eine Reflektion der Vergangenheit sei". Alle Beziehungen sind Mischungen des Neuen und des Alten, von Übertragung und Realität. Freud hat diesen Punkt illustriert als er 1914(b) die enge Beziehung zwischen Übertragungsliebe und tatsächlicher Objektliebe im normalen Leben beschrieb. 1926 hat er ausgeführt, daß Übertragung auch außerhalb der analytischen Situation vorkomme und alle Beziehungen eines Patienten zu seiner Umwelt dominieren könne. Die Übertragung sei dunkel, in der normalen Objektbeziehung sei sie nie ganz abwesend. Die äußere Realität kommt auch insofern im analytischen Prozeß zum tragen, als, wie Stone (1976) zeigte, „das außeranalytische Leben des Patienten oft unentbehrliche Daten für das Verständnis der detaillierten Komplexheit seiner psychischen Funktion zur Verfügung stellt, weil die reine Vielfalt dieser Beziehungen gar nicht völlig in der Beziehung zum Analytiker und in der Übertragung zum Ausbruch kommen kann. Außer-Übertragungsdeutungen können nicht vernachlässigt werden oder in ihrer Bedeutung unterschätzt werden." Die subtilen und vielfältigen Ausdrucksweisen der Gesamtperson sind in der Übertragung nicht immer reproduziert und können sich in der Übertragungsregression verändern. Beobachtungen, die nicht aus der Übertragung stammen, können die Perspektive der analytischen Übertragung erweitern und korrigieren. Im Bezug auf die Abwehr fördert eine Haltung des Analytikers, die sich nur mit Übertragungsdeutung begnügt, die Isolierung der Analyse vom Leben, die Verleugnung der Aktualität der Realität und die Fortsetzung der kindlichen Amnesie.

Wir Psychoanalytiker haben lange Zeit stillschweigend vorausgesetzt, daß die intrapsychischen Konflikte des Individuums einer durchschnittlich erwartbaren Umwelt gegenüberstehen, die konstant bleibt. Es bestand also ein stiller Konsens über die Natur der Realität, ein Konsens, der in den letzten Jahren spürbar brüchig geworden ist. Wir müssen explizit anerkennen, daß Konflikte auch – und manchmal überwiegend – von der äußeren Realität abhängen und daß die soziale Umwelt nicht als unbekannte oder konstante Größe, sondern als *Variable* in die analytische Gleichung eingeht und sie kompliziert. Die traditionelle Vernachlässigung des Realitätsfaktors hat eine historische Wurzel: Freuds ursprüngliches Mißverständnis hinsichtlich der biographischen Faktizität der Verführungsphantasien seiner Patienten konnte dazu verleiten, daß man – obwohl Freud dieses „argumentum ad maius“ nie selbst benutzte – *allem*, was sich in gewissen Bereichen der Realität eines Patienten abspielt, nur den Stellenwert einer Phantasie zuerkannte. Es verdient Erwähnung, daß Sándor Ferenczi (1932) in seinem letzten öffentlichen Vortrag auf dem Internationalen Psychoanalytischen Kongreß in Wiesbaden, den eine ganze Reihe führender Analytiker verhindern wollte, auf diese Tatsache einging. Er versuchte zu zeigen, daß es durchaus Traumata gebe, die aus einer echten Verführung in der (äußeren, nicht nur psychischen) Realität stammten. Die Arbeit wurde damals vehement abgelehnt, und wir erkennen erst heute, daß sie eine Pionierleistung war, der unter den veränderten Bedingungen unserer Sicht der Realität neue Aktualität zukommt. Das Interesse der Ethnoanalyse an der „durchschnittlich erwartbaren Umwelt“ außerhalb der westlichen Kultur hat gezeigt, wie sehr schon von Anfang an die Realität variabel war, z. B. im Hinblick auf die Unterschiede in den Praktiken der Kindererziehung (Erikson 1950, Rapaport 1958, Bronfenbrenner 1970, 1979 u. a.). Das trifft gewiß auch heute noch zu.

Schon nach dem 1. Weltkrieg hat Paul Federn (1919) die veränderte Rolle der Väter als Folge der Kriegsereignisse in der

Gesellschaft aufgezeigt und den Begriff einer „vaterlosen" Gesellschaft eingeführt. Die pathogene Bedeutung der unvollständigen Familie auf die innere Realität einer ganzen Generation hat in den Jahren nach dem 2. Weltkrieg Alexander Mitscherlich (1965) herausgestellt. In diesen Arbeiten wurden Veränderungen in der Außenwelt in ihrer Bedeutung für die Entwicklung – besonders in den ersten Lebensjahren – erstmals als soziales und nicht nur als individuelles Phänomen (Bowlby 1959) in der Psychoanalyse in Betracht gezogen.

Die Anerkennung der äußeren Realität als Variable bedeutet aber nicht, daß die bloße Manipulation der sozialen Umwelt schon als Therapie bezeichnet werden könnte, wie das heute so oft – besonders im Rahmen der modischen Entprofessionalisierung von Psychiatrie und Psychotherapie gesehen wird. Umweltmanipulation mit dem Ziel der einfachen Reduzierung von Bedürfnisspannungszuständen im Sinne einer Gewährung von Triebbefriedigung bewirkt keine tragfähige Änderung der inneren Realität des Patienten und trägt auch nicht zu weiterer Entwicklung und seelischer Veränderung bei. Im Gegenteil, sie fördert Abhängigkeit und Passivität – einen Zustand, der nur zu oft den unbewußt bleibenden Gegenübertragungsbedürfnissen solcher Therapeuten entgegenzukommen verspricht. Natürlich sind diese, wie man nicht ganz korrekt sagen könnte, „Es-Therapien" oder „Neo-karthartischen Therapien" recht ansprechend und treffen mit einem zeitgenössischen Aspekt, der großen Variabilität der äußeren Welt, zusammen. Ihre Anwendung beruht jedoch auf einem Mißverständnis gerade dieser Realität, wie ein Hinweis auf den Begriff der Abhängigkeit zeigt: Die Meisterung der Abhängigkeit von der äußeren Realität (sei sie nun phantasiert oder den tatsächlichen Gegebenheiten entsprechend) ist ein Leitmotiv der Psychoanalyse:

> „‚Normal' oder ‚gesund' heißen wir ein Verhalten, welches bestimmte Züge beider Reaktionen [von Neurose und Psychose] vereinigt, die Realität sowenig verleugnet wie die Neurose, sich aber dann wie die Psychose um ihre Abänderung bemüht. Dieses zweckmäßige Verhalten führt natürlich zu einer äußeren Arbeitsleistung an der Außenwelt und begnügt sich nicht wie bei der Psychose mit der Herstellung innerer Veränderungen; es ist nicht mehr autoplastisch, sondern alloplastisch." (Freud 1925).

Weder die psychotische Anpassung der inneren Realität, noch

die Manipulation der äußeren Realität durch den Therapeuten und aus therapeutischen Gründen können zu einer Lösung führen. Der Psychotiker wird heute allerdings nicht mehr als ein Mensch behandelt, der durch Libidoentzug sich selbst in tiefer Regression der äußeren Realität entzieht, sondern vielmehr als ein Mensch, der versucht, die Außenwelt dazu zu benützen, „eine Auflösung seiner Ich- und Überich-Strukturen und eine regressive Entdifferenzierung und Desintegration zu verhindern, die zu einem manifesten psychotischen Zusammenbruch führen würden. Aus diesem Grunde halten oder können sie sich nicht nur an der Außenwelt festhalten, sondern versuchen, sie zu ändern, versuchen, eine Welt zu schaffen, die ihren besonderen Bedürfnissen entspricht, wobei sie all die Aspekte, die diesem Zweck nicht genügen, verwerfen und verleugnen.“ (Edith Jacobson 1967).

Die gemeinsame Manipulation der Realität durch Therapeut und Patient gewinnt in solchen Fällen nicht selten den Charakter einer Fusion, die die Wiedergewinnung einer gemeisterten Realität nicht begünstigt, sondern erschwert.

Aufgabe der Psychoanalyse kann es nicht sein, politische Alternativen anzubieten und sie verfügt auch nicht über ein Werkzeug, das zu solchen Leistungen taugt. Die Psychoanalyse kann aber immerhin dem Individuum im Kampf um seine Autonomie, die als private Autonomie zu verstehen ist, wertvolle Dienste leisten und ein höheres Maß an Rationalität herstellen. Herbert Marcuse (1965) hat ähnliches formuliert, wenn er schreibt: „Die Psychoanalyse [hier ist natürlich die Psychoanalyse als Therapie gemeint] kann dem Patienten helfen, mit einem eigenen Gewissen und eigenem Ich-Ideal zu leben, was durchaus bedeuten kann – in Absage und Opposition gegenüber dem Bestehenden.“ Wenn wir den Sozialisationsprozeß vom psychoanalytischen Standpunkt aus als einen Vorgang ansehen, bei dem Ich-Stärke oder Ich-Schwäche von entscheidender Bedeutung dafür sind, ob die internalisierten Normen später relativierungsfähig sind oder nicht, dann erkennen wir, daß von der schwierigen und gefährlichen Balance zwischen Triebabwehr, Befriedigung und Ersatzbefriedigung individualpsychologisch gesehen der soziale Fortschritt abhängt. In der Psychoanalyse geht es darum, das Verdrängte, also das, was im Laufe der

Lebensgeschichte des Patienten nicht akzeptabel gewesen war, bewußtseinsfähig zu machen. Diese Arbeit fördert Erinnerungsfälschungen zutage, bei denen das Band zwischen Sach- und Wortvorstellung zerrissen wurde und Bedeutungen sich mit Affekten verbunden haben. Das Therapieziel der Anerkennung der Realität, der Entzerrung der Wirklichkeit schließt auch die Preisgabe von intersubjektiv nicht gültigen Ansichten ein. Zwischen realen Situationen und Projektionssituationen – d. h. einer Realitätsverkennung durch einen spezifischen Abwehrmechanismus – und damit zwischen Wirklichkeit und Phantasie unterscheiden zu können, ist die entscheidende Vorbedingung für das Erkennen des Möglichen, des Veränderbaren.

Eine differenzierte Entwicklung, die zwischen äußerer und innerer Realität, zwischen Außenwelt und Triebwunsch unterscheiden läßt, führt unter anderem auch zu Anerkennung von Triebwünschen. Der Vorwurf (von Marcuse et al.), daß die Psychoanalyse die absolute Anpassung an die Realität erstrebe und in diesem Sinn herrschaftskonform sei, trifft schon aus diesem Grunde nicht zu. Die Eltern-Imagines als verinnerlichte soziale Gewalt werden vielmehr relativiert und ihrer Macht entkleidet, damit der Patient mit der nunmehr entzerrten Realität umgehen kann. An dieser Stelle eröffnet sich in gewisser Weise die Perspektive auf die kritisch-emanzipatorische Potenz der Psychoanalyse im Bezug auf ein falsches gesellschaftliches Bewußtsein, womit allerdings die Tätigkeit des Therapeuten im traditionellen Sinn an eine (offene) Grenze gelangt ist. Autoplastische Anpassung kann so der alloplastischen Anpassung der Umwelt an die Bedürfnisse des Einzelnen weichen. Damit ist dem Einzelnen – und hier ist nicht primär der Analytiker, sondern der entlassene Patient gemeint –, die Möglichkeit an die Hand gegeben, sich mit anderen zusammenzufinden, um in der sozialen Realität jene Veränderungen zu setzen, die ihm nun erst verstehbar, einsehbar und notwendig geworden sind.

J. van der Leeuw (1979) hat dies deutlich formuliert:

„Die Erneuerung sozialer Ideale ist ein vordringliches Bedürfnis unserer Gesellschaft geworden. Zu den Aufgaben des Psychoanalytikers von heute gehört es, solche Ideale auf den Prüfstand zu stellen. Er wird untersuchen müssen, ob das Ideal mit der Realität vereinbar ist, denn es ist wichtig zu wissen, ob und in welchem Ausmaß gesellschaftliche Ideale auf Realität oder Illusion gegründet sind. Natürlich hat auch der Psychoanalytiker nicht ein Gesamtbild der sozialen Wirklichkeit zur Verfügung, aber er kann immerhin herausfinden, ob und welche Ideale sich im großen und ganzen auf infantile Phantasien des Individuums stützen, von archaischen Größenvorstellungen abzuleiten sind, auf Illusionen beruhen.

Um in der äußeren Realität von heute bestehen zu können, ist es nicht unzweckmäßig, als Individuum herauszufinden, ob die eigene Motivation auf einer Illusion oder auf einem realisierbaren Ideal beruht."

Literatur

Berry-Bertrand, N. (1974). From fantasy to reality in the transference (or the double aspect of the analyst). International Journal of Psycho-Analysis, 55.

Blum, H. (1983). Position and value of interpretation outside of the transference. Journal of the American Psycho-Analytic Association, 31.

Bowlby, J. (1959). Soins maternals et santé mental. Genf: World Health Organization.

Erikson, E. H. (1950). Kindheit und Gesellschaft. Übers. von Marianne v. Eckardt-Jaffé. Stuttgart: Klett, 3. Auflage 1968.

Erikson, E. H. (1961). Reality and actuality. An adress. Journal of the American Psychoanalytic Association, 12.

Federn, P. (1919). Zur Psychologie der Revolution: die vaterlose Gesellschaft. Der Aufstieg Nr. 12–13. Wien: Anzengruber.

Fenichel, O. (1942). Problems of psychoanalytical technique. New York: Psychoanalytic Quarterly Inc.

Freud, A. (1936). Das Ich und die Abwehrmechanismen. Wien: Internationaler Psychoanalytischer Verlag.

Freud, A. (1954). The widening scope of indications for psychoanalysis discussion. Journal of the American Psychoanalytic Association, 2.

Freud, S. (1894). Die Abwehr-Neuropsychosen. GW I, 57–73.

Freud, S. (1895). Manuskript H: Paranoia. In ders., Aus den Anfängen der Psychoanalyse. London: Imago 1950.

Freud, S. (1896a). Weitere Bemerkungen über die Abwehr-Neuropsychosen. GW I, 377–403.

Freud, S. (1896b). Zur Ätiologie der Hysterie. GW I, 423–460.

Freud, S. (1898). Die Sexualität in der Ätiologie der Neurosen. GW I, 489–515.

Freud, S. (1900). Die Traumdeutung. GW II/III.

Freud, S. (1910). Über die zwei Prinzipien des psychischen Geschehens.

Vortrag und Diskussionsbemerkung in der Wiener Psychoanalytischen Vereinigung am 26. Oktober 1910. In Protokolle der Wiener Psychoanalytischen Vereinigung, Band III (1910–1911). Protokoll 116. Frankfurt: Fischer 1979.
Freud, S. (1911). Formulierungen über die zwei Prinzipien des psychischen Geschehens. GW VIII, 229–237.
Freud, S (1914a). Zur Geschichte der psychoanalytischen Bewegung. GW X, 43–113.
Freud, S. (1914b). Bemerkungen über die Übertragungsliebe. GW X, 305–321.
Freud, S. (1917). Metapsychologische Ergänzung zur Traumlehre. GW X, 411–425.
Freud, S. (1919). Wege der psychoanalytischen Therapie. GW XII, 181–193.
Freud, S. (1924). Zusatz. In ders., Weitere Bemerkungen über die Abwehr-Neuropsychosen. GW I, 385.
Freud, S. (1924a). Der Realitätsverlust bei Neurose und Psychose. GW XIII, 361–368.
Freud, S. (1925). Die Verneinung. GW XIV, 11ff.
Freud, S. (1940). Abriß der Psychoanalyse. GW XVII.
Grimm, J. & W. (1854). Deutsches Wörterbuch. Band 14, Abt. II. Bearbeitet von Ludwig Sütterlin. Leipzig: S. Hirzel 1960.
Hartmann, H. (1939). Ich-Psychologie und Anpassungsproblem. Internationale Zeitschrift für Psychoanalyse, 240.
Hartmann, H. (1944). Psychoanalysis and Sociology. In Lorand & Sandor (Eds.), Psychoanalysis today. New York: International Universities Press.
Heimann, P. (1950). On countertransference. International Journal of Psycho-Analysis. 31, 81–84.
Jacobson, E. (1964). Das Selbst und die Welt der Objekte. Frankfurt: Suhrkamp 1973
Jacobson, E. (1967). Psychotic conflict and reality. London: Hogarth.
Klauber, J. (1972). On the relationship of transference and interpretation in the psychoanalytic therapy. International Journal of Psycho-Analysis, 53.
Lagache, D. (1966). Psychoanalysis as an exact science. In R. M. Loewenstein et al. (Eds.), Psychoanalysis: A general psychology. New York: International Universities Press.
Lampl–De Groot, J. (1976). Personal experience with psychoanalytic technique and theory during the last half century. The Psychanalytic Study of the Child, 31.
Leeuw, J. P. van der (1979). „Moderne Zeiten" und der Psychoanalytiker von heute. Sigmund Freud House Bulletin 4.
Loewald, H. (1951). Ego and reality. International Journal of Psychoanalysis, 32.
Loewald, H. (1960). On the therapeutic action of psychoanalysis. International Journal of Psycho-Analysis, 41.
Marcuse, H. (1965). Das Veralten der Psychoanalyse. In ders., Marcuse, Kultur und Gesellschaft. Frankfurt: Suhrkamp.

Mitscherlich, A. (1963). Auf dem Weg zur vaterlosen Gesellschaft: Ideen zur Psychoanalyse. München: Piper.

Sandler, J., & Rosenblatt, B. (1962). The concept of the representational world. The Psychoanalytic Study of the Child, 17.

Stekel, W. (1910). Diskussionsbemerkung in der Sitzung der Wiener Psychoanalytischen Vereinigung am 26. Oktober 1910. In Protokolle der Wiener Psychoanalytischen Vereinigung, Band III (1910–1911), Protokoll 116. Frankfurt: Fischer 1979.

Stone, L. (1961). The psychoanalytic situation. An examination of its development and essential nature. New York: International Universities Press.

Tausk, V. (1910). Diskussionsbemerkung in der Sitzung der Wiener Psychoanalytischen Vereinigung am 26. Oktober 1910. In Protokolle der Wiener Psychoanalytischen Vereinigung, Band III (1910–1911), Protokoll 116. Frankfurt: Fischer 1979.

Winnicott, D. W. (1947). Haß in der Gegenübertragung. In ders. (Hg.), Von der Kinderheilkunde zur Psychoanalyse (S. 75–88). München: Kindler 1976.

Winnicott, D. W. (1965). Reifungsprozesse und fördernde Umwelt. München: Kindler 1974.

4 Spezielle Probleme der psychoanalytischen Behandlung bei schwerer gestörten Patienten

4.1 Probleme mit der Übertragung bei schweren Charakterpathologien – ich-psychologische und objektbeziehungs-theoretische Aspekte[1]

Otto F. Kernberg

4.1.1 Ein Überblick über meinen Ansatz

Da ich in früheren Arbeiten (Kernberg 1975, 1976, 1980, 1984) meinen allgemeinen theoretischen und technischen Ansatz dargelegt und ihn in jüngster Zeit mit ausführlichem klinischem Material veranschaulicht habe (Kernberg a, b, c, im Druck), beschränke ich mich hier auf den knappsten Umriß dieser Grundlage, auf den eine Beschreibung ihrer klinischen Aspekte in der Anwendung auf den Umgang mit der Übertragung folgen soll.

Meine Theorie der Objektbeziehungen im Rahmen der Ich-Psychologie ist verankert in den theoretischen und klinischen Beiträgen von Edith Jacobson (1964, 1967, 1971) und Margaret Mahler (1971, 1972, Mahler & Furer 1968, Mahler et al. 1975). Ich habe mich weiterhin beeinflussen lassen von Erik H. Erikson (1950, 1956, 1959), Melanie Klein (1945, 1946, 1952a, 1957), Fairbairn (1952), Donald W. Winnicott (1958, 1965) und Joseph Sandler (Sandler & Rosenblatt 1962, Sandler & Sandler 1978).

Meine Motivationstheorie hält sich eng an Freuds duale Triebtheorie; ich betrachte jedoch Triebe als untrennbar mit Objektbeziehungen verbunden. Außerdem halte ich die Trennung von Ursprung, Druck, Ziel und Objekt von Trieben, wie sie in der herkömmlichen Metapsychologie üblich ist, für künstlich. Ich glaube, daß libidinöse und aggressive Triebabkömmlinge vom Anfang der symbiotischen Phase an in Objektbeziehungen investiert werden, daß die Vorstellungs- und Affektrepräsentanzen

[1] Ebenfalls veröffentlicht in The Psychoanalytic Quarterly, Vol. 56 (1), 1987, pp. 197–221.

von Trieben ursprünglich voneinander ununterschieden sind, und daß Affektzustände, die die primitivsten Triebmanifestationen darstellen, von ihrem Ursprung an wesentliche Bindeglieder zwischen Selbst- und Objektrepräsentanzen sind.

Meine theoretische Formulierung besagt, daß Affekte das primäre Motivationssystem sind, und daß sie, internalisiert oder fixiert als Rahmen internalisierter Objektbeziehungen, allmählich zu libidinösen und aggressiven Trieben als hierarchisch übergeordneten Motivationssystemen gestaltet werden. Diese Auffassung unterscheidet meine Position von den Motivationstheorien der Hauptautoren, die ich aufgeführt habe, aber die Betonung der zentralen klinischen Stellung der Affekte ist uns allen gemeinsam. Nach meiner Ansicht sind Affekte konstitutionell determinierte und durch die Entwicklung aktivierte primäre Motivatoren. Ich glaube, daß sie, nachdem sie in die Triebe integriert worden sind, zu den Signalen der Triebaktivierung werden.

Ebenfalls in Übereinstimmung mit den von mir genannten Autoren glaube ich, daß die Internalisierungen von Objektbeziehungen ursprünglich dyadisch sind, und daß Selbst- und Objektrepräsentanzen, die unter dem Einfluß verschiedener Affektzustände entstehen, die Bausteine dessen sind, was dann schließlich das Es, das Ich und das Über-Ich ausmacht. In Übereinstimmung mit Jacobson und Mahler habe ich ein Entwicklungsmodell für die begriffliche Interpretation der Strukturmerkmale psychotischer, Borderline- und neurotischer Erkrankungen vorgelegt und Unterschiede in den Strukturmerkmalen dieser drei Ebenen psychischer Erkrankung unterstrichen.

Ich habe das Ich, das Über-Ich und das Es als die grundlegende strukturelle Organisation der klassischen Psychoneurosen und des neurotischen Charakters betrachtet und betont, daß sich auf dieser Ebene die Veränderungen von Trieb-Abwehr-Konfigurationen überwiegend als Konflikte ausdrücken, an denen die drei psychischen Instanzen und die äußere Realität beteiligt sind. Der Ödipuskomplex ist die beherrschende Konfliktkonstellation, die im Zusammenhang der Vorstellungswelt der frühen Kindheit den Höhepunkt der Entwicklung der Sexual- und Aggressionstriebe widerspiegelt und entscheidend an der Konsolidierung des Über-Ichs beteiligt ist.

Patienten mit einer neurotischen Persönlichkeitsstruktur zeigen gut integrierte Über-Ich-, Ich- und Es-Strukturen; in der psychoanalytischen Situation aktiviert die Widerstandsanalyse in der Übertragung zunächst relativ globale Merkmale dieser Strukturen und später die internalisierten Objektbeziehungen, aus denen sie bestehen. Die Analyse von Triebabkömmlingen geschieht im Zusammenhang mit der Analyse des Bezuges des infantilen Selbst des Patienten zu wichtigen elterlichen Objekten, wie sie auf den Analytiker projiziert werden.

Die Borderline-Persönlichkeitsstruktur zeigt im Gegensatz dazu ein Vorherrschen präödipaler Konflikte und psychischer Repräsentanzen präödipaler Konflikte zusammen mit Repräsentanzen der ödipalen Phase. Konflikte sind nicht überwiegend verdrängt und daher nicht unbewußt dynamisch. Sie drücken sich vielmehr in gegenseitig dissoziierten Ich-Zuständen aus, die die Abwehr der primitiven Dissoziation oder Spaltung widerspiegeln. Die Aktivierung primitiver Objektbeziehungen, die vor der Konsolidierung von Ich, Über-Ich und Es liegen, manifestiert sich in der Übertragung in Form scheinbar chaotischer Affektzustände, die in aufeinanderfolgenden Schritten analysiert werden müssen (siehe Kernberg 1984). Zusammenfassend möchte ich nur betonen, daß der in meinen früheren Arbeiten empfohlene Ansatz zur Deutung primitiver Übertragungen von Borderline-Patienten eine Verwandlung von Teilobjektbeziehungen in Beziehungen zum ganzen Objekt herbeiführen kann, ebenso die Umwandlung primitiver Übertragungen (die weitgehend Entwicklungsstufen widerspiegeln, die vor der Objektkonstanz liegen) in die fortgeschrittenen Übertragungen der ödipalen Phase.

Im Rahmen meiner Theorie der Objektbeziehungen auf der Basis der Ich-Psychologie bestehen unbewußte intrapsychische Konflikte immer zwischen a) bestimmten Einheiten von Selbst- und Objektrepräsentanzen unter der Einwirkung eines bestimmten Triebabkömmlings (klinisch: einer bestimmten Affektdisposition, die die Triebseite des Konflikts widerspiegelt) und b) einander widersprechenden oder entgegengesetzten Einheiten von Selbst- und Objektrepräsentanzen und ihren jeweiligen Affektdispositionen, die die Abwehrstruktur widerspiegeln. Unbewußte intrapsychische Konflikte bestehen also niemals einfach zwischen Trieb und Abwehr; vielmehr kommt der Triebabkömmling durch eine bestimmte internalisierte Objektbeziehung zum Ausdruck, und auch die Abwehr wird durch eine bestimmte internalisierte Objektbeziehung widergespiegelt.

Auf der Ebene schwerer psychischer Erkrankungen stabilisieren Spaltungsmechanismen solche dynamischen Strukturen innerhalb einer Ich-Es-Matrix und erlauben den widersprüchlichen Aspekten dieser Konflikte, in Form primitiver Übertragungen – zumindest teilweise – bewußt zu bleiben. Im Gegensatz dazu zeigen Patienten mit einer neurotischen Persönlichkeitsstruktur Trieb-Abwehr-Konfigurationen, die spezifische unbewußte Wünsche enthalten und Abkömmlinge von Sexual- und Aggressionstrieben widerspiegeln, die in unbewußte Phantasien bezüglich der ödipalen Objekte eingebettet sind. Hier finden wir eine relativ geringere Verzerrung der auf diese Objekte bezogenen Selbstrepräsentanzen wie auch der Repräsentanzen der ödipalen Objekte selbst vor. Darum ist der Unterschied zwischen früheren pathogenen Erlebnissen und ihrer Umformung in aktuell strukturierte unbewußte Dispositionen nicht so groß wie bei den primitiven Übertragungen von Patienten mit einer Borderline-Persönlichkeitsstruktur.

Mein Schwerpunkt liegt auf der internalisierten Objektbeziehung und nicht auf der Trieb-Abwehr-Konfiguration als solcher: Die unbewußte Wunschphantasie drückt eine solche Objektbeziehung aus. Die beiden Arten, wie nach Freud (1915) unbewußte Wünsche bewußt werden können (in Form von Vorstellungsrepräsentanzen und als Affekte), werden nach meiner Ansicht deutlich in der Beziehung zwischen einer Selbst-Repräsentanz und einer Objektrepräsentanz unter der Einwirkung eines bestimmten Affekts. Glover (1955) hat, wie ich glaube, in dieselbe Richtung gezeigt, als er auf die Notwendigkeit hinwies, in der Übertragung sowohl die Abkömmlinge libidinöser Triebe als auch Identifizierungen aufzudecken, die aus dem Ich und dem Über-Ich stammen. Wenn sich die Übertragungsneurose a) in Triebregungen äußert, die als Affekte zutage treten, und b) in Identifizierungen, die internalisierte Objektbeziehungen widerspiegeln, dann kann man das von mir vorgeschlagene Bezugssystem der Objektbeziehungen als direkte klinische Anwendung des metapsychologischen Konzepts vom dynamischen Unbewußten und den Bedingungen betrachten, unter denen es im Bewußtsein erscheint.

Die Analyse der Übertragung steht im Mittelpunkt meines allgemeinen technischen Vorgehens. Übertragungsanalyse besteht in der Analyse der Reaktivierung früherer internalisierter Objektbeziehungen im Hier und Jetzt. Die Analyse früherer internalisierter Objektbeziehungen in der Übertragung stellt zugleich eine Analyse der Strukturbestandteile von Ich, Über-Ich und Es und ihrer intra- und interstrukturellen Konflikte dar. Im Gegensatz zu kulturalistisch orientierten Analytikern oder zu Theoretikern der interpersonalen Objektbeziehungen wie Sullivan (1953, 1962) und Guntrip (1961, 1968, 1971) und zur Kohutschen Psychologie des Selbst (1971, 1977) fasse ich internalisierte Objektbeziehungen nicht als Spiegelung wirklicher Objektbeziehungen aus der Vergangenheit auf. Sie spiegeln vielmehr eine Kombination realistischer und phantasierter – und oft auch stark verzerrter – Internalisierungen solcher früherer Objektbeziehungen und von Abwehr gegen sie wider (unter der Einwirkung von Aktivierung und Projektion von Triebabkömmlingen). Mit anderen Worten: Es besteht eine dynamische Spannung zwischen dem Hier und Jetzt, das die intrapsychische Struktur widerspiegelt, und dort und damals unbewußten genetischen Determinanten aus der „wirklichen" Vergangenheit, der Entwicklungsgeschichte des Patienten.

Ich nehme an, daß die Übertragung in allen Fällen in dem Sinn dynamisch unbewußt ist, daß der Patient entweder aufgrund von Verdrängung oder aufgrund von Dissoziation die aktuelle Erfahrung unbewußt verzerrt, weil er auf pathogene Konflikte mit einem wichtigen internalisierten Objekt der Vergangenheit fixiert ist. Die Hauptaufgabe besteht darin, die unbewußten Übertragungsbedeutungen im Hier und Jetzt durch Deutung voll bewußt zu machen. Dies ist das erste Stadium in der Analyse der Beziehung zwischen der unbewußten Gegenwart und der unbewußten Vergangenheit.

Anstatt eine direkte Verbindung zwischen aktuell bewußten oder vorbewußten Erfahrungen in bezug auf den Therapeuten und der bewußten Vergangenheit oder einer angenommenen unbewußten Vergangenheit herzustellen (wozu meiner Meinung nach die Selbst-Psychologen neigen), erwarte ich, daß die freien

Assoziationen des Patienten zu den aufgedeckten unbewußten Bedeutungen der Übertragung im Hier und Jetzt uns in die unbewußte Vergangenheit führen. Daher schlage ich dem Patienten in vorläufigen und offenen Formulierungen Rekonstruktionen vor, die es ihm ermöglichen sollen, in eine von mehreren Richtungen weiterzugehen.

Mein theoretisches Bezugssystem drückt sich klinisch in der Art und Weise aus, wie ich Patienten zuhöre. Ich erwarte lediglich, daß die freien Assoziationen des Patienten in der Übertragung zum Auftauchen früherer internalisierter Objektbeziehungen führen, die die aktuellen Interaktionen zwischen Patient und Analytiker überlagern.

Ich möchte noch einmal betonen, daß ich die Frage angenommener genetischer Ursprünge im Prozeß der Aufdeckung der unbewußten Bedeutung im Hier und Jetzt so offen lasse wie ich kann. Zwar trifft es zu, daß die Art der aktivierten Objektbeziehung selbst auf ihre wahrscheinlichen genetischen und entwicklungsgeschichtlichen Ursprünge hinweist, aber ich halte es für verfrüht, diesen hypothetischen Ursprung festzulegen, bevor die freien Assoziationen des Patienten und die Exploration unbewußter Bedeutungen seines Verhaltens im Hier und Jetzt uns Zugang zu neuen Beweisen verschafft haben. Ich bin mir immer sehr deutlich der Gefahr bewußt, daß jede vorgefaßte Meinung des Analytikers dieses Untersuchungsfeld vorzeitig verschließen kann. Ein theoretischer Rahmen, der beherrschende Konflikte des Patienten in einem im voraus bestimmten Bereich oder einer ebensolchen Zeit ansiedelt, erscheint mir als wesentliche Einschränkung der Freiheit des Analytikers und des Patienten, die Ursprünge der unbewußten Gegenwart in der unbewußten Vergangenheit zu erforschen.

Die Kleinsche Tendenz, primitive Abwehrmaßnahmen und Objektbeziehungen zum ersten Lebensjahr in Beziehung zu setzen (Melanie Klein 1945, 1946, 1952b, 1957) oder Kohuts Annahme, eine ständig vorhandene Fragilität des Selbst sei die primäre Determinante (Reed 1986), oder die andauernde Suche nach den ödipalen Determinanten oder nach einer Pathologie der Loslösung und Individuation usw. verursacht eine ungerechtfertigte Verengung des Deutungsrahmens und beschränkt die Fähigkeit des Analytikers, das Unbekannte zu entdecken und zu untersuchen.

4.1.2 Kommunikationskanäle der Übertragung

Die unbewußten Objektbeziehungen, welche die aktuelle Beziehung – die des Patienten und des Analytikers, die innerhalb der gemeinsam vereinbarten Grenzen der analytischen Situation zusammenarbeiten – überlagern, können entweder eine Variante unbewußter Objektbeziehungen sein, die einander widerstreiten, oder eine als Abwehr dienende Objektbeziehung, die gegen eine tieferliegende, entgegengesetzte Objektbeziehung aktiviert wird, die Triebfunktion hat. Diese unbewußten Objektbeziehungen können durch verschiedene „Kanäle" zutage treten. Bei Patienten mit einer neurotischen Persönlichkeitsstruktur und in fortgeschrittenen Stadien der Behandlung von Patienten mit schweren Charakterstörungen und Borderline-Störungen kommen sie meist in den freien Assoziationen der Patienten zum Vorschein.

Lassen Sie mich zur Veranschaulichung ein klinisches Fallbeispiel bringen. Frau A., eine Architektin Anfang Dreißig, konsultierte mich wegen chronischer interpersonaler Schwierigkeiten bei der Arbeit und wegen einer schweren Depression, die mit dem Zerbrechen einer außerehelichen Beziehung mit einem älteren Geschäftspartner zusammenhing, den sie als sadistisch bezeichnete. Die diagnostische Bewertung zeigte eine hysterische Persönlichkeit mit starken masochistischen Zügen. Eine erfreuliche Beziehung zu ihrem Vater in der frühen Kindheit hatte sich, als sie ein junges Mädchen war, im Zusammenhang mit ernsten Eheschwierigkeiten seinerseits in bitteren Streit verwandelt, wobei Frau A. in ihrer Mutter ein unschuldiges Opfer sah. Frau A. hatte die sexuell intolerante Unterdrückungsatmosphäre des Elternhauses internalisiert; dies äußerte sich in ihrer eigenen starren Unterdrückung aller sexuellen Regungen bis wenige Jahre vor Beginn ihrer Analyse. Bei ihrem Ehemann war sie frigide; zum Orgasmus konnte sie nur in außerehelichen Verhältnissen kommen.

Einige Wochen nach Beginn ihrer Analyse besserte sich ihre

Stimmung, und sie machte nun den Eindruck eines netten, „unschuldigen“, gehorsamen kleinen Mädchens, das eifrig bemüht schien, dem Analytiker zu gefallen. Sie versuchte offensichtlich, alles zu sagen, was ihr in den Sinn kam, und der vorherrschende Inhalt ihrer frühen freien Assoziationen bezog sich auf ihre Arbeit, besonders auf ihre Vorgesetzten, die ihr engstirnige, voreingenommene, schlecht informierte Fachleute zu sein schienen, denen eine originelle, kreative Einstellung zur Architektur fehlte. Sie lehnte ihre Vorgesetzten so offensichtlich ab, daß sie selber in einer Sitzung die Frage stellte, ob sie vielleicht Gefahr laufe, ihre Stellung zu verlieren. Sie hatte tatsächlich vor noch nicht sehr langer Zeit eine Stellung bei einer anderen Firma wegen ihrer interpersonalen Schwierigkeiten verloren.

Als ich sagte, die fröhliche Art, wie sie ihre Sorge über die Aussicht ausdrücke, hinausgeworfen zu werden, gebe mir Rätsel auf, gab sie zu, sie sei „waghalsig“, und fügte hinzu, dies könne tatsächlich gefährlich sein, aber es sei auch schön aufregend. Weitere Assoziationen brachten ihre Phantasien ans Licht, mit ihrem Vorgesetzten zusammenzutreffen, der ihr streng mitteilen würde, sie müsse gehen, und den sie dann mit Hilfe subtiler Anspielungen wissen lassen würde, daß sie an ihm als Mann interessiert sei. Dies könnte, in ihrer Phantasie, genau zu der Zeit zu einer sexuellen Beziehung mit ihm führen, zu der er sie aus dem Geschäft entließe. Sie empfand es als aufregend, mit einem Mann sexuell zu tun zu haben, der sie hinausgeworfen hatte.

Ich glaube, diese Episode veranschaulicht das frühe Auftauchen der Haltung des „netten kleinen Mädchens“ in der Übertragung als Abwehr gegen die tieferliegende Versuchung einer pseudorebellischen, aufreizend aggressiven Haltung gegenüber einer männlichen Autoritätsperson, die darauf abzielt, eine darunterliegende, erwünschte, zur Selbstbestrafung dienende sexuelle Beziehung (vermutlich mit einem sadistischen Vaterbild) zustandezubringen. Der Umstand, daß die scheinbar positive frühe Übertragungsbeziehung das Auftauchen der darunterliegenden negativen Übertragungsdispositionen im Inhalt der freien Assoziationen der Patientin ermöglichte (anstatt direkt in der Übertragungsbeziehung selbst), gab uns tatsächlich einen Zeitvorsprung, um diesen unbewußten Konflikt herauszuarbeiten, bevor er sich in der Übertragung voll aktualisierte. Die starke Beachtung des Inhalts der freien Assoziationen, der Mitteilungen über Frau A.s subjektives Erleben, war der Haupt-Kommunikationskanal, durch den die unbewußte pathogene Objektbeziehung in der Übertragung auftauchte.

Bei Patienten mit schweren Charakterstörungen und Borderline-Persönlichkeitsstrukturen tauchen beherrschende unbewußte Objektbeziehungen in der Übertragung typischerweise durch einen anderen Kanal auf, nämlich durch nonverbale Kommunikation. Das heißt nicht, daß das, was in diesen Fällen durch freies Assoziieren verbal mitgeteilt wird, nicht relevant oder wichtig wäre; die nonverbale Kommunikation bekommt jedoch bei der Vermittlung von Informationen an den Analytiker das ökonomische (d. h. affektive) Übergewicht.

Herr B., ein Fachmann aus dem Mental-Health-Bereich, Ende Zwanzig, suchte mich wegen chronischer Schwierigkeiten in Beziehungen zu Frauen, Unsicherheit bezüglich seiner beruflichen Interessen und seiner beruflichen Zukunft und wegen ausgeprägter Passivität bei der Arbeit und im Alltagsleben auf. In den ersten Analysesitzungen hielt sich Herr B. bei ausführlichen Beschreibungen der Streitigkeiten auf, die er mit seiner Freundin hatte. Meine Bemühungen, genauer zu erfahren, um was es bei den für mich verwirrenden Schilderungen dieser Gespräche ging, veranlaßten ihn zu ironischen Bemerkungen, ich sei langsam und phantasielos und begriffe die Feinheiten dessen nicht, was er mir mitteile. Er erwartete auch von mir, die Feststellungen bezüglich seiner Freundin und seine Handlungen ihr gegenüber sofort zu billigen. Ich fragte ihn, warum er das Bedürfnis habe, ich solle seine Handlungen sofort rechtfertigen oder seinem Urteil über sie zustimmen. Nun beschuldigte er mich wütend, ich sei ihm gegenüber nicht wohlwollend, und ich sei eben der traditionelle Psychoanalytiker mit dem Pokergesicht.

Bald begann sich Herr B. auch zu beklagen, ich liefere ihm keine neuen Erkenntnisse, die es ihm erlauben würden, besser mit seiner Freundin fertigzuwerden. Als ich aber, nachdem ich ein besseres Gespür für das bekommen hatte, was sich in ihren Interaktionen wirklich abspielte, seine Interpretationen ihres Verhaltens anzweifelte und auch nach den Gründen für manche seiner Verhaltensweisen fragte, beschuldigte er mich, ich nähme

Partei für sie, sei gegen ihn unfair voreingenommen und verschlechtere tatsächlich seine Beziehungen zu ihr, indem ich sein Sicherheitsgefühl untergrabe. Er bot mir auch verschiedene psychoanalytische Theorien an, die das sadistische Verhalten seiner Freundin ihm gegenüber erklären sollten; er wies mich darauf hin, daß er selber offensichtlich einen masochistischen Charakter habe. Mit wachsender Wut sagte er, ich erfülle meine Aufgabe nicht – ich bringe das, was ihm geschehe, nicht mit seinen Kindheitserlebnissen in Zusammenhang.

Ich hatte zwar bei Herrn B. schon in meiner anfänglichen Diagnose eine schwere Charakterstörung mit paranoiden, narzißtischen und infantilen Zügen festgestellt – und ich war auf stürmische Übertragungsentwicklungen gefaßt –, aber ich war nun doch verblüfft von der Intensität seiner Beschwerden und Beschuldigungen und wurde in meinen Bemerkungen ihm gegenüber immer vorsichtiger. Er spürte meine Vorsicht sofort und beschuldigte mich wütend, ich behandle ihn wie einen Psychopathen, anstatt offen mit ihm zu reden. Ich konzentrierte mich nun auf die Schwierigkeit, die er damit hatte, daß alles, was ich sagte, seinem Denken zuwiderlief, und wies ihn auf den inneren Konflikt hin, den er in seiner Beziehung zu mir erlebte: Er wünsche sich sehr, daß ich ihm helfen würde und auf seiner Seite stünde, während er zugleich alles, was von mir komme, entweder als feindselig und schädigend oder als absurd und wertlos empfinde. Herr B. stimmte (zum ersten Mal) meiner Beurteilung der Situation zu. Er sagte, er habe Hilfe sehr nötig und sehe sich einem unfähigen und feindseligen Analytiker gegenüber. Nun fragte ich ihn, ob er wirklich überzeugt sei, dies sei die Realität, denn wenn es so sei, würde er natürlich fragen müssen, warum er mich als seinen Therapeuten ausgesucht habe; diese Frage stelle er aber nicht. Er beschuldigte mich sofort, ich wolle ihn hinauswerfen. Ich sagte ihm, ich versuche zu verstehen, wie er sich fühle, und ich wolle seine Ansichten über mich nicht unbedingt bestätigen.

Nun ging er noch einmal die Umstände durch, die ihn veranlaßt hatten, mich zu konsultieren und mich nach mehreren unerfreulichen Erfahrungen mit anderen Psychotherapeuten als Analytiker zu wählen. Im Verlauf dieser Rückschau kam heraus, daß Herr B. sehr erfreut gewesen war, als ich ihn als Patienten akzeptierte, daß er aber auch sehr unglücklich über das gewesen war, was er als den enormen Unterschied in unserem beruflichen und gesellschaftlichen Ansehen empfunden hatte. Er sprach darüber, wie unangenehm es ihm sei, Fachleute konsultieren zu müssen, die er als Vertreter des konservativsten psychiatrischen und psychoanalytischen Establishments betrachtete. Er habe mich aufgesucht, weil ich ihm sehr empfohlen worden sei, aber jetzt frage er sich, ob ihm nicht eine kurze psychotherapeutische Behandlung bei einem Vertreter einer der „Anti-Psychiatrie"-Schulen viel mehr helfen könnte. Ich deutete an, er ziehe es vielleicht vor, mich als unfähig und feindselig zu betrachten, wenn ihm dies erlaube, sich seine berufliche und gesellschaftliche Selbstachtung zu bewahren, obwohl diese Wahrnehmungen meiner Person auch seinen Wunsch durchkreuze, Hilfe zu finden. Anders ausgedrückt, ich begann mit der Deutung des Agierens von Bedürfnissen, mich abzuwerten und herabzusetzen, die einen abgespaltenen Neid auf mich widerspiegelten.

Ich glaube, dieser Fall veranschaulicht, daß vom Beginn der Behandlung an der Haupt-Kommunikationskanal für die in der Übertragung aktivierten unbewußten Objektbeziehungen sich in der Haltung des Patienten mir gegenüber zeigte, und nicht im Inhalt der freien Assoziationen an sich. Gewiß war der Inhalt seiner verbalen Mitteilungen wichtig zur Klärung dessen, was in der Beziehung zu mir vor sich ging, aber Herrn B.s Verhaltensweise war der Brennpunkt der Kommunikation.

An der Oberfläche wertete er mich ab als eine bewunderte, aber neidisch abgelehnte elterliche Autorität, wobei er selber das grandiose und sadistische Kind war. Auf einer tieferen Ebene spielte er unbewußt die Beziehung eines frustrierten und zornigen Kindes zu einem nötig gebrauchten elterlichen Bild durch; er hatte aber auch eine tiefe Abneigung gegen diese elterliche Figur, weil er sie als beherrschend und abwertend wahrnahm. Diese Ansicht vom Elternobjekt löste starke Wut aus, die sich in dem Wunsch ausdrückte, das Objekt abzuwerten und zu zerstören, während auf einer noch tieferen Ebene die unbewußte Hoffnung bestand, es möge überleben.

Tatsächlich dauerte es viele Wochen, diese unbewußten Bedeutungen im Hier und Jetzt zu enträtseln. Monate später erfuhren wir, daß diese Objektbeziehung eine unbewußte Beziehung zu Herrn B.s Mutter widerspiegelte, und daß sein wiederholter Mißerfolg in Beziehungen zu Frauen einem Muster folgte, das dem in seiner Beziehung zu mir beschriebenen auffallend ähnlich war. All diese Frauen und auch ich vertraten in diesem „Übertragungsdrama" die Mutter.

Es gibt noch einen dritten Kommunikationskanal, den man als Fortführung des zweiten betrachten könnte, abgesehen davon, daß sich hier die nonverbale Kommunikation im scheinbaren Fehlen jeder spezifischen Objektbeziehung in der Übertragung ausdrückt. Unter diesen Umständen gibt es über Monate oder sogar Jahre hin nur minimale Übertragungsregression, und manifeste Agression oder libidinöse Besetzung fehlen in der Übertragung fast ganz, ein Zeichen für die Unfähigkeit des Patienten, sich auf den Analytiker zu verlassen und sich von ihm abhängig zu machen.

Ich habe an anderer Stelle betont (1984), daß solche Patienten einen subtilen, umfassenden und höchst wirksamen Übertragungswiderstand gegen die Abhängigkeit vom Analytiker und gegen die damit zusammenhängende Regression in der Übertragung im allgemeinen zeigen, ein Zustand, den man als „Abdichtung des analytischen Raumes" bezeichnen könnte. Konkreter ausgedrückt: Ein Fehlen emotionaler Tiefe, emotionaler Realität und Phantasie in der analytischen Begegnung wird zum vorherrschenden Widerstand in der Behandlung.

Ich habe an anderer Stelle (Kernberg, im Druck, b) einen Künstler von Ende Zwanzig beschrieben, der mich wegen seiner Unzufriedenheit mit seiner bisexuellen Lebensart und seiner wachsenden sexuellen Hemmungen konsultierte. Die Persönlichkeit dieses Mannes hatte stark narzißtische Züge und eine Qualität des „Als-ob". Seine Mutter war gestorben, als er neun Jahre alt war; eine ältere Schwester hatte ihre Haushaltspflichten übernommen, während der Vater viele Mutterfunktionen erfüllte. Die Beschreibung beider Eltern war vage und widersprüchlich. Der Patient vermittelte in bezug auf seine ganze Geschichte eine Qualität der Unwirklichkeit. Seine soziale Anpassung war an der Oberfläche durchaus angemessen, aber seine Erscheinung hatte etwas Künstliches an sich. Er gehörte zu jenen Patienten, deren „perfektes freies Assoziieren" einen echten analytischen Prozeß eindrucksvoll nachahmt. Er hatte etwas Mechanisches an sich, und mir fiel es äußerst schwer, diesen Eindruck mit irgendwelchen konkreten Manifestationen in der Übertragung in Verbindung zu bringen. Einen ähnlichen Mangel an Engagement zeigte er gegenüber seiner Freundin, bei der er, obwohl er gute Gründe dafür gehabt hätte, keine Spur von Eifersucht zeigte.

Um das dritte Jahr seiner Analyse hatte ich, obwohl ich mir das Interesse an ihm hatte erhalten können, das Gefühl, ich würde zu einer seltsamen Untätigkeit und Duldung dieser Situation verführt, als sähe ich einer theatralischen Aufführung ohne Tiefe zu, die ablief wie auf einer Filmleinwand. Es war, als könne der Patient weder mich als eine Person anerkennen, die sich von ihm unterschied, ihm aber zur Verfügung stand, noch seine eigene Gegenwart im Zimmer über die eines Registrators der äußeren Realität hinaus anerkennen. Ich beschloß schließlich, mich auf die Art und die Symptome seiner beständigen Unerreichbarkeit für mich und meiner Unerreichbarkeit für ihn zu konzentrieren, wie er sie durch seine Haltung in den Stunden vermittelte. Ich wandte die Technik an, die ich an anderer Stelle (1984) beschrieben habe, nämlich, mir vorzustellen, wie sich ein „normaler" Patient in einer bestimmten Stunde wohl verhalten würde, um meinen Blick für die konkreten Manifestationen der Künstlichkeit in der Beziehung dieses Mannes zu mir zu schärfen.

Die Wirkung meiner Konzentration auf diese „Abwesenheit" in der Übertragung war verblüffend: Der Patient begann, in den Sitzungen Angst zu empfinden. Über einen Zeitraum von mehreren Wochen nahm seine Angst zu, und seine Assoziationen veränderten sich erheblich. Er entwickelte eine starke Angst vor mir, mit der Vorstellung, ich sei jemand völlig Unwirklicher, der die Fassade eines freundlichen Psychoanalytikers zeige, hinter der sich ein erschreckender leerer Raum verberge. Er war allein inmitten eines verheerenden Erlebnisses seiner selbst als beschädigt, sich auflösend, unfähig, Junge oder Mädchen zu sein. Es war, als umgäben ihn nur tote Gegenstände.

Im Lauf weniger Wochen verwandelte sich dieser Mann aus einem fast unbeseelten Roboter in etwas, das man am besten als ein verlassenes, zu Tode erschrecktes Kind bezeichnen kann. In der Übertragung war eine starke primitive Objektbeziehung aktiviert worden und, als Teil meiner Gegenübertragungsreaktion, eine konkordante Identifikation mit dieser Selbstrepräsentanz (Racker 1957). Nach dieser Episode tauchte in der Übertragung eine stark ambivalente Beziehung zu einem mächtigen Vater auf, und der Patient projizierte auf mich das Bild eines sadistischen, überwachenden, brutalen Vaters, den die sexuellen Phantasien und Wünsche des Patienten anekeln würden. Kurzum, es war, als nähmen Elemente, die vorher in einem flachen Mosaik früherer Erlebnisse dargestellt worden waren, nun in der Übertragung größere Tiefe an. Dieser Fall veranschaulicht, wie ich glaube, dramatisch das Vorherrschen des „dritten Kanals" des konstanten, jedoch latenten „Raumes" der analytischen Begegnung.

4.1.3 Übertragung, unbewußte Gegenwart und unbewußte Vergangenheit

Ich habe betont, daß es entscheidend ist, zunächst die unbewußten Bedeutungen der Übertragung im Hier und Jetzt aufzudekken und den Ausdruck dieser Objektbeziehung in der Übertragung vollständig bewußt zu machen, bevor man Rekonstruktionen der Vergangenheit versucht. Im Verlauf dieses Prozesses wird nun vielleicht die vorher nicht anerkannte, geleugnete, verdrängte, projizierte oder abgespaltene Objektbeziehung ganz anerkannt und wird ich-dyston. Hier können nun die analytischen Fragen gestellt werden: Was sind die genetischen Determinanten des gegenwärtig aktivierten unbewußten intrapsychischen Konflikts, und wie deutet man sie dem Patienten?

Unsere erste Patientin, Frau A., lieferte dynamische Informationen, die ganz selbstverständlich auf eine masochistische Umwandlung einer positiven ödipalen Beziehung hinzuweisen schienen. Wie es bei besser „funktionierenden" Patienten charakteristisch ist, waren die Verknüpfungen zwischen der bewußt erinnerten Vorgeschichte und der unbewußten Aktivierung verdrängter Objektbeziehungen im Hier und Jetzt scheinbar direkt. Ich vermied trotzdem jeden Hinweis auf die Beziehung zu ihrem Vater, bis die Patientin selber, die sich über ihr Bedürfnis wunderte, zunächst eine gute Beziehung zu einem Mann in eine schlechte zu verwandeln, um sie dann zu sexualisieren, in ihren

Assoziationen auf ihre Interaktionen mit dem Vater kam, wie sie sie als Jugendliche erlebt hatte.

Bei Herrn B., dem Mental-Health-Fachmann, ließ sich ein sehr chaotisches und komplexes Agieren in der Übertragung nicht direkt mit irgendwelchen bekannten Aspekten der Vergangenheit des Patienten verknüpfen: Die Informationen, die er über seine Vergangenheit gegeben hatte, waren selber so widersprüchlich und chaotisch, daß man schwerlich irgendetwas davon hätte für bare Münze nehmen können. Es dauerte lange, die unbewußten Bedeutungen im Hier und Jetzt zu klären; erst als das geschehen war, konnte ich die Frage stellen, was bezüglich genetischer und entwicklungsgeschichtlicher Vorläufer untersucht werden sollte.

Die Dynamik von Herrn B.s verzweifeltem Streben nach Abhängigkeit von einem gefährlich und grausam überwachenden Objekt könnte Theoretiker verschiedener Richtungen zu verschiedenen Schlüssen führen. a) Ein Mahler-Anhänger könnte folgern, es hänge mit der Wiederannäherungs-Subphase der Loslösung und Individuation zusammen; b) ein Kleinianer könnte es in Bezug setzen zu einer mit Neid betrachteten guten und/oder bösen Brust; c) ein traditioneller Ich-Psychologe könnte an die durch Schuldgefühle determinierte anale Regression aus einem positiven ödipalen Konflikt denken. Aber da ich nichts darüber wußte, in welchem Entwicklungsstadium dieser Konflikt entstanden war, oder auf welches Stadium er regrediert war, stellte ich keine Mutmaßungen darüber an, bevor die unbewußten Hier-und-Jetzt-Entwicklungen vollständig bewußt und ich-dyston geworden waren.

Im Fall des Künstlers wird die Gefahr vorzeitiger genetischer Rekonstruktionen wirklich ins hellste Licht gerückt. Hier habe ich es mir versagt, selbst als nach einem langen analytischen Stillstand ein Durchbruch eingetreten war, die aktivierte primitive Objektbeziehung mit irgendeinem Aspekt der Vergangenheit zu verknüpfen, bevor in der Übertragung, in den freien Assoziationen des Patienten, im Auftauchen neuen und unerwarteten Materials weitere Beweise zum Vorschein kamen.

Kurz zusammengefaßt: Ich versuche zunächst, „atemporale" Konstruktionen der unbewußten Bedeutungen im Hier und Jetzt vorzunehmen, und erst später, wenn die Verhältnisse es rechtfertigen, solche Konstruktionen vorsichtig in Rekonstruktionen der unbewußten Vergangenheit zu verwandeln. Ebenso versuche ich im Hinblick auf die Genese den Trugschluß zu vermeiden, das Primitivste mit dem Frühesten gleichzusetzen, ebenso vermeide ich jede mechanische Verknüpfung bestimmter Typen psychischer Erkrankung mit festgelegten Entwicklungsstadien.

Meine drei Fälle veranschaulichen auch einen weiteren Aspekt meiner Technik: nämlich, wie wichtig es ist, die Entwicklungen in den Erfahrungen des Patienten sowohl außerhalb der Analysestunden als auch in der analytischen Beziehung selbst sorgfältig zu untersuchen. Bei Frau A. verbrachte ich viel Zeit mit der Untersuchung der Beziehung zu ihren Vorgesetzten und Arbeitskollegen, bevor ich versuchte, dieses Material mit der Beziehung zu mir in Zusammenhang zu bringen, und das, obwohl ich schon sehr früh ihre Haltung des „netten kleinen Mädchens“ in den Analysestunden beobachtet hatte.

Bei Herrn B. stand im Mittelpunkt meiner Bemühungen zuerst wirklich die Klärung der chaotischen Beziehung zu seiner Freundin. Erst als all meine Anstrengungen, ihm zu besserem Verständnis zu verhelfen, der Lähmung verfielen, und als klar wurde, daß die Übertragungsprobleme höchste Deutungspriorität erlangt hatten, konzentrierte ich mich folgerichtig auf seine Beziehung zu mir. Ich mußte lange warten, bis ich die Beziehung zu seiner Freundin und die Beziehung zu mir verknüpfen konnte.

Beim dritten Fall führte natürlich eine lange Geschichte vergeblicher Bemühungen, die Beziehungen des Patienten außerhalb und innerhalb der Analyse zu erforschen, zu der Diagnose, die ich als Abdichtung des analytischen Raumes bezeichnet habe. Allgemein ausgedrückt: Ökonomische Kriterien (d. h. die Suche nach Bereichen vorherrschender affektiver Aktivierung, sei sie bewußt oder unbewußt) sollten den Ausschlag dafür geben, ob das Schwergewicht der Intervention vor allem auf der Interaktion mit dem Patienten in der Stunde oder in der äußeren Realität des Patienten liegen sollte (Kernberg 1984).

Mittlerweile sollte klar sein, daß ich zwar die Analyse der unbewußten Bedeutungen der Übertragung im Hier und Jetzt stark betone, daß ich aber die Wichtigkeit der Analyse genetischer Vorläufer im Dort und Damals nicht vernachlässige. Bei meiner Betonung des Hier und Jetzt stimme ich mit Gills Aussagen überein. Ich glaube jedoch, daß Gill (1982, S. 177) durch eine Überdehnung des Begriffs der Übertragung als „Amalgam aus Vergangenheit und Gegenwart" den Blick auf das verwischt, was im Hier und Jetzt unangemessen ist und durch seinen Ursprung anderswo erklärt werden muß.

Ich halte es für falsch, die aktuellen Aspekte im Verhalten des Analytikers, die die Übertragung des Patienten auslösen und/oder dazu dienen, sie zu rationalisieren, als Teil der Übertragung aufzufassen. Es ist ein technischer Fehler, wenn der Analytiker es phobisch vermeidet, die Realität eines Aspekts in seinem Verhalten anzuerkennen, den der Patient bemerkt und der beim Patienten eine bestimmte Reaktion auslöst. Ich gehe sogar noch weiter: Es ist auch ein technischer Fehler, wenn der Analytiker nicht merkt, was in seinem eigenen Verhalten unbewußt bestimmte Aspekte der Übertragung ausgelöst haben kann. Ich glaube, es ist eine Verzerrung des klassischen Konzepts der Übertragung, wenn man davon ausgeht, daß die realistischen Beiträge des Analytikers zur Interaktion mit einem Patienten nicht berücksichtigt oder etwa geleugnet werden sollten. Dies wäre ein Mißbrauch des Übertragungskonzepts als Verzerrung der aktuellen Realität, denn man gäbe damit zu verstehen, der Analytiker sei vollkommen angepaßt und hundertprozentig normal. In einer früheren Arbeit (Kernberg 1984, S. 266) habe ich erklärt:

> Patienten verstehen sich sehr bald darauf, die Persönlichkeitsmerkmale des Analytikers herauszubekommen, und Übertragungsreaktionen tauchen oft zuerst in diesem Zusammenhang auf. Die Folgerung jedoch, alle Übertragungsreaktionen seien im Grunde, zumindest teilweise, unbewußte oder bewußte Reaktionen auf die Realität des Analytikers, hieße, das Wesen der Übertragung mißzuverstehen. Die Übertragung ist der unangemessene Aspekt der Reaktion des Patienten auf den Analytiker. Die Übertragungsanalyse kann damit beginnen, daß der Analytiker es „offen läßt", ob die Beobachtungen des Patienten der Realität entsprechen, und untersucht, warum bestimmte Beobachtungen jeweils wichtig sind.

Wenn der Analytiker reale Züge seiner Persönlichkeit erkennt und sie ohne narzißtische Abwehr oder Verleugnung annehmen kann, wird es ihm seine emotionale Haltung erlauben, den Patienten zu fragen: „Also, wenn Sie auf etwas in mir reagieren, wie verstehen wir die Intensität Ihrer Reaktion?" Die Charakterstörung des Analytikers kann aber von der Art sein, daß die Übertragungsreaktion des Patienten auf ihn zur Aushöhlung der technischen Neutralität führt. Wenn der Analytiker nicht zwischen der realistischen und der unrealistischen Wahrnehmung unterscheiden kann, die der Patient von ihm hat, ist Gegenübertragung wirksam.

Nach meiner Ansicht ist das, was in der Übertragung durchgespielt wird, niemals eine einfache Wiederholung der wirklichen früheren Erlebnisse des Patienten. Ich stimme mit Melanie Kleins Aussage (1952b) überein, daß die Übertragung aus einer Kombination von realen und phantasierten Erlebnissen der Vergangenheit und aus der Abwehr gegen beide herrührt. Dies ist eine andere Weise, festzustellen, daß die Beziehungen zwischen psychischer Realität und objektiver Realität immer unklar bleiben: Je schwerer die psychische Störung des Patienten und je verzerrter seine intrapsychische strukturelle Organisation ist, desto indirekter ist der Bezug zwischen gegenwärtiger Struktur, genetischer Rekonstruktion und den in der Entwicklung liegenden Ursprüngen. Der Schluß jedoch, eine Rekonstruktion der Vergangenheit sei unmöglich, nur weil sie schwierig ist, und die Verwendung der Schwierigkeit, Vergangenheit und Gegenwart zu verknüpfen, um die Möglichkeit der Vergangenheitsaufdeckung in Frage zu stellen, ist in Wirklichkeit eine Ausflucht und nicht gerechtfertigt.

4.1.4 Gegenübertragung, Empathie, Erinnerung und Wunsch

Meine Ansichten über die Gegenübertragung habe ich in früheren Arbeiten dargelegt (Kernberg 1975, 1984). Hier möchte ich nur kurz den Vorteil eines „globalen" Konzepts der Gegenübertragung betonen, das außer den unbewußten Reaktionen des Analytikers auf den Patienten oder auf die Übertragung (anders ausgedrückt, den Übertragungen des Analytikers) a) die realistische Reaktion des Analytikers auf die Lebenswirklichkeit des Patienten, b) die realistische Reaktion des Analytikers auf sein eigenes Leben, wie es vielleicht durch den Patienten beeinflußt wird, und c) die realistische Reaktion des Analytikers auf die Übertragung mit umfaßt. Praktisch genommen, sollten all diese Komponenten – bis auf die realistische emotionale Reaktion des Analytikers auf die Übertragung des Patienten – unter den Umständen einer normalen Psychoanalyse ziemlich unsichtbar bleiben.

Natürlich werden, wenn beim Analytiker schwere, nicht analysierte Charakterstörungen erhalten geblieben sind, oder wenn zwischen den Charakterstörungen des Patienten und denen des Analytikers eine bedauerliche gegenseitige „Resonanz" besteht, die Übertragungen des Analytikers auf den Patienten akzentuiert. Je stärker die psychische Störung des Patienten und je ausgeprägter regressiv die Übertragung ist, desto intensiver sind die realistischen emotionalen Reaktionen des Therapeuten auf den Patienten. Dieser Bereich der realistischen Reaktionen auf den Patienten und ihrer Verknüpfung mit den tieferen Übertragungsdispositionen des Analytikers birgt sowohl die potentielle Gefahr des Agierens der Gegenübertragung als auch potentielle Vorteile in Form klinischen Materials, das der Analytiker untersuchen und seinem Verständnis der Übertragung einfügen muß.

Ich nehme an, daß die Konzepte Heinrich Rackers (1957) von der konkordanten und der komplementären Identifikation in der Gegenübertragung mittlerweile wohlbekannt sind, ebenso ihre jeweiligen Funktionen, nämlich die Steigerung der Empathie mit dem zentralen subjektiven Erleben des Patienten (bei konkordanter Identifikation) und die Aufrechterhaltung der Empathie mit dem, was der Patient abspaltet oder projiziert (bei der komplementären Identifikation). Nach meiner Ansicht ist die komplementäre Identifikation in der Gegenübertragung bei der Analyse von Patienten mit schweren Charakterstörungen und regressiver Übertragungsentwicklung besonders wichtig. Vermittels unbewußter Abwehr, insbesondere projektiver Identifizierung, können Patienten durch subtile Kommunikationen in ihrem Verhalten beim Analytiker emotionale Haltungen herbeiführen, die Aspekte der eigenen abgespaltenen Selbst-Repräsentanzen des Patienten oder Objektrepräsentanzen widerspiegeln.

Die introspektive Analyse seiner komplementären Gegenübertragungsreaktion ermöglicht es also dem Psychoanalytiker, projizierte Aspekte der aktivierten internalisierten Objektbeziehungen des Patienten zu diagnostizieren, insbesondere jene, die nonverbal und durch Veränderungen im „analytischen Raum" mitgeteilt werden – in der gewohnten, stillschweigenden Beziehung zwischen Patient und Analytiker. Unter optimalen Umständen kann ein besseres Verständnis der in der Übertragung aktivierten Objektbeziehung dadurch zustandekommen, daß der Analytiker seinen eigenen affektiven Druck, der von den unbewußten Kommunikationen des Patienten in der Übertragung stammt, versteht.

Meine Haltung gegenüber der Aktivierung starker emotionaler Dispositionen in bezug auf den Patienten, besonders zu Zeiten der Übertragungsregression, besteht darin, daß ich meine eigenen Gefühle und Phantasien über den Patienten toleriere, wobei ich mir ganz klar darüber bin, daß ich versuche, sie zu benützen, um besser zu verstehen, was in der Übertragung vor sich geht. Ich bleibe mir ständig der Notwendigkeit bewußt, den Patienten vor jeder Versuchung zu schützen, der ich verfallen könnte, diesen Gefühlen gemäß zu handeln oder sie ihm mitzuteilen. Das absolute Verschweigen von Gegenübertragungsreaktionen gegenüber dem Patienten ist das Gegenstück zur Freiheit des Analytikers, mit ihnen zu arbeiten und sie in seinen Deutungen zu verwenden.

Ein weiteres Problem derselben Art liegt darin, das Wesen dessen zu bestimmen, was auf den Analytiker projiziert und in seiner Gegenübertragung aktiviert wird. Im wesentlichen projizieren Patienten eine Selbst-Repräsentanz, während sie die Objektrepräsentanz einer determinierten Objektbeziehung durchspielen, die in der Übertragung aktiviert worden ist, oder sie projizieren umgekehrt eine Objektrepräsentanz, während sie die entsprechende Selbstrepräsentanz durchspielen. Diese Projektionen sind bei Patienten mit neurotischer Persönlichkeitsstruktur meist relativ stabil; bei Patienten mit schweren Charakterstörungen und einer Borderline-Persönlichkeitsstruktur sind sie jedoch instabil und wechseln rasch.

Zum Beispiel versuchte die Architektin, Frau A., unbewußt, sich bei mir als einer Objektrepräsentanz ihres Vaters einzuschmeicheln, um sich gegen ihre eigenen Anwandlungen zu schützen, mir als Vater zu trotzen und mich zu einem aggressiven – und sexualisierten – Gegenangriff zu verführen. Bei der Patientin bestand unter der Einwirkung verschiedener affektiver Zustände eine relativ stabile Aktivierung mehrerer Selbstrepräsentanzen und eine relativ stabile Projektion von Objektrepräsentanzen auf mich, die unbewußt den Vater in verschiedenen Affektlagen repräsentierten. Mit anderen Worten, wir nahmen keinen „Persönlichkeitstausch“ vor.

Herr B. hingegen zeigte in seinen Identifikationen und seinen Projektionen auf mich einen raschen Wechsel von Selbst- und Objektrepräsentanzen, wobei er auch verschiedene affektive Zustände widerspiegelte. Zum Beispiel projizierte er einmal das Bild eines versagenden, gleichgültigen und ablehnenden Elternteils auf mich, wobei er mich als beherrschend, egozentrisch und unfähig wahrnahm, irgendeine Ansicht zu tolerieren, die sich von der meinen unterschied, bereit, den Patienten (mein Kind), der es wagte, anders zu denken, wütend fortzuschicken. Nur kurze Zeit vor oder nach einem Erlebnis dieser Art identifizierte sich Herr B. mit dem Bild einer solchen Elternfigur, ließ mich (sein Kind) fallen und erklärte, er habe gerade beschlossen, seine Analyse zu beenden, da er einen so völlig irregeleiteten und starrsinnigen Analytiker nicht aushalten könne. Seine Haltung gab zu verstehen, eine so plötzliche Beendigung seiner Beziehung zu mir würde ganz selbstverständlich zustandekommen, ohne jede Gefahr, daß er mich vermissen würde. Mit anderen Worten, wir tauschten rasch die Rollen des sadistischen, vernachlässigenden Elternteils und des vernachlässigten, schlecht behandelten Kindes.

Ich glaube, es ist von entscheidender Bedeutung, daß der Analytiker die rasch wechselnden, zuweilen völlig widersprüchlichen emotionalen Erlebnisse toleriert, die die Aktivierung von komplementären Selbst- und Objektrepräsentanzen einer primitiven internalisierten Objektbeziehung anzeigen. Die Fähigkeit des Analytikers, einen solchen raschen Wechsel in seinen emotionalen Reaktionen auf den Patienten ohne Verleugnung oder Agieren auszuhalten, hängt von mehreren Vorbedingungen ab.

Erstens muß der Analytiker außerhalb der Behandlungsstunden strenge Grenzen der analytischen Situation von Raum, Zeit und Geheimhaltung wahren, ebenso ein Gefühl der eigenen physischen Sicherheit während der Sitzungen.

Zweitens muß der Analytiker als Teil seiner empathischen Reaktion auf den Patienten die Aktivierung primitiv-aggressiver, sexueller und abhängiger Affektlagen bei sich selber tolerieren. So muß der Analytiker zum Beispiel seine eigene Aggression in der Gegenübertragung (Winnicott 1949) akzeptieren, die sich im befriedigenden Erleben sadistischer Herrschaft ausdrücken kann; dieses Erleben kann für den Analytiker viel problematischer sein als beispielsweise das Ertragen von entwicklungsmäßig fortgeschritteneren Stufen sexueller Erregung.

Drittens ist es wichtig, daß der Analytiker genug Zutrauen zu seiner Kreativität als Teil seiner analytischen Arbeit behält, so daß er das Bedürfnis des Patienten, seine Bemühungen zunichte zu machen, ohne reaktiven Gegenangriff, Abwertung des Patienten oder Rückzug von ihm ertragen kann. Nur wenn der Analytiker mit seiner eigenen Aggression gut auskommen kann, wird er fähig sein, Aggression beim Patienten zu deuten, ohne zu fürchten, er greife den Patienten damit an, und ohne sich der Beschuldigung des Patienten zu unterwerfen, er werde angegriffen (worin sich manifestiert, daß der Patient seine eigene Aggression nicht erträgt).

Aus dem Studium des von Selbst-Psychologen vorgelegten klinischen Materials habe ich den Eindruck gewonnen, daß sie implizit oder explizit die Auffassung akzeptieren, die Deutung des Analytikers von Aggression beim Patienten komme einem Angriff auf den Patienten gleich, so als ob alle Aggression „schlecht" wäre. Offensichtlich kann eine solche Ansicht des Analytikers die Überzeugung des Patienten, Aggression sei schlecht, nur bestärken, und er wird meinen, er müsse sich gegen diese „Beschuldigung" mit allen Mitteln verteidigen, die ihm zur Verfügung stehen.

Wie ich schon früher (1975) betont habe, muß die Empathie daher nicht nur die konkordante Identifizierung mit dem ichsyntonen, zentralen subjektiven Erleben des Patienten einschließen, sondern auch die komplementäre Identifizierung mit den abgespaltenen, verdrängten oder projizierten Aspekten der Selbstrepräsentanz oder der Objektrepräsentanzen des Patienten.

Wilfred R. Bion hat in einer Abhandlung mit dem Titel *Notes on Memory and Desire* (1967) betont, wie wichtig es ist, sich dem Material des Patienten in jeder Sitzung ohne vorgefaßte Meinungen über seine Dynamik („memory"-Erinnerung) und ohne bestimmte Wünsche bezüglich seines Materials, seines Funktionierens und Erlebens zu stellen, wie auch ohne eigene Wünsche, die mit dem Patienten überhaupt nichts zu tun haben („desire"). Insofern, als dieser Beitrag meiner Ansicht nach eine indirekte Kritik an den in der Kleinianischen Richtung vorherrschenden Deutungsformulierungen darstellt, eine Befürwortung vollständiger Offenheit für neues Material mit einem Minimum an analytischen Vorurteilen, ist seine Argumentation sehr zutreffend. Ich glaube jedoch, daß Bion die Bedeutung der Langzeit-Erfahrung des Analytikers mit dem Material des Patienten vernachlässigt, das Verständnis eines analytischen Prozesses, der sich im Verlauf von Wochen und Monaten entwickelt. Dieses Verständnis kann zu einem Bezugssystem werden, dessen sich der Analytiker bedienen kann, ohne sich davon fesseln zu lassen.

Mir kommt es darauf an, daß der Analytiker ein Gefühl der Kontinuität des analytischen Prozesses behalten muß, und besonders eine Sicht vom Patienten, seinem Verhalten und seiner Realität, die über die subjektive Anschauung des Patienten in jedem einzelnen Augenblick, in jeder einzelnen Stunde hinausgeht, ebenso über die eigenen „Mythen" des Patienten oder dessen im voraus festgelegte Organisation seiner eigenen Vergangenheit. Ein solches Bezugssystem („Erinnerung") ist das Gegenstück zu den Zeiten des Nichtverstehens, die der Analytiker bei sich toleriert, wobei er davon ausgehen darf, daß in ihrem Verlauf schließlich neue Erkenntnisse austauschen werden. Ebenso kann, was die „Wünsche" des Analytikers angeht, das Tolerieren von Impulsen, Wünschen und Ängsten in bezug auf den Patienten, die immer wieder auftauchen, dem Analytiker wichtige Informationen verschaffen, deren er in den Sitzungen gewahr werden kann, wiederum ohne daß sie ihm notwendigerweise die Hände binden.

Zwar mag ein Großteil dessen, was ich gesagt habe, für psychoanalytische Psychotherapie bei nicht analysierbaren narzißtischen und Borderline-Patienten gelten, aber ich hatte die Absicht, meinen Grundansatz bezüglich der Übertragung im

Kontext der Standard-Psychoanalyse mit einem breiten Patientenspektrum darzulegen. Nach meiner Erfahrung unterscheidet sich dieses Vorgehen, wenn ich es bei Patienten mit neurotischer Persönlichkeitsstruktur (Kernberg, im Druck, c) anwende, wenig von einem herkömmlichen Ich-Psychologie-Ansatz oder von anderen Objektbeziehungstheorien. Im Gegensatz dazu sind die Unterschiede zwischen meiner Art des Vorgehens und der der Selbst-Psychologie offensichtlich tiefgreifend und umfassend. In meiner Arbeit mit regredierten Patienten scheinen mir jedoch bedeutsame Unterschiede zwischen meinem Ansatz und dem der traditionellen Ich-Psychologie, dem der britischen Objektbeziehungsschulen und den Objektbeziehungstechniken der kulturalistisch orientierten amerikanischen Analytiker deutlich zu werden.

Aus dem Englischen von Gudrun Theusner-Stampa

Literatur

Bion, W. (1967). Notes on memory and desire. Psychoanalytical Forum, 2, 271–280.

Erikson, E. H. (1950). Wachstum und Krisen der gesunden Persönlichkeit. In ders., Identität und Lebenszyklus (S. 55–122). Frankfurt: Suhrkamp 166.

Erikson, E. H. (1956). Das Problem der Identität. In ders., Identität und Lebenszyklus (S. 123–212). Frankfurt: Suhrkamp 1966.

Erikson, E. H. (1959). Identität und Lebenszyklus. Frankfurt: Suhrkamp 1966.

Fairbairn, W. D. (1952). An object-relations theory of the personality. New York: Basic Books.

Freud, S. (1915). Das Unbewußte. GW X, 263–303.

Gill, M., & Merton, M. (1982). Analysis of transference, vol. 1: Theory and technique. New York: International Universities Press.

Glover, E. (1955). The technique of psycho-analysis. New York. International Universities Press.

Guntrip, H. (1961). Personality structure and human interaction. New York. International Universities Press.

Guntrip, H. (1968). Schizoid phenomena, object relations, and the self. New York: International Universities Press.

Guntrip, H. (1971). Psychoanalytic theory, therapy, and the self. New York: Basic Books.

Jacobson, E. (1964). Das Selbst und die Welt der Objekte. Frankfurt: Suhrkamp 1973.

Jacobson, E. (1967). Psychotic conflict and reality. New York: International Universities Press.

Jacobson E. (1971) Depression: Eine vergleichende Untersuchung normaler, neurotischer und psychotisch-depressiver Zustände, Frankfurt: Suhrkamp 1977.

Kernberg, O. (1975). Borderline-Störungen und pathologischer Narzißmus. Frankfurt: Suhrkamp 1980.

Kernberg, O. (1976). Objektbeziehungen und Praxis der Psychoanalyse. Stuttgart: Klett-Cotta 1981.

Kernberg, O. (1980). Innere Welt und äußere Realität, Anwendungen der Objektbeziehungstheorie. München: Verlag Internationale Psychoanalyse 1978.

Kernberg, O. (1984). Severe personality disorders: Psychotherapeutic strategies. New Haven: Yale University Press.

Kernberg, O. (Im Druck, a. Identification and its vicissitudes as observed in psychosis. International Journal of Psycho-Analysis, 67 (2), 147–160.

Kernberg, O. (Im Druck, b. ‚Mythological encounters' in the psychoanalytic situation. Proceedings of the First Delphi International Psychoanalytical Symposium.

Kernberg, O. (Im Druck, c. Projection and projective identification: developmental and clinical aspects. Journal of the American Psychoanalytic Association.

Klein, M. (1945). The Oedipus complex in the light of early anxieties. In dies., Contributions to psycho-analysis, 1921–1945 (pp. 339–390). London: Hogarth Press 1948.

Klein, M. (1946). Bemerkungen über einige schizoide Mechanismen. In dies., Das Seelenleben des Kleinkindes (S. 101–126). Stuttgart: Klett-Cotta 1962.

Klein, M. (1952a). Some theoretical conclusions regarding the emotional life of the infant. In J. Riviere (ed.), Developments in psycho-analysis (pp. 198–236). London: Hogarth Press.

Klein, M. (1952b). The origins of transference. International Journal of Psycho-Analysis, 33, 433–438.

Klein, M. (1957). Neid und Dankbarkeit. In dies., Das Seelenleben des Kleinkindes. Reinbek: Rowohlt 1972.

Kohut, H. (1971). Narzißmus. Frankfurt: Suhrkamp 1973.

Kohut, H. (1977). Die Heilung des Selbst. Frankfurt: Suhrkamp 1979.

Mahler, M. S. (1971). Die Bedeutung des Loslösungs- und Individuationsprozesses für die Beurteilung von Borderline-Phänomenen. Psyche, 29, (1975), 1078–1095.

Mahler, M. S. (1972). On the first three subphases of the separation-individuation process. International Journal of Psycho-Analysis, 53, 333–338.

Mahler, M. S., & Furer, M. (1968). Symbiose und Individuation, Bd. 1: Psychosen im frühen Kindesalter. Stuttgart: Klett-Cotta 1972.

Mahler, M. S., Pine, F., & Bergman, A. (1975). Die psychische Geburt des Menschen. Frankfurt: Fischer 1980.

Racker, H. (1957). Übertragung und Gegenübertragung. In ders., Studien zur psychoanalytischen Technik (S. 150–201). München/Basel: Reinhardt 1978.
Reed, G. S. (1986). Exegesis of self-psychology and classical psychoanalysis. Journal of the American Psychoanalytic Association.
Sandler, J., & Rosenblatt, R. (1962). The concept of the representational world. The Psychoanalytic Study of the Child, 17, 128–145.
Sandler, J., & Sandler, A. (1978). On the development of object relationships and affects. International Journal of Psycho-Analysis, 59, 285–296.
Sullivan, H. S. (1953). The interpersonal theory of psychiatry. New York: Norton.
Sullivan, H. S. (1962). Schizophrenia as a human process. New York: Norton.
Winnicott, D. W. (1949). Haß in der Gegenübertragung. In ders., Von der Kinderheilkunde zur Psychoanalyse (S. 75–88). München: Kindler 1976.
Winnicott, D. W. (Hg.) (1958). Von der Kinderheilkunde zur Psychoanalyse. München: Kindler 1976.
Winnicott, D. W. (1965). Reifungsprozesse und fördernde Umwelt. München: Kindler 1974.

4.2 Probleme des Psychoanalytikers mit Selbstobjektübertragungen

Lotte Köhler

Nach der Auffassung von Heinz Kohut und der von ihm begründeten Selbstpsychologie braucht der Mensch zur Ausbildung und Aufrechterhaltung seines Selbstgefühles ein empathisches Milieu von Selbstobjekten. Die Selbstobjektübertragung gibt ein Abbild der geglückten und pathologischen Selbstobjekt-Beziehungen des Patienten wieder. Sie gestattet deren Analyse und schafft damit den Freiraum für neue Entwicklungen. Insofern folgt sie der klassischen analytischen Regel. Jedoch erscheinen viele Symptome und Verhaltensweisen der Patienten in einem anderen Licht, wenn man Selbstobjekt-Bedürfnisse und nicht – wie die klassische Freudsche Theorie dies tut – Triebbedürfnisse in den Vordergrund der Betrachtung stellt.

Obwohl der Leser mit den Konzepten Kohuts vertraut sein dürfte, möchte ich doch kurz einige Tatsachen darstellen, die gelegentlich Anlaß zu Mißverständnissen geben. Ein Selbstobjekt ist ein Objekt, ohne das die eigene Selbstregulation nicht aufrechterhalten werden kann. Es wird wie ein Teil des eigenen Selbst erlebt. Eine Selbstobjektbeziehung ist demnach ein subjektiver Erlebniszustand und hat zugleich eine objektive Funktion. Wesentlich ist, daß das gleiche Objekt, z. B. auch der Analytiker, in der Übertragung einmal als Selbstobjekt und dann wieder als vom Selbst abgegrenztes Objekt, als ein „Zentrum eigener Initiative" erlebt werden kann.

Auch die klassische psychoanalytische Theorie nimmt an, daß während der Frühphase Objekte als Teil des Selbst erlebt werden. Daraus rührt möglicherweise das Mißverständnis, Selbstobjektbedürfnisse seien stets archaisch und wiesen auf „frühe Störungen" hin. Nach der Theorie der Selbstpsychologie bleiben Selbstobjekt-Bedürfnisse das ganze Leben über erhalten. Zwar entwickelt sich auch eine Repräsentanz des objektalen Objektes, das als Zentrum eigener Initiative erlebt wird. Die Selbstobjekt-Funktion wird aber dadurch nicht ersetzt oder abgelöst. Sie bleibt während des ganzen Lebens zum psychischen Überleben notwendig.[1] Sie macht jedoch eine Entwicklung durch. Ziel einer Analyse im Sinne der Selbstpsychologie ist demgemäß nicht, den Patienten aus etwaigen Verschmelzungen oder anderen symbiotischen Bindungen zu lösen, so daß er seine emotionale Abhängigkeit vom Objekt aufgeben kann und Objektkonstanz erreicht. Ziel einer Analyse im Sinne der Selbstpsychologie ist vielmehr die Reifung der Selbstobjektbeziehung, als deren Folge das Selbst des Patienten kohäsiver wird und seine Empathie zunimmt, was es ihm ermöglicht, ein Objekt auch als Zentrum eigener Initiative zu akzeptieren.

Im Folgenden sei die *Entwicklungslinie der Selbstobjekte* in Anlehnung an Heinz Kohut (1966) und Ernest Wolf (1980) kurz dargestellt. Während zu Beginn des Lebens die Pflegeperson, d. h. das Selbstobjekt, austauschbar war, wird mit zunehmender Reifung und Entwicklung ein spezifisches Selbstobjekt benötigt. Das drückt sich u. a. in der Fremden- und Trennungsangst aus, im Verständnis der Selbstpsychologie einer Desintegrationsangst, die das Kind erlebt, wenn die Abwesenheit der Selbstobjekt-Pflegeperson seine beginnende Selbstintegration bedroht. In späteren Phasen wird das Selbstobjekt gebraucht, um bei der Stärkung und Sicherstellung der Selbstgrenzen mitzuhelfen. Es wird gleichzeitig als Verbündeter und als Gegenspieler benötigt. Die sich widersprechenden Bedürfnisse nach einem Verbündeten und Gegner im Selbstobjekt werden als eine Ursache der Ambivalenz während dieser Entwicklungsphase angesehen. In der ödipalen Phase wird diese Ambivalenz gelöst, indem ein Elternteil zum Verbündeten, ein anderer zum Gegner wird. Ein Elternteil wird zum Selbstobjekt, das das Kind bestätigt und von ihm idealisiert wird, der andere Elternteil zum Gegner, gegen den Aggressionen mobilisiert werden, die das Selbst stärken. Die Rollen der Eltern können dabei oft hin- und hergehen. Das ist der Beginn einer Ausweitung der Selbstobjektfunktion von einer

[1] So können psychische Störungen, die etwa bei Einzelhaft oder bei Entwurzelung aus der gewohnten Kultur auftreten, als Folge einer Selbstobjektdeprivation aufgefaßt werden.

Person auf mehrere, wie Vater, Geschwister, die ganze Familie oder eine Gruppe.

Die Selbstobjektbedürfnisse werden nun diffuser und verlieren an Intensität. Während der Adoleszenz wird das Bedürfnis nach Selbstobjektbeziehungen gewöhnlich weitgehend, wenn nicht gar völlig durch die Gruppe der Gleichaltrigen befriedigt. Die Gruppe wird in dieser Zeit für die Aufrechterhaltung des Selbstgefühls oft wichtiger als die Eltern, die ihr Kind nicht mehr so gut verstehen und sich auch nicht mehr so gut in die jüngere Generation einfühlen können. So kann ein Adoleszenter von der Gruppe seiner Altersgenossen als Selbstobjekt jene Bestätigung seiner phasenspezifischen Grandiosität erhalten, die ihm die Eltern verweigern. Ähnlich wichtig ist, daß der Adoleszente eine idealisierende Selbstobjektbeziehung mit einem Gruppenidol entwickeln kann. Wird dieses internalisiert, stärkt es später Werte und Ideale im Selbst und kann für Berufs- und Partnerwahl sehr wichtig sein.

Zunehmend treten nun Symbole als Selbstobjekte an die Stelle von Personen. Natur, Musik, Poesie, Dichtung und bildende Kunst seien nur als Beispiele für Selbstobjekte genannt, die zu erleben und denen sich hinzugeben das Selbst mit einem Gefühl von Stärke erfüllt. Ähnliches gilt für die Arbeit, die zum Beruf wird, oder für das Verfolgen eigener Interessen. Identifikation mit Gruppen und deren Zielen, wie z. B. therapeutischen, sportlichen, politischen, bürgerrechtlichen oder nationalen, können ebenfalls wichtige Quellen des Selbstgefühls werden.

Die schrittweise erfolgende Substitution der frühen Selbstobjekt-Beziehungen, die an konkret vorhandene und anwesende Personen gebunden waren, durch überpersönliche oder transpersonale Symbolgehalte von übersubjektiver Reichweite und Verbreitung schafft für den Erwachsenen eine ganze Matrix von Selbstobjektbeziehungen, die viel von den Funktionen der archaischen Selbstobjekte der Kindheit übernehmen können.

Was das lebensnotwendige Selbstobjekt gefühlsmäßig bedeutet, kann man sich, ähnlich wie bei der Avitaminose, am besten an Mangelzuständen klarmachen. Nehmen wir an, ein Mensch habe Hunger. Dann würde diese Frustration im objektalen Erlebensmodus etwa so erlebt, als gäbe es nichts zu essen, vielleicht, weil die Lebensmittelgeschäfte geschlossen haben, im

Selbstobjektmodus hingegen so, als hätte man keinen Mund, um zu essen, auch wenn die Läden um einen herum überquellen. Es ist so, als ob der Lebensfunke fehlte. Die Patienten haben das Gefühl, sich selbst zu verlieren. Sie fühlen sich nicht real, sondern wie ein Schatten ihrer selbst, nichtig, leer, niedergeschlagen. Zwar kann ein Selbstobjekt kognitiv durchaus als vom eigenen Selbst getrennt wahrgenommen werden. Die Funktion, die es erfüllt, führt dazu, daß sich das Selbst als ganz bzw. im Falle des Fehlens als leer oder unwirklich oder gelähmt oder desorientiert erlebt, um nur einige solcher Defizienzgefühle aufzuführen. Der Verlust des Selbstobjektes wird wie eine Amputation, wie eine Verstümmelung des Selbst erlebt. Besonders beeindruckend sind die Beschreibungen von Patienten, die im Verlaufe einer Analyse das Gefühl der Sinnlosigkeit, der Leere und des fehlenden Lebensfunkens verlieren. Sie fühlen sich lebendig werden, machen Pläne, sind darüber erstaunt, wie viele interessante Dinge es gibt. Sie entdecken die Schönheit einer Blume oder eines Kunstwerkes und lassen sich davon ergreifen. Möglich wird das auf der Basis einer Selbstobjektübertragung, in der der Patient erlebt, daß seine Gefühle vom Analytiker verstanden und ernstgenommen werden. Letzteres vermittelt dem Patienten auch das Gefühl, etwas zu bewirken und nicht vergeblich ins Leere zu laufen.

Da das Selbstobjekt, sei es nun in archaischer oder reifer Gestalt, für die Aufrechterhaltung des „sense of self" ausschlaggebend ist, bringt es großen Gewinn, sein Augenmerk auf die Manifestationen der Selbstobjektübertragung und ihrer Abwehr in der Übertragung zu richten.

Eine junge Frau mit schwerer Borderline-Symptomatik wie Angst- und Einsamkeitsgefühlen sowie Desorientierung sagt in der Vorbesprechung: „Wenn draußen die Sonne scheint, kommt das bei mir nicht an." Sie schaut aus dem Fenster in meinen Garten und bemerkt: „Auch daran kann ich mich nicht freuen. Es stört mich, daß ich im Schwimmbad die Körper der anderen scheußlich finde. Ich gönne niemandem, daß es ihm gut geht." Aufgrund der Symptomatik unterstelle ich, daß die Patientin keine guten Selbstobjektbeziehungen hat, daß sie vielleicht niemanden hat, der ihre Gefühle teilt und validiert. Ich deute daher nicht den manifest geäußerten Neid, sondern sage: „Vielleicht stellen Sie sich vor, daß Ihre Mitmenschen mehr Verständnis (sprich Einfühlung) für Sie hätten, wenn es ihnen auch schlecht ginge." Die zuvor schluchzende

> Patientin lacht nun etwas und sagt: „Dann wäre ich nicht so allein." Sie äußert in der Folge weiter, wie schlecht es ihr ginge, daß sie in einer Encounter-Gruppe eine psychotische Episode hatte, während derer sie Stimmen hörte. Sie erzählt von früheren Therapieversuchen. Bei einer Therapeutin hätte es sie schon gestärkt, über ihre Probleme sprechen zu können und bestätigt zu werden, aber das Gefühl der Freudlosigkeit blieb. So richtig verstanden fühlte sie sich nicht. Sie sei politisch links, die Therapeutin hingegen sei ganz Dame gewesen. Sie hätte gedacht, die kann mich ja gar nicht verstehen. Ich sagte, dann würde es für sie bei mir auch nicht leicht sein. Darauf erwiderte die Patientin: „Wenn ich in mir etwas finde", – man merkt die früheren Therapien! – „werde ich auch mit den Verhältnissen fertig und sehe, daß ich ja auch nur ein Häuschen im Grünen will." Wiederum deute ich nicht den Neid, sondern sage, daß sie vielleicht eine heile Welt will, für sich und für alle. Die Patientin weint nun und erzählt ausgiebig von der unheilen Welt ihrer Kindheit.

In diesem Interview ging es darum, herauszufinden, wie gesund und nicht wie krank die Patientin war. Die hinter der vordergründigen, offensichtlich aus Deutungen früherer Therapien stammenden Selbstinterpretation des eigenen Neides liegenden Bedürfnisse nach guten Selbstobjekten wurden gedeutet. Die Patientin konnte nun davon sprechen, wie verwirrend die Verhältnisse ihrer Kindheit in einem wohlhabenden Elternhaus gewesen waren und wie man ihr in widersprüchlicher Weise vorgeschrieben hatte, welche Gefühle sie zu haben hätte. Die Wirklichkeit ihrer eigenen Gefühle, ja teilweise sogar Wahrnehmungen war nicht gespiegelt und validiert worden.

Ich erwähne dieses Beispiel, um daraus eine Folgerung für die Praxis abzuleiten. Geht man von der Vorstellung aus, die Beschwerden eines Patienten seien in Triebkonflikten, in starken Aggressionen, Gier, Neid oder dgl. begründet, so können darauf basierende Deutungen dazu führen, daß die Hoffnungen des Patienten auf eine gute Selbstobjektbeziehung wie im Wiederholungszwang zerstört werden. Ich meine, wenn ein Patient überhaupt zum Analytiker kommt, dann mit gewissen Hoffnungen und nicht etwa mit dem Wunsch, daß man ihm – bildlich gesprochen – seinen „Charakterpanzer" mit brachialer Gewalt zerstört, oder daß man hinter allem, was er sagt, etwas anderes sucht, etwa einen Konflikt oder eine Abwehr.

Die folgende Vignette stammt aus einer Zeit, als mir die Theorie und Praxis der Selbstobjektprobleme noch nicht vertraut waren:

Eine 29jährige Patientin aus der DDR kam mit einer Vielzahl körperlicher Beschwerden und hysterisch anmutenden Angstzuständen, die schon lange bestanden. Sie hatte eine überbesorgte, asthmatische Mutter gehabt. Mit dem Vater verband sie ein enges Verhältnis. Die beiden besuchten zusammen das Theater und machten Wanderungen, von denen sie der Mutter, die wegen des Asthmas nicht mitkommen konnte, Blumensträuße mitbrachten. Die Patientin schilderte eine Idylle. Als die Mutter starb, hat die Patientin sofort geheiratet und ist mit ihrem Mann in den Westen geflohen. Aber eigentlich hängt sie mehr an ihren Eltern als an ihm.

Ich sah in den vielen Beschwerden der Patientin die Folge einer schuldhaft und masochistisch verarbeiteten ödipalen Liebe zum Vater und eine unbewußte Ablehnung der überbesorgten und kranken Mutter. Ich hatte den Eindruck, daß sich die Patientin im Grunde nicht von ihren Eltern lösen konnte und daß sie ihre wahren Gefühle hinter einer idealisierenden Abwehr verbarg. Ich sah es als meine Aufgabe an, ihr auch die negativen Gefühle gegenüber ihren Eltern bewußt zu machen und ihr diese vermeintliche Liebe als Abwehr gegen die darunter liegende Aggression zu deuten. Nach meinem heutigen Wissensstand allerdings hätte mich schon der Analysenbeginn eines Besseren belehren können:

Die Patientin kommt in die erste Stunde und sagt, daß sie sich freue, heute Abend weggehen zu können, während sie in ähnlichen Situationen sonst doch immer Angst habe. Ihre Kopfschmerzen waren weg. Sie dachte, „jetzt kannst Du zu jemandem gehen, der Dir etwas Gutes will. Erst traute ich mich nicht zu klingeln, weil ich zu früh war, tat es dann aber doch. Ihre Katze setzte sich auf meinen Schoß und schnurrte. Es war ganz reizend."

Man sieht, mit welchen Hoffnungen die Patientin kam! Ich sah allerdings nur die Idealisierung zur Abwehr der Ambivalenz, die gleiche „Idylle" wie bei den Eltern.

Die Patientin spricht nun eine Menge, aber da ich offenbar nicht richtig reagierte, sagt sie dann, sie hätte das Gefühl, sie würde nicht so reden, wie ich es gewohnt wäre. Sie wollte doch alles richtig machen, damit sie nicht abgelehnt werde. Ihre Mutter legte immer Wert auf gute Noten. Wäre sie mit einer Drei nach Hause gekommen, wäre die Mutter sehr enttäuscht gewesen. Nach einer Pause frage ich, was sie wohl gedacht habe. Sie sagt: „Es muß doch sehr schwer sein, sich in Patienten einzufühlen."

Nach meinem heutigen Wissensstand sagt mir die Patientin im

Grunde, daß *ich* mich nicht einfühle und daß sie fürchtet – leider zu Recht – daß es ihr bei mir so gehen wird wie bei der Mutter. Die Rollen werden verkehrt: Sie versucht, sich in mich einzufühlen, mir gerecht zu werden, um so auf Umwegen dann doch noch das erforderliche Verständnis von mir zu bekommen. Ich aber sah ihre ganzen Bemühungen als Abwehr an, was dazu führte, daß sich die Patientin zunehmend kritisiert fühlte und die Analyse nach etwa 70 Stunden abbrach.

Aus diesem Beispiel erhellt, welche Probleme entstehen, wenn man nicht erkennt, daß Selbstobjekt- und nicht etwa Triebbedürfnisse vorliegen. Es ist Kohuts Verdienst, die Einsicht in die Theorie und Praxis der Selbstobjektübertragungen systematisiert zu haben.[2]

Stellt sich eine Selbstobjektübertragung ein, so erwartet der Patient wie selbstverständlich, daß der Analytiker für ihn jene Funktionen ausübt, die er selbst nicht ausüben kann, weil seine Umgebung bei der phasenadäquaten Ausübung dieser Funktionen versagte. Ein solcher Patient „manipuliert" den Analytiker nicht etwa aus Gründen ungerechtfertigter neurotischer Bedürfnisse, sondern er benötigt ihn als Selbstobjekt. Damit ist natürlich nicht gesagt, daß dieses Selbstobjektbedürfnis befriedigt werden soll. Die Analyse wird in der Abstinenz geführt. Aber sehen und deuten wird man bei einer Selbstobjektübertragung nicht die Manipulation, die im übrigen ja voraussetzen würde, daß der Patient den Analytiker als von sich getrennt erlebt, sondern man wird rekonstruktiv die Übertragungssituation mit den Selbstobjektbeziehungen der Kindheit in Zusammenhang bringen.

Ebenso wie klassische Übertragungsneurosen müssen sich auch Spiegel- oder idealisierende Übertragungen erst entwik-

---

[2] Kohut unterschied idealisierende Übertragung und Spiegelübertragung, letztere mit den Unterformen der Alter-Ego-, der Verschmelzungs- und der Spiegelübertragung im engeren Sinne.

Früher wurden solche Übertragungen entweder dem Arbeitsbündnis zugeordnet oder als narzißtische Abwehrformationen angesehen. Man meinte gelegentlich auch, wenn sich keine ödipalen Übertragungen oder Trieb- und Triebabwehrübertragungen feststellen ließen, daß der Patient keine Übertragung ausbilde, womit er einer psychoanalytischen Behandlung nicht zugänglich sei.

keln. Zu frühe Deutungen können diesen Prozeß stören. Bei Idealisierungs- oder Harmonisierungstendenzen zu Beginn der Analyse sollte man besser warten, bevor man dies beispielsweise als Abwehr tieferliegender Aggressionen deutet. Äußert der Patient Größenideen, die dem Analytiker unrealistisch erscheinen, ist es besser, die sich auf diese Weise darstellende psychische Realität ernstzunehmen als den Patienten mit der äußeren Realität zu konfrontieren. Narzißtische Patienten sind bekanntermaßen höchst empfindlich. Das kleinste Empathieversagen, besonders zu Beginn der Analyse, kann das Fünkchen von Hoffnung wieder zum Erlöschen bringen. Der Patient wiederholt dann in der Übertragung die Abwehr seiner Hoffnung auf eine gute Selbstobjektbeziehung, weil er den Schmerz einer neuerlichen Enttäuschung nicht ertragen könnte.

Eine weitere wichtige Reaktion auf Empathieversagen ist bekanntlich narzißtische Wut. Wenn man die aggressiven Regungen nicht auf ihre Ursache hin untersucht und deutet, verstärkt man entweder den circulus vitiosus, oder man bringt den Patienten zu einer abhängigen Anpassung. Gerade zu Beginn einer Analyse, wenn der Analytiker seinen Patienten noch wenig kennt, ist es wichtig, nach dem Anlaß der Aggression zu fahnden. Diese wird oft durch minimales, kaum merkliches Empathieversagen ausgelöst, das weder dem Patienten bewußt noch für den Analytiker ohne weiteres wahrnehmbar und nachvollziehbar ist. Allzu leicht verfällt der letztere dann auf die Erklärung, es liege ein „angeborener überstarker Aggressionstrieb" vor.

In diesem Zusammenhang ist interessant, daß Parens (1979), der zu der Gruppe um Margaret Mahler zu zählen ist, in seinen ausgiebigen Beobachtungen über die Entwicklung der Aggression in der frühen Kindheit Äußerungen destruktiver Wut bereits sofort nach der Geburt beobachten konnte, niemals allerdings ohne daß ein unlustvolles Ereignis vorangegangen wäre. „Feindselig-zerstörerische Aggression ist kein konstitutionell determinierter Trieb, der nach Abfuhr drängt. Sie wird durch spezifische Erlebnisse aktiviert, deren gemeinsamer Nenner exzessive Unlust ist." (S. 122) Man wird aggressivem Verhalten von Patienten eine andere Haltung entgegenbringen, je nachdem, ob man die Aggression als einen genuinen Trieb oder als eine Reaktion auf Unlust oder als eine Störung der Selbstobjektbeziehung ansieht. Im ersteren Falle wird man versuchen, dem Patienten zu einer besseren Neutralisierung seiner Aggression zu verhelfen. Im letzteren Fall wird man vor allem nach dem Auslöser suchen. Der Vorwurf, die Selbstpsychologie bagatellisiere die Bedeutung der Aggression, wird insofern zu Unrecht erhoben. Allerdings wird Aggression nicht als letzte Ursache, sondern als Reaktion auf eine gestörte Selbstobjektbeziehung angesehen.

Bezüglich der Technik des Durcharbeitens einer Selbstobjektübertragung kann ich auf Kohuts eigene Schriften verweisen. Ich möchte hier[3] nur einige Symptome aufgreifen, die aus der Sicht der gestörten Selbstobjektbeziehung eine neue, für die Analyse möglicherweise hilfreiche Betrachtungsweise gestatten: Desintegrations- und Fragmentierungsängste, innere Spannungen und Wut können sich an alle möglichen Gegenstände und Anlässe knüpfen. Bei Kindern treten sie beispielsweise als Angst vor Dunkelheit, Geräuschen, Tieren, Ungeheuern, Hexen, Angst zu verhungern oder getötet zu werden, auf. Die Symptome können die Gestalt regelrechter Phobien annehmen. Diese Pseudophobien, die es auch bei Erwachsenen gibt, haben die Fragmentierungs- und Vernichtungsangst zur Quelle. Sie sind sozusagen ein Versuch, die Angst zu isolieren. Sie verschwinden, wenn das Selbst kohäsiver geworden ist.

Zwei weitere Symptome beginnen oft bereits in der Kindheit, nämlich forciertes Denken und forciertes Handeln, mit dem Charakter des Agierens, des Getriebenen. Diese Symptome werden meist als Abwehr prägenitaler Triebregungen aufgefaßt, die ihrerseits regressiv als Folge eines nicht bewältigten Ödipuskomplexes auftreten. Es erweist sich oft als fruchtbar, wenn man diese Symptome als einen Versuch versteht, gegen das Gefühl der Leere und des Nichtlebendigseins bei fehlender Selbstobjektbeziehung anzugehen, statt sie allein als gegen Triebregungen gerichtet aufzufassen. Als Bewältigungsversuche haben getriebenes Denken und Handeln eine größere Chance produktiv zu werden, als manch andere Abwehrmechanismen. Dies gilt

[3] In Anlehnung an Tolpin und Kohut (1980).

insbesondere für Menschen mit großen Begabungen, oft sehr erfolgreichen Personen. Sie sind aber rastlos von einem Erfolg zum nächsten getrieben und unterliegen einem Zyklus von Depression und Kreativität. Goethe drückt im Faust etwas davon aus: „Ich bin nur durch die Welt gerannt . . . Ich habe nur begehrt und nur vollbracht und abermals gewünscht und so mit Macht mein Leben durchgestürmt . . . Dem Tüchtigen ist diese Welt nicht stumm. Im Weiterschreiten find er Qual und Glück, er, unbefriedigt jeden Augenblick." (*Faust II*, 1833, 5. Akt „Mitternacht".)

Große Probleme der Analyse von Selbstobjektübertragungen liegen in der durch sie im Analytiker mobilisierten *Gegenübertragung*. Es ist ein Charakteristikum jeder Übertragung, daß der Analytiker verzerrt wahrgenommen wird. Das Spezifische der Selbstobjektübertragung ist jedoch, daß der Analytiker nicht als „Zentrum eigener Initiative" erlebt, sondern *als Selbstobjekt benötigt* wird, sei es um Spiegelungs- oder um Idealisierungswünsche zu erfüllen. Typische Reaktionen auf diese Übertragungsformen beschrieb Kohut (1971). So kann sich der Analytiker durch die Verschmelzungswünsche seines Patienten von Selbstauflösung bedroht fühlen. Er kann Langeweile empfinden, sich möglicherweise nicht emotional engagieren und seine Aufmerksamkeit nur schwer aufrechterhalten, wenn ein Patient eine Alter-Ego-Übertragung entwickelt und möglicherweise nicht sagt, was in ihm vor sich geht, weil er annimmt, der Analytiker wisse dies ohnehin. Der Analytiker kann darunter leiden, „nur" als Spiegel dienen zu müssen und nicht als ganze Person erlebt zu werden. Je besser der Analytiker seinen Patienten versteht, desto weniger anfällig ist er für die Gegenübertragungen. Wichtig ist es, sich ebenso wie bei den Übertragungsneurosen vorzeitiger Deutungen zu enthalten und die Ausbildung der Selbstobjektübertragung abzuwarten. Erst allmählich wagt sich der Patient dann beispielsweise mit seinen verborgenen Größenvorstellungen heraus. Oftmals sind sie hinter lärmenden, den Analytiker anwidernden Exhibitionsansprüchen verborgen, oder sie legen sich als Abwehr den Mantel narzißtischer Selbstgenügsamkeit und Bescheidenheit um. Die Preisgabe der eigentlich dynamisch wirksamen Größenvorstellungen ist meistens mit schweren Scham- und Angstgefühlen verbunden.

Der Analytiker wird sich auch verkannt fühlen, wenn der Patient ihm in der idealisierenden Übertragung Eigenschaften zuschreibt, die er nicht hat, ihn anhimmelt oder auch nur zum Ausdruck bringt, wie wohl er sich in seiner Gegenwart fühlt. Nur zu leicht geht man im Verhalten auf Distanz zum Patienten oder rückt seine fast peinlichen, übertrieben erscheinenden Vorstellungen durch eine mit der Realität konfrontierenden Deutung zurecht oder greift die Idealisierung als Abwehr vermeintlich dahinterliegender Aggressionen auf.[4]

Die idealisierende Übertragung kann sich aber auch auf andere Weise zeigen: Der Patient, dessen Idealisierungswünsche schon oft enttäuscht wurden, wehrt sie möglicherweise durch arrogant wirkende Herabsetzung des Analytikers wie auch dessen, was diesem etwas bedeutet, ab. Viele narzißtische Patienten haben eine besondere Sensibilität für die empfindlichen Stellen des Analytikers. Ist man erst einmal vom Patienten getroffen und verletzt, fällt es oft schwer, an den vielleicht hinter der kränkenden Entwertung stehenden Idealisierungswunsch zu denken.

Möglicherweise tritt die idealisierende Übertragung auch dadurch zutage, daß der Patient sich klein macht und der Analytiker auf diese Weise um so größer und vollkommener wird. Dem Patienten, der solcherart Minderwertigkeitsgefühle äußert, dann entgegenzuhalten, welche Fähigkeiten er doch besäße, nützt wenig, denn er fühlt sich in seinem versteckten Übertragungsangebot mißverstanden.

Prinzipiell muß man sich darüber klar sein, daß wir in der Psychoanalyse mit der inneren Realität des Patienten befaßt sind. Wenn nun der Patient in der Analyse Verständnis und Validierung seiner Erlebnisse und Wahrnehmungen sucht, so leuchtet ein, daß jede Konfrontation damit, daß die (äußere) Wirklichkeit seinen Vorstellungen nicht entspricht, eine wertende Zurückweisung, eine entwertende Kritik oder gar eine Verlet-

[4] Auf dieses Mißverstandenwerden reagiert der Patient möglicherweise mit narzißtischer Wut, die dem Analytiker den vermeintlichen Beweis liefert, daß seine Deutung richtig war. Damit soll nicht gesagt werden, daß Idealisierung nicht der Abwehr von Aggressionen dienen könne. Nur sollte man zu Beginn einer Analyse mit diesbezüglichen Deutungen vorsichtig sein.

zung bedeutet und eine traumatische Wiederholung dessen darstellt, was dem Patienten in seiner Kindheit bereits widerfahren ist. Daher ist insbesondere zu Beginn der Analyse Vorsicht geboten. Hierzu zwei Beispiele:

Ein Patient gibt sich die größte Mühe, mir seinen Lebenslauf lebendig und nachvollziehbar zu erzählen, damit ich ihn auch verstehen kann. Seine Mutter hatte ihn nicht verstanden. Was er sagt, ist in Form und Inhalt tatsächlich eindrucksvoll, hat aber etwas Getriebenes. Vielleicht dient es der Darstellung eines Größenselbst. An einer Stelle gebe ich ein freundliches „HmHm" von mir. Der Patient faucht mich an, das hätte ich besser bleiben lassen. Ich reagiere auf diese Aggression nicht unmittelbar, sondern sage in der nächsten Stunde unter Bezugnahme auf diesen Vorfall, er habe mir ja genau mitgeteilt, wie er mich haben wolle und das sei für ihn offenbar sehr wichtig.

Sehr leicht hätte der Dialog an dieser Stelle entgleisen und in einen rechthaberischen Machtkampf ausarten können. Aus Rücksicht auf das (Selbstobjekt-)Bedürfnis, mich genau so zu haben, wie er es brauchte, wartete ich mit meiner Deutung, bis die unmittelbare Erregung über mein „HmHm" abgeklungen war. Als Kontrast hierzu mag der von Masterson (1976, S. 123) geschilderte Fall dienen:

„Die 22jährige Patientin demonstrierte sofort die außerordentlichen Übertragungsschwankungen, die bei Borderlinepatienten vorkommen. Sie sagte, die Tatsache, daß ich im vorangegangenen Erstinterview mitgeschrieben habe, sei ihr so mechanisch und unpersönlich erschienen und ihr sei nach Weinen zumute gewesen. Mein Schreiben, das ihr meine ausschließliche Aufmerksamkeit wegnahm und sie einer Trennungs-, einer Objektverlustangst aussetzte, unterbrach die Projektion einer Wiedervereinigungsfantasie mit einem guten Objekt und löste einen Rückzug aus. Um diesen Projektionen ein Ende zu setzen, bemerkte ich, daß ich nur meine Arbeit getan hätte und fragte sie, wo sie so etwas schon vorher erlebt hätte. Sie erinnerte sich, daß sie weinen mußte, wenn ihr Vater sie anschrie, statt sich gegen ihn aufzulehnen. Denn hätte sie sich gegen ihn aufgelehnt, ‚hätten wir uns gegenseitig umgebracht'. Sie berichtete dann, wie sie diese Attacken haßte, wie sie ihm den Tod wünschte und ihn doch liebte. Sie berichtete auch Erinnerungen, wie er sie an den Haaren zog und Schuhe nach ihr warf. *Die Patientin hatte so die Arena der anfänglichen therapeutischen Begegnung definiert.*" [Hervorh., L. K.]

Der Analytiker war allerdings an dieser Definition nicht unbeteiligt. Die Patientin kam mit einer Hoffnung, einem Wunsch, nämlich daß der Analytiker ganz für sie da sein möge. Der

Analytiker sah in diesem narzißtischen Anspruch eine Projektion, der er „Grenzen setzte", denn nach seinem Selbstverständnis hatte er ja nur seine Arbeit getan. Durch eine Deutung wie etwa die, daß es sie traurig mache, wenn sie das Gefühl habe, ihr Analytiker sei nicht völlig mit ihr beschäftigt und wo sie so etwas schon vorher erlebt hätte, wäre die „Arena" möglicherweise ganz anders definiert worden. Die Deutung hätte vielleicht die therapeutische Ichspaltung erleichtert. Die Patientin hätte bei einem solchen Vorgehen die Einfälle zu ihrem Vater sicher auch bringen können. Aber die stürmische initiale Übertragung, die bei Borderlinepatienten nur zu leicht in eine Übertragungspsychose übergeht, wäre gemildert worden, und anstelle einer „Arena" hätte vielleicht ein gemeinsam zu bearbeitendes Feld abgesteckt und definiert werden können.

Zuletzt möchte ich auf die von Wolf (1978) sogenannten *Selbstobjektgegenübertragungen* zu sprechen kommen. Er wies darauf hin, daß die unterschiedlichen Übertragungsformen, nämlich ödipale Liebes- und Rivalitätsregungen einerseits und Selbstobjektübertragungen bei narzißtischen Persönlichkeitsstörungen andererseits, ihre Parallelen in unterschiedlichen Gegenübertragungsformen finden. Er prägte einen neuen Begriff, als er zeigte, daß man analog zur objektlibidinösen Gegenübertragung, in der sich der Analytiker in den Patienten verliebt oder mit ihm rivalisiert, auch eine Selbstobjektgegenübertragung in Betracht ziehen müsse, in der der Analytiker den Patienten als Teil seines Selbst erlebt[5] oder – worauf ich in einer Arbeit (1984) hingewiesen habe – ihn im Dienste seines Selbst benutzt. Der Patient mobilisiert in diesem Falle aufgrund der Kindheitserlebnisse die er gehabt hat, im Analytiker bestimmte narzißtische bzw. Selbstobjektbedürfnisse, die diesem, sobald sie ihm erst bewußt geworden sind, als wichtiges Erkenntnisinstrument dienen können.

So fühlt sich der Psychoanalytiker in einer *idealisierenden Selbstobjektgegenübertragung* gelegentlich gehoben, wenn er

[5] Dies birgt die Gefahr in sich, daß der Analytiker das deutet, was *ihm* wichtig erscheint und er sich nicht empathisch auf den Patienten einstellen kann. Auch der „überbesorgte" Analytiker würde in diese Kategorie fallen.

einen begabten oder erfolgreichen Patienten analysiert. Größenvorstellungen des Patienten können als real eingeschätzt werden, weil der Analytiker sich dabei wohlfühlt. Wenn er etwa seinen Patienten bewundert, ist zu unterscheiden, ob er die Möglichkeiten seines Patienten als Zentrum eigener Initiative respektiert, billigt und schätzt, oder ob er die Größe seines Patienten zur Aufrechterhaltung seines eigenen Selbstwertgefühls braucht. Im letzteren Fall wird der Patient mit den Selbstobjektübertragungs-Erwartungen seines Analytikers überbürdet. Er kann sich keinen Mißerfolg, kein Versagen leisten, ohne dem Analytiker Angst zu bereiten oder dessen Selbstgefühl zu bedrohen. Möglicherweise bedeutet das für den Patienten die Wiederholung von Kindheitserfahrungen, wenn beispielsweise die Mutter auf Zeichen von Schwäche von ihm mit Angst reagierte und er deswegen stets obenauf sein mußte, um sie nicht aus dem Gleichgewicht zu bringen. Der Analytiker ist seiner Aufgabe nur gewachsen, wenn er seine eigene Selbstobjektgegenübertragung als Wiederholung der entsprechenden Reaktion der Mutter analysieren kann, statt in ihr befangen zu bleiben und sie auszuagieren.

Alter-Ego-Gegenübertragungen können sich insbesondere bei Lehranalysen einstellen. Sie äußern sich in der Unterstellung des Lehranalytikers, der Kandidat teile seine analytischen Ideale und Ansichten. Ähnliches gilt in bezug auf ideologische Haltungen und Wertungen, die mit der Zugehörigkeit zur gleichen Gesellschaftsschicht zu tun haben. Gelegentlich kommt es zur Unterstellung gemeinsamer politischer oder religiöser Einstellungen durch den Analytiker. Auch können ihn vergleichbar ähnliche Familien- oder Schicksalskonstellationen, die er mit dem Patienten teilt, dazu verführen, seinen Patienten als Alter Ego zu erleben.

Als *Spiegelgegenübertragung* möchte ich solche Gegenübertragungen bezeichnen, in denen der Analytiker vom Patienten eine spiegelnde Bestätigung seines Selbstgefühls benötigt, und zwar dadurch, daß der Patient sich bessert. Diese Gegenübertragung ist häufig bei Analytikern zu finden, deren Berufswahl bereits vom Wunsch zu helfen oder gar zu retten motiviert war. Bei anderen mögen unbewußte Omnipotenzwünsche unerfüllt bleiben, wenn in der Analyse keine Fortschritte zu verzeichnen sind. Analytiker können in Verzweiflung geraten, wenn die

Phase des Durcharbeitens sich über Jahre hinzieht und nichts sich ändert. Keine Deutung fruchtet. Alle Bemühungen scheinen ins Leere zu laufen. Da Kompetenz und Selbstachtung des Analytikers damit in Frage gestellt werden, wird die Ursache für diese schwer erträgliche chronische negative therapeutische Reaktion oft beim Patienten allein gesucht. Gängige Erklärungen sind etwa, daß der Patient dem Analytiker den Erfolg nicht gönne, ihn um seine guten Fähigkeiten beneide oder nichts Gutes annehmen könne. Als Ursache der chronischen narzißtischen Wut solcher Patienten wird nicht selten ein angeborener starker Aggressionstrieb angesehen. Ich fürchte, daß solche Erklärungen die Selbstrechtfertigung des Analytikers bezwekken und letztlich auch die Theorie in den Dienst dieses Anliegens gestellt wird.

Es ist besonders erhellend, dieses spezifische Übertragungs-Gegenübertragungs-Muster mit neueren Beobachtungsbefunden des in Entwicklung befindlichen Mutter-Kind-Systems zu vergleichen. Auch eine Mutter fühlt sich in ihrem Selbstgefühl und in ihrer Kompetenz in Frage gestellt, wenn das Kind nicht gedeiht, wenn sie keine Wege findet, ihr Kind zu beruhigen, wenn das Kind ihrem Blickkontakt ausweicht und sie nicht anlächelt. Viele Kinderbeobachtungen der neueren Zeit[6] zeigen, daß das Kind besser gedeiht, wenn die Mutter seine Bedürfnisse empathisch erfaßt und es als Subjekt mit eigenen Anliegen, als „Zentrum eigener Initiative" ansieht, es also nicht als einen Teil ihres Selbst erlebt, der ihren Vorstellungen gemäß funktionieren muß. Hierzu einige Vignetten:

> Eine von Demos und Kaplan (1985) beobachtete Mutter erfaßte nicht, daß ihr Baby den erregenden Blickkontakt zunächst nur kurze Zeit aushalten konnte und sich abwendete, weil es eine Zwischenpause benötigte. In ihrem gekränkten Selbstgefühl vermutete sie, daß sie das Baby langweile und hielt ihm an Stelle ihres Gesichtes ein Spielzeug entgegen oder wendete sich anderen Beschäftigungen zu. Blickkontakt und Initiative des Kindes nahmen ab, es war eine zunehmende Passivität und Resignation des kurz nach der Geburt noch sehr lebendigen Kindes zu beobachten.

Man kann darüber spekulieren, wie ein Patient mit einer solchen

[6] Beebe (1985), Beebe & Stern (1977), Demos & Kaplan (1985), Sander (1962).

Vorgeschichte den Analytiker erleben wird. Eine Deutung wird ihn vielleicht, wie das Gesicht der Mutter, entzücken, aber auch überstimulieren. Auf die sogenannte „gute Stunde" (Kris 1956) folgt die negative therapeutische Reaktion. Ein solcher Patient wird wahrscheinlich auch zu der Ansicht neigen, der Analytiker enthalte sich ihm mit seiner Person vor. Letzterer sieht sich in seinen Bemühungen verkannt. Innerlich zieht er sich möglicherweise genauso vom Patienten zurück wie die Mutter einst vom Kind. Solche zunächst unbewußten Abläufe kann man aber analysieren, wenn man sie verstanden hat.

Ein weiteres für das Verständnis schwieriger Patienten erhellendes Bindungsmuster von Mutter und Kind zeigen Beobachtungen und Filme von Beebe & Stern (1977) sowie Beebe (1985):

> Die Mutter sucht in geradezu verzweifelter Weise, den Blickkontakt zum Baby herzustellen. Es wendet den Blick ab, die Mutter folgt ihm. Es wendet den Kopf weg, die Mutter (ver)folgt ihn. Sie gibt dem Kind einen starken kinaesthetischen Reiz, indem sie es hoch über ihren Kopf hebt und dann wieder auf ihre Augenhöhe bringt. Aber das Baby schaut sie nur kurz an, scheint dann durch die Mutter hindurch wie ins Leere zu blicken, als sei sie nicht vorhanden. Schließlich läßt es den Kopf fallen und schläft scheinbar ein. Kaum aber hat die Mutter ihre Bemühungen aufgegeben und sich ihrerseits abgewendet, hebt das scheinbar eingeschlafene Kind seinen Kopf und schaut nach ihr!

Dieses Kind ist nicht etwa autistisch oder bindungslos. Es hat eine pathologische Bindung an die Bezugsperson ausgebildet. Das Baby reguliert mit seiner Abwendung seine Erregungsebene. Aber die Mutter versteht das aversive Blickabwenden des Kindes nicht als ein Signal dafür, daß es jetzt eine Pause braucht, im Gegenteil, sie verstärkt ihre Kontaktbemühungen. So erfährt das Kind, statt einer Beruhigung durch die Mutter, eine Steigerung der mütterlichen Aktivität. Dieses Kind baut Erwartungen von Fehlregulationen und negativen Interaktionen auf. Es wird chronisch extreme Affekt- und Erregungszustände erleben. Möglicherweise prägt sich ihm die Mutter als ein verfolgendes Objekt ein, und zwar aufgrund seiner realen Erfahrungen und nicht etwa aufgrund von oralsadistischen Triebregungen, die es auf die Mutter projiziert.

Erinnert das nicht an jene Patienten, die – oft zur Verwunderung des frustrierten Analytikers – so regelmäßig in die Stunden kommen, um dann nur auszudrücken, wie schlecht der Analytiker alles macht, wie wenig er sie versteht und hilft und wie elend sie sich doch fühlen. Der Analytiker findet sich in seinem Bemühen, zu heilen und zu helfen, angesichts der nicht endenwollenden Kritik zutiefst verkannt. Der Patient als Selbstobjekt des Analytikers hat ebenso versagt, wie er in seiner Kindheit die Selbstobjekt-Bedürfnisse seiner Mutter nicht befriedigen konnte. Einen solchen Zusammenhang zu erkennen, d. h. die eigene Selbstobjektgegenübertragung zu verstehen, kann das weitere Vorgehen oft sehr erleichtern.

Wenn man sich die möglichen frühen Interaktionen des Patienten mit seiner Pflegeperson vor Augen hält, wird man manches, was er sagt, anders beurteilen. Man wird nicht alles, was er äußert, primär als Abwehr ansehen, sondern eher geneigt sein, ihm zu glauben und zu suchen, wo Ursache und Kern der Berechtigung seiner Äußerungen liegen. Dann muß er nicht mehr gegen den Analytiker kämpfen, sein Selbstgefühl wird gestärkt, aber auch seine Empathie für andere, die sein Verhalten, das durch früh eingeschliffene Erfahrungen bestimmt ist, nicht ohne weiteres begreifen können. Man sollte immer an eine Selbstobjektgegenübertragung denken und hellhörig werden, wenn der Analytiker in einer langen Phase des Durcharbeitens angesichts der Tatsache, daß alle Deutungsbemühungen umsonst erscheinen, ungeduldig wird und Worte wie „nicht" oder „noch immer" in seinen Gedanken oder gar Deutungen auftauchen. „Warum kann der Patient nicht, warum handelt er nicht anders, warum sieht er dieses oder jenes nicht ..." Oder „warum hängt der Patient noch immer alten Befriedigungen an? Warum hat er noch immer die alten Ängste?" Man sollte in solchen Fällen daran denken, daß der Analytiker gewisse Erwartungsvorstellungen – mögen diese auch noch so wohlwollend sein – von der Entwicklung des Patienten hat, die diesem möglicherweise nicht gerecht werden. Ist der Analytiker enttäuscht, weil der Patient seinen Erwartungen nicht nachkommt, kann eine unbewußte Vorwurfs- oder Forderungshaltung die Folge sein, die der Patient sehr wohl spürt und die ihn schließlich zu einer falschen Anpassung oder zu selbstbehauptendem Widerstand veranlaßt.

Abschließend möchte ich darauf verweisen, daß wir heutzutage viele Patienten sehen, die keine definierten Symptome haben, die den Sinn ihres Lebens vermissen, keine Lebensfreude empfinden, deren Partnerbeziehungen unbefriedigend sind oder die an Arbeitsstörungen leiden. Oft klagen sie auch über ungewisse oder hypochondrische Ängste. Wieder andere kommen mit massiven Symptomen wie Perversion, Sucht oder Suizidalität. Die Analyse solcher Patienten wird möglicherweise sehr erleichtert, wenn man das Vorliegen einer Selbstobjekt-Problematik in Betracht zieht, von deren vielen Facetten in Übertragung und Gegenübertragung ich einige darzustellen versucht habe.

Literatur

Beebe, B. (1985). Mother-infant mutual influence and precursors of psychic structure. Vortrag auf der Tagung „Frontiers in self psychology", New York, am 3. 10. 1985.

Beebe, B., & Stern, D. (1977). Engagement-disengagement and early object experiences. In N. Freedman & S. Grand (Eds.), Communicative structures and psychic structures (pp. 35–55). New York: Plenum Press.

Demos, V., & Kaplan, S. (1985). Motivation and affect reconsidered: Affect biographies of two infants. Unveröffentlichtes Manuskript.

Köhler, L. (1984). On selfobject countertransference. Annual of Psychoanalysis, 12/13, 39–56.

Kohut, H. (1966). Formen und Umformungen des Narzißmus. Psyche, 20, 561–587.

Kohut, H. (1971). Narzißmus. Frankfurt: Suhrkamp 1973.

Kris, E. (1956). On some vicissitudes of insight in psychoanalysis. International Journal of Psychoanalysis, 37, 445–455.

Masterson, J. F. (1976). Psychotherapy of the borderline adult. New York: Bruner-Mazel.

Parens, H. (1979). The development of aggression in early Childhood. New York: Jason Aronson.

Sander, L. W. (1962). Issues in early mother-child interaction. Journal of the American Child Psychiatry, 1, 141–166.

Tolpin, M. & Kohut, H. (1980). The disorders of the self: the psychopathology of the first years of life. In St. J. Greenspan & G. H. Pollock (Eds.), The course of life, Bd. 1 (pp. 425–442). Adolphi, Md.: V. S. Department of Health an Human Services 1980.

Wolf, E. (1979). Transferences and countertransferences in the analysis of disorders of the self. Contemporary Psychoanalysis, 15, 577–594.

Wolf, E. (1980). Zur Entwicklungslinie der Selbstbeziehungen. Psychoanalyse, 3 (1982), 222–237.

4.3 Spezielle Probleme mit psychosomatisch gestörten Patienten

Uri Lowental

4.3.1 Einleitung: Die Einstellung der Psychoanalytiker gegenüber psychosomatischen Störungen

Psychosomatische Störungen im weitesten Sinne umfassen alle physiologischen Korrelate emotionaler Erregung. Im engeren Sinne geht es um Magengeschwüre, Colitis ulcerosa, regionale Ileitis, Anorexia nervosa, essentielle Hypertonie, Bronchialasthma, einige endokrine Störungen wie Schilddrüsenüberfunktionen, Hauterkrankungen wie Neurodermatitis und Psoriasis, rheumatoide Arthritis, Kopfschmerzen, einige allergische Störungen und auto-immune Erkrankungen bis hin zu chronischen Schmerzzuständen, ja sogar Krebs. Im akuten Stadium mögen psychosomatisch erkrankte Patienten medizinische und/oder chirurgische Behandlung benötigen, ohne daß eine Psychoanalyse angezeigt wäre. In der Tat wurde die Psychoanalyse vor 1950, wenn überhaupt, sehr selten bei derartigen Störungen eingesetzt. Psychoanalytiker denken heute noch ähnlich: Psychosomatische Affektionen korrelieren dieser Ansicht nach weniger mit unbewußten Phantasien, sondern sind eher Ausdruck einer direkten Transformation emotional-affektiver Reaktionen in somatische Funktionsstörungen. Dabei werden sehr archaische früh-infantile ‚Kerne' des Patienten reaktiviert. Heute gilt weitgehend die Auffassung, daß sich diese Bereiche nicht durch Abwehrdeutungen erreichen lassen, d. h. daß Psychoanalyse in bestimmten Stadien der Behandlung, eben weil es sich hier um vorkonfliktuöse Verhältnisse handelt (Loch 1986), kontraindiziert sein kann.

Patienten mit psychosomatischen Störungen sind ausgesprochen schwierige Patienten. Das hängt mit ihrer Unfähigkeit zusammen, Affekte auszudrücken, ein Mangel, der als ‚operationales Denken' oder ‚Alexithymie' bekannt ist. Da psychosomatisch gestörte Patienten derart auf ihre körperliche Krankheit konzentriert sind, haben sie wenig Neigung zu psychologischer Introspektion. (Dem entspricht das mangelnde Interesse der Psychoanalytiker an diesen Patienten und an deren seltener und unvertrauter Psychopathologie, besonders dann, wenn die Psychoanalytiker psychologisch und nicht medizinisch ausgebildet sind.)

Man hat sich schon gefragt, ob alle Versuche, die affektlose und un-lebendige Existenz solcher Menschen zu entziffern, nicht einen Wunsch anzeigen, zuviel wissen zu wollen (McDougall 1984), denn deren inneres Abgestorben-sein konfrontiert die Psychoanalytiker nicht mit Wünschen, sondern mit elementaren Bedürfnissen, die eine psychoanalytische Behandlung leicht zu einer im wörtlichen Sinne unendlichen Analyse werden lassen. Tatsächlich findet man bei Freud keine einzige zuversichtliche Beschreibung von Patienten mit psychosomatischen Störungen oder auch nur von solchen mit einer Aktual-Neurose, mit denen psychosomatisch gestörte Kranke ja oft verglichen werden.

Psychoanalytiker sind aber nicht die einzigen, denen es an Enthusiasmus für psychosomatische Störungen mangelt; auch Psychiater haben die psychosomatischen Störungen an das Ende der Liste der diagnostischen Kategorien gesetzt, sowohl im DSM III als auch im ICD-9 CM. Eine Ausnahme stellt in diesem Zusammenhang der Ansatz von Stephanos (1973) dar, dem es durch ein stationäres ‚Setting' gelungen ist, derartige Patienten trotz der damit verbundenen Schwierigkeiten einem psychoanalytischen Verstehen zugänglich zu machen, und zwar dadurch, daß diejenigen Konfliktsituationen herausgearbeitet wurden, in die die Patienten im Vorfeld ihrer Krankheit verstrickt waren. Andererseits wurden verschiedene Prinzipien einer ‚Soma-Analyse' vorgeschlagen, bei denen der dyadische Raum der Psychoanalyse durch mehrere zusätzliche Therapeuten erweitert wird (Widok 1983).

Die Erfahrung hat inzwischen gezeigt, daß viele psychosomatisch gestörte Patienten der Psychoanalyse zugänglich sind. Dabei sind Abweichungen von der klassischen psychoanalytischen Methode höchstens vorübergehend notwendig und erübrigen sich bald durch entsprechende Interpretation. Dennoch bleiben eine Reihe verschiedener spezifischer Probleme der psychosomatischen Pathologie ungelöst, was oft mit den unvollständigen Analysen zusammenhängt und sogar für Fälle gilt, in denen sich die körperlichen Störungen beachtlich gebessert haben.

Die folgende Diskussion dieser Probleme enthält Ansätze von Lösungen, aber nur Ansätze dazu, denn es wäre ein Fehler, zu früh detaillierte Verallgemeinerungen über die Analyse psychosomatisch gestörter Patienten zu machen. Ich möchte lediglich einige Leitlinien nennen, die dabei hilfreich sein könnten, den einzelnen Patienten psychoanalytisch zu erfassen.

4.3.2 Probleme des theoretischen Verstehens psychosomatisch erkrankter Patienten

Brauchen wir eine genaue Diagnose und eine umfassende Theorie, um eine erfolgreiche Psychoanalyse durchführen zu können? Einige Autoren sehen einen klaren Widerspruch zwischen klinischen Fertigkeiten und theoretischem Überblick, während andere, besonders diejenigen, die forschen und schreiben, die intensive Auseinandersetzung mit theoretischen Fragen auch im Hinblick auf erfolgreiche klinische Arbeit für unerläßlich halten. Für sie sind präzise Definitionen eine notwendige Vorbedingung für den Austausch von Ideen gegenüber kritischen Lesern außerhalb des klinischen Rahmens. Darüber hinaus scheinen theoretische Überlegungen während wir dem Patienten zuhören, die Lokalisierung neuer Daten innerhalb des Rahmens des vorhandenen Wissens zu erleichtern, wenn damit auch immer neue Fragen auftauchen.

Wie können wir psychosomatisch gestörte Patienten verstehen? Die traditionellen Überlegungen in dieser Richtung, etwa durch Alexander (1951) oder Grinker (1953) führten zu spezifischen Konflikten oder besonderen Persönlichkeits-Konstellationen bei den einzelnen psychosomatischen Syndromen. Sicher resultieren psychosomatische Symptome manchmal aus Konversions-Mechanismen; die diesbezüglichen Forschungen führten jedoch nicht zu einer in sich geschlossenen Theorie. In der Folge konzentrierte sich die Aufmerksamkeit der Forscher mehr auf die allgemeinen Besonderheiten (Idiosynkrasien) der sogenannten ‚psychosomatischen Persönlichkeit‘ mit ihrem ‚operationalen Denken' und ihrer ,Alexithymie'; Begriffe, die eine leere, de-libidinisierte Beziehung zu sich selbst und anderen beschreiben (Marty & de M'Uzan 1973, Sifneos 1967).

Alexithymie bedeutet, wörtlich übersetzt, ,keine Worte für Emotionen'. Die alten Griechen entdeckten offensichtlich schon, daß im Ausdruck von Worten und Bedeutungen auch eine Art Abwehr beteiligt sein kann; deswegen wurde aus ,alexia' das Verb ,alexein' d. h. abwehren nahm die Bedeutung ,schützen' an. In der Tat widersetzt sich ein psychosomatisch gestörter Patient in der Analyse allen Versuchen, die emotionalen Hintergründe seiner Störung zu entdecken. Er erscheint deshalb mit Hilfe der ,Alexithymie' psychologisch völlig ,normal', ja sogar ,supernormal'.

Der extreme Kontrast zwischen einer offensichtlichen körperlichen Erkrankung und einer gleichzeitigen Verleugnung jedes Krankheitsgefühls ist einer der drei Bereiche der dissonanten Beziehung, wie man sie bei Patienten mit psychosomatischen Krankheiten findet, nämlich 1. die zwischen Individuum und Gesellschaft, 2. die zwischen Psyche und Soma und 3. die zwischen den verschiedenen seelischen Strukturen (Lowental 1984).

Psychosomatisch gestörte Patienten verbergen erstens ihren fehlenden Kontakt mit ihrer menschlichen Umgebung hinter einer Fassade, einer ,psychosomatogenen Sozialisation'. Sie beziehen sich auf andere wie auf ,infantile Persönlichkeiten', ohne sie als eigenständige Subjekte sehen zu können; so unfähig sind sie, Frustrationen zu überwinden und die Veränderungen des Lebens zu meistern. Schon Donald W. Winnicott (1941) bemerkte die abweichende ,psychosomatogene Wechselbeziehung' in der frühen Mutter-Kind-Interaktion, charakterisiert durch eine ,falsche Zuwendung', die den Ausdruck von Triebwünschen erschwert. Derartige Mütter scheinen oft extrem ,mütterlich', jedoch nicht in der Weise, als ob sie lediglich den Bedürfnissen des Kindes entsprechen würden (,good enough'); sie tun dies vielmehr in einer übertriebenen (,over good'-)Weise. Sie lieben ihr Kind zu sehr, überfüttern es und machen sich viel zu viel Sorgen. Das Kind aber erfährt diese Behandlung eher als eine seelische Entbehrung, denn derartige Mütter scheinen den wirklichen Bedürfnissen und affektiven Befindlichkeiten der Kinder gegenüber völlig gleichgültig zu sein; desinteressiert an deren Leid, aber schnell aufgeregt, wenn irgendwelche körperlichen Symptome auftreten (McDougall 1985). Die Beziehung zwischen Kind und Mutter wird dann zum Vorbild für alle späteren sozialen Interaktionen.

Die *zweite* Konsequenz einer derartigen Mutter ist die defiziente Kontinuität der Entwicklung, die exzessive Abgrenzung der Affekte von der körperlichen Erfahrung durch ‚Spaltung'. Die regressiven Aspekte dieser Defizienz sind ferner für die ‚De-Differenzierung' von Psyche und Soma (Schur 1955) verantwortlich, d. h. für den direkten Ausdruck der Triebe in Form einer prä-verbalen ‚Körpersprache', jedoch ohne die symbolische Bedeutung z. B. eines hysterischen Syndroms. Insofern hat der Körper bei einem psychosomatisch kranken Patienten nur die Bedeutung eines *Zeichens* für das fehlende emotionale Gleichgewicht und stellt kein Symbol dar – ganz im Gegensatz zu den Neurosen, bei denen Symptome, Konflikte und Abwehr einen sinnvollen Zusammenhang anzeigen. Ein psychosomatisches Symptom ist ein Zeichen, wenn wir es in einer reduktiven Weise betrachten. Es kann dann ein *Symbol* sein, wenn sich psychologische Faktoren im Sinne der verschiedenen meta-psychologischen Gesichtspunkte finden lassen.

Der *dritte* Bereich einer Dissonanz in psychosomatisch gestörten Persönlichkeiten besteht innerhalb der psychischen Strukturen. Neurotische Konflikte entwickeln sich hauptsächlich *zwischen* psychischen Strukturen oder Systemen wie Es, Ich und Überich. Die Pathologie bei psychosomatischen Erkrankungen resultiert ebenso wie die bei ernsten Persönlichkeitsstörungen aus *intra-systemischen* Diskordanzen, die nicht so leicht zu identifizieren sind. So können innerhalb des Ichs unterschiedliche Tendenzen einander zunehmend unverträglich werden, z. B. Wünsche, autoritär, streng und großartig zu sein, gegenüber Wünschen, geliebt, bewahrt und beschützt zu werden. Oder: Eine Tendenz, wohl integriert und klar definiert zu scheinen, gegenüber einer Tendenz, grobschlächtig und ohne jedes Gefühl für Feinheiten zu sein. (Derartige sich widersprechende Tendenzen gleichen denen, wie wir sie bei Depressionen beobachten können; vgl. Bibring 1953).

Im Hinblick auf die Triebe und archaischen Bedürfnisse gilt der Satz: „Nur das Zusammen- und Gegeneinanderwirken beider Urtriebe Eros und Todestrieb erklärt die Buntheit der Lebenserscheinungen, niemals einer von ihnen allein" (Freud 1937, S. 89).

Neuere neuro-physiologische Entdeckungen bieten ein Beispiel für die Effekte der Störungen innerhalb des ‚gewachsenen Felsens'. Sicher können diese Entdeckungen beim derzeitigen Stand unseres Wissens noch nicht als wissenschaftlich abgesichert gelten, aber sie sprechen für die dynamische Orientierung. Wir wissen nun, daß in der linken Hemisphäre hoch differenzierte Gehirn-Prozesse ablaufen, die die Realitätskontrolle, das abstrakte und sekundärprozeßhafte Denken und die Sprache regulieren. Die ergänzenden sich selber regulierenden Bereiche der seelischen Funktion, die mit dem konkreten, Primär-Prozeß-Denken und mit dem Träumen verbunden sind, hängen von der weitgespannten und integrierten Aktivität *beider* Hemisphären ab (nicht nur von der rechten, wie man in den siebziger Jahren glaubte). Normale Gehirnaktivität ist ein ständig wechselndes Zusammenwirken primärer und sekundärer Prozesse. Um erfolgreich mit den Anforderungen der Umwelt umgehen zu können, ist es bei integrierter Nutzung multipler intellektueller und emotionaler Ressourcen erforderlich, alle diese Kräfte zu integrieren und im Hinblick auf Raum und Zeit zu transzendieren (Noy 1986). Es wundert uns daher nicht, wenn Split-Brain-Patienten, bei denen die linke Hemisphäre chirurgisch von der rechten getrennt wurde, eine ausgeprägte ‚Alexithymie' zeigen, verbunden mit der Trennung der Emotionen von Wahrnehmung und Denken (Ten Houten et al. 1986). Sifneos (1974) hatte schon beschrieben, daß das, was als eine Verleugnung von Emotion erscheint, Folge einer Art biologischen Defektes im Gehirn sein kann. Wir brauchen indessen keine biologischen Erklärungen, um zu sehen, daß der Körper mehr sein kann als eine vage Möglichkeit der Kommunikation.

4.3.3 Zusätzliche metapsychologische Gesichtspunkte

Es ist hier nicht der Ort, die Über-Ich-Effekte der inneren Kontrolle auf körperliche Erkrankungen ausführlich zu erörtern. Es mag genügen, festzuhalten, daß rigid-verbietende internalisierte elterliche Mächte, verbunden mit dem Einsatz von Schuld und Angst letztlich zur Zerstörung von Zellen und Geweben und damit zu somatischer Läsion führen können. Das Gegengewicht stellt das Ich-Ideal mit seinen verinnerlichten Aspekten mütterlicher Liebe und Fürsorge dar, verbunden mit Erwartungen, Wunscherfüllungen und positiven Zielen, mit Hoffnung und Glaube, was die Wiederherstellung und Heilung fördert. Wir denken hier an eine einfache Analogie zu den Effekten von Todestrieb und Eros.

Strukturtheoretisch gesprochen ist damit die mütterliche Haltung in das Selbst aufgenommen, wobei das psychosomatisch erkrankte Organ zu einem davon erratisch abgespaltenen Teil wird. In einigen Fällen führen die Assoziationen der Patienten zu einer weiteren Erklärung, nämlich zu einer Vater-Repräsentanz innerhalb einer pathogenen ödipalen Triade.

Eine davon leicht differierende struktur- und energietheoretische Erklärung wäre ein Versuch des Patienten, den Körper oder dessen Repräsentanz dadurch zu retten, daß die innere Repräsentanz eines Organs geopfert wird, das damit psychologisch gleichsam ‚amputiert' wäre (Kutter 1981 a). Mit anderen Worten: Bei manchen Individuen führt die ins Unerträgliche wachsende innere Spannung zu Aussonderung eines Körperorgans als Sündenbock, ganz analog zum Schicksal des Kindes, das in gewissen ‚schizophrenogenen' Familien mit quälender Disharmonie ebenfalls ausgesondert wird (Vogel & Bell 1968). Gleichzeitig erfüllt die psychosomatische Erkrankung aber eine Ich-Funktion. Sie wirkt nämlich als ‚Organisator': ein Körpersystem ist ausgesondert, mit einer krankhaften Autonomie versehen und mit einer gestörten Funktion verbunden. Indem dieses Körpersystem durch die Krankheit in Schach gehalten ist, wird es dem Organismus ermöglicht, nach außen hin eine oberflächliche Normalität aufrechtzuerhalten. Kohut (1984) lenkte unsere Aufmerksamkeit auf Fortschritt, Erfolg und Mißerfolg und die damit verbundenen zentralen Prinzipien der Selbst-Erhaltung. Obwohl er psychosomatische Erkrankungen nie erwähnte, würde Kohut deren Symptome wahrscheinlich als Versuche eingeschätzt haben, ein mehr oder weniger konsolidiertes Selbst aufrecht zu erhalten.

Dynamische Konflikte können bei Patienten mit psychosomatischen Symptomen nur dadurch zustande kommen, daß diesen Patienten klar abgegrenzte ambivalente Triebregungen und Emotionen fehlen. Wir können im allgemeinen sagen, daß Konversions- oder neurotische Symptome (auch wenn sie anscheinend somatischer Natur sind!) Schicksale des *Lebenstriebes* sind, seien sie nun mit oralen Strebungen und libidinösen Konflikten verbunden oder Folge prägenitaler Traumata. Im Gegensatz dazu ist die Histo-Pathologie psychosomatischer Erkrankungen oft lebensbedrohend. Das heißt, daß alle Störungen innerhalb des psychischen Apparates auf eine fehlende Balance zwischen Lebens- *und* Todestrieb hinweisen. Der eigentliche Todestrieb wird nämlich, im Unterschied zur Aggression, gewöhnlich sehr früh im Leben unterdrückt und taucht nur in gewissen Situationen am Ende des Lebens wieder auf. Er liefert hauptsächlich die Anlage zu anderen Todesmotiven, nämlich solchen, die mit Objektverlust, Schuld oder der Unterwerfung unter Altersprozesse verknüpft sind (Lowental 1983). Bei gesunden Menschen können wir die Wirkung eines gewissen vitalen Kontrapunkts beobachten, der jenem besonderen Kontrast zwischen Konsonanz und Dissonanz entspricht, der dem Menschen erlaubt z. B. zwischen Kreativität und intellektueller Wachheit einerseits und Schlaf oder reflektierender Passivität andererseits zu alternieren. Er ermöglicht es gesunden Menschen, Unrecht, Krankheit und Fehlschläge zu ertragen und sich wieder zu erholen, indem sie im großen und ganzen dabei bleiben können, konstruktive Befriedigung für sich zu fordern. Dagegen erscheint die Pathologie psychosomatischer Störungen sehr oft auto-destruktiv. Sie dient damit keiner adaptiven Funktion mehr; ein sekundärer Krankheitsgewinn kann vernachlässigt werden. Wir können daher nicht umhin, unsere psychosomatisch kranken Patienten mit einer anderen obskuren nosologischen Gruppe zu vergleichen, nämlich mit den Aktual-Neurosen. Freud erklärte Angstneurose und Neurasthenie ebenso wie die Folgen aktueller spezifischer sexueller Noxen als Folge von Frustrationen mit einer blockierten libidinösen Spannung. Zuerst hielt er derartige Patienten für nicht analysefähig. 1924 schrieb er jedoch: „Dagegen räume ich heute ein, was ich damals nicht glauben konnte, daß eine analytische Behandlung indirekt auch einen heilenden Einfluß auf die Aktual-Symptome nehmen kann“ (S. 339).

Wie die Übersicht von Gediman (1984) zeigt, hat sich seine Voraussage wirklich erfüllt. Diese Autorin schlug vor, die abgetrennte nosologische Kategorie der ‚Aktual-Neurosen' aufzugeben und stattdessen von ‚aktual-neurotischen *Zuständen*' zu sprechen. Diese Zustände können dann symbolisch so verarbeitet werden, daß die ‚reine' affektive oder somatische Erfahrung bei psychoanalytischer Untersuchung durchaus in den Umkreis neurotischer Konflikte gerät. Ernste frühe Traumatisierungen, die mit einer Schwächung der biologisch determinierten Reizschwelle verbunden sind, führen zu einer lebenslangen Empfänglichkeit gegenüber traumatischen Zuständen im Sinne der genannten ‚aktual-neurotischen' Zustände. Sie stellen eine weit verbreitete Dimension menschlicher Existenz dar, die Berührungspunkte mit so mancher psychischen Erkrankung aufweist. Gedimans Studie ermöglicht einige versuchsweise Antworten auf Fragen, die darauf zielen, wie es zu derartigen pathologischen Reaktionen kommt; damit müssen wir im Hinblick auf psychosomatische Störungen erst einmal zufrieden sein.

Das gemeinsame Kennzeichen aller den Körper einbeziehenden emotionalen Pathologien ist eine Art Trennung, was nicht einem ‚inhaltlosen seelischen Zustand' entspricht, sondern eher einer Fassade des Nicht-involviert-Seins. Ob nun die Neigung zu somatischen Auswirkungen im Sinne einer Konversions-Neurose auf eine psychogene Störung hinweist oder auf eine nicht mehr erträgliche Angst im Sinne eines ‚aktual-neurotischen Zustandes', der sich sozusagen in Form einer psychosomatischen Störung verdichtet: In jedem Fall handelt es sich immer um typische Rückzugsmanöver, die von der ‚Über-Normalität' des Psychosomatikers bis zur ‚belle indifférende' der Hysterie reicht.

Ein zentrales Moment der psychosomatischen Störungen ist deren enge Beziehung zu depressiven Affekten, die sich hinter der ‚Alexithymie' verbergen. Viele der psychologischen Kennzeichen psychosomatischer Störungen finden sich auch bei Depressionen. Dementsprechend können wir bei vielen Psychoanalysen psychosomatisch kranker Patienten depressive Neigungen und die dazugehörigen Affekte feststellen.

In den 60er Jahren galten die psychosomatischen Symptome ganz allgemein als ‚depressive Äquivalente'. Die Häufigkeit einer somatischen Beteiligung bei endogenen oder anderen Depressionen ist allgemein bekannt. Eine detaillierte Differentialdiagnose dieser beiden Störungen läßt jedoch noch auf sich warten.

Im Hinblick darauf, was bisher gesagt wurde, können wir nicht erwarten, eine direkte symbolische Bedeutung für jedes psychosomatische Symptom zu entdecken. Ob wir nun das Symptom als Opfer, als Sündenbock oder als krankhafte Internalisierung von Mutter oder Vater ansehen, die Fragen ‚warum gerade die Schilddrüse' oder ‚warum gerade die Haut' können selten beantwortet werden. Wir sind mit der Schwierigkeit einer doppelten Übersetzung konfrontiert; die eine, die vom Sekundärprozeß-Denken und von sprachlichen Prozessen zum primären Affekt und zur Körper-Sprache führt, während die andere von der eher konventionellen Unterscheidung zwischen Gesundheit und Krankheit zu einem eher fundamentalen Gegensatz zwischen Sein oder Nichtsein führt, gleichsam die ‚Basisstörung' der Psychosomatose (Kutter 1981 b) im Gegensatz zwischen Leben und Tod.

4.3.4 Klinische Fragen

Nachdem wir nun die Schwierigkeiten bemerkt haben, eine gültige Theorie der Psychosomatose im Sinne einer allgemeinen Theorie aufzustellen, wollen wir nun die klinischen Fragen näher betrachten, die für die Begegnung mit dem psychosomatisch kranken Menschen wichtig sind. Dabei verstehe ich unter klinischen Fragen ebenso die theoretische Erörterung der Persönlichkeit psychosomatisch gestörter Analysanden wie deren praktische Implikationen. Es gibt zwei (‚negative') Hindernisse auf dem Weg zur Einsicht, sowohl für den Analytiker als auch für den Analysanden. Das *erste* Hindernis wurde schon als ‚Dissonanz', nämlich zwischen Subjekt und Objekt, zwischen Psyche und Soma, zwischen Gefühlen und Gedanken oder im Sinne anderer Möglichkeiten intra-systemischen Mißklangs genannt. Das *zweite* Hindernis ist nicht auf psychosomatische Störungen beschränkt; in der Tat finden wir es bei den narzißtischen Persönlichkeitsstörungen und bei Patienten mit Borderline-Organisation noch stärker ausgeprägt: Es ist die subjektive Erfahrung der *Leere*.

Wir können das letztgenannte Hindernis als eine Erweiterung des archaischen Raumes zwischen Kind und Mutter betrachten, des Raumes, der nicht erfolgreich in eine sich gesund entwickelnde ‚Ich/Nichtich'-Individuation umgewandelt werden konnte. Eine derartige Leere reflektiert die gestörten Beziehungen der Selbst- und Objekt-Repräsentanzen als Folge des Getrennt- und Gespalten-Seins. Diese Mechanismen sind eine der herausragenden Abwehrformen bei schwer narzißtischen oder Borderline-Persönlichkeiten, verbunden mit einem pathologischen ‚grandiosen Selbst' bei den erstgenannten Störungen und mit einer gravierenden ‚Fragmentierung' der äußeren und inneren Beziehungen bei den letztgenannten (Kernberg 1975). Bei noch tieferer Analyse stoßen wir auf den Todestrieb, der den furchtbaren Erfahrungen der Leere zugrunde liegt.

Das *dritte* Hindernis gegenüber einer psychosomatischen Heilung durch psychoanalytisches Durcharbeiten geht auf die unbewußte ‚positive' Bindung des Patienten an seine Krankheit zurück, auf sein Festhalten an der Illusion, das Mittel entdeckt oder erschaffen zu haben, auf das viele seiner persönlichen Haltungen zulaufen. So kommt es zu gravierenden, zeitweise lebensbedrohlichen Funktionsstörungen, an denen aber so festgehalten wird, als wären sie der Kern der Existenz. Diese Entdeckung oder ‚Schöpfung' ist zumindest teilweise für die großen symptomatischen Unterschiede zwischen psychosomatisch erkrankten Patienten und Borderline-Fällen in der Analyse verantwortlich. Während archaische Strukturen und Abwehrmechanismen in beiden Gruppen vorkommen, wie sie in Form der abnormalen kognitiv-expressiven Muster zum Ausdruck kommen, manifestiert im Mißbrauch von Symbolen beim Assoziieren auf der Couch, gelingt es den Borderline-Patienten nicht, das Symptom im Sinne einer stabilen Abwehr zu verwenden. Die Idee, daß Symptome ‚geschaffen' werden können, ist nicht neu (vgl. Freud 1926); sogar das Sterben wurde schon im Hinblick auf spezielle Aspekte der Abwehr und einer kreativen Illusion gesehen (Hagglund 1978).

4.3.5 Deutungsmöglichkeiten

Die Vielfalt der zu interpretierenden Inhalte ‚Leere' und ‚Vakuum' können nicht direkt interpretiert werden; ebensowenig kann eine Interpretation des Todestriebs irgendeine begreifliche Bedeutung haben.

Deswegen bleibt die inhaltliche Interpretation meist für die Dauer der gesamten Analyse unvollkommen. Diese Tatsache führt aber nicht dazu, daß nun alle möglichen Effekte der Interpretation hinfällig wären. Interpretationen können nämlich im Sinne der sogenannten ‚inexakten' Interpretation (Glover 1931) sehr oft eine wichtige psychoanalytische Funktion bekommen, und zwar wegen ihrer Nebeneffekte (Etchegoyen 1983).

Die unvollständige Wahrnehmung psychosomatisch kranker Patienten hat damit zu tun, daß deren Körper als Zeichen und nicht als bedeutungsvolles Symbol benutzt wird. Aus diesem Grund verglich man psychosomatische Störungen mit den ‚Aktual-Neurosen', obwohl man in diesen Neurosen echte symbolische Bedeutungen entdeckt hatte. Wir schlugen deshalb, ganz im Einklang mit modernen biopsycho-sozialen Vorstellungen über Gesundheit und Krankheit, die folgende kontinuierliche Sequenz pathologischen Geschehens von Psyche und Körper vor (Lowental 1981): 1. Aktual-Neurosen, 2. Konversions-Neurosen im Sinne der Hysterie, 3. Depressionen und 4. psychosomatische Störungen. Dieser Ansatz würde eine differenzierte Interpretation der Triebe, Defekte, Abwehr-Mechanismen und der adaptiven Bemühungen bei den genannten Störungen erleichtern. Wie dem auch sei, die inhaltliche Interpretation spielt in der Analyse psychosomatisch kranker Patienten eine relativ geringe Rolle.

Die Interpretation der *Form* der Kommunikation ist hier fruchtbarer: In der Tat enthalten die Art des sprachlichen Ausdrucks und die Natur der nonverbalen Kommunikation sehr oft brauchbare Informationen über die Leere des Patienten und dessen Glauben, das Symptom selbst ‚geschaffen' zu haben. Art und Weise des Verhaltens können somit gut zu Konfrontationen, Klarifikationen und sogar einsichtsfördernden Deutungen verwendet werden, auch wenn es nur ausnahmsweise zu einem Durcharbeiten der damit zusammenhängenden Prozesse kommt. Eine ins einzelne gehende Analyse der formalen Prozesse ersetzt die vergeblichen Versuche, mit den Inhalten umzugehen. Dies mag damit zusammenhängen, daß das formale Verhalten mehr mit dem Widerstand als mit den pathogenen Konflikten zu tun hat, die bei psychosomatischen Störungen nicht die Rolle spielen wie bei den Neurosen. Insofern ist die Widerstands-Analyse wichtiger als die Inhalts-Analyse.

Widerstands-Analyse: Obwohl psychosomatische Symptome eine Leere ‚ausfüllen', können wir sie nicht direkt als eine den Neurosen entsprechende Abwehr betrachten, bei denen Symptome einen Konflikt zwischen Es und Überich ausdrücken. Wenn wir Konzepte wie ‚Konflikt' und ‚Übertragung' verwenden, müssen wir uns daran erinnern, daß die psychoanalytische Theorie ebenso wie die Bedeutung ihrer Konzepte ständig in Entwicklung begriffen ist. Derzeit wird die Bedeutung theoretischer Konzepte mit dem ‚Hier und Jetzt' der analytischen Situation in engeren Zusammenhang gebracht (vgl. Sandler 1983).

Der größte Widerstand der psychosomatisch kranken Patienten gegenüber der Analyse verbirgt sich hinter der in der Tat ‚operationalen' Sprache. Selbst da, wo wir die ‚Alexithymie' hohl oder verstümmelt mit unserem „dritten Ohr" hören, enthält sie für den gesunden Menschenverstand eine gewisse Plausibilität. Im übrigen beginnen nur wenige psychosomatisch gestörte Patienten eine Analyse wegen ihrer körperlichen Erkrankung. Man kann auch nicht von „unmotivierten" (Schubart 1985) oder ‚unergiebigen' (Haesler 1979) Patienten in psychoanalytischer Sprache sprechen. Das *Schweigen* des psychosomatisch gestörten Analysanden nimmt jedoch eine besondere Bedeutung an. Zu Beginn zeigt sich das ‚operationale' Denken in Form eines ständigen Flusses der Assoziationen, obwohl sie wenig produktiv sind. Schweigen tritt erst viel später auf und erweist sich gegenüber dem Ausdruck von Widerstand als völlig verschieden. Zunächst enthüllt es die wahre nicht-verbale Erfahrung der inneren Leere. Später steht es in Zusammenhang mit einer eher depressiven Stimmung, die die Erschöpfung der seelischen Energie widerspiegelt, nachdem die verinnerlichte Objektrepräsentanz scheinbar verlorengegangen ist. Deswegen ist das Schweigen in der Analyse psychosomatisch gestörter Patienten eine Form des Ausfüllens, des Kontakt-Herstellens und Erhaltens. Der Analytiker ist daher gut beraten, dem Patienten durch eine entsprechende Reaktion sein Verstehen zu vermitteln. Nirgendwo sonst wird der Unterschied zwischen der Befindlichkeit psychosomatisch gestörter Patienten und dem neurotischen oder zwanghaften Denken deutlicher als im Schweigen. Bei neurotischen Patienten können die schlechten, bösen, bedrohlichen Inhalte des inneren Raumes organisiert und damit abgewehrt werden. Psychosomatisch gestörten Menschen gelingt dies aber nicht. Ihr Schweigen hat eher direkte denn symbolische Bedeutung.

Wiederum erweist sich die theoretische Position als von größter Wichtigkeit für den klinischen Zugang zu psychosomatisch gestörten Patienten. Natürlich wären wir mit der begrenzten Verwendbarkeit der Widerstandsanalyse unzufrieden, wenn wir in den psychosomatischen Symptomen eine Abwehr gegenüber Triebwünschen sehen würden. Wenn sich die Abwehr jedoch gegen narzißtische oder psychotische Ängste richtet, gegen Leere und gegen das Gefühl, nicht zu existieren, dann müssen wir uns nach anderen Formen wirksamer Interpretation umsehen.

Übertragungs-Deutungen: Gill (1982) stellte fest, daß *alle* Widerstandsdeutungen Übertragungsdeutungen sind. Obwohl sich seine Monographie auf Neurosen bezieht und nicht auf psychosomatische Störungen, trifft seine allgemeine Unterscheidung der beiden Seiten der Übertragungsdeutung auch in unserem Zusammenhang zu: Die eine Seite ist die Deutung des Widerstandes gegenüber dem *Wahrnehmen* der Übertragung, die andere die des Widerstandes gegenüber deren *Auflösung*. Psychosomatisch gestörte Analysanden bringen ihre Enttäuschungen, ihre Widersprüche, ihre Leere und ihre Symptome in das psychoanalytische Sprechzimmer. Sie entwickeln nicht genügend Einsicht, um etwa sagen zu können: ‚Ich habe nun mal diese ernste Wunde, und ich will sie behalten, weil sie mich an die Macht meiner Eltern erinnert, an das, was diese Schutz nannten ...‘ Psychosomatisch gestörte Patienten übertragen auf den Analytiker in zweifacher Weise. Sie übertragen zum einen ihre pathogene Vergangenheit und ihre sie selbst schützende ‚Schöpfung‘, sowie, mehr verborgen, ihre unbewußten

Anstrengungen, sich selbst oder ihren Analytiker zu zerstören, speziell dessen analysierenden oder aufbauenden Einfluß.

Ansätze in Richtung auf eine Übertragung im ‚Hier und Jetzt' einer Sitzung macht ein psychosomatisch gestörter Patient erst dann, wenn ein echtes ‚Arbeitsbündnis' etabliert ist. Negative Übertragung wird häufig ausagiert oder, um es genau zu sagen, in Form eines ‚acting in' zum Ausdruck gebracht, und zwar über eine Verschlimmerung der psychosomatischen Symptomatik, womit die bedrohlichen Phantasien der Vernichtung vermieden wären. Eine ähnliche Bedeutung von Symptomverschlimmerungen wurde bei Borderline-Persönlichkeiten (Kernberg 1984) entdeckt.

Deswegen sollte die negative Übertragung unter allen Umständen auf der Ebene des ‚Hier und Jetzt' gedeutet werden, um deren störende Effekte zu mildern. Tiefere Deutungs-Arbeit ist bei psychosomatisch gestörten Patienten, wenn überhaupt, nur in der Endphase möglich.

Übertragungsdeutungen setzen bei psychosomatisch gestörten Patienten eine besonders mühsame Analyse der Gegenübertragung voraus. Nur wenn letztere durchgearbeitet ist, entsteht eine wechselseitige Auseinandersetzung, in der die analytische ‚Dyade' mit ihrer Übertragung langsam deutlich herauskommt. Das damit geschaffene emotionale Klima erlaubt dann dem Analytiker, nachdem er eine ganze Reihe von Sitzungen schweigend zugehört und sein Verstehen verbessert hat, ‚plötzlich' motiviert zu werden, ein Wort oder einen Satz einzuwerfen oder eine komplexe Deutung zu geben. Solche Deutungen scheinen aus unbekannten Quellen der Seele aufzusteigen, wobei sie dem Analytiker oft genauso überraschend sind wie dem Analysanden (McDougall 1985, S. 150). Diese besondere Kombination des ‚Hier und Jetzt' mit besonderer Beachtung der Übertragung ermöglicht die ‚verändernde' (mutative) Dimension der Deutung (Strachey 1934), die vom Patienten als neue, reale Beziehung erfahren wird, die wohltuender ist als die übertragene. Dies führt zur ‚korrigierenden emotionalen Erfahrung', die wir nicht als solche suchen, sondern als einen Nebeneffekt unserer Arbeit betrachten.

Der einzige suggestive Einfluß, den die Psychoanalyse beinhaltet, ist die Erzeugung von Neugier im Patienten. Der Analytiker muß viele leere Stellen in der Seele des Patienten akzeptieren können, will er die Geheimnisse seines Körpers enträtseln, während er zugleich sein anhaltendes Interesse aufrechterhalten muß. Der Patient reagiert auf diese Haltung wie ein Echo in der Weise, daß sich seine Introspektion erhöht.

4.3.6 Die ‚Fallen' der Gegenübertragung

Das Konzept der Gegenübertragung wurde über die Jahre so ausgedehnt, daß es folgende Definitionen einschließt:

1. Widerstand des Analytikers gegenüber der Aktivierung von Konflikten in ihm selbst; 2. die ‚Übertragung' des Analytikers gegenüber dem Patienten; 3. eine Störung der Kommunikation aufgrund von Ängsten des Analytikers; 4. Persönlichkeitsmerkmale des Analytikers, soweit sie dessen Arbeit betreffen (im Sinne der ‚Grundeinstellungen' des vorliegenden Buches); 5. spezifische Begrenzungen des Analytikers, die durch den jeweiligen Patienten ausgelöst werden; 6. die ‚normale' emotionale Antwort auf den Patienten (Sandler, Dare & Holder 1973). Das Vorkommen von mehreren dieser Prozesse erschwert die optimale Haltung gegenüber psychosomatisch gestörten Analysanden. Deren körperliche Leiden lösen manchmal große Sympathien aus, sogar Mitleid, was den Wunsch hervorruft, direkt und sofort medizinisch oder suggestiv zu helfen, was freilich einem Überschreiten der neutralen Haltung gleichkäme.

Häufiger ist allerdings das Gegenteil von Sympathie vorhanden, verbunden mit einem defensiven Rückzug nicht unähnlich dem, den einige psychotische Patienten auslösen, die den Analytiker zwingen, in die bodenlose Welt der Unwirklichkeit zu starren, in der die Schicksale des Eros durch den Todestrieb gebunden sind. Die ‚Pseudo-Normalität' der psychosomatisch gestörten Patienten führt oft zu erfolglosen Bemühungen, klare Vorstellungen ihrer psychischen Mechanismen zu erhalten. Sie scheinen jede emotionale Erregung zu vermeiden, und zwar aus Angst, dadurch von Affekten überflutet zu werden; eine Angst von beinahe psychotischem Ausmaß, die gleichzeitig die dahinterliegende narzißtische Zerbrechlichkeit anzeigt. Derartige Störungen wirken sich zwangsläufig auch auf die Gegenübertragung des Analytikers aus, der sich dadurch selbst in seiner eigenen körperlichen Integrität bedroht fühlen kann. Dafür sprechen Fragen von Analytikern, ob die Krankheit nicht ansteckend sei oder andere unbegründete Befürchtungen. Derartige Reaktionen sprechen für einen übertriebenen ‚Rapport', d. h. für eine verborgene Identifikation mit dem Patienten, die ebenso durch die mangelnde Erfahrung im Umgang mit psychosomatisch gestörten Patienten bedingt ist wie durch äußere ‚Normalität'. Die Identifikation verstärkt wiederum den Druck nach schneller Entlastung, anstatt die erforderliche Neutralität als Voraussetzung für eine ausführliche und unvoreingenommene Analyse zu bewahren.

Damit kommen wir zu der aktuellen Frage: Was heißt analytische ‚Neutralität'? Bedeutet sie ‚Indifferenz'? Freud gebrauchte das Wort ‚Indifferenz', das Strachey mit ‚Neutralität' übersetzte. Blum (1981) zeigte, daß wir (obwohl Neutralität einen intrinsischen Faktor der Analyse darstellt, und zwar im Sinne einer objektiven, nicht verurteilenden, nicht kritisierenden und nicht eindringenden Haltung) deswegen nicht darauf verzichten müssen, an unseren therapeutischen Vorhaben, unserer Verpflichtung und unserer Sensibilität gegenüber den Möglichkeiten des Patienten festzuhalten. Der klassischen Definition entsprechend halten die Analytiker eine Position aufrecht, die sie gleichermaßen vom Es, vom Ich und vom Überich distant hält, wobei, um mit Hoffer (1985) zu sprechen, noch ein vierter Punkt hinzuzufügen ist, nämlich der ‚Kompaß' des Analytikers, der ihm erlaubt, die angemessene Distanz zur äußeren Realität zu wahren. Neutralität ist deswegen in Richtung auf *inter*-personale Konflikte in der analytischen Beziehung zu erweitern, ja sie schließt sogar Konflikte innerhalb des Analytikers ein. Bei psychosomatisch gestörten Analysanden ist die Notwendigkeit der Neutralität sogar größer als sonst, um nämlich der Gefahr durch Mitleid oder dessen Gegenteil, dem Rückzug vor der Bedrohung durch die körperlichen Wunden, wirksam begegnen zu können. Unabhängig von all diesen Punkten geht es darum, einen klaren Respekt vor der Individualität des Patienten zu bewahren.

Eine *negative* Gegenübertragung mag auch damit zusammenhängen, daß der Analytiker die somatische Läsion mit einem emotionalen Symptom vergleicht. Er schätzt dann die physische

Krankheit so ein, als ob sie eine objektive Beschädigung oder eine tatsächliche Funktionsstörung wäre. Schließlich kann der Analytiker die Krankheit nicht mehr nur als physische Störung (im Sinne einer Infektionskrankheit oder einer Vitaminmangelkrankheit) oder als pathologischen Prozeß (so wie eine senile Arteriesklerose) einstufen, sondern als etwas Unerwünschtes oder Schlechtes. Damit werden beschreibende Erklärungen und therapeutische Positionen mit normativen Einschätzungen vermengt. Derartige Bewertungen des Patienten im Sinne ‚gut' oder ‚schlecht' werden offensichtlich zu einem begrenzenden Faktor in der Analyse. Dabei ist jedoch erwähnenswert, daß das ‚Schlechte' in allen Kultursprachen der Menschen akzeptiert ist, nämlich als allgemeines Moment, um eigene Erfahrungen oder die Erfahrungen anderer oder unerwünschte Bereiche der Umwelt zu benennen.

Im Gegensatz dazu hat das ‚Schlechte' in der Liste der psychoanalytischen Konzepte keinen Platz (Khan 1984), weil es für uns eine entwertende, dehumanisierende Konnotation hat. Könnte es deswegen sein, daß unsere negative Gegenübertragung gegenüber psychosomatisch gestörten Patienten einer weit verbreiteten Tendenz entspricht, sie als ‚schlechte' Patienten zu bezeichnen, die oft gänzlich unanalysierbar seien?

Spezifische Begrenzungen ergeben sich für den Analytiker ebensowenig bei Patienten, deren Symptome sich nicht bessern, und die sich bei anhaltender Verweigerung (compliance) nicht auf die Grundregel einlassen können. Sicher testen auch viele andere Analysanden mit allen möglichen Arten von Persönlichkeitsstrukturen die Geduld des Analytikers, sowie dessen therapeutische Erwartungen, aus. Patienten mit psychosomatischen Störungen beeinflussen jedoch oft den Analytiker in ganz eigenartiger Weise: Sie scheinen nämlich nicht nur seine beruflichen Fähigkeiten durch Fernhalten bedeutungsvoller Assoziationen und emotionaler Inhalte in Frage zu stellen, sondern ihn auch dahin zu bringen, daß er an seinem klinisch-diagnostischen Urteil zweifelt und damit an der Indikation zur Analyse als Methode der Wahl. Derartige Zweifel schaffen dann, wenn sie fünfmal in der Woche auftreten, ziemliche persönliche und professionelle Schwierigkeiten. Noch störender erweist sich die seltsame, aber nicht ungewöhnliche Erfahrung einer Art eigener

Veränderung im Sinne eines Wechsels von bedeutungsvollen, aktivierenden Interessen in eine fast alexithyme und konkrete Art des Sprechens. Menschen, die uns in dieser Weise affizieren, stellen eine wirkliche Bedrohung der psychoanalytischen Identität dar.

Strachey (1934) schrieb in seinem klassischen Aufsatz, daß sogar die Übertragungen einiger ganz ‚gewöhnlicher' Analysanden den Analytiker so stören können, daß er es lieber vorzieht, derartige Patienten ganz zu vermeiden, als ihnen gegenüber lediglich mit milden Interpretationen aufzuwarten, die ihre aufrührerischen Effekte nur minimalisieren und die Übertragung gleichsam ‚ausbeuten', um überhaupt eine ‚mutative' Wirkung zu erzielen. Das allgemeine Prinzip des obligaten Durcharbeitens aller und jeder Gegenübertragungs-Reaktionen (Brenman-Pick 1985) wird dadurch in der Analyse von Patienten mit psychosomatischen Störungen zu einem höchst sachdienlichen Prinzip, indem ihnen damit demonstriert wird, zu was es führt, wenn keine Emotionen zum Ausdruck kommen.

Wir müssen jedoch zugeben, daß die Gegenübertragung auf viele psychosomatisch kranke Patienten ihre Schatten wirft. Glücklicherweise kann ein bejahender Respekt vor der Individualität des Patienten ein wirksames Gegengewicht gegenüber Störungen der analytischen Neutralität sein. Ich schlug schon vor, die psychosomatische Krankheit im Einklang mit der Haltung des Patienten wie eine echte ‚Schöpfung' zu betrachten. Vor mehr als 60 Jahren schrieb Georg Groddeck (1925), daß Krankheiten, seien sie physischer oder psychischer Natur – er machte hier keinen Unterschied –, eine ‚Schöpfung' darstellten und damit einem Zustand entsprächen, der durch einen Teil der Psyche ‚erzeugt' würde, nämlich durch das Es, um damit den Menschen vor ernsten Bedrohungen seines Lebens zu schützen. Krankheit wird insofern zu einem Zeichen des Lebens. Auch Kohut (1984) regte noch kurz vor seinem Tod an, alle Symptome wie einen ‚Koeffizienten' in diesem Sinne zu sehen: Der Primat der Selbsterhaltung sollte die Prinzipien der Abwehr und des Widerstandes ersetzen. Damit wäre der pathologische Aspekt einer Störung nicht das zentrale Problem, sondern eher der restaurative oder heilende (obschon sich Kohut wie bereits erwähnt, nicht auf psychosomatische Störungen bezog).

Überdies wird die positive Einstellung des Analytikers gegenüber der ‚Alexithymie' psychosomatisch kranker Patienten dadurch gestärkt, daß er seine eigene psychoanalytische Aktivität als eine ‚Schöpfung' begreift, in der er eine ruhige Empathie mit ungebrochener Neugier verbindet und damit dem Leben und der Psyche des Patienten mit gekonnten Deutungen gerecht wird. Die Theorie über die ‚Schöpfung' würde in diesem Fall folgendermaßen aussehen: Die Patienten stellen eine These auf, gefolgt von einer durch falsche Verknüpfungen und Disharmonie zustande gekommenen Störung des Raumes zwischen Subjekt und Objekt, der eine völlige Unterbrechung des Kontaktes und schließlich ein narzißtischer Stillstand folgen. Die sich daraus entwickelnde Antithese in Form eines ‚falschen Selbst' und die damit einhergehende Entwicklung eines somatischen Symptoms füllt dann den entleerten Raum aus. Dabei würde die Kontrolle der Emotionen und die symbolische Bedeutung einer alexithymen perfektionistischen Konkretheit geopfert. Der Analytiker kann nun versuchen, eine persönliche *Synthese*, eine zusammenfassende Schau von These und Antithese zustande zu bringen, die er dann dem Patienten über Deutungen vermittelt. In Kernbergs (1984) Worten: „Kreativität in der Psychoanalyse [ist] die Fähigkeit, das Material des Patienten einfallsreich in eine komprimierende, dynamische Formulierung oder in eine organisierende zentrale Phantasie oder besondere Erfahrung umzusetzen, die das gesamte Material mit einem Mal lebendig und konkret auf neue Weise beleuchtet. Es muß nicht besonders betont werden, daß eine derartige Kreativität sich nur innerhalb eines sorgfältig kontrollierten Rahmens eines Arbeitsbündnisses und bei entsprechender Regression und Übertragung ausbilden kann" (S. 268).

Überschauen wir nun die psychoanalytische Theorie psychosomatischer Störungen, dann müssen wir uns über sämtliche genannten Prozesse und deren vielfältige Dissonanzen einschließlich der damit zusammenhängenden todestrieb-gesteuerten Leere und der dazugehörenden illusionären ‚Schöpfung' im klaren sein. Die Patienten sollten daher sorgfältig ausgewählt werden. Stets sollte die Analyse mit der behutsamen Pflege einer therapeutischen Annäherung und dem Aufbau einer Beziehung beginnen. Dabei ist die *Real*beziehung (als Gegensatz zur Übertragungsbeziehung) besonders in den Anfangsstadien höchst bedeutsam. Bei den ‚üblichen' Patienten ist das anders: deren Bedürfnis nach Anlehnung ist von Anfang an oft so offensichtlich, daß sie ein Arbeitsbündnis mit positiver Übertragung entwickeln, wobei mächtige Widerstände erst später auftreten. Natürlich ist das Arbeitsbündnis nie Selbstzweck. Es ist nur Mittel zum Zweck der Analyse, auch wenn man berücksichtigt, daß sich die Streubreite der Störungen, die der Psychoanalyse zugänglich sind, vergrößert hat. Neurotiker sind also für eine Kooperation schon bald nach Beginn der Behandlung zu gewinnen, während sich bei Patienten mit psychosomatischen Störungen ein zuverlässiges Arbeitsbündnis nur sehr langsam entwickelt.

Zunächst noch einiges über das Anfangsstadium der Behandlung: Eine behutsame Annäherung an psychosomatisch gestörte Patienten ist absolut unverzichtbar. Ein aufmerksames, zeitweilig sogar intellektualisierendes Vorgehen verbunden mit dem beharrlichen Bemühen, die psychodynamische Konstellation zu verstehen und ihre Bedeutung auszuloten, kann womöglich Widerstände umgehen. Aber auch dieser Ansatz kann erfolglos bleiben, wenn der Patient sein Vakuum nicht aufgibt oder die Übertragung verweigert. Geschieht es, daß trotz aller Vorsicht der Schutzwall des Patienten einmal durchbrochen wird, dann wird die Regression deswegen gefährlich, weil sie erschreckende Phantasien von Dissoziation und Vernichtung hervorruft und damit sehr leicht eine akute psychose-ähnliche Krise provozieren kann.

Zu Beginn halten die Patienten auch bei der Annäherung an ihrer illusorischen ‚Schöpfung' und Autonomie fest, so daß der Prozeß beinahe wie eine ‚Beziehungs-Therapie' beginnt. Erst nachdem sie die nicht-bedrohliche Beständigkeit des Analytikers wahrnehmen, erlauben sie sich, neue Einsichten zu wagen, ein Stück weit ihre intra-psychischen oder intra-systemischen Disharmonien zu modulieren und Körpersensationen mit Emotionen und Wahrnehmungen zu verbinden. Derartige Verbindungen können auf einer averbalen Ebene bleiben, so daß formal und klinisch die Alexithymie unverändert fortbesteht. Die versteckte Bezugnahme auf Gefühle und andere Hinweise zeigt jedoch an, daß die Alexithymie viel von ihrer pathogenen Bedeutung verloren hat.

Diese Beobachtungen stimmen mit meinen theoretischen Vorstellungen überein; andere Analytiker mögen das Problem anders sehen. Sperling (1967) war zum Beispiel dagegen, Parameter wie den ‚anaklitischen Behandlungstyp' zu benutzen. Sie blieb der Meinung, daß Verwöhnung (permissiveness) die prägenitale Beziehung fortsetzen würde, in der das Kind für sein Kranksein belohnt würde. Der Unterschied zu unseren theoretischen Vorstellungen kann damit zusammenhängen, daß die Auswertung psychoanalytischer Erfahrungen immer etwas Subjektives hat. So ist die Gegenübertragung bei jedem Analytiker anders, was nicht zuletzt die unterschiedlichen psychoanalytischen Behandlungsstile erklärt.

Nach einer gewissen Zeit gelingt es manchen Patienten, ihren Syndromen zunehmend eine symbolische Bedeutung zu verleihen. In anderen Fällen gehen die Veränderungen eher verdeckt vor sich, und neue Einsichten scheinen eher rar zu bleiben; dennoch schwinden die psychosomatischen Symptome. Wenn Patienten ihre Fähigkeit zurückgewinnen, das interpersonale Geschehen mit dem intrapsychischen zu verknüpfen und die wechselseitigen Einflüsse eines psychischen Sektors auf die anderen Teile des seelischen Apparates zu erleben, dann gelingt es ihnen auch, zu einer klareren Differenzierung zwischen Subjekt und Objekt, zwischen Psyche und Soma sowie zwischen Leben und Tod zu gelangen.

Sollte dieser Beitrag eine ausgeprägte positive Akzeptanz oder therapeutischen Enthusiasmus vermittelt haben, trotz der Notwendigkeit der Neutralität, dann haben wir hier noch eine weitere Illustration der mannigfaltigen Maßnahmen (oder sollten wir ‚Abwehr' sagen?), die die Psychoanalytiker einsetzen, um die Rätsel der psychosomatischen Störungen zu lösen. Dies trifft bis zu einem gewissen Grad auch für die meisten anderen Analysen zu, wie Wallerstein (1985, S. 400) kürzlich einräumte: ‚Wirkliche psychoanalytische Behandlungen sind in der täglichen Praxis unentwirrbar vermengte Mischungen von mehr oder weniger aufdeckenden Deutungen und mehr oder weniger unterstützend-stabilisierenden Elementen. Beinahe alle Behandlungen (einschließlich der vermutlich ‚reinen' Psychoanalyse) enthalten mehr unterstützende Elemente als man im allgemeinen annimmt; dabei sind gerade diese unterstützenden Elemente für die entscheidenden Veränderungen verantwortlich!'

Literatur

Alexander, F. (1951). Psychosomatische Medizin. Grundlagen und Anwendungsgebiete. Berlin: de Gruyter.

Bibring, E. (1953). The mechanism of depression. In P. Greenacre (Ed.)., Affective disorders (pp. 13–48). New York: International Universities Press.

Blum, H. P. (1981). Some current and recurrent problems of psychoanalytic technique. Journal of the American Psychoanalytic Associaton, 29, 47–68.

Brenman-Pick, E. (1985). Working through in the countertransference. International Journal of Psycho-Analysis, 66, 157–166.

Etchegoyen, R. H. (1983). Fifty years after the mutative interpretation. International Journal of Psycho-Analysis, 64, 445–460.

Freud, S. (1924). Zur Onanie-Diskussion. GW VIII, 331–345.

Freud, S. (1926). Hemmung, Symptom und Angst, GW XIV, 111–205.

Freud, S. (1937). Die endliche und die unendliche Analyse. GW XVI, 57–100.

Gediman, H. K. (1984). Actual neurosis and psychoneurosis. International Journal of Psychoanalysis, 65, 191–202.

Gill, M. M. (1982). Analysis of transference, Vol. 1: Theory and technique. New York: International Universities Press.

Glover, E. (1931). The therapeutic effect of inexact interpretations. In: Ders., The technique of psychoanalysis (pp. 353–366). New York: International Universities Press 1955.

Grinker, R. R. (1953). Psychosomatic research. New York: Norton.

Groddeck, G. (1925). Der Sinn der Krankheit. In: Ders., Krankheit als Symbol. Schriften zur Psychosomatik (S. 132–139). Hrsg. v. H. Siefert. Frankfurt: Fischer 1983.

Haesler, L. (1979). Zur Technik des Interviews bei „unergiebigen" Patienten. Psyche, 33, 157–182.

Hagglund, T.-B. (1978). Dying. A psychological study with special reference to individual creativity and defensive organization. New York: International Universities Press.

Hoffer, A. (1985). Toward a definition of psychoanalytic neutrality. Journal of the American Psychoanalytic Association, 33, 771–796.

Kernberg, O. F. (1975) Borderline-Störungen und pathologischer Narzißmus. Frankfurt: Suhrkamp 1978.

Kernberg, O. F. (1984). Severe personality disorders. New Haven, London: Yale University Press.

Khan, M. M. R. (1984). The evil contest. In M. C. Nelson & M. Eigen (Eds.), Evil, Vol. 4 (pp. 124–161). New York: Human Sciences Press.

Kohut, H. (1984). How does analysis cure? Chicago, London: University of Chicago Press.
Kutter, P. (1981a). Der Basiskonflikt der Psychomatose und seine therapeutischen Implikationen. Jahrbuch der Psychoanalyse, 13, 93–114.
Kutter, P. (1981b). Sein oder Nichtsein: Die Basisstörung der Psychomatose. Praxis der Psychotherapie und Psychosomatik, 26, 47–60.
Loch, W. (1986). Perspektiven der Psychoanalyse. Stuttgart: Hirzel.
Lowental, U. (1981). Psychosomatik diagnosis. Journal of the Israel Medical Association, 5, 10–12.
Lowental, U. (1983). The death instinct: one constituent among the motivations for death. Psychoanalytic Revue, 70, 559–570.
Lowental, U. (1984). Psychosomatische Persönlichkeiten: Mehr als eine Dissonanz. Übersetzt v. H. Henseler. Fragmente, 12/13, 160–175.
Marty, P. & M'Uzan, M. (1963). La „pensée opératoire". Revue Française de Psychanalyse. Supplement, 27, 1345–1346.
McDougall, J. (1984). The „dis-affected" patient: reflections on affect pathology. Psychoanalytic Quarterly, 53, 386–409.
McDougall, J. (1985). Theaters of the mind. New York: Basic Books. (dt.: Das Theater des Ich. Übers. v. Klaus Laermann. München: Verlag Internationale Psychoanalyse. In Vorb. 1988).
Noy, P. (1986). The enjoyment of art and play. Vortrag auf der Third Sigmund Freud Center International Conference, Jerusalem, March 1986.
Sandler, J., Dare, C., & Holder, A. (1973). Die Grundbegriffe der psychoanalytischen Therapie. Stuttgart: Klett-Cotta 1979.
Sandler, J. (1983). Reflections on some relations between psychoanalytic concepts and psychoanalytic practice. International Journal of Psycho-Analysis, 64, 35–46.
Schubart, W. (1985). Die psychoanalytische Konsultation am Beispiel des unmotivierten (z. B. psychosomatischen) Patienten. Psyche, 39, 519–537.
Schur, M. (1955). Comments on the metapsychology of somatization. The Psychoanalytic Study of the Child, 10, 119–164.
Sifneos, P. (1967). Clinical observations on some patients suffering from a variety of psychosomatic diseases. Proceedings of the 7th European conference on Psychosomatic Research, 13, 339–356.
Sifneos, P. (1974). Reconsideration of psychodynamic mechanisms in psychosomatic symptom formation in view of recent clinical observations. Psychotherapy und Psychosomatik, 24, 151–155.
Sperling, N. (1967). Transference neurosis in patients with psychosomatic disorders. Psychoanalytic Quarterly, 36, 342–355.
Stephanos, S. (1982). Der Herzinfarkt und seine Behandlung als analytisch-psychosomatische Aufgabe. Jahrbuch der Psychoanalyse, Bd. 14 (S. 210–235). Stuttgart: Frommann–Holzboog.
Strachey, J. (1934). The nature of the therapeutic action in psycho-analysis. International Journal of Psychoanalysis, 15, 127–159.
TenHouten, W. D., Hoppe, K. D., Bogen, J. E., & Walter, D. O. (1986).

Alexithymia – an experimental study of cerebral commissurotomy patients and normal control subjects. American Journal of Psychiatry, 143, 312–316.

Vogel, E. F., & Bell, N. E. (1968). The emotionally disturbed child as the family scapegoat. In: Vogel, E. F., & Bell, N. W. (Eds.), A modern introduction to the family, Rev. Ed. (pp. 412–427). New York: The Free Press.

Wallerstein, R. S. (1985). How does self psychology differ in practice? International Journal of Psycho-Analysis, 66, 391–404.

Widok, W. (1983). Stationäre psychosomatische Psychotherapie auf der Basis eines psychoanalytischen Konzeptes. Praxis der Psychotherapie und Psychosomatik, 28, 103–106.

Winnicott, D. W. (1941). The obervation of infants in a set situation. International Journal of Psycho-Analysis, 22, 229–249.

4.4 Narzißmus und Aggression[1]

Herbert Rosenfeld

4.4.1 Klinische und theoretische Beobachtungen

In diesem Beitrag konzentriere ich mich auf die Entwicklung meiner Ideen über Narzißmus und Aggression. Zuerst will ich die Aufmerksamkeit auf die Art und Weise lenken, in der Objekte in narzißtischen Zuständen benutzt werden, da ich beobachtet habe, daß die meisten klinischen Zustände, die Freuds Beschreibung von primärem und sekundärem Narzißmus ähneln, primitive Objektbeziehungen sind. Zweitens schlage ich vor, daß positiver und destruktiver Narzißmus klar definiert und differenziert werden können, was ich in meiner 1971 vor dem Kongreß in Wien publizierten Arbeit zu zeigen versuchte. Drittens glaube ich, daß es bei vielen schwerkranken narzißtischen Patienten, deren Behandlung steckengeblieben ist, für den Analytiker unerläßlich ist, zu verstehen, wie der destruktive Narzißmus funktioniert. Das versuche ich zu illustrieren. Viertens und als letzten Punkt beschreibe ich die psychotische Traumwelt des stark psychotisch halluzinierenden Patienten, eine Welt, die von den aggressivsten und sadistischsten Teilen seiner Persönlichkeit dominiert ist. Es besteht da eine deutliche Ähnlichkeit zwischen der psychotischen Traumwelt, die von einer sadistischen Figur dominiert wird, und politischen Organisationen, welche von einem Diktator beherrscht werden, der stark omnipotente und zerstörerische Machtgefühle auslebt, obwohl er vorgibt, daß er zwar ein mächtiger, aber wohlwollender Führer ist – aber nur für all diejenigen, die seine Dominierung akzeptieren.

In seinem Artikel „Zur Einführung des Narzißmus" sagt Freud, daß in der Schizophrenie die der Außenwelt entzogene Libido dem Ich zugefügt wurde, so daß ein Verhalten entsteht,

[1] Vortrag auf der Herbsttagung der Deutschen Psychoanalytischen Vereinigung 1984 in Wiesbaden.

welches wir Narzißmus heißen können. Infolge dieser Abwendung der Libido entziehen sich diese Patienten der Beeinflussung durch die Psychoanalyse und werden so für unsere Bemühungen unheilbar.

Als ich 1937 anfing, psychotische Patienten, insbesondere Schizophrene, mit Psychotherapie zu behandeln, fand ich, daß diese Patienten sehr starke Übertragungen auf mich entwickelten. Aus diesem Grunde bezweifelte ich die Richtigkeit von Freuds Theorie des Narzißmus. Späterhin merkte ich, daß eine Reihe von Analytikern narzißtische Übertragungen in psychotischen Patienten entdeckt hatten. In diesem Zusammenhang erwähnte ich in meinem Buch Abraham, Federn, Cohn, Stone und Balint. Ich nahm an, daß viel Verwirrung vermieden werden könne, wenn wir einsähen, daß die vielen klinisch zu beobachtenden Verhaltensweisen, auf die Freuds Beschreibung des primären und sekundären Narzißmus zutrifft, in Wirklichkeit primitive Objektbeziehungen sind. In narzißtischen Objektbeziehungen spielt Omnipotenz eine herausragende Rolle. Das Objekt, gewöhnlich ein Partialobjekt – die Brust – kann omnipotent einverleibt werden; das bedeutet, es wird wie ein Besitz des Kindes behandelt, oder die Mutter bzw. Brust werden als Behälter benutzt, in den all die Anteile des Selbst omnipotent projiziert werden, die als unerwünscht erlebt werden, weil sie Schmerz oder Angst hervorrufen.

Die Identifizierung ist ein wichtiger Faktor in narzißtischen Objektbeziehungen. Sie kann durch Introjektion oder Projektion stattfinden. Wenn das Objekt omnipotent einverleibt wird, ist das Selbst so mit dem inkorporierten Objekt identifiziert, daß jegliche getrennte Identität oder jede Grenze zwischen Selbst und Objekt geleugnet wird. Bei projektiver Identifizierung dringen Teile des Selbst omnipotent ins Objekt ein, zum Beispiel in die Mutter, um bestimmte Eigenschaften zu übernehmen, die als besonders wünschenswert erlebt werden, um dann in bezug auf diese Eigenschaften mit dem betreffenden Objekt oder Teilobjekt identisch zu sein. Eine ganz besondere Rolle spielen in narzißtischen Objektbeziehungen Abwehrhaltungen gegen jedes Erkennen und Anerkennen der Getrenntheit von Selbst und Objekt. Es ist wichtig zu verstehen, daß in narzißtischen Objektbeziehungen Aggression immer eine bedeutende Rolle spielt, da die Identifizierung oder Fusion von Selbst und Objekt die Aggression und Angst, die mit der Trennung verbunden ist, verleugnet. Außerdem erweckt Abhängigkeit Neid, wenn das Gute im Objekt erkannt wird.

Neid wird schon in der frühen infantilen Beziehung zur Mutter stimuliert, aber solange das Kind die Brust der Mutter omnipotent besitzt, kann die Brust nicht frustrieren und seinen Neid erregen. Es ist charakteristisch für narzißtische Patienten, daß, wenn sie Fortschritte in der Analyse machen und merken, daß die Analyse und der Analytiker für sie wichtig sind, der abgespaltene Neid stimuliert wird, was dann plötzlich negative therapeutische Reaktionen verursacht.

Ich fand Melanie Kleins Arbeiten über Neid und Dankbarkeit (1958) besonders aufklärend, in denen sie diesen frühen Neid in ihrem klinischen Material analysiert und ihn auch mit der negativen therapeutischen Reaktion verbindet. Melanie Klein selbst hat die Verbindung von Narzißmus und Neid nicht beschrieben, aber das Studium von Melanie Kleins klinischem Material und meine eigene Erfahrung mit Patienten hat mir dann zu der Erkenntnis verholfen, daß Neid und Narzißmus eng miteinander verknüpft sind.

In schwer narzißtischen Patienten dauert das Durcharbeiten der destruktiven neidischen Reaktionen in der Übertragung sehr lange, da der Patient sich jeden Fortschritt und alle Einsicht, die er macht, sofort aneignet und behauptet, daß er den Inhalt der Interpretationen schon vorher wußte und daß sie deshalb schon immer in seinem Besitz waren. Dazu kommt noch, daß die Stärke des Neids zu Verdrehungen und zu Abwertungen von allem Wertvollen, das der Patient in der Analyse erhalten hat, führt.

Einige Patienten können den überwältigenden Neid bewußt erfahren und ausdrücken, wenn die negativen therapeutischen Reaktionen in der Analyse durchgearbeitet werden. In anderen Patienten produziert der Neid sehr stark verderbende und schreckhafte Phantasien und Verhaltensweisen, und es ist wichtig, daß der Analytiker nicht auf die falsche Fährte geführt oder verführt wird. Anders ausgedrückt: es ist notwendig, nicht nur den offen ausgedrückten Neid, sondern besonders auch den sehr verdeckten, abgespaltenen Neid zu verstehen, der klinisch viel schwieriger zu erkennen ist, aber trotzdem diagnostiziert werden muß, um eine schwere Krise in der Analyse zu vermeiden.

4.4.2 Klinische Illustrierung eines schwer kranken narzißtischen Patienten

Ich werde nun klinisches Material von einem schwer kranken narzißtischen Patienten bringen, der über zehn Jahre verschiedene erfolglose Analysen hatte. Ich will versuchen, die wiederholten neidisch-narzißtischen Verdrehungen im Verhalten des Patienten zu illustrieren und auch den Zusammenhang des narzißtischen Verhaltens des Patienten zu der frühen infantilen Beziehung zu seiner Mutter zu beschreiben, die ich ziemlich klar in der Übertragung erleben und erkennen konnte.

Vor ungefähr zwanzig Jahren hatte ich die Möglichkeit, diesen Patienten zu analysieren, der begabt und hochinteressiert an Psychoanalyse war. Er war jedoch in seinen Objektbeziehungen und in seiner Gesundheit sehr behindert, da er an schweren hypochondrischen Symptomen litt. Der Patient hatte vor einigen Monaten während einer früheren Analyse einen akuten Darmverschluß. Eine Operation wurde arrangiert, um sein Leben zu retten. Erst im letzten Moment fing der Darm an, wieder zu funktionieren.

Der Patient hatte eine sehr enge Beziehung zu seiner Mutter. Er weinte schon als Säugling so energisch und unaufhörlich, wenn er in seinem Bettchen schlafen sollte, daß am Ende seine Mutter keinen besseren Weg finden konnte, um ihn zufriedenzustellen, als ihn in ihr Bett zu nehmen. Dort schlief er immer sofort ein, wenn die Mutter ihm erlaubte, ganz in ihrer Nähe zu schlafen. Sein Vater hatte viel beruflich zu reisen, aber auch wenn er zu Hause war, brachte er es nicht fertig, seiner Frau zu helfen, um mit diesem dominierenden Säugling fertigzuwerden.

Seine Mutter ernährte ihn an der Brust, aber nach einem Jahr versuchte sie, ihn abzustillen. Er brachte es aber fertig, die Mutter zu zwingen, ihm zwei volle Jahre die Brust zu geben. Scheinbar verweigerte er alle andere Ernährung und hörte nicht auf zu schreien, bis er die Brust wieder bekam.

Während der Analyse hatte der Patient viele Freundinnen, die er häufig wechselte. Einige Jahre nach Beginn der Analyse empfand der Patient großes Interesse für ein Mädchen, das in seinen Augen viel schöner und liebenswerter war als seine früheren Freundinnen. Als er versuchte, so schnell wie möglich dem Mädchen sexuell nahezukommen, ohne ihr zu ermöglichen, ihn näher kennenzulernen, zog sie sich von ihm zurück. Er fühlte sich schuldig und deprimiert, da er fürchtete, das Mädchen zu verlieren. Am Ende beantwortete sie zwar die drängenden Briefe des Patienten, aber er wurde dann etwas ängstlich über ihr Verhalten ihm gegenüber. Er fand, daß sie nicht genügend stark auf ihn reagierte. Sie konnte ihre Gefühle nicht genügend zeigen, und er beschrieb sie als tot: er brauche jemanden, der lebendiger sei.

Während dieser Zeit wurden seine Darmsymptome – schmerzende Spasmen und schwere Darmverstopfung, die von Zeit zu Zeit kurz aufgetreten waren – sehr viel schlimmer. Der Patient war plötzlich überzeugt, daß er einen Darmkrebs entwickelt hatte, der ihn zerstören würde. Er war auch überzeugt, daß er jetzt wieder einen akuten Darmverschluß hatte. Während einer Sitzung, wo der Patient seine Angst vor Krebs sehr dramatisch ausdrückte, war er in einem Zustand von überwältigender Panik. Er fühlte, daß alles hoffnungslos war, daß er von allem wegrennen wollte, von seiner Wohnung, von der Behandlung und von seiner neuen Freundin. Er war auch auf der Couch äußerst unruhig. In dieser Panik schien es, daß der Patient völlig in einen wahnhaften Zustand verwickelt war, und er war auch ganz und gar überzeugt, daß alles, was er fühlte, Realität war.

Ich bemerkte in meiner Gegenübertragung, daß etwas ganz Überwältigendes in ihm vorging, und ich verstand, daß ich etwas ganz schnell interpretieren mußte, das ganz fundamental war, da die Situation unkontrollierbar wurde und er völlig in einen Wahnzustand hineingeriet. Ich sagte dann, daß er überzeugt wäre, daß er seine Freundin ganz konkret verschluckt hätte.

Diese Überzeugung bezog sich auch auf mich, d. h. daß auch ich von ihm verschluckt und nicht mehr fähig war, mich zu bewegen und zu funktionieren. Er reagierte hier nur mit Schweigen, aber ich merkte, daß er sich viel weniger herumwarf. Ich hatte das deutliche Gefühl, daß meine Interpretation ihn berührt hatte, so daß er fühlen konnte, daß ich noch am Leben war und funktionierte. Am Tage nach dieser stürmischen Sitzung gab er zu, daß er sich etwas besser fühlte. Er sagte, diese Situation hätte ihn fast umgeworfen, aber er konnte nicht richtig zugeben, daß ich ihm geholfen hatte. Er erzählte mir dann einen Traum. In dem Traum reiste er mit seiner Freundin. Der Zug schleuderte heftig hin und her und er merkte, daß eine starke Gefahr bestand, daß er völlig entgleisen könne. Aber der Patient hielt das Gleichgewicht aufrecht und brachte den Zug zum Halten. Nichts Schlimmes hatte sich ereignet, außer daß der Zug neben dem Gleis stand. Der Patient beschrieb dann, daß er während der letzten paar Tage dauernd die Treppen in seinem Hause herauf- und herunterlief, manchmal blieb er stehen, aber dann ging das Laufen weiter, und sein Nachbar wurde ganz ängstlich und fürchtete, daß der Patient seinen Verstand verloren hatte, was des Patienten Angst sehr erhöhte. Ich dachte, daß der Zug und die zugehörigen Probleme mit seinem Darm zusammenhingen, da der Patient immer noch etwas Angst hatte, daß sein Darm nicht in Gang kommen würde und daß etwas sehr Störendes in ihm vorging.

Der Patient produzierte viele Assoziationen zu dem Traum: er erinnerte sich, daß er während einer gewissen Periode in seiner Kindheit im Alter von acht Jahren glaubte, ein Zug zu sein. Er wußte, er war damals psychotisch. Er sagte auch, daß er glaubte, fähig zu sein, die Funktion seines Magens und Darms zum Stillstand zu bringen. Er konnte auch seinen Darminhalt beschleunigen. Dann konnte er wieder alles so verlangsamen, daß sein Essen nie richtig verdaut wurde. Ich interpretierte, daß der Traum und seine Assoziationen zeigten, wie stark er die Gefahr, verrückt zu werden, empfunden hatte. Durch meine Interpretationen wurde er von den überwältigenden Gefühlen, die drohten, ihn ganz aus der Bahn zu werfen, gerettet. Durch seine Überzeugung, daß er seine Freundin und mich verschluckt und getötet hatte, was seinen Krebswahn erzeugt hatte, verlor er völlig seine Ruhe und die Fähigkeit, zu denken. Er mußte doch wissen, daß ich ihn vor diesem schrecklichen Schicksal gerettet hatte. Aber in dem Traum behauptete er, daß er völlig allein sein Gleichgewicht wiederfand und seine Verrücktheit unter Kontrolle bringen konnte. Er konnte sich so einreden, daß er die psychotische Episode nur als leichte Entgleisung betrachten konnte.

Dieses Verhalten ist eine typische narzißtische Reaktion, in der

der Patient auf omnipotente Weise die helfende Rolle des Analytikers übernimmt und sich vormachen kann, daß er selbst der Analytiker ist, der ihn gerettet hat. Aus diesem Grund konnte der Patient meine Interpretation des Traumes nicht akzeptieren. In der folgenden Sitzung klagte er über Arbeitsschwierigkeiten, und auch seine Magenbeschwerden waren nicht besser. Er konnte mir nicht zuhören, und es schien, daß er immer noch daran festhielt, daß er alles selber in Ordnung bringen könne.

Sehr viel von seiner Unfähigkeit, zuzuhören und seinem Drang, nur selber zu sprechen, wurde mit seiner Freundin ausagiert, die ihm das sehr klar zeigen konnte. Er konnte mir gegenüber dann auch zugeben, wie schwierig es für ihn war, wichtige Interpretationen von mir anzunehmen und seine Dankbarkeit für die Hilfe zu zeigen.

Seit Anfang der Analyse hatte es sich also oft wiederholt, daß er auf etwas, das ich ihm zeigen konnte, zuerst ganz kurz positiv reagierte, aber sofort etwas anderes fand, das wichtiger war, und sich darauf konzentrierte. Oder er dachte an etwas, was er beobachtet hatte und über das er schreiben wollte. Oft sagte er nur, wenn ich etwas interpretiert hatte, daß er schon vorher das gleiche gedacht hatte. Ich interpretierte dann, daß es doch merkwürdig wäre, daß er meistens in dem Moment, in dem ich etwas sagte, er es schon vorher wüßte, und ich verband das mit seiner Überzeugung, daß, wenn seine Mutter ihn an der Brust stillte, er fest glaubte, daß die Brust und die Milch ihm gehöre. Deshalb wäre es nicht nötig, Essen oder Gedanken von anderen richtig aufzunehmen und zu verdauen. Ich erinnerte ihn daran, daß er mir oft erklärt hatte, daß er jemanden brauche, der für ihn koche. Er kochte niemals Essen für sich selber, aber wenn jemand für ihn besonders gut kochte, reagierte er trotzdem mit Magenschmerzen. Ich schlug vor, daß er versuchte, eine normale Säuglingssituation wiederherzustellen, da er sich erinnern wollte, daß es eine Mutter gab, die eine Brust hatte und ihn stillte. Dadurch könne er von dem Wahn wegkommen, daß er die Brust und die Milch selber besaß. Aber selbst jetzt, wenn jemand ihm Essen gab oder ich ihm etwas Wichtiges zeigte, raubte er ganz schnell das Gute von den Personen, die ihn fütterten, so daß er sich wieder innerlich sehr schlecht fühlte. Ich interpretiere hier auch, wie stark er in seiner Beziehung zu mir wie zu seiner

Mutter mit Neid reagierte, selbst wenn es für ihn absolut notwendig war, von mir Hilfe anzunehmen. Das war es, was seine Anerkennung, wie wichtig die letzten zwei Sitzungen für ihn waren, verhinderte. Am nächsten Tag erzählte er mir folgenden Traum: im Traum fuhr er mit anderen zum Mond in einer Rakete. Jedoch anstatt auf dem Mond zu landen, landete die Rakete auf einem „Eiland" (Ich-Land), das dem Mond strukturell sehr ähnlich war.

Er fühlte, daß da ein Trick im Spiel war, da die Rakete einen falschen Weg flog. Der Patient sprach zuerst sehr verwirrt und schwätzte, ohne Assoziationen zu produzieren. Dann aber dachte er, daß er sich an die letzte Stunde nicht erinnern könne, besonders nicht an irgendeine wichtige Sitzung. Aber dann produzierte er Assoziationen, die deutlicher waren. Er fühlte, daß der Mond etwas mit der Idealisierung seiner Freundin zu tun haben könne. Er wollte sich immer richtig in jemanden verlieben. Hier konnte ich dann interpretieren, die Rakete zum Mond bedeute, daß er sich in ein ideales Objekt verlieben wollte, wie andere Menschen sich schließlich auch verlieben würden. In seinem Traum gelang dies nicht, und er fühlte, daß er nur sich selbst lieben konnte, das „Ich-Land". Das bedeutete, daß sein Versuch, seine Gefühle nach außen zu richten und jemanden zu lieben, fehlgeschlagen waren. Das war sicher ganz richtig, aber im Traum gab er jemandem die Schuld, der ihm einen Streich gespielt hatte, wodurch der Versuch fehlschlug. Aber in Wirklichkeit war doch er derjenige, der mir immer neue Streiche spielte, sodaß meine Interpretationen ihm nicht helfen konnten, sich zu entwickeln. In der nächsten Stunde zeigte er das ganz deutlich, denn er spielte mir sofort wieder einen neuen Streich. Er sagte, er fühle sich sehr neidisch auf einen früheren Kollegen, der seine Analytikerin verführt hatte. Der Patient war auch bei ihr in Analyse gewesen. Ich dachte, der Patient wollte jetzt mich verführen, damit ich die Orientierung auf seine Gesundung verlieren würde: eine Einstellung, die seinen Wunsch, ein liebevoller Mensch zu werden, verderbe. Es lag aber auch ein Trick in dem Gedanken, Neid gegen jemanden zu empfinden, der erfolgreich seine eigene Analyse verdorben hatte, nämlich durch die Verführung seiner Analytikerin. Da war natürlich eine Gefahr, daß seine dauernden Versuche, mich fehlzuleiten und zu verführen, am Ende erfolgreich sein könnten, wie er es immer fertiggebracht hatte, seine Mutter zu verführen. Aber es war doch klar, daß seine einzige Hoffnung, gesund zu werden, davon abhing, daß ich ihm gegenüber fest bleiben konnte – trotz seiner dauernden Versuche, mich fehlzuleiten und zu verführen. Es wurde mir dann klar, daß er neidisch auf meine Festigkeit ihm gegenüber war, die er notwendig brauchte, um deutlich anzuerkennen, daß seine Omnipotenz nur schädlich und überflüssig war. Denn es war seine narzißtische Omnipotenz, die den Patienten in seiner narzißtischen Krankheit eingeschlossen hielt.

Das neidische Verhalten des Patienten mit all seinen Tricks hielt noch einige Jahre lang an. Der Neid mußte auch an all den späteren Entwicklungsgeschichten genau durchgearbeitet werden. Aber dem Patienten ging es erst dann physisch und psychisch besser, als er begann, sich bezüglich seines Verhaltens schuldig zu fühlen, so daß seine Versuche, die Analyse und sein Leben wiederherzustellen, erfolgversprechender wurden. Der narzißtische Patient war auf einer kindlichen omnipotenten Entwicklungsstufe stehengeblieben, die Melanie Klein die paranoid-schizoide Position nannte. Nur davon, wenn es der Analyse gelingt, dem Patienten zu einer höheren Entwicklungsstufe, nämlich zur depressiven Position zu verhelfen, kann er sich weiter entwickeln.

4.4.3 Zur Theorie und klinischen Bedeutung des destruktiven Narzißmus

1971 entwickelte ich meine Gedanken über Narzißmus weiter. Ich schrieb: „Beim genauen Studium des Narzißmus scheint es mir wesentlich, zwischen seinen libidinösen und destruktiven Aspekten zu unterscheiden. Betrachtet man den Narzißmus vom positiven Gesichtspunkt aus, dann erkennt man, daß die Überbewertung des Selbst eine zentrale Rolle spielt. Das liegt wohl im wesentlichen an der Idealisierung des Selbst. Die Selbst-Idealisierung wird durch omnipotente introjektive und projektive Identifizierungen mit idealen Objekten und deren Eigenschaften aufrechterhalten. Auf diese Weise fühlt der narzißtische Mensch, daß alles, was an äußeren Objekten und in der Außenwelt wertvoll ist, einen Teil seiner selbst bildet und in omnipotenter Weise durch ihn kontrolliert wird." (Rosenfeld 1971, S. 172f.)

Wenn wir den Narzißmus vom subjektiven Blickwinkel aus betrachten, finden wir ebenfalls, daß die Selbst-Idealisierung eine zentrale Rolle spielt. Aber nun sind die omnipotent-destruktiven Teile des Selbst idealisiert. Sie richten sich sowohl gegen positive libidinöse Objektbeziehungen als auch gegen die libidinösen Teile des Selbst, das ein Objekt braucht und von ihm abhängig sein möchte. Die destruktiv-omnipotenten Teile des Selbst bleiben oft verdeckt, oder sie sind verschwiegen und abgespalten, wodurch ihre Existenz verschleiert wird und der Eindruck entsteht, als hätten sie keine Beziehung zur Außenwelt. In der Tat haben sie jedoch eine sehr mächtige Wirkung, indem sie abhängige Objektbeziehungen verhindern und die äußeren Objekte permanent entwertet halten, was die scheinbare Indifferenz des narzißtischen Individuums gegenüber äußeren Objekten und der Welt erklärt. Ich habe ja schon vorher versucht, die ungeheure Macht des schweigsamen omnipotenten Neids im Narzißmus in der Analyse des hypochondrischen Patienten zu zeigen.

Bei den meisten narzißtischen Patienten existieren libidinöse und destruktive Aspekte nebeneinander, jedoch variiert hier die Heftigkeit der destruktiven Impulse.

In narzißtischen Zuständen, in denen libidinöse Aspekte vorherrschen, wird die Destruktivität offenkundig, sobald die omnipotente Selbst-Idealisierung durch Kontakt mit einem Objekt bedroht ist, welches als getrennt vom Selbst wahrgenommen wird. Der Patient fühlt sich gedemütigt und besiegt durch die Entdeckung, daß es das äußere Objekt ist, welches in Wirklichkeit die wertvollen Eigenschaften besitzt, die er seinen eigenen schöpferischen Kräften zugeschrieben hatte. In der Analyse beobachtet man Groll- und Rachegefühle beim Patienten, weil er sich seines omnipotenten Narzißmus beraubt fühlt. Sobald sich diese vermindern, erlebt der Patient bewußt Neid, denn nun wird er sich des Analytikers als einer wertvollen äußeren Person bewußt.

Wenn die destruktiven Aspekte vorherrschen, ist der Neid heftiger und erscheint als Wunsch, den Analytiker als das Objekt zu zerstören, das die wirkliche Quelle des Lebens und des Guten ist. Gleichzeitig erscheinen heftige selbstzerstörerische Impulse, die meistens mit dem destruktiven Narzißmus verbunden sind.

Der destruktive Narzißmus dieser Patienten erscheint oft komplex organisiert, als hätte man es mit einer mächtigen Bande zu tun, die von einem Führer beherrscht wird, welcher alle Mitglieder darauf kontrolliert, daß sie sich gegenseitig dabei unterstützen, die destruktive kriminelle Tätigkeit wirkungsvoller und energischer zu verrichten. Die narzißtische Organisation erhält jedoch nicht nur die Stärke des destruktiven Narzißmus, sondern sie dient auch dem Abwehrzweck, an der Macht zu bleiben und den status quo aufrecht zu erhalten. Das Hauptziel scheint zu sein, eine Schwächung der Organisation zu verhindern und die Mitglieder der Bande zu kontrollieren, damit sie die zerstörerische Organisation nicht verlassen, um sich den positiven Teilen des Selbst anzuschließen oder die Bandengeheimnisse der Polizei, das heißt, dem schützenden Über-Ich verraten, das der hilfreiche Analytiker repräsentiert, der in der Lage sein könnte, den Patienten zu retten. Wenn ein Patient dieser Art in der Analyse Fortschritte macht und sich ändern möchte, träumt er häufig, von Mitgliedern der Mafia oder von jugendlichen Verbrechern angegriffen zu werden, und es kommt zu einer negativen therapeutischen Reaktion. Meiner Erfahrung nach ist die narzißtische Organisation nicht primär gegen Schuld und Angst gerichtet, sie scheint vielmehr zu bezwecken, die Idealisierung und überlegene Gewalt des destruktiven Narzißmus aufrecht zu erhalten. Sich zu ändern, Hilfe zu empfangen, bedeutet daher Schwäche und wird als Unrecht oder als Versagen der destruktiven narzißtischen Organisation erlebt, welche dem Patienten ein Gefühl der Überlegenheit vermittelt. Bei Fällen dieser Art gibt es einen ganz entschiedenen chronischen Widerstand gegen die Analyse, und nur die ganz ins einzelne gehende Aufdeckung des Systems macht es der Analyse möglich, einen Fortschritt zu erzielen.

4.4.4 Kurze klinische Beschreibung einer Borderline-Patientin mit einer aggressiven narzißtischen Charakterorganisation

Eine meiner Patientinnen, die viele Jahre in einem anderen Land Behandlungen gehabt hatte, erzählte mir, daß sie sich gleich nach Beendigung der Schule sehr schlecht fühlte, so daß sie selbst Behandlung suchen mußte: sie fühlte sich tot und konnte nicht fühlen oder denken, was ganz unerträglich für sie war. Kurz nachdem sie ihre erste psychotherapeutische Behandlung begonnen hatte, durchschnitt sie ihre Venen an beiden Armen. Gleichzeitig rief sie ihre Psychotherapeutin an, die sofort kam und sie in eine private Nervenklinik brachte, die psychotherapeutisch orientiert war. Die Patientin sagte, sie wollte sich damals nicht umbringen, aber sie hatte einen unkontrollierbaren Drang, ihre Venen zu öffnen, um zu sehen, wie ihr Blut herausfloß. Sie hielt das für einen verzweifelten Versuch, lebendig zu werden, da sie sich in einer toten Hülle eingeschlossen fühlte.

In der Klinik schloß sie sich bald einer jugendlichen Bande an, die durch die Klinik stürmte, Fenster zerschmetterte und Möbel zertrümmerte. Die Mitglieder der Bande brachen alle Regeln der Klinik. Sie fühlte sich zuerst sehr wohl in diesem Milieu, besonders deswegen weil sie zu der destruktiven Gruppe gehörte, in der alle sehr stolz auf die gemeinsame Rebellion und Aggression waren und in der von ihr selber und den anderen alles Weiche und Liebevolle lächerlich gemacht wurde: es wurde als Schwäche betrachtet und als zu brav verurteilt. Sie verbrachte drei Jahre im Hospital und fühlte sich dort lebendig, aber sowie sie für ein Examen arbeitete oder versuchte, eine Tätigkeit aufzunehmen, bekam sie starke Angstzustände. Sie fühlte sich gezwungen, sich in ihr Bett zurückzuziehen. Sie las dann nur Kriminalromane, trank Alkohol und füllte sich mit Beruhigungsmitteln, so daß ihr Kopf völlig voll war und keine interessanten oder bedeutsamen Gedanken aufkommen konnten. Es war zuerst nicht klar, was die drohenden Kräfte waren, von denen sie sich überwältigt fühlte. Langsam fingen wir an zu verstehen, daß die Idealisierung ihrer Aggressivität ihr nicht die Freiheit gegeben hatte, nach der sie sich sehnte. Sie merkte, daß sie in sich eine starke suggestive Macht fühlte, die sie dominierte. Sie war sich jedoch nicht darüber klar, ob das eine gute oder schlechte Figur war. Sie hatte dann Träume, daß sie gefangengehalten wurde und ein Mörder ihr folgte, der versuchte, sie umzubringen, als sie versuchte, ihre Freiheit zu gewinnen. Ich verstand, daß sie zuerst von einer scheinbar freundlichen Figur dominiert wurde, die sie aber aufforderte, sich ihr völlig zu übergeben. Dann aber merkte man, daß diese Figur in Wirklichkeit schlecht war, sie gefangenhielt und versuchte, sie umzubringen, wenn sie versuchte, sich gegen diese Macht zu wehren. Als die Patientin anfing, zu verstehen, daß sie sich gegen diese gefährliche Macht zu wehren habe und daß es notwendig war, ihr Denken zu benutzen, um sich von dieser hypnotischen Drohung zu befreien, konnte die Analyse bessere Fortschritte machen. Aber das Durcharbeiten dieser Situation dauerte natürlich eine ganze Reihe von Jahren. Am Ende ging es der Patientin dann wesentlich besser.

Bei manchen narzißtischen Patienten sind die destruktiven narzißtischen Teile des Selbst mit einer psychotischen Struktur oder Organisation verknüpft, die von der restlichen Persönlichkeit abgespalten ist. Diese psychotische Struktur ist einer Wahnwelt oder einem Wahnobjekt ähnlich, in die die Teile des Selbst sich zurückzuziehen pflegen. Sie scheint von einem allmächtigen oder allwissenden, außerordentlich grausamen Teil des Selbst beherrscht zu sein, welches die Vorstellung erzeugt, innerhalb des Wahnobjekts herrsche völlige Schmerzlosigkeit, aber auch die Freiheit, sadistischen Impulsen nachzugeben. Die ganze Struktur ist auf narzißtische Selbstgenügsamkeit abgestellt und strikt gegen jede Objektbeziehung gerichtet. Die destruktiven Impulse in dieser Wahnwelt erscheinen manchmal offen als überwältigend grausam und bedrohen das übrige Selbst mit dem Tod, um sich ihrer Macht zu versichern. Noch öfter aber erscheinen sie verhüllt als omnipotent, wohlwollend oder lebensrettend und versprechen dem Patienten schnelle ideale Lösungen für alle seine Probleme. Diese falschen Versprechungen sind dazu bestimmt, das normale Selbst des Patienten von seinem omnipotenten Selbst abhängig zu machen oder sich ihm zu ergeben und die gesunden Teile in die Wahnstruktur zu locken, um sie dort gefangen zu halten. Wenn narzißtische Patienten dieses Typus anfangen, Fortschritte zu machen, wenn sie eine Abhängigkeitsbeziehung zur Analyse aufzubauen beginnen, ereignen sich starke negative therapeutische Reaktionen. Der narzißtisch-psychotische Teil des Selbst übt seine Gewalt und seine Überlegenheit über das Leben und über den Analytiker aus, der die Realität repräsentiert. Es besteht tatsächlich die Gefahr einer akuten Psychose, wenn der abhängige Teil des Patienten, der der gesündeste Teil seiner Persönlichkeit ist, dazu gebracht wird, sich von der äußeren Welt abzuwenden und sich ganz der Herrschaft der psychotischen Wahnstruktur hinzugeben. Dieser Prozeß hat Ähnlichkeit mit Freuds Beschreibungen des Aufgebens der Objektbesetzungen und des Rückzugs der Libido in das Ich. Der Zustand, den ich beschreibe, beinhaltet tatsächlich den Rückzug des Selbst von der libidinösen Objektbesetzung in einen narzißtischen Zustand, der dem primären Narzißmus ähnelt. Zunächst ist es wichtig, dem Patienten zu helfen, den abhängigen, gesunden Teil seines Selbst wiederzufinden und ihn aus der Falle der psychotischen narzißtischen Struktur zu befreien, denn der gesunde Teil stellt das wesentliche Bindeglied zur positiven Objektbeziehung mit dem Analytiker und der Welt dar. Zweitens ist es wichtig, dem Patienten dabei zu helfen, sich allmählich der abgespaltenen, destruktiv-omnipotenten Teile des Selbst voll bewußt zu werden. Nur in der Isolierung können die abgespaltenen Teile allmächtig bleiben und die psychotische Organisation beherrschen.

4.4.5 Eine Anwendung meiner Theorie über die Psychose auf das Nazi-Phänomen

Ich will jetzt Ihre Aufmerksamkeit auf die enge Beziehung der narzißtischen psychotischen Struktur im Patienten zu politischen Organisationen, die oft einen ganzen Staat dominieren, lenken. Ich weiß, daß mein *Vergleich der psychotischen Struktur und des Dritten Reiches* nichts Neues für Sie bedeutet, denn Dr. Federn behandelte in seinen Vorträgen das gleiche Thema (1969).

Die auffällige Ähnlichkeit zwischen der psychotisch-wahnhaften Struktur und dem von einem Diktator dominierten Staat ist die Existenz eines Führers oder Leiters in der Wahnpsychose des Patienten. Dieser Führer dirigiert zum Beispiel die Experimente, wenn der Patient überzeugt ist, daß er in seinem Wahn für Experimente benutzt wird. Der Patient beklagt sich oft, daß er für ein paar Mark von den Eltern an den Leiter der Experimente verkauft wurde. Dieser Leiter ist immer sehr omnipotent, aber auf den ersten Blick nicht deutlich sadistisch. Er wird von dem Patienten wegen seiner Macht sehr bewundert, die meistens als ein stark hypnotischer Einfluß beschrieben wird. Es wird auch geschildert, daß er aufreizende Propagandareden hält, um mehr und mehr gesunde Teile der Persönlichkeit in die psychotische Welt hineinzulocken, da er verspricht, daß es in der psychotischen Welt nichts Schmerzliches gibt, aber jedem erlaubt ist, seinen sadistischen Neigungen völlig nachzugehen.

Wenn man diese psychotische Welt und den Leiter oder Führer dieser Welt näher betrachtet, dann wird es deutlich, daß dieser Führer sadistisch, omnipotent und völlig mitleidslos ist und absoluten Gehorsam von allen Teilen des Selbst verlangt. Nur langsam merkt man, daß der Patient unter der Drohung steht, umgebracht zu werden, wenn er sich im geringsten gegen dieses psychotische Regime wehrt.

Die Patientin, die ich vorher beschrieb, war in eine ähnliche psychotische Situation hineingezogen worden.

In seinen Halluzinationen hört der Patient die drohende Stimme des Leiters, der verlangt, daß der Patient destruktive und selbst-destruktive Akte begehen muß, um seine Loyalität dem omnipotenten Leiter gegenüber zu beweisen.

In meiner bisherigen Beschreibung ist es leicht, Hitler als den Führer der psychotischen Welt zu entdecken. Aber statt nur einige Teile des Selbst eines Patienten waren viele Millionen Menschen von den Hitler-Propagandareden hypnotisiert, Reden, die dem arischen Deutschen Überlegenheit versprachen über alle Rassen, insbesondere über die Juden. Er gab auch wie der Führer der psychotischen Traumwelt Erlaubnis, andere Rassen, besonders die Juden, sadistisch anzugreifen, zu berauben und mitleidlos umzubringen. Er lobte seine sadistischen Anhänger noch dazu für all diese Mordtaten.

Der unvoreingenommene Beobachter erkennt, daß die Gefahr in der psychotischen Wahnwelt wie in dem psychotischen, omnipotenten System, das eine Nation wie die deutsche dominiert hat, in den Verdrehungen und Verzerrungen von Tatsachen und Realität liegt, die zu grausamen Taten und

Morden führten, zu Millionen von Morden in den Konzentrationslagern, die dann doch irgendwie gerechtfertigt wurden.

Im psychotischen Patienten wird das tiefe Gefühl von Minderwertigkeit und mörderischem Neid auf alle Menschen, deren Denkfähigkeit und Erfolg ihm so überlegen und außer Reichweite erscheinen, in der Wahnwelt auf eine heimliche Weise zu einer Situation verändert, die dem Patienten in seiner Megalomanie ein starkes Selbstgefühl gibt. Ich denke hier an den Wahn des Patienten, der glaubt, Napoleon zu sein, ein Wahn, der bedeutet, daß er allen überlegen ist und daß er alle seine halluzinierten Feinde besiegen und umbringen kann: Feinde, die in Wirklichkeit wahrscheinlich Menschen sind, die er heimlich zutiefst bewundert, denen gegenüber er sich aber unheimlich klein fühlt.

In der Psychose der deutschen Nation brachte es die destruktive, hypnotische, omnipotente Macht des Führers fertig, die Menschen, die zu einer Rasse gehörten, die so bedeutend zu der Kultur des deutschen Volkes beigetragen hatten, durch die Aufreizung ungeheuerer, neidischer Verzerrung in gefährliche Feinde der deutschen Nation zu verwandeln. Tatsache ist, daß diese Rasse, welche im Hitlerdeutschland als schmutziges Ungeziefer betrachtet wurde, das man unbedingt vernichten mußte, die Wichtigkeit des deutschen Volkes als führend in der Welt durch Beiträge zur deutschen Literatur, Musik und Wissenschaft, zur Medizin und besonders auch zur Psychologie, erhöht hatte und daß ihr Talent in Ökonomie und Handel eine große Hilfe war, den Reichtum des deutschen Volkes zu erhöhen. Diese tragische Verzerrung scheint mir identisch mit der neidischen Verzerrung des wahnhaften Patienten, der mit Verfolgungswahn und mörderischen Gefühlen gerade auf diejenigen reagiert, die er früher bewunderte und sogar idealisierte. Es gibt noch viele andere Ähnlichkeiten zwischen dem psychotischen Individuum und einer Nation, die völlig von einem Diktator wie Hitler dominiert wird. Es ist interessant, daß in der Wahnwelt unserer Patienten die Nazibande oder die Mafia eine wichtige Rolle spielt, da dieser Bandenwahn die Macht des omnipotenten, destruktiven Narzißmus erhöht, und die besondere Angst und Bedrohung in den Patienten erzeugen, die anfangen, etwas Einsicht in ihre Krankheit zu gewinnen und deshalb an dem Wert der Versprechungen des Führers, der die Wahnwelt dominiert, zweifeln. In dieser

Situation braucht der Patient sehr viel Hilfe von seinem Analytiker, der den gesunden Teilen seiner Persönlichkeit beisteht, die dauernde Angst zu ertragen, die meistens eine Todesangst ist, von den omnipotenten Banden umgebracht zu werden. Ähnlich schien die Bedrohung mit Todesgefahr für viele Deutsche zu riskant, aber es gab doch viele, die es fertigbrachten, sich nicht von der Nazipropaganda beeinflussen zu lassen. Wie viele das waren, ist jetzt sicher schwer festzustellen, aber ich kannte eine ganze Reihe von deutschen Freunden, die ihren Mut bewiesen und oft in großer persönlicher Gefahr waren.

Wenn die psychotisch-omnipotente Struktur eine ganze Nation überwältigt, ist die Einsicht, die Verrücktheit voll anzuerkennen, sehr schwierig. Es ist vielleicht erst jetzt möglich, die tieferen psychologischen Elemente zu studieren, welche die deutsche Nation vor mehr als fünfzig Jahren überwältigten. Ich fürchte, daß eine völlige Heilung von dieser gefährlichen Krankheit noch sehr viel Zeit kosten wird und aktive Unterstützung erfordert.

Literatur

Federn, E. (1969). Einige klinische Bemerkungen zur Psychopathologie des Völkermordes. Psyche, 23, 629–639.

Freud, S. (1914). Zur Einführung des Narzißmus. GW X, 137–170.

Klein, M. (1935). Envy and Gratitude and other works 1946–1963. Seymour Lawrence: Delacorte Press 1975.

Rosenfeld, H. (1965). Zur Psychoanalyse psychotischer Zustände. Frankfurt: Suhrkamp 1981.

Rosenfeld, H. (1971). A clinical approach to the psychoanalytic theory of the life and death instincts: An investigation into the aggressive aspects of narcissism. International Journal of Psycho-Analysis, 52 (2), 169–178.

Angaben zu den Autoren

Beckmann, Dieter, geb. 1937, Studium der Psychologie, Promotion in den Fächern Psychologie, Psychosomatik und Philosophie; Habilitation 1970. Von 1967–1970 Vertretung des Lehrstuhls Medizinische Statistik und Dokumentation; seit 1972 Lehrstuhl für Medizinische Psychologie im Zentrum für Psychosomatische Medizin der Justus-Liebig-Universität Gießen. Arbeitsschwerpunkte: Herzneurose, Arzt-Patient-Beziehung, Interaktions- und Ehepaardiagnostik, Psychologie in der Frauenheilkunde, Sozialgeschichte. Wichtige Veröffentlichungen: Herzneurose (1969, 1973, 1986, mit Richter); Der Analytiker und sein Patient (1974); Gießen-Test (GT) (1972, 1975 mit Richter, überarb. Auflage 1983 mit Brähler und Richter); Medizinische Psychologie – Forschung für Klinik und Praxis (1982 mit Davies-Osterkamp und Scheer); Grundlagen der Medizinischen Psychologie (1984) und als Herausgeber: Weibliche Fruchtbarkeit (1984); Künstliche Befruchtung – psychosomatische und ethische Aspekt (1986). Adresse: Zentrum für Psychosomatische Medizin der Justus-Liebig-Universität, Friedrichstraße 36, 3600 Gießen.

Bräutigam, Walter, geb. 1920 in Frankfurt/Main. Studium der Medizin seit 1939 in Göttingen, Halle, Berlin, Hamburg. Psychoanalytische Ausbildung 1942 bis 1948 (Berlin und München). Seit 1948 in Heidelberg Assistent an der Neurologischen, Psychosomatischen und Psychiatrischen Klinik. 1968 Prof. Dr. med., Direktor der Psychosomatischen Klinik der Universität Heidelberg. 1970 bis 1982 Gründer und Vorsitzender des Ausbildungsseminars für Psychotherapie und Psychoanalyse Heidelberg/Mannheim. Veröffentlichungen zu Themen der Psychosomatischen Medizin, Psychotherapie und Psychoanalyse, Sexualmedizin. Wichtige Veröffentlichungen: Psychotherapie in Anthropologischer Sicht (1961); Formen der Homosexualität (1967); Psychosomatische Medizin (mit Christian, 4. Auflage 1986); Reaktionen, Neurosen, abnorme Persönlichkeiten (5. Auflage 1985) und Sexualmedizin im Grundriß (2. Auflage 1979). Adresse: Psychosomatische Klinik der Universität Heidelberg, Thibautstraße 2, 6900 Heidelberg 1.

Chasseguet-Smirgel, Janine, geb. in Paris. Dr. der Literatur- und Humanwissenschaften, Dipl.-Politologin, „Freud Memorial Visiting Professor" (Sigmund-Freud-Lehrstuhl) an der Universität London von 1982–1983. Mitglied der Psychoanalytischen Gesellschaft Paris. Vize-Präsident der Internationalen Psychoanalytischen Vereinigung. Vorsitz des wissenschaftlichen Programmkomitees des internationalen psychoanalytischen Kongresses in Hamburg 1985. Wichtige Veröffentlichungen auf deutsch: Das Ich-Ideal (1981); als Herausgeberin: Psychoanalyse der weiblichen Sexualität (1981); Zwei Bäume im Garten. Zur psychischen Bedeutung der Vater- und Mutterbilder (1987 im Verlag Internationale Psychoanalyse); Eine Psychoanalyse der Kunst und der schöpferischen Persönlichkeit (erscheint 1988 im

Verlag Internationale Psychoanalyse). Adresse: 82, Rue de l'Université, 75007 Paris.

Ekstein, Rudolf, Ph. D., geb. 1912 in Wien. Doktor der Philosophie der Universität Wien 1937. 1938 von den Nationalsozialisten vertrieben. Ab 1947 als Lehranalytiker und Supervisor der Menninger Foundation tätig. Ab 1957 Forschungen auf dem Gebiet der Kinderpsychose am Reiss Davis Child Study Center in Los Angeles. Lehranalytiker der Southern California Psychoanalytic Society. Wichtige Veröffentlichungen: The Teaching and Learning of Psychotherapie (1958); Children of Time and Space, of Action and Impulse (1966); The Challenge: Despair and Hope in the Conguest of inner Space (1971); In Search of Love and Competence (1976). Adresse: 536 S. Westgate Avenue, Los Angeles, CA 90049, USA.

Etchegoyen, Horacio R., Dr., M. D., geb. 1919 in Argentinien. Von 1958 bis 1964 Chairman der Psychiatrie und Medizinischen Psychologie an der School of Medicine of UNC (Cuyo National University). Psychoanalytische Ausbildung in London. Ehemals Präsident und scientific secretary, jetzt Lehranalytiker der Asociación Psicoanalítica de Buenos Aires. Vizepräsident der International Psychoanalytical Association in Südamerika. Langjähriger Professor für „Psychoanalytic Technique"; nun Inhaber des Lehrstuhls für „Evolution of psychoanalytic thoughts" seiner Gesellschaft. Wichtige Veröffentlichung: Los fundamentos de la tecnica psicoanalítica (1986). Adresse: Posadas 1580, 13°, 1112 Buenos Aires, Argentinien.

Kernberg, Otto F., Prof., M. D., Medizinischer Direktor des New York Hospital – Cornell Medical Center, Lehranalytiker am Psychoanalytischen Forschungs- und Ausbildungszentrum der Columbia University und Professor für Psychiatrie an der medizinischen Fakultät der Cornell University. Herausgeber des Journal of the American Psychoanalytical Association und Vizepräsident der Internationalen Psychoanalytischen Vereinigung. Berufung zum Vorsitzenden des wissenschaftlichen Programmkomitees des Internationalen Psychoanalytischen Kongresses 1987 in Montreal. Arbeitsschwerpunkte: Objektbeziehungstheorie, Borderline-Störungen und Narzißmus. Wichtige Veröffentlichungen auf deutsch: Borderline-Störungen und pathologischer Narzißmus (1978); Objektbeziehungen und Praxis der Psychoanalyse (1981); Innere Welt und äußere Realität (1987 im Verlag Internationale Psychoanalyse). Adresse: New York Hospital-Cornell Medical Center, Westchester Division, 21 Bloomingdale Rd., White Plains, N. Y. 10605, USA.

Köhler, Lotte, geb. 1925, Dr. med., Lehr- und Kontrollanalytikerin der DPV, Mitglied der Schweizerischen Gesellschaft für Psychoanalyse, Gründerin und Vorstand der René A. Spitz-Gesellschaft zur Förderung der Psychoanalyse e. V., München, International Advisor der Margaret M. Mahler Psychiatric Research Foundation, New York, USA. Interessens- und Veröffentlichungsschwerpunkte: Selbstpsychologie und frühkindliche Entwicklung. Adresse: Pienzenauerstraße 91, 8000 München 81.

Kutter, Peter, Prof. Dr., geb. 1930. Lehr- und Kontrollanalytiker der DPV. Psychoanalytische Ausbildung am Sigmund-Freud-Institut in Frankfurt/Main; seit 1974 Professor für Psychoanalyse im Fachbereich Psychologie; z. Zt. Dekan. Früher Mitglied des Ausbildungsausschusses bzw. Vorstands der DPV. Wichtige Veröffentlichungen: Sozialarbeit und Psychoanalyse (1974); Elemente der Gruppentherapie (1976); Die menschlichen Leidenschaften (1978); Psychoanalyse an der Universität (mit J. K. Roth 1981); Die Krankheitslehre der Psychoanalyse (mit Loch u. a., 4. Aufl. 1983); Methoden und Theorien der Gruppenpsychotherapie (1986). Adresse: Institut für Psychoanalyse der Universität Frankfurt/Main, Postfach 11 19 32, 6000 Frankfurt/Main 11.

Leupold-Löwenthal, Harald, geb. 1926 in Wien. Studierte Medizin in Wien. Von 1951 bis 1961 an der Psychiatrisch-Neurologischen Universitätsklinik in Wien tätig. 1959 Facharzt für Psychiatrie und Neurologie. 1956 bis 1958 sozialpsychiatrische Tätigkeit mit ungarischen Flüchtlingen in Österreich und Genf (WHO). Mitglied der Wiener Psychoanalytischen Vereinigung und der Internationalen Psychoanalytischen Vereinigung, Lehranalytiker. 1974 bis 1981 Vorsitzender der Wiener Psychoanalytischen Vereinigung. Seit 1971 Mitglied, später Chairman des Advisory Committee for Eastern Europe der IPA, jetzt Associate Secretary for Eastern Europe im Executive Council der IPA. 1971 Einrichtung des Sigmund Freud Museums in Wien. Seit 1976 Präsident der Sigmund Freud Gesellschaft in Wien und Leiter des Institutes für angewandte Psychoanalyse in deren Rahmen. Seit 1982 Universitätsdozent mit der Venia docendi für Psychoanalyse und Psychotherapie an der Medizinischen Fakultät der Universität Wien. Arbeiten auf dem Gebiet der Wissenschaftsgeschichte der Psychoanalyse, der angewandten Psychoanalyse und der Theorie der Technik der Psychoanalyse. Wichtige Veröffentlichung: Handbuch der Psychoanalyse (1986). Adresse: Weihburggasse 22, 1010 Wien.

Lowental, Uri, geb. 1933 in Braunschweig, Dr. med., Psychoanalytiker in Jerusalem, Schüler von Dr. Erich Gumbel. Veröffentlichungen in Englisch und Hebräisch über Krankheitskonzept, Hypochondrie, Selbstmord, Todestrieb und Psychosomatik. Adresse: Eshkol Blvd. 22, Apt. 3, 97–764 Jerusalem, Israel.

McDougall, Joyce, geb. 1920 in Neuseeland, D. Ed., nahm von 1950 bis 1953 am Ausbildungsprogramm des Hampstead Child Training Centers teil. Absolvierte ihre psychoanalytische Ausbildung in Paris. Seit 1961 Lehranalytikerin und Supervisorin der Pariser Psychoanalytischen Gesellschaft. Wichtige Veröffentlichungen auf deutsch: Plädoyer für eine gewisse Anormalität (1985); Theater des Ich (erscheint 1988 im Verlag Internationale Psychoanalyse). Adresse: 60, Rue Quincampoix, 75004 Paris.

Meltzer, Donald, M. D. Medizinische Ausbildung in Yale und am New York University College of Medicine. Psychiatrische Ausbildung an der Washington University in St. Louis. Seit 1954 in England, psychoanalytische Ausbildung bei Melanie Klein. Er lehrte an der Tavistock Clinic und war bis vor kurzem Lehranalytiker am Institut für Psychoanalyse. Er arbeitete eng mit W. R. Bion, Esther Bick und Roger Money-Kyrle zusammen. Schatzmeister des Roland Harris Educational Trusts (Stiftung für Ausbildung, Therapie und Forschung im Bereich der Kinderanalyse). Wichtige Veröffentlichungen: The Psycho-Analytic Process (1967), Explorations in Autism (1976), The Kleinian Development (1978), und Dream-Life (1983; dt.: Traum-Leben. Erscheint 1988 im Verlag Internationale Psychoanalyse.) Adresse: Simsbury, The Ridings, Shotover, Oxford.

Páramo-Ortega, Raúl, geb. 1935 in Mexico (D. F.); studierte Medizin an der Universität von Guadalajàra (Mexico). Seine psychoanalytische Ausbildung absolvierte er im Wiener Arbeitskreis für Tiefenpsychologie. Sein Lehranalytiker war Igor A. Caruso. 1979 gründete er in Guadalajára die Studiengruppe Sigmund Freud und gibt seither die Zeitschrift „Cuadernos Psicoanalíticos" heraus. Sein erstes ins Deutsche übersetzte Buch Das Unbehagen an der Kultur erschien 1985. Adresse: Justo Sierra 2135, 44650 Guadalajára, Jal., Mexico.

Rosenfeld, Herbert, Dr. med., geb. 1910, Medizinstudium in München. Seit 1935 praktizierender Psychotherapeut in London, später Psychoanalytiker. Arbeitsschwerpunkte: Behandlung von schwerer gestörten Patienten, vor allem Psychose- und Borderline-Fälle. Wichtige Veröffentlichung: Psychotic States (1966, dt.: Zur Psychoanalyse psychotischer Zustände, 1981); Impasse and Interpretation (1987. Erscheint 1988 im Verlag Internationale Psychoanalyse in deutscher Übersetzung). Herbert Rosenfeld starb im Oktober 1986.

Sandler, Anne-Marie, Lic. es Sc. Lehr- und Kontrollanalytikerin der British Psycho-Analytical Society. Adresse: 35 Circus Road, London NW8 9IG, England.

Sandler, Joseph John, geb. 1927, Ph.D., D.SC., M.D., L.L.D. (honoris causa). „Freud Memorial Professor" (Sigmund-Freud-Lehrstuhl) für Psychoanalyse an der Universität von London. Direktor der Abteilung für Psychoanalyse, University College, London, Lehr- und Kontrollanalytiker der British Psycho-Analytical Society. Wichtige Veröffentlichung: From Safety to Superego (1987). Adresse: 35 Circus Road, London NW8 9IG, England.

Schwaber, Evelyne Albrecht, geb. in Wien; als Kind in die Vereinigten Staaten emigriert. M.D. am Albert Einstein College of Medicine. Ausbildung in Erwachsenen- und Kinder-Psychiatrie an Kliniken in New York und Boston. Psychoanalytische Ausbildung am Boston Psychoanalytic Institute. Lehr- und Kontrollanalytikerin am Psychoanalytic Institute of New England, East. Faculty, Boston Psychoanalytic Institute. Arbeitsschwerpunkte auf dem Gebiet des klinischen Zuhörens und der psychischen Realität. Wichtige Veröffentlichung: The Transference in Psychotherapy: Clinical

Management (1985). Adresse: 4 Welland Road, Brookline, MA. 02146, USA.

Wolf, Ernest S., geb. 1921, Dr. med. Psychoanalytiker. Lehranalytiker des Chicago Institute für Psychoanalysis. Asst. Prof. Psychiatry, Northwestern University, Chicago. Arbeitsschwerpunkte: Psychoanalytische Psychologie des Selbst, adoleszente Transformation des Selbst, klinische Theorie des psychoanalytischen Heilungsprozesses, psychoanalytische Literaturinterpretation (Virginia Woolf), biographische Studien des jungen Sigmund Freud. Adresse: 1333 Tower Road, Winnetka, IL 60093, USA.

Zagermann, Peter, geb. 1950, Dr. phil., Dipl.-Psych., Klinischer Psychologe. Sechsjährige Tätigkeit am Institut für Medizinische Psychologie und Psychotherapie sowie an der Poliklinik für Kinder- und Jugendpsychiatrie der Technischen Universität München. Seit 1982 in niedergelassener psychoanalytischer Praxis in München sowie von 1982 bis 1986 als Dozent für Psychosomatik/Psychotherapie an der Psychiatrischen Klinik der Universität München tätig. Veröffentlichung: Ich-Ideal, Sublimierung, Narzißmus. Die Theorie des Schöpferischen in der Psychoanalyse (1985). Adresse: Einsteinstraße 151, 8000 München 80.

Zwiebel, Ralf, geb. 1942, Prof. Dr. med., Arzt für Neurologie und Psychiatrie, Psychoanalytiker, Professor für Sozialmedizin an der Fachhochschule Bielefeld, Mitglied des Alexander-Mitscherlich-Instituts in Kassel. Veröffentlichungen über Gegenübertragungsträume (1977, 1984); zur Theorie der projektiven Identifizierung (1985, 1988) und über die Psychosomatische Tagesklinik (1987). Adresse: Zum Vogelrain 26, 3507 Baunatal-Grossenritte 4.